献给广西师范大学出版社成立30周年！

王　昶／著

夜耕录

一位编辑的自选论评集

GUANGXI NORMAL UNIVERSITY PRESS
广西师范大学出版社
·桂林·

图书在版编目（CIP）数据

夜耕录：一位编辑的自选论评集 / 王昶著．—桂林：广西师范大学出版社，2016.11
ISBN 978-7-5495-8961-6

Ⅰ．①夜… Ⅱ．①王… Ⅲ．①出版工作—文集
Ⅳ．①G23-53

中国版本图书馆 CIP 数据核字（2016）第 261813 号

广西师范大学出版社出版发行
（广西桂林市中华路 22 号　邮政编码：541001
网址：http://www.bbtpress.com）
出版人：张艺兵
全国新华书店经销
桂林漓江印刷厂印刷
（广西桂林市西清路 9 号　邮政编码：541001）
开本：720 mm × 1 010 mm　1/16
印张：25　　　字数：420 千字
2016 年 11 月第 1 版　　2016 年 11 月第 1 次印刷
定价：49. 00 元

写在前面

收在这个集子里的习作，基本上是在工作之余，主要是在晚上，在工作或看书之后“笔耕”成的，多是闲暇时所思所考的记录，又多是选自我发表在知名报刊上的论文和书评，故名《夜耕录——一位编辑的论评自选集》。

我上中学后，就遇到了好老师，他们不单是要求我们学好课本知识，多做作业，而且鼓励并要求我们读课外书；不仅读文学作品，而且读科技读物。我们每学期至少要读一两部作品，还要写读书心得笔记，并定期召开读书汇报会。从此，大家养成了很好的读书、写作习惯。之后，从读书中知道了董必武、徐特立等老前辈关于“不动笔墨不读书”的教诲，从而养成了既读书又“动笔墨”的习惯。我记得读高中时在地方报纸上发表“小豆腐块”时的激动和喜悦。读大学时，学的是文科，就摸索着写些东西，消息、通讯、随笔、短评等，还按老师提出的书目，读了不少书，写了不少读书笔记，还写了一些评述文字，这为日后的写作打下了一定的基础。毕业后走上“三尺讲台”，教学之余，开始思考一些与“教”有关的问题，写一些与“教”有关的文章。“文革”中，我和当地广大教师一样下放农村劳动，但不久就被借调到宣传部门搞新闻报道，让我接触到“广阔天地”，接触到社会实际，特别是接触到农村、农民，认识农村、农民思想感情上的触动，世界观、价值观的变化，这是我人生一大收获。一粉碎“四人帮”，就有一家省级出版社要我，调令都下了，因“工作需要”我未能去。于是我要求“归队”，重新走上讲台。学校出版社成立，我走上了“为他人作嫁衣”的岗位。看的书稿多了，接触的人多了，特别是以一些专家、学者为代表的作者们，他们的为人、学识、治学，深深教育、感染着我，他们的书稿深深启示着我，让我站得更高，看得更远，思考更多更深，“笔耕”更勤。近30年来，我撰写、发表了200多篇论文、书评和其他文章，并独著、合著了10多部著作，这些都是在各级领导和业界及社里同志关怀和鼓励下完成的，这是我想特别说明的。

这本集子里的文章就是从这些习作中选出的。分为三个部分：一是论文。主要是有关出版的，还有一些策划札记、编辑札记和小言论等。二是书评。其中有我责编的书，特别是学术著作的评论，多是一书一评，也有一书多评的，当然也有社里其他同志编辑的好书的书评，还有少许是兄弟社和业内同仁出的书的书评。这些论文和书评多是发表在国内有影响的报刊上，有的受到学界和业界的好评，对社里产生了很好的影响。三是其他内容文章，包括随笔、散文、通讯、专访、札记、消息等。从这些文章中，我们可以看到一些知名专家、学者、业界同仁对我们社的关心和帮助，也可看到他们对我的教导、关照和扶持。至于有关我社成立10周年有关报道和其他消息，是说明社里每一位同志都是社里的“主人”，要关心社里的“人”和“事”，有责任“拿起笔”宣传我们社，让社会、市场和读者了解、认识我们社。还有选入的“读书札记”、“言论”等，是说明我们可写的东西是很多的，只要我们做“有心人”，多留心，多动脑思考，就可为之。

“三十而立”。我这个集子就是献给我工作20来年直到退休的广西师范大学出版社成立30周年的。深深感谢出版社为我出版这个集子，也是说明，社里的每一位同志，特别是各级管理人员、每位编校人员多写文章，宣传我们社，这既是宣传，也是我们社软实力的体现，这是我们的责任和担当。我已年近八旬，仍然读书看报，抄抄写写，这已是我生活的一部分，我将乐此不疲。

目　录

一

二

三

一

"创造读者"刍议

创造读者，就是编辑努力用自己的创造性劳动所生产出来的图书，去启迪和帮助读者意识到他们应该意识而又未曾意识到的需要（也有人称之为潜在的需要），启迪和帮助读者不断提高思想文化素质和精神境界。

"创造读者"的内涵是丰富的。主要包括如下内容：

1. 激发读者的兴趣、爱好

兴趣，是一种喜好的情趣，从心理学的角度讲，它也是一种驱动力。读者对图书有了兴趣，就会爱书，喜欢读书。

读者的兴趣爱好是指对图书的喜爱程度， 从狭义上讲是对某种类型、某种内容图书的选择。他们的兴趣爱好，因年龄、性别、职业等不同而存在差异。如儿童时代喜爱童话、动物趣谈、战斗故事等以图为主的读物，老年人爱看历史、经典著作、传记作品和回忆录。据一份男女各半的对文理科40名大学生的调查，他们中间认真读过《红楼梦》的，女生多于男生；而读过《西游记》的，女生则少于男生。当然，读者的兴趣爱好是广泛的、多样的，就是同一年龄段、同一职业的读者，其兴趣爱好也是有区别的。读者的不同阅读兴趣最终反映在图书的选择上。兴趣是入门的向导，读书的兴趣需要培养。作为编辑，就是根据不同读者群阅读兴趣的共同点和不同点，有针对性地开拓选题，用编辑、出版的图书去激发读者的读书兴趣，满足他们的不同兴趣和需要。用高雅的图书去激发、引导，读者的兴趣爱好才会持久。伟大的科学家爱因斯坦有句名言："兴趣是最好的老师。"创造读者，首先就要从激发读者的兴趣爱好上去下功夫。

2. 引导读者需要由低层次向高层次发展、变化

读者对图书的需要是广泛的，包括精神、工作、学习和生活，还有休闲等各方面。这种需要由于人们思想、文化素质的不同，又有不同层次，且是发展变化的。我们既要编写、出版不同层次的图书满足不同层次的读者的需要，又要因势利导，促进读者需要的发展、变化，并要用健康、高雅的图书引导读者向高层次需要发展、变化。需要特别强调的是，文化层次较低的读者需要的图书绝不是内容、格调低下的，所需的通俗读物绝不是庸俗图书。在改革开放的今天，文化程度相对较低的广大农民需要通俗的科学、文化读物就是极好的说明。高品位、高质量是不同层次图书的共同要求。我们编辑要为他们奉献更多的优秀精神食粮。决不允许打着“满足读者需要”的幌子，用一些格调低下、内容庸俗的图书去迎合读者。甚至为了个人和小团体的私利，不顾职业道德，走上违法的道路。这不是危言耸听。近几年，出版界有少数编辑、个别出版社就是这样做的，这种“满足”，不是创造读者，而是毒害读者。照理说，读者的需要是图书市场的基础，图书市场应该反映读者的需要。而读者的需要是多方面的，有不同的类型、不同的文化层次，而且需要的目的不同，有正当与不正当之分。我们要观察图书市场的动向，更要引导市场，掌握读者的真正需要，给读者以正确的导向，用高品位、高质量的图书去创造读者。

3. 开启读者未曾意识到的需要

读者的需要有明显的，也有潜在的；有眼前的，也有长远的；有即兴需要，也有根本需要。读者意识到的需要，就是明显的、眼前的、即兴的需要，这种需要往往是比较具体的。如为工作、生产、生活上的某一需要而读书，或者为了消遣、休闲，等等，就是读者意识到的需要。而读者未曾意识到的需要是比较抽象，不容易获知的，往往是深层次的，涉及读者的思想文化素质和精神境界上的需要。这种需要因读者的文化素质和认识结构的不同而不同，情况又比较复杂。一部分人意识到的需要，另一部人则未曾意识。创造读者就要用图书去启迪和帮助读者意识到他们应该意识而又未曾意识到的需要，即那些潜在的、长远的、根本的需要。

在一次读书座谈会上，不少老同志满腔深情地说：“我们是通过读书走向革命的。”一部《共产党宣言》造就了千千万万革命者，开启了人类共产主义运动；我

国古代蒙学读物，使一代一代人从小懂得了做人的道理，长大后成为正直的人；有时一部书使人对某一学术领域发生兴趣，继而深入钻研，成为该领域的专家……书籍就是这样影响、创造着读者。高尔基说过："书籍是人类进步的阶梯。"我们编辑就是这个阶梯的重要建筑者。在我国，编辑人员通过图书宣传马列主义、毛泽东思想，弘扬主旋律，促进人民思想道德的进步，激发人民群众同心同德从事社会主义建设的精神动力；传播有益于经济和社会发展的科学文化知识，提高人民的科学文化素质，为社会主义建设提供智力支持，推动改革开放，促进生产力的发展；反映各学科领域的最新科研成果和建设成就，反映各个层次人们的生活情趣和文化需求，丰富人民的精神生活和民族文化积累；反映不同国家不同学派的文化成果，促进人类文化的交流与繁荣。我们一定要牢记编辑的职责，更好地服务社会、服务读者。

4. 宣传图书，帮助读者认识图书

编辑要把优质的图书提供给读者，又要做好"售前售后服务"工作，撰写图书介绍、评论，还要写一些有关读书知识的文章，培养文化层次较低的读者良好的读书习惯、科学的读书方法等，帮助广大读者更好地了解和使用图书，使他们从中吸取有益的文化滋养。编辑可以约请、组织有关人员撰写书评，但应提倡编辑自己写。因为编辑是书稿的第一位读者，对书稿往往有公允的评价，而且在审稿中有较详细的记录，这些都是撰写书评的基础。宣传图书，也是开发图书市场的需要。目前，不少出版社对此认识还不够，做得还不够，应大力加强，以适应社会主义市场经济发展的需要。

社会主义精神文明重在建设，读者也需要创造。

原载《中国出版》，1994年第11期，"人大复印资料"全文转载

在专著和教材上下功夫

——大学出版社优化选题浅议

大学出版社是我国出版队伍中的一支生力军，为繁荣我国的出版事业和图书市场，多出好书，特别是多出高质量的学术专著和教材，做出了积极的贡献。今天，大学出版社如何适应社会主义市场经济发展的需要，更快更好地建立和健全良性竞争机制，从而在激烈的市场竞争中立于不败之地，这需要做多方面的努力。不断地优化选题，在专著和教材上下功夫，确是至关重要的一环。

大学出版社在专著和教材上下功夫优化选题，是办社宗旨和任务决定的。大学出版社是学术性很强的出版单位，为教学和科研服务，为师生服务，是大学出版社的根本；同时她也以出版专著和教材作为展示高校教学和科研成果的一个重要窗口。事实上绝大多数出版社也正是努力这样做的。目前大学出版社占全国出版社总数的18%弱，出书总数仅占全国近年出书总数的1/10至1/8，而其中专著和教材却占了全国出版社新出专著和教材总数的一半左右。大学出版社出版了不少有影响的、高层次的学术专著和高校教材，就是在“出书难”的境况下，不少专著和教材也在大学出版社投入大量的人力、财力后得以出版。这是众所周知的事实。虽然当前大学出版社也正加快改革的步伐，转变经营机制，适应市场经济发展的需要，但我认为，无论怎样进行改革，大学出版社为教学和科研服务、为师生服务的宗旨不能变，以出版专著和教材为主的任务不能变。

大学出版社在专著和教材上下功夫优化选题，也是图书市场的需要。如何遵照十四大的精神，在社会主义市场经济中不断发展、壮大自己，这是新形势对大学出版社提出的新课题。大学出版社要根据图书市场需要来优化选题，扩大发行，服务市场。大学出版社靠什么图书走向市场，我认为其优势主要在于专著和教材。为教学和科研服务、为师生服务，这不是一个口号，而是大学出版社适应市场经济需要的具体行动。大学出版社的最大读者群是在大专院校和科研技术部门，即知识分子“成堆”的地方。他们所需要的图书，是大学出版社制定选题的重要根据。大凡这样做了的大学出版社就越办越兴旺。地处中南的一家重点大学所属出版社成立10年来，坚持“四个结合”，即与教学工作相结合、与科研工作相结合、与重点学科建设相结合、与师资队伍建设相结合，出版了一批高质量的专著和教材（最多时占当年所出图书的89%），走出了一条为教学和科研服务的新路子，成为我国高校文科教材出版的基地之一。

大学出版社在专著和教材上下功夫优化选题，是形成自己风格特色的必由之路。出版社应有自己的风格特色，大学出版社亦然。而大学出版社要形成自己的风格特色，必须从自己的性质、任务和办社宗旨，从图书市场和读者需要上去开创，也就是说，要从专著和教材上去下功夫优化选题，这样才能形成自己的风格特色，塑造自己的形象。世界上一些著名的大学如牛津大学等所属的出版社，也都是以出版高质量的专著和教材闻名于世，形成自己的风格特色的。我国一所医学院校出版社，虽由于专业学科性质所限，出书范围是较窄的，但他们积极发掘、整理祖国医疗药学遗产，从我国传统医药学宝库中开拓、优化选题，发挥学院专业人才优势，出版祖国医药学专著和教材，形成了自己的风格特色，不仅基本满足了国内图书市场的需要，而且打入了世界图书市场，取得了极好的社会效益和经济效益，成为大学社中开发外向型图书的佼佼者。华东地区两所大学出版社，根据各自学校的专业设置，充分利用雄厚的师资力量，瞄准高校教材，积极开发选题，分别组织编写、出版了一种大学通用教材，年年重印，长销不衰，印数累计达几百万册以上，令同行垂涎。事实说明，大学出版社只要发挥自己的优势，在专著和教材上下功夫，就能形成自己的风格特色，不断开辟图书市场，出版社能越办越兴旺。

大学出版社有在专著和教材上下功夫优化选题的较好基础。大凡成立了出版社的高校，都有一大批专业技术人才，教学、科研力量雄厚，有较多的图书资料和较先进的仪器设备；既有一批知名的作者（据抽样统计分析，全国所出的专著和教材的作者70%左右在高校），又有一批可靠的专著和教材的审定者。“背靠大树好乘凉”。这既是办好大学出版社的可靠基础，也是大学出版社的优势。事实上，全国大学出版社都尽自己最大的努力出版专著和教材，并做出了可喜的成绩，取得了不少的经验。大学出版社自80年代中期有较大发展以来，每个社所出专著和教材都占各自出书总数的30%~70%左右，不少社还高达80%～90%。一所我国最著名的重点大学所属的出版社，虽然所出图书专业性较强，品位也较高，但他们注意发挥学校教学和科研优势，在专著和教材上显示其特色；每年出书200多种，几乎都是专著和教材，但不少图书走向世界市场，获得了较好的双效益。她以其所出图书的高质量，受到同行专家和广大师生、科技人员的好评，在国内外出版界和广大读者中树立了极好的形象。

在专著和教材上下功夫优化选题，是一大批办得较好的大学出版社的成功经验，也是近两年来大学出版社评估中得出的共识。可是面对激烈的图书市场的竞争和改革开放的新形势，当前有一些大学出版社在选题上出了些偏差，为着一时的经济效益，偏离了大学出版社的办社宗旨和主要任务，争着出一些“地摊图书”、“旅途图书”，甚至出一些格调不高的、“不三不四”的图书。这是极不应该的。大学出版社一定要发挥在专著和教材上下功夫优化选题的成功经验和优势，在竞争和改革中走正路，不断壮大、发展自己，共同创造大学出版社的风格特色，塑造自己的形象。

原载《中国出版》，1993年第6期

出好高质量的教材和专著

——谈大学出版社的图书特色

作为我国高等教育事业和出版事业的一个重要组成部分的大学出版社是沐浴着党的十一届三中全会的阳光发展起来的。若从1979年中国人民大学、华东师范大学、北京大学等经批准恢复或组建的大学出版社算起，大学出版事业已历经了十五六年时间，目前已有大学出版社96家（包括音像出版社共近150家）。10多年来，大学出版社遵循为社会主义服务、为人民服务的方针，牢记为教学和科研服务的办社宗旨，认真出版好高质量的教材和学术著作，取得了丰硕的成果，基本上形成了一个专业分工较为合理、学科结构较为全面的出版体系，正在逐步成为我国出版学术著作和科学、文化、教育读物的重要基地，成为反映我国高校教学和科研水平，展示国家科学文化发展水平的一个重要窗口。

大学出版社的图书特色是什么？虽然意见不尽一致，还未达成共识，而认真出好高质量的教材和专著，是其图书的一个主要特色，应是不容置疑的。

认真出好高质量的教材和专著，是我国成立大学出版社的宗旨决定的。1986年11月6日李鹏同志视察辽宁大学出版社时题词："出版为教学科研服务。"去年一位中央领导同志曾在有关部门上报的大学出版社情况报告上批示："大学出版社是需要的，主要是出版教材、专著、学习参考书籍。"为教学和科研服务，是大学出版社鲜明的办社宗旨，出好高质量的教材和专著是大学出版社的主要任务。这个问题早在1986年国家政委、原国家出版局联合召开的全国第一次大学出版社工作会议上，就明确地提了出来：第一，繁荣教材建设，推动教学工作；第二，出版学术著作，推动高校科研工作的开展；第三，鼓励中青年教师总结教学经验与学术交流，著书立说，加快培养中青年教师的步伐；第四，促进高等学校的教学科研成果在国内外进行交流。大学出版社在10多年来的建设、发展中也是这样做的。据统计，大学出版社的教材和专著占出书总数的70%左右，有的社高达80%以上。例如，到1993年底，清华大学出版社共出新书1063种，其中教材、专著和科技图书占95%以上；北京大学出版社共出版各类图书2300多种，而教材和专著就占1900多种。15年来，大学出版社共出版教材就占65%，极大地支持和推动了我国多层次、多类型高等教育事业的发展。如西安交通大学出版社组织校内77位专家、教授，历时8年，编撰出版了“研究生系列教材”50种，1300多万字。研究生教材是教学和科研的结合点。这套教材是该校各系各专业多学科带头人的科研成果。反映了该校教学、科研的总体水平，填补了我国研究生教材的空白，被国内外许多高校采用。

15年来，大学出版社共出版学术著作（含科技图书）2万多种，仅1993年就出版3600多种。清华大学出版社选定计算机专著和科技图书作为开发重点，共出版8个系列，470多种，其中骨干产品达262种，占领了国内计算机图书市场，较好地满足了社会上不同层次读者的需要。武汉大学出版社从1988年开始，首先在大学出版社中建立了学术著作出版基金，经过多年的努力，已出版武大学术丛书50多种。他们组织出版社或将要出版的《魏晋南北朝历史研究丛书》、《经济发展理论研究丛书》、《当代美国经济研究丛书》、《中国社会主义市场研究丛书》、《社会主义文艺学丛书》、《人口发展丛书》等被列为国家或国家教委的重点图书规划。这些学术著作的出版，不仅推动了理论研究工作的开展，同时也确立了出版社的学术地位，而且为一大批青年教师的脱颖而出做出了重要贡献。

大学出版社出版的高质量的教材和专著，不但较好地满足了高校教学、科研的需要，确立了大学出版社在出版界的地位，也提高了整个图书出版的层次，对出版繁荣和国家学术文化的繁荣做出了贡献。但是，我们也要清醒地看到，在大学出版社的建设、发展中，也有少数出版社在新形势下，路子走偏了，为了所谓的“经济效益”，出版了一些格调低下、内容有严重问题的图书。如在1992~1993年就有13家大学社的27种图书被有关部门通报批评取缔，其中有3 家社被停业整顿（现已恢复），一家社被整顿（不停业），有3家社被限制出书范围。问题的严重性和集中程度是10多年来少见的，造成了极坏的影响，其教训是十分深刻的。究其原因是多方面的，而背离了大学出版社的办社宗旨，不着力去出版好教材和专著，是根本的一条。这从反面告诉我们，大学出版社只有牢记办社宗旨，认真出好教材和专著以及学习参考书籍，才是正道。

出好教材和专著是大学出版社的优势和特色。国内著名出版社和国外牛津等著名大学出版社都是以其自身的优势和特色创造“名牌”，赢得市场，赢得读者的。优势和特色要有规模、有层次、有系统，但又是不断在实践中、在市场竞争中形成的。出版社只有在竞争中始终保持、发展自己的优势和特色，才能在市场竞争中争得主动权，赢得广大读者。在我国社会主义市场经济发展的新形势下，大学出版社也要走向市场，参与竞争，这就更要求大学出版社发挥自己的优势和特色。

大学出版社的优势和特色就在于出好高质量的教材和专著（包括科技图书），必须在这方面多动脑筋，花大力气。为此，必须充分发挥学校的学科和人才优势。高等学校学科多、门类全，是我国最大的人才库，也是我国教材和专著这些高层次图书的作者基地（据有关统计材料，我国教材、专著的作者70%在高校）。特别是成立出版社的高校，不仅师资队伍较强，人才济济，而且教学研究设备、图书资料等条件都较好。不少大学出版社就依靠了学校的学科和人才优势，积极发掘其智力资源，充分利用学校教学和科研的优秀成果，根据国内外学术动态和发展状况、教学和科研的需要、图书市场和读者的需要，不断开发、设计新选题，逐步形成了自己优势和特色。

清华大学出版社选择计算机类图书的出版作为突破口，不仅有高层次的教材和专著，也有普及类读物，还有各种系统软件和应用软件，形成了“全方位、多层次、内容新、质量高”的特色。他们组织本校教师编撰的《微型计算机原理与应用》等图书，一直是国内图书市场的抢手货，成为该社的“拳头产品”，以其优势占领了国内1/3的计算机图书市场，1993年发行码洋达4000多万元。

北京医科大学、协和医科大学联合出版社依靠学校雄厚的教学科研力量，建社4年，就整理出版了医学教材和专著200多种。如帮助我国脑电图专家、92岁高龄的冯应昆教授整理了3945个病历，出版了我国首部《脑电图》专著，在国内外医学界引起了很大反响；该社出版的《灾难医学》一书，引起了世界卫生组织的高度重视，该组织主席哥恩教授亲来北京参加首发式。他高度评价了该书的科学性和实用性，称赞该社为人类战胜灾难做了一件十分有意义的工作。

成立仅8年，地处祖国南疆的广西师范大学出版社充分利用学校人才和地域的优势，并联络兄弟院校知名学者，组织编写、出版了国家和国家教委“八五”规划重点图书《抗日战争史丛书》（30种）、《桂林文化城大全丛书》（23种）、《中国少数民族大辞典系列》（57种）、《现代理科丛书》和《中国古代诗话词辞典》等专著，以及受国内国外同行好评的研究生教材《同调代数》及一大批大专教材。

上海中医学院出版社本来出书面较窄，但他们充分发挥优势，积极发掘祖国医学遗产，出版了一批中医药学教材和专著，受到国内外医药学界的重视，境外出版界纷纷购买版权，成为大学出版社版权贸易中的佼佼者。

实践证明，大学出版社充分发挥高校学科和人才优势，在教材和专著上下功夫，就能形成出版优势和自己的图书特色。

大学出版社教材和专著应以质量为本。高质量，也应是大学社的图书特色之一。

图书质量是一个整体概念，一个系统工程，贯穿图书出版的全过程。它包括选题质量、书稿质量、编审质量、封面装帧设计质量和排、校、印、装质量等。要真正提高图书质量，不能放松每一道工序。近几年来，多数大学出版社重视质量问题，使图书质量上了一个新台阶；不少社还制定制度，采取措施加强质量管理。武汉大学出版社、华中理工大学出版社（现华中科技大学出版社）等几年前就制定了“质量管理暂行规定”，成立了由社长、总编挂帅的质量管理小组，在图书编印的整个流程的各个阶段设立了质量监督员，每年开展图书质量检查评比活动。广西师范大学出版社等设立了质量检查室等专门机构，这一切，都有利于促进图书质量的提高。

当前我国出版界正在从总量增长向优质高效转移。大学出版社要抓住时机，进一步树立全员质量意识，更好地开发选题，建立严格的质量管理制度，采取切实可行的措施，为社会和广大读者奉献更多高水平、高品位、高质量的教材和专著，为繁荣我国的出版业做出贡献。

原载《中国出版》，1995年第2期

出版更多的精品图书

——浅论大学出版社的质量意识

面对社会主义市场经济大潮，大学出版社同样要参与竞争。在竞争中，大家逐步形成了一个共识：社会主义图书市场应该更好地为读者服务，应该向读者提供精品图书；质量是出版物的生命，也是出版工作的核心，图书市场的竞争是图书生产的速度、价格、质量的竞争，而其中最重要的是质量的竞争；在新形势下，出版工作者贯彻为人民服务、为社会主义服务的方针，就要不断提高精品意识，为广大读者和社会出版更多的精品图书，贡献更多更好的精神食粮。精品意识的增强，有力地促进了图书质量的提高。最近举办的1994年大学出版社图书看样订货会展销的1万多种图书，特别是同时举办的大学出版社图书精品室陈列的图书，都是大学出版社精品意识的体现，是他们多年坚持不懈，努力提高图书质量的辛勤劳动的结晶。获得首届国家图书奖和提名奖的《东晋门阀政治》、《冼星海全集》（7卷）、《国际私法》、《时间序列分析的工程应用》（上、下）、《高心叶轮的内流理论基础》、《高含沙水流运动》等，就是其中的代表。

我国大学出版社是沐浴着党的十一届三中全会的阳光发展起来的，10多年来，由当时的两家发展到现在的95家。大学出版社要提高出书质量，多出精品图书，就要发挥自身的优势和特色。大学出版社的优势和特色就在出版学术专著和教材上。近年来，大学出版社每年出书总数1万种左右，而学术专著和教材就占70%左右，有的社高达80%以上。如北京大学出版社成立14年来，共出版各类图书2300多种，而学术专著和教材就占1900多种。占全国出版社总数近1/6的大学出版社出版的学术专著和教材，占全国同类图书总数约60%。大学出版社是我国出版界的生力军，为出版高质量、高品位、高层次图书，促进我国出版业的繁荣作出了积极的贡献。在这方面不少社在全国出版界和广大读者中颇有名气，如清华大学出版社出版的有关计算机的学术专著和教材，就有8个系列，470多种，其中重点图书达260多种，占领了同类图书国内60%的市场，仅去年就发行了300多万册；北京大学出版社为整理祖国优秀文化遗产，弘扬中华民族文化传统做出了积极贡献，他们出版了《国学丛书》、《全宋诗》等一大批文化类图书，并依靠该校人才优势，出版了著名数学家丁石孙教授主编的《数学丛书》等，反映了我国各学科领域的最新科研成果，引起了国内外同行专家的极大关注；西安交通大学出版社组织该校77位专家、教授历时8年，编撰出版的《研究生系列教材》50种，1300多万字。研究生教材是教学和科研的结合点。这套教材是该校各系各专业众多学科带头人的研究成果，反映了该校教学、科研的总体水平，填补了我国研究生教材的空白，不仅被国内许多高校采用，还被国外许多高校采用。

选题是提高图书质量的前提和基础。大学出版社不断加强质量意识，多出精品图书，就要在选题上下功夫。要多调查研究，了解国内外学术动态。根据教学和科研的需要、图书市场和读者的需要，发挥高校人才优势，不断开发、设计新选题。高校是我国最大的一个人才库，也是我国精品图书作者基地（据有关统计材料，我国学术专著、教材等精品图书作者70%在高校）。特别是成立了出版社的高校，不仅人才济济，而且教学科研设备、图书资料等条件都较好。不少大学出版社就依靠了这种优势，开发出了不少好选题。

开发好选题，就能不断提高图书质量，树立出版社的良好形象。图书质量是一个整体概念，它贯穿图书出版的全过程，所以图书质量问题，是一个系统工程问题。它包括选题质量、书稿质量、编审质量、封面装帧设计质量和排、校、印、装质量等，要真正提高图书质量，不能放松每一道工序。过去由于主观认识和客观条件等原因，大学出版社的图书往往重视选题、书稿、编审质量，而对封面、装帧设计、印制质量等却重视不够，并以“庄重”、“大方”自恃，因而所出图书在设计、印装质量上是存在不足的，与地方出版社有明显差距，与国外所出的学术专著与教材相比则差距更大，并在对外版权贸易上吃过亏。近几年来，由于认识上的提高，并为满足国际交往的需要，与国际接轨，不少大学出版社在积极开发选题、努力提高书稿、编审质量的同时，狠抓了封面、装帧设计和印制质量，重视了图书的“包装”，在这方面上了一个新台阶，这是展销会上几百位书店代表的共识。

抓质量要领导重视，有制度、措施作保证。几年来，武汉大学出版社、华中理工大学出版社（现华中科技大学出版社）等制定了“质量管理暂行规定”，成立由社长、总编挂帅的质量管理领导小组，在图书编印的整个流程的各个阶段设立了质量监督员，每年开展图书质量评比活动，收到了较好的效果。武汉大学生出版社成立12年来，出书1500多种，获国家、省部级优秀图书奖220余种。去年新闻出版署颁发《图书质量管理办法》后，广西师范大学出版社等设立了质量检查室等专门机构，并制定了具体措施，进一步促进了编辑、出版人员质量意识的提高。

不断提高图书质量是出版界的长期战略任务。今年是我国出版界由实际存在的总量增长阶段向优质高效阶段转移的关键一年。随着大学出版社全体人员质量意识的进一步提高，定能为广大读者和全社会奉献出更多的精品图书。

原载《中国教育报》，1994年5月1日

构建高层次的作者队伍

——浅议大学出版社的作者意识

在改革开放的大环境下，我国大学出版社得到迅速发展。大学出版社从历史的经验和现实的实践中逐渐形成了一个共识：要办好大学出版社，就要有强烈的作者意识，构建高层次的作者队伍，紧紧依靠一流作者，才能获得高质量的书稿，编辑、出版更多的精品图书。

一、以校内作者为基础，发挥人才优势

建立出版社的大学，多是办学时间较长，学科设置有特色，师资力量强，学术水平高，教学图书设备较好的。这是大学出版社发展的重要的依托。高等院校既是我国最大的人才库，又是高层次图书的作者基地。据统计，我国大学教材、学术专著等高层次图书的作者70%以上在高校，他们是大学出版社作者队伍的基石。大学出版社要变学校的优势为出版社的优势，就要充分发挥高校的人才优势，以校内的作者为基础，构建自己的作者队伍。这是大学出版社作者意识的突出体现。受中宣部、新闻出版署表彰，荣获国家教委先进高校出版社称号的北京大学出版社，在全国各级各类图书评奖中，有占出书总数13%的图书获奖，其中半数以上获国家级和部委级优秀图书奖。他们出版的图书，60%以上是校内作者的著作。

二、主动策划选题，形成特色图书作者队伍

成立出版社的高校类型不同，学科有异，但在社会主义市场经济大潮中，都要面向市场，迎接市场挑战。这就必须发挥自己的优势，办出特色，建立出版社的形象。为此，就要主动策划选题，形成特色图书的作者队伍，才能赢得市场和读者。清华大学出版社成立后就重视计算机类图书的策划、出版，因为计算机技术对于我国科学技术的发展、生产的促进具有极为重要的意义，并有强劲的发展趋势。于是他们组建了质量好、有相当数量的计算机学科的作者队伍。10多年来，该社策划、出版了计算机专业、非计算机专业、培训和自学考试辅导三大系列教材，以及计算机普及类的9个系列图书和工具类、专著类、资料类计算机图书，共达500来种，几乎覆盖了计算机学科的全部领域，形成了“全方位、多层次”的较大规模，具有鲜明的特色，受到同行的青睐和广大读者的欢迎。建于1981年的复旦大学出版社，近几年立志改革，开门办社，主动出击，根据学术动态、市场和读者需要，主动策划选题，选择作者组稿，改变了原来的被动局面。

三、向校外滚动，发挥辐射作用，组成强大的高层次作者群体

高校出版社在依靠校内作者的基础上，还应通过学术活动、科研交流等渠道向外滚动，发挥辐射作用，组成强大的高层次作者群体。

北京航空航天大学出版社1985年成立时，学校自动控制等系已有三个点搞单片微型计算机开发技术的研究。根据国家发展需要和该社条件，他们先后出版了何立民教授等校内作者撰写的《单片微型计算机原理及应用》等三种单片机图书，累计印数达40余万册。从此，该社抓住机遇，发挥优势，选择单片机作主攻方向，集中力量组建了由校内外专家“滚动”而成的单片机专业书籍的作者群体，现已达300多人，在单片机图书出版上形成了特色，并向纵深发展，同时横向扩大覆盖面。现该社仅单片机图书就出版了45种，总印数达130万册。该社作者队伍还通过出国人员“滚动”到了国外，今年就有两部书稿是国内外专家合著的。

广西师范大学出版社成立近10年来，一直重视构建一流的作者队伍。他们采用“走出去”、广聘“天下贤”的做法，主动策划选题，出版了一批有价值、有影响的图书。如被中宣部、新闻出版署确定为18种“二战”重点书之一的《抗日战争史》丛书（20册），列为国家教委“八五”社科重点图书规划的大型丛书《中国少数民族大辞典系列》、《桂林文化城大全》等。由于出书有特色，两个效益好，该社荣获国家教委授予的先进高校出版社称号，被评为教材管理先进单位。

依靠专家、学者创“名牌”，是大学出版社作者意识的一个体现。多年来，大学出版社用“滚动”法，依靠校内外专家、学者联合撰稿，出版精品图书，创“名牌”，取得了显著效果，走出了一条成功之路。隶属于上海外国语大学的上海外语教育出版社组织北京大学、复旦大学等6所全国重点大学的知名教授，历时多年，联合编写了一套新中国成立以来规模最大的大学公共英语教材——《大学英语》（共46册），成为“名牌”图书。这套图书连续被全国800多所高校采用，长销不衰，已达几百万册，获国家级优秀教材特等奖的殊荣。几年来中国政法大学出版社组织本校和北京大学、中国人民大学、公安大学、西南政法学院等（现西南政法大学）院校一批全国著名老法学家和其他学者编写了一批涉及古今中外的法学经典著作，为发展我国法学教学和科研做出了一定贡献，同时也为我国的立法工作和法制建设尽了一份力量。

经过几年的工作实践，大学出版社的许多同行认识到，以专家、学者为核心的高层次的作者队伍是大学出版社的强大后盾。有了高层次的作者队伍，就能出版更多的精品图书，就能更好地促进大学出版社的发展和出版事业的繁荣。

四、扶植学术新人，培育中青年作者，不断为作者队伍输送新鲜血液

扶植学术新人，培育中青年作者，既是发展、繁荣出版事业的需要，也是发展、繁荣学术事业的需要，培养跨世纪人才的需要。把扶植学术新人，培养中青年作者放在重要位置，不断为作者队伍输送新鲜血液，是大学出版社持久繁荣的重要保证。

南京大学出版社成立以来就把扶植中青年学术带头人（包括中青年骨干教师）作为构建作者队伍的重点。近10年来，该社为学校新建的国际商学院、法学院、医学院、环境科学与工程系等10多个院系的中青年骨干教师出版了一大批教材和专著，既有力地支持了学科建设，又促进了师资队伍建设，达到了“既出书，又出人才”的目的。国际商学院有20多名青年教师由于学术著作在校出版社及时出版，被提升为教授或副教授。副院长洪银兴教授称出版社是“教授、副教授的摇篮”。青年学者张伯伟在该社出版了《钟嵘诗品研究》等专著，学术地位大大提高，现已成为学校确定的青年学术带头人。

“扶植学术新人，使他们脱颖而出”，是复旦大学出版社十分注意的一个方面。出版社积极为一批年轻的教学科研骨干出版教材和专著，使他们在原有领域内研究得更为深入，提高了知名度。目前他们中许多人已成长为学科带头人，有的担任了系所的领导职务。为了给年轻学子发表学术成果创造条件，该社还出版了《复旦大学博士丛书》。

中国政法大学出版社双管齐下，在认真出版好老法学家著作的同时，狠抓优秀中青年法学家（大部分是破格提拔的法学教授或法学博士）的著作。该社近年组织编写、出版了《中青年法学文库》。该文库包括《刑法哲学》、《侵权行为归责原则研究》、《刑事诉讼构造论》、《西方法哲学史纲》等学术著作，受到学术界的好评，荣获中国图书奖。

原载《中国出版》，1995年第10期

大学出版社编辑的读者服务意识

编辑的服务意识应体现在为作者服务和为读者服务两个方面。大学出版社编辑的读者服务意识则集中体现在为教学科研服务、为广大师生服务。

为教学科研服务，是大学出版社编辑人员读者服务意识的基本点和出发点。大学出版社的读者群主要是高校师生和科研单位人员，为他们编辑出版各种优秀教材和高层次、高品位、高质量的学术专著，最大限度地满足教学科研的需要，是大学出版社编辑的主要任务。当下全国大学出版社每年出书约1万种，而学术专著和教材占70%左右;占全国出版社总数近1/5的大学出版社，出版的学术专著和教材就占全国同类图书总数的一半以上。成立仅8年的广西师范大学出版社，出版的学术专著和教材也占出书总数的70%以上。为教学科研服务既是大学出版社的办社宗旨，也体现了大学出版社的优势和特色。

为广大师生服务，是大学出版社编辑人员读者服务意识的落脚点。为广大师生服务，编辑人员就要想师生之所想，急师生之所急，从编辑出版工作上为师生办实事。要不断开拓新的选题，出版他们所需要的图书。长期以来，包括东方文化、东方美学、东方文学、东方文艺理论、中西比较等内涵的“东方”研究，在我国、在世界上都是比较薄弱的。近年来，该领域引起了高校师生的关注，逐渐成为研究的热点。为了满足广大师生的需要，推动关于“东方”的教学和研究，广西师范大学出版社编辑出版了50多万字的《新东方文学史》（古代・中古部分），因其内容丰富、资料翔实、体例新颖而受到同行专家和广大师生欢迎。之后，该社又组织编辑出版了专门研究“东方”，反映最新研究成果的系列丛书《东方丛刊》，两年来已出版了8辑，汇集了近200篇首次发表的论文。现在该社正在编辑各为80多万字的

《中国研究东方美学文献》、《中国研究东方文艺理论文献》两个集子，分别辑收了新中国成立以来的论文精粹。大学出版社的编辑人员根据学科领域的发展动态、教学和科研的需要，主动提出、策划选题，为广大师生提供急需图书，这是编辑主体意识、超前意识的体现，也是读者服务意识的体现。

服务读者，还要影响读者，给读者以正确的导向，也就是用图书去创造读者，这是编辑的读者服务意识的另一方面。一批好书可以培养一批人、一代乃至几代人，一批坏书可以毁灭一批人、一代人。这是不可否认的事实。创造读者就是编辑人员用自己的创造性劳动所生产出来的图书去启迪和帮助读者意识到他们未曾意识到的需要（有人称之为潜在的需要），进而提高他们的思想文化素质和精神境界；也包括用图书去培养读者的情趣、爱好、科学的读书方法、习惯等，逐步提高他们的读书层次。该社编辑、出版“东方”系列图书，以期引起广大师生和科研人员对有待开发的“东方”研究领域的重视，也是用精品图书引导读者、创造读者，也是一种健康、文明、正确的导向。

原载《大学出版》，1995年第2期

加强读者服务意识

作为图书生产过程中的组织者并处于作者和读者中介地位的编辑，既要为作者服务，也要为读者服务。编辑的服务意识应体现在这两个方面。我从事大学出版社编辑工作，多年来的实践，特别是在编辑《东方丛刊》、《新东方文学史》等有特定的内涵的“东方”领域研究的学术专著和高校教材中感受颇深。

加强读者服务意识，要求编辑在审编书稿时为读者着想。大学出版社的办社宗旨和性质决定了应以出版学术专著和高校教材为己任，积极为教学和科研服务，为广大师生服务。既要为他们编辑高层次、高品位、高质量的精品图书，又要为他们提供教学和科研上需要的用书。长期以来，包括东方文化、东方美学、东方文学、东方文艺理论、中西比较等内容的“东方”研究，在我国、在世界上都是较为薄弱的。为了推动东方文学的教学和研究，我们编辑出版了三位青年学人花了多年时间，写成的50多万字的《新东方文学史》（古代·中古部分）。因其内容丰富、资料翔实、体例新颖而受到同行专家和广大师生欢迎。之后，我们又组织编辑出版了专门研究“东方”、反映最新研究成果的系列丛书《东方丛刊》。两年来已出版8辑，汇集了近200篇首次发表的论文。现在我们正在编辑各为80多万字的《中国研究东方美学文献》、《中国研究东方文艺理论文献》两个集子，分别辑收了新中国成立以来的论文精粹。我们这样做，就是想在“东方”这个领域，出版一个图书系列，形成我们社的特色；同时也是为了更好地为高校教学和科研服务，满足广大文科师生的需要。在实践中我们认识到，大学出版社的编辑人员能根据学科领域的发展动态、教学和科研的需要，主动提出、策划选题，为广大师生提供精品图书，体现了编辑的主体意识、超前意识，也是读者服务意识。

读者服务意识的另一个重要方面，就是要用图书去创造读者。图书是可以影响读者、创造读者的，如用图书去培养读者的情趣、爱好，科学的读书方法、习惯等，逐步提高他们的读书层次。我们编辑、出版的“东方”系列图书，既是一种导向，以期引起广大师生和科研人员对尚为薄弱和有待开发的“东方”领域的重视，也是创造读者。引导他们正确认识“东方”领域及其作品。为教学和科研的需要，也为正确引导读者更好地认识该书，我们还将有关的论著以存目形式列举出来。计59部（篇）。

我们在编辑《东方丛刊》时，特意设置了两个附录。一是“中国研究、教授东方美学、东方文艺理论、东方文学、比较文学人员名录”，计四五十人，列出他们的姓名、地址、职称、研究方向和教授课程等。二是“东方书目”，每辑按东方文化书目、东方美学书目、东方文论书目、比较研究书目、东方文学书目五个方面，列出已出版的有关研究“东方”的著作三四十部，并列出作者、出版单位、时间、字数等。这样做，广大读者极为欢迎，他们称赞说：“你们促进了大家横向联系”，“使我们变个体研究为群体研究，有利于加强队伍的力量和建设”。专家们称赞这种做法是“体例上的大胆革新”，“心贴着我们读者，想得真周到，为教学和科研又做了一件实事”。

随着市场经济的深入发展，图书市场竞争会日趋激烈。我们编辑人员一定要坚持为人民服务、为社会主义服务的方向，更好地树立读者服务意识，编辑、出版更多的精品图书。

原载《中国教育报》，1994年7月10日

精心作嫁衣　努力创名牌

——谈新时期出版工作者应有的职业道德修养

“为他人作嫁衣裳”，既是出版工作者的职业性质和特点，又是出版工作者应有的一个重要修养，更是对出版工作者奉献精神的礼赞。在社会主义市场经济不断发展的新形势下，对出版工作者的职业道德修养要求更高，更要发扬“作嫁衣”的精神，为出精品、创名牌作出新的、更大的贡献。

一、主动出击，走进名家

在市场经济的大潮中，编辑只做“案头”工作是不够的。编辑要了解市场、了解读者、适应市场、适应读者、主动出击，敢于走进名家，策划组稿，这样制作出的“嫁衣”，才会是精品、名牌。

新中国成立后，我国美学界历经了两次大讨论，带来了学术上的两次大繁荣、大促进。特别是20世纪80年代初的第二次大讨论，涌现、形成了许多不同的美学流派和名家，他们潜心研究，著述颇丰，发表了许多反映自己学术研究成果的论文，其中不少是属争鸣性的。我多年来关注我国美学动态，和我国一些知名美学学者有交往，并多次参加一些全国性的美学会议和活动，深感美学学术专著出版的匮乏。世界美学界对我国美学发展现状知之甚少。为了更好地反映我国当代美学研究的最新成果，让世界美学界更好地了解我国当代美学发展状况，促进我国美学界走向世界，我构想组织编辑出版一套有关我国当代著名美学家反映各自美学观点的学术专著丛书。我的想法得到社领导的积极肯定和大力支持。为了做好这一工作，我向我国近20位有影响的老、中、青美学学者说了我的想法，并征求了他们的意见，得到他们的赞同和支持。并定名为“中国当代美学流派名家论丛”。为搞好这套丛书，我提出了具体的构想：1. 组稿对象是我国当代不同观点、流派的美学名家；2. 收作者近5~10年来发表的代表自己最新美学观点的论文结集，形成专论性的学术论集；3. 统一要求，统一装帧设计、印制，成为有统一风格的学术丛书。之后，我走近名家，主动向他们组稿，得到他们的支持。目前已出的论集有：我国美学界德高望重的老前辈、原中华美学学会副会长、学会顾问、复旦大学博导蒋孔阳教授的《美在创造中》，论集充分展示了当代中国美学“第五派”——蒋先生的以实践论为基础、以创造论为核心的审美关系说，即是以马克思《1844年经济学—哲学手稿》中“人的本质力量的对象化”和“自然的人化”的思想为主论的主要依据，从人与现实（自然）的审美关系的历史形成入手来揭示美和美感的诞生及本质的学术思想；现任中华美学学会会长、世界美学学会执委、中国社科院原常务副院长、学术委员会主任汝信研究员的《论西方美学与艺术》，展示了作者从西方哲学史研究跨入西方美学研究，并“尝试用另一种方式去研究美学，那就是通过人类创造的卓越艺术作品，结合个人鉴赏的体验进行美学探索”的最新研究成果；中华全国美学学会副会长、实践美学的主将、武汉大学刘纲纪教授的《传统文化、哲学与美学》，展示了作者从哲学切入美学研究、联系中国传统文化进行美学研究的成果；中国美学学会原常务理事、世界美学学会原执委、“美是和谐”的倡导者、山东大学博导周来祥教授的《再论美是和谐》，展示了作者“从‘美是和谐’这一抽象规定开始，不断地向理性具体提升，进一步探讨了它的哲学方法论基础，探讨了这一抽象规定展开的逻辑中介和历史环节，以及美学范畴辩证发展的过程”的研究成果；等等。

这些论集出版后，受到学术界的重视和称赞。在多次全国性的美学学术会议上，与会者都高度评价这套书的出版：“这是对我国美学界做的一件大好事，有助于美学研究的发展和繁荣。”去年汝信同志携带他的《论西方美学与艺术》参加世界美学会议，与各国美学界同行交流，受到他们的好评：“从精美的图书中看到了中国同行的最新研究成果。”我国传媒也对这套丛书的出版做了报道。《中国图书评论》载文指出了这套美学丛书出版的价值；《中国教育报》、《中华读书报》等报刊刊登了书评和论集的序等。近几年来，我社先后出版了我国老、中、青学者20

多种美学教材和专著，形成了我社的出书特色，受到了学术界和出版界同行的称赞。

近年来，有人提倡“编辑要学者化”，这是有一定道理的。这就要求编辑在新时期做好“案头”工作、练好“案头”功夫的同时，努力学习专业知识，使专业知识造诣达到尽可能高的程度，了解相关专业的研究动态和现状，参与专业学术活动，结交相关专业的学者名家，使自己逐步成为“学者型”编辑，这样才能走进名家，策划、组到高水平的书稿，出版好学术专著。“中国当代美学流派名家论丛”就是这样做的一个结果。

二、全程参与，共育精品

在新形势下，有人提倡“编辑要研究”，成为“研究型”编辑。这就要求编辑在做好本职工作的同时，多参与学术研究活动，早介入、早参与，与作者一道共同培育出高品位的学术图书。我做责任编辑的《广西各民族宗法制度研究》一书，就是早介入，全程参与作者的学术研究活动，共同制作出的光彩照人的“嫁衣”——一部“民族宗法文化研究的创新力作”。

我与该书的主要作者、我国第一批享受政府特殊津贴的著名的宗法文化研究专家钱宗范教授结交已有10多年，从他那里我学到了有关宗法文化的知识，了解了该学术领域的研究动向，并试着撰写、发表了一些评述宗法文化研究的文章。1992年下半年，钱教授跟我谈到申报原国家教委人文社会科学研究“八五”规划的事。我们认为，钱教授和他的研究群体，以宗法文化研究见长，而在全国从事宗法研究的人不多，领域不开阔，而钱教授20世纪80年代末出版的、历经20多年潜心研究并撰写成的《周代宗法制度研究》一书，刚获国家教委人文社会科学优秀学术专著二等奖，受到学术界的好评，以钱教授为首的研究群体所在的广西师大被学术界公认为我国宗法研究两个基地之一。为此，决定还是申报有关宗法文化研究的课题。为了选好方向，我们征询了我国著名太平天国史专家钟文典教授等学者的意见，他们的史学研究要结合广西、联系现实的意见启示了大家。大家认为，学术界过去对宗法文化的研究，往往局限在古代和汉民族中。我国是一个多民族的国家，各民族形成多元一体的格局，汉民族的宗法制对少数民族是否产生过影响？如果少数民族有宗法，其形态又是怎样的？这些宗法是否发生过变异？特别是像地处祖国南疆的广西各民族是否存在宗法？等等。这都是过去宗法研究中尚未涉及的领域。于是1993年就决定以“广西汉族与少数民族宗法制度研究和当代社会”为研究课题，申报原国家教委人文社会科学研究“八五”规划，由于其研究的开创性和视角的新颖，经组织全国专家审定，原国家教委不仅将其列入规划，而且定为广西唯一的重点课题。在当年的课题会上，我征得钱教授和社里同意，提出了如下意见：1. 为了搞好课题研究，既要查阅典籍、史料，又要实地调查研究（利用两个假期进行）；2. 课题中期成果，要撰写成论文发表；3. 敢于提出自己学术观点，敢于争鸣，敢于联系实际，该肯定就肯定，该否定就否定；4. 课题研究成果，约50万字结集由我社出版（签订合同），但书名要简明、突出学术性，并提出以《广西各民族宗法制度研究》为书名，请大家认定。从1993年起，5年来，钱教授为首的课题组以马克思主义的基本理论为指导，以广西汉族和其他少数民族为研究对象，深入实地调查和查阅典籍史料，搜集了2000多份资料，逐一研究广西汉、壮、瑶、苗、侗、仫佬、毛南、回、京、彝、仡佬、水12个民族宗法的具体表现和特点，通过广泛联系和比较，探索广西各民族的基本特征和发展规律，进一步研究其产生的原因和社会影响。其间在《人民日报》等报刊发表《浅论中国宗法文化的研究》等论文共14篇，其中《中国宗法制度论》、《广西各少数民族封建宗法概论》、《试论近代广西宗法文化的变异性表现及其批判继承》等5篇论文分别被“人大复印资料”转载。1997年初，他们将这些丰富的科研成果撰写成洋洋50多万字的学术专著——《广西各民族宗法制度研究》，由我社于当年11月出版。在他们撰写前和撰写中，我协助钱教授拟定了撰写方案、全书提纲初稿，参加了提纲讨论和最后拟定；参与了全书的统稿和通改工作，其间我又提出了第二编标题的修改意见和就书稿中近50个问题与主编、作者研讨（特别是涉及第三编“广西各民族宗法的改造与当代社会”的问题），从而保证和促进了书稿质量及学术性的提高。该书出版后，我又与钱教授一道做好与学术界同行的联系和图书宣传工作。该书出版时间虽然不久，但由于视角新颖、体系严密、史料翔实、新见迭出，建构了民族地区宗法制度研究的新体系，开拓了民族地区宗法文化研究的新领域，展示了宗法文化研究的新成果，是一部高品位的学术专著，受到学术界的充分肯定和赞誉及传媒的好评。不少学术界的知名学者，如古代史老前辈、北师大国学所所长、博导赵光贤教授，博导彭林教授；历史学家、上海市社科院杨善群研究员，《求是》杂志原副总编辑苏双碧编审，史学家、北京大学博导吴荣曾教授，民族史专家、中南民院（现中南民族大学）博导吴永章教授，原国家教委历史学科指导委员会副主任、山东大学原副校长、博导乔幼梅教授，东北师大原副校长、博导詹子庆教授等，读到该书后，纷纷来函称赞：该书“是广西社科界80年代以来最突出的学术著作之一”；是“目前所见研究少数民族历史上宗法制度的第一部著作”；“该书建构了民族地区宗法制度研究的新体系，填补了国内民族地区宗法文化研究的空白，从而把我国传统的宗法文化研究推向了一个新阶段”；钱宗范教授的研究群体“近年来能另辟蹊径，利用广西各少数民族中的宗法制作为研究对象，运用横向比较的方法，这不仅有助于广西民族史的研究，同时对弄清先秦宗法制也会有极大好处。前人、别人从未做过类似的工作，这一成果具有开创意义，完全可以肯定”；“该书别开生面，言人所未言”；“为史学研究开辟了一条新路，大家从中可以得到启发”。《光明日报》、《中国出版》、《学术月刊》、《中国教育报》、《中华读书报》、《中国图书商报》、《文汇读书周报》等10多家有影响的报刊已发表了近20篇书评评价该书。《光明日报》的书评《民族历史文化研究的力作》指出：“这部专著对广西12个民族古近代的宗法制度进行了全面系统的研究，填补了我国民族地区宗法制度研究的空白。”“本书提出了一些学术新见，开拓了民族史和宗法制度史研究的新领域。”《中国出版》的书评《研究宗法文化的开拓性新作》指出：该书“是一部高品位的学术专著”，有四个特点，即“开拓宗法文化研究新领域”、“提出了一系列富有创见的学术观点”、“丰富和深化了宗法文化研究的内容”、“联系现实，提出了对宗法文化的批判继承问题”。

组织、编写、出版《广西各民族宗法制度研究》一书的实践中，我更认识到，在新形势下，编辑在做好案头工作的同时，成为研究型编辑，就是要多研究，多参与研究活动，了解学术研究状况，与作者一道研究，早参与，早介入，从课题提出、选题确定、拟定提纲、写作直到出书后的宣传全程参与，是确保出好高品位学术著作的关键一环，也是在新形势下给编辑提出的新课题。

三、出书出人，繁荣学术

按过去的理解，编辑“为他人作嫁衣裳”主要是出好书。在新形势下，编辑的职责发展了，内涵扩大了，为作者服务，不仅要出书，而且要出人，促进人才的成长，为繁荣学术做出贡献。特别是作为大学出版社的编辑，这更是义不容辞的责任，是新时期编辑职业道德的重要体现。早在1986年由原国家教委、原国家出版局联合召开的全国第一次大学出版社工作会议上，就明确提出“鼓励中青年教师总结教学经验与学术交流，著书立说，加快培养中青年教师的步伐”为大学出版社的主要任务之一。出书出人，繁荣学术，是新形势下出版工作者一项新的、重要的职责。出书出人，就是要多出中青年作者的书，多扶植经修改有出版价值的中青年作者的书，多出在学术上有价值但有争议的中青年作者的书。在新时期这样做，是一个出版工作者应有的职业道德修养，是应有的胆识和高度的责任感、使命感的体现。

我在工作中是逐步认识和有意识这样做的。近几年来在与我国一些美学学者的交往中，在参加一些全国性的美学会议时，我听他人介绍，并深深感到，我国有一批正在成长、正在冒尖的中青年学者。特别是当学术界的同仁看到我社组织编辑、出版的“中国当代美学流派名家论丛”，给予高度评价和赞誉时，也谈到近10年来，随着我国美学学术活动的发展，涌现了一批在学术上有建树、有影响的中青年学者，应组织出版一些他们的论集，其中不少人谈到了杨春时教授。杨春时教授是位中年学者，现为厦门大学教授。他是沐浴着改革开放的春风，于80年代初硕士研究生毕业后致力于美学和文学研究的，他建构的学术思想体系——生存（超越）美学和文学主体性的学术主张在国内和国际上引起了较大反响。他的学术道路是以美学为起点的，而他建构的美学思想体系又是超越实践美学的结果。80年代中，他在美学研究中，意识到当时我国主流美学学派——实践美学的先天缺陷，于是从生存而不是实践范畴出发，推演出美是自由的生存方式、审美超越现实的结论。特别是他吸收并发展了弗洛伊德、荣格、皮亚杰等人的理论，做出了人类意识结构模型。这个意识结构模型，特别是关于非自觉意识与自觉意识的划分，被认为“具有划时代的意义”。后来国际美学评价协会对此做出评价：“杨春时教授在心理学和美学领域取得了巨大的成就。我们认为他的这一成就与S.弗洛伊德和J.皮亚杰的成就的水平相当。”并认定他是“第一流的有开拓性的教授”。之后，他相继发表了《超越实践美学》、《再论超越实践美学》等文章，对实践美学进行了全面的批评。他指出，实践美学建立在实践哲学基础上，它以实践范畴作为逻辑起点，把美作为实践的产品，强调了其群体性、物质性、理性、现实性，从而与审美的个体性、精神性、超理性、超现实性本质相悖。进而提出以生存作为哲学起点，生存的本质是自由和超越，审美是自由的生存方式与超越的解释方式——这就是他致力于建设的生存（超越）美学的要义。生存（超越）美学的提出，引起了全国美学界的关注和争论，并举行了全国性研讨会。虽有争论，但说明新一代美学正在崛起，是我国美学摆脱前苏联美学模式，走向世界、走向现代的转折点。其间，他又参与发起了我国文学主体性争论，为此他发表了许多论文，其中发表在《文学评论》上的《论文艺的充分主体性与超越性》一文，被广泛转载、评价，被认为是争论的“代表性文章”，国外学术界对这一争论也有反应，该文也被国外学术刊物转载、评述。对于像杨春时教授这些有思想、有造诣、有建树，但又有争议的中青年美学学者的论集要不要出呢？新时期的出版工作者就要促进新的学术思想的发展，扶植新人，促进学术繁荣，因此我是倾向要出的。杨春时教授是享受政府特殊津贴的专家、国家中青年学术带头人、全国政协委员，说明国家对他的学术成就是肯定的。这几年来他已出版了《系统美学》及其姊妹篇《审美意识系统》和《艺术符号与解释》、《中国文化转型》等专著和发表了大量论文。为此，我征求过一些美学界人士和社领导的意见，得到他们的赞同和支持，认为这样做，是对新人的扶植，反映我国学术界的现状，有利于学术的繁荣。可以有选择地出版一些中青年学者的论集，但不列入“论丛”。刘少奇同志说：“编辑工作是高级创造。”（《刘少奇选集》下，186页）这个“创造”，就包括学术的创造和人的创造。于是，我主动向他约稿，并和他一道选出生存（超越）美学和文学主体性方面代表性论文结集出版，并定名为《生存与超越》。该书出版以后，受到美学界的重视与好评。杨春时教授去年赴美讲学时，带去该书与外国同行交流，他们称赞该书：“从中我们看到了中国同行的又一新的美学思想体系。”之后，我社还出版了一些反映我国中青年美学学者新的美学观点的论集，如山东大学《文史哲》副主编陈炎教授的《积淀与突破》，集中展示了他也是有争议的关于“积淀说”和“突破学”的新观点。目前我正在编辑的还有复旦大学博导朱立元教授的《美学与实践》，这一论著反映了这位我国学术界公认的有成就的中年学者在新时期对实践美学的继承和发展的最新科研成果。

出版中青年学者的论集，虽然会引来一些争议，也有一定的学术“风险”，但有助于新的学术思想的发展和新人的成长，有助于学术的繁荣，这是新时期出版工作者义不容辞的责任。看着这些中青年学者新作问世，我们心里也是极欣慰的。

原载区局、区版协编、广西人民出版社《出版职业道德论文集》，广西人民出版社，2000年4月

多出版高层次的教育理论专著

——参观’96中国出版成就展的思考

7月13～17日新闻出版署在北京举办的’96中国出版成就展，是我国当时举办的最大的、最辉煌的一次出版成就展，展示了社会主义精神文明建设所取得的重大成就，展示了“八五”期间特别是党的十四大以来我国出版事业健康繁荣发展的大好局面。我在参观这次成就展时，带着问题，着意考察了成就展中展出的高层次教育理论专著出版情况，深受启迪。

这次成就展中，我看到出版的高层次教育理论专著有如下各类：

1. 无产阶级革命家教育思想研究专著。如教育科学出版社的《马克思主义教育思想研究》，江西教育出版社的《毛泽东教育思想研究》，人民教育出版社的《邓小平同志论教育》（这个社过去出版过《毛泽东同志论教育工作》、《马克思 恩格斯 列宁论教育》、《马克思 恩格斯论教育》、《列宁论教育》、《毛泽东 周恩来 刘少奇 邓小平论教育》等），上海教育出版社的《邓小平教育思想与中国当代教育》，等等。

2. 教育史研究专著。这类图书较多，包括教育史及史料、工具书等，如山东教育出版社的《中国教育通史》、《外国教育通史》，人民教育出版社的《中国教育史纲》（古代、近代）、《外国教育史略》、《中国古代教育史料系年》、《三十五国教育发展》、《中国心理学史》、《中国近代学校体育史》、《中国教育年鉴》（已出1990到1993年4辑），华东师大出版社的《中国教育史研究》（已出先秦、明清、现代卷），华中师大出版社的《中国教育发展史》、《外国教育史料》，北师大出版社的《外国教育史》（上、下），教育科学出版社的《中国教育思想史》、《外国教育史简编》、《中国教育改革发展简论》、《当代外国教育发展趋势》，上海教育出版社的《教育大辞典》（12卷），浙江教育出版社的《中国教育大事典》，湖北教育出版社的《中国教育大系》，等等。

3. 教育教学论研究专著。这类专著是最大量的，范围广泛，内容丰富，包括教育论、教学论、课程论等，反映了这个领域的最新研究成果。如人民教育出版社的《教育学》和大型丛书《教育学文集》，包括《教育与教育学》、《教育与人的发展》、《教育与社会发展》、《学校管理》、《国际教育展望》，以及中国、法国、英国、日本及印度、埃及、巴西教育改革等共25卷，教育科学出版社的《教学论新编》、《现代教学论发展》、《现代教学价值体系论》，陕西人民教育出版社的《求索丛书》，包括《教育科学新进展》、《现代学科教育学论析》、《现代教育论基础研究》、《学校教学管理系统分析》、《中国课程变格研究》、《中国当代中小学教育教学模式述评》、《原苏联教学论流派研究》、《美国教学论流派研究》、《德国教学论流派研究》等10种，上海教育出版社的《教育科学论稿》、《现代课程论》、《学习论》和《中国文化与教育研究丛书》（包括《中国传统哲学与教育》、《理学教育思想与中国文化》、《乐教与中国文化》等），华中师大出版社的《考试学》、《课程学》、《教育经济学》、《教育测量学》、《现代教育哲学》，北师大出版社的《教育哲学》、《现代教育原理》、《教育经济学概论》、《教育伦理学概论》，福建教育出版社的《教育学丛书》，包括高等、成人、家庭、中学、师范、小学、幼儿、职业、特殊各类教育学和《教育学原理》10种，等等。

4. 基础教育研究专著。这是为突出而单列出来的。全国各教育出版社，高师院校出版社和其他一些出版社都积极出版这类专著，主要有：首都师大出版社的《中小学管理纵览》，北师大、华东师大、东北师大三家出版社联合出版的大型丛书《中学教学全书》，广西教育出版社的《学科教育理论丛书》（包括数学的教学论、学习论、思维论、方法论、考试论、教学艺术、教育评价、教育史简编、思想史导论、模式论、中国现代数学史略等12种，语文的教学艺术论、教学设计论、教学思维论、学习论、考试论等5种）；沈阳出版社的《中国学前教育全书》（包括《学科理论》、《教育理论》、《心理发展》、《健康体育》4种）、《中国小学教学学科全书》（包括小学语文、数学等学科10种），浙江教育出版社的《高中生心理学》、《初中生心理学》、《小学生心理学》、《幼儿心理学》、《婴儿心理学》和《学科教育学丛书》（11种），上海教育出版社的《语文教育研究丛书》、《数学教育研究丛书》、《中小学教育全书》，等等。

5. 教育名家名著研究专著。在这方面人民教育出版社是下了功夫，做出了成绩的，他们出版的《叶圣陶教育文集》（一至五卷）在全国影响极大；还有《中国古代教育论著丛书》，包括先秦、秦汉、魏晋南北朝、隋唐五代、北宋、南宋、辽金元、明代、清代前期（上、中、下）、清代后期（上、下）教育论著选共13种；《中国近代教育论著丛书》，包括蔡元培、俞子夷、陶行知、俞庆棠、廖世承、雷沛鸿、晏阳初、李建勋、梅贻琦、郑晓沧、黄炎培、经亨颐、陈鹤琴、梁漱溟、胡适、傅葆琛等16位对我国近代影响巨大的著名教育家的教育论著选16种；《外国教育名著丛书》包括马卡连柯、克鲁普斯卡雅、科南特、昆体良、乌申斯基、布鲁纳、皮亚杰、裴斯泰洛齐、福泽谕吉、夸美纽斯、凯兴斯泰、小原国芳、蒙台梭利、维果茨基和中世纪、古希腊的教育论著选及《爱弥尔——论教育》（上、下）、《林哈德和葛笃德》（上、下）、《教学过程最优化——一般教学论方面》、《教育漫话》、《人是教育的对象》（上、下）、《教育原理》、《科学与教育》、《民主主义与教育》、《童年的秘密》、《人的教育》、《理解能力指导散论》、《课程与教学的基本原理》、《学校与社会·明日之学校》等教育名著共41种。湖北教育出版社的《世界教育名著通览》，教育科学出版社的《裴斯泰洛齐选集》（一、二）、《李廉方教育思想研究》、《教育事业家陈嘉庚》，辽宁教育出版社的《中国近现代教育家系列研究》，包括张謇、雷沛鸿、恽代英、舒新城、梅贻琦、梁漱溟、蔡元培、梁启超、严复等人的著作共16种，江西教育出版社的《江西古代教育家评传》，包括“朱熹评传”等多种，等等。

上述图书是“八五”期间，我国教育专著出版情况的缩影，而且《叶圣陶教育文集》等还陈列在精品图书馆里，很是醒目，显示了教育理论专著出版的成绩。但从这次展览来看，教育理论图书的出版与我国教育事业所处的战略地位和发展状况相比较，又显得很不够，这主要表现在：1. 教育理论专著占所陈列图书的比例较少，每个省（市、区）馆一般只展出了几种这类图书，少数馆一种都没有。某省的宣传资料上表明是出版大省，并正向出版强省迈进，全省18家出版社，“八五”期间出书1.4万种，其中新书8000多种，这次展出图书近千种，布展也很好，但展出的教育理论专著却不足10种；2. 从展览时发放的书目来看，教育理论专著所占比例极少，就是许多教育类出版社、高师院校出版社亦然。如某出版社印发的“新书、畅销书目录”共列出571种图书，而其中仅有教育理论专著2种，其比例之少显而易见；3. 我国每年出版教育图书不少，但其中主要是教普读物（这类图书中重复选题多，平庸图书多，精品图书少是同仁共知的），高层次教育理论专著极少，其结构极不合理。这种状况必须改变。

我国教育事业的发展和“科教兴国”伟大战略的落实，需要科学的教育理论作指导，呼唤更多高层次教育理论专著的出版。古今中外的教育理论专著是人类教育史上宝贵的精神财富，在这些论著中阐述的教育观点对我们搞好今天的教育改革、办好现代教育有直接的指导意义。我国的教育事业要为提高全民族的素质服务，办好教育要有高素质的教师队伍，这是世人的共识；没有科学教育理论作指导的教育将永远是“升学教育”，没有用科学理论武装起来具有一定的教育理论修养的教师队伍只能是低素质的教师队伍，这必将成为世人的共识。多出版高层次的教育理论专著将为我国教育事业的发展和“科教兴国”战略的实现做出贡献，是事业和时代的需要。我社属大学出版社系列，是高师院校出版社，是学术性很强的文化单位，出版好高层次的教育理论专著也是我们义不容辞的任务，这是因为：

1. 更多地出版好高层次的教育理论专著，是符合大学出版社的办社方向的。坚持正确的政治方向，坚持为人民服务，为社会主义服务，为全党全国的大局服务的方针，为教学科研服务，把出版大学教材和学术专著放在首位，是大学出版社的性质、任务决定的，是大学出版社的办社方向。更多地出版好高层次教育理论专著，符合大学出版社的办社方向，也符合高师院校所属出版社的性质、任务。我们要发挥高师院校的人才和学科优势，发挥所联系的教育界的学术力量，是可以不断拓宽学术领域，优化选题，得到教育界的支持，扩大高层次的作者队伍，组织到高层次的教育理论专著的书稿，出版更多的高层次的教育理论专著的。

2. 更多地出版高层次教育理论专著，能创出“名牌”，受到学术界和同行的称道，赢得市场和读者，获得较好的社会效益。人民教育出版社出版的刘国正先生主编的全面收集我国著名教育家叶圣陶先生教育论文精华的《叶圣陶教育文集》荣获国家图书奖，同时还获得国家教委第二届全国高校出版社优秀学术著作奖社科类特等奖等，《教育学》、《中国心理学史》获国家图书奖提名奖；由著名教育史专家毛礼锐先生和沈灌群教授主编的山东教育出版社出版的《中国教育通史》，是一部集中华教育之精粹、展教育长河之画卷的巨著（六卷250多万字），全面系统地论述了中国教育从古至今发生、发展的历史过程，是我国第一部研究中国教育通史的理论专著，荣获第一届国家图书奖提名奖，之后这个社出版的由我国著名教育史专家滕大春教授主编的212万字的六卷本《外国教育通史》，是我国第一部研究外国教育史的通史类专著，又获第二届国家图书奖提名奖；上海教育出版社出版的由顾明远主编的《教育大辞典》，共12卷，是新中国成立以来第一部大型教育专业工具书，是国家教育科研“七五”重点项目和新闻出版署1988~2000年全国辞书编写出版规划重点项目，这部权威性工具书出版后，受到很高的评价。这些都是很有说服力的事例。

3. 更多地出版高层次的教育理论专著，能更好地发挥我社优势，创造我社的图书特色。优势和特色是出版社逐步走向成熟的标志。积极贯彻中央“科教兴国”的英明决策，坚持大学出版社的办社宗旨，从高师院校的性质任务出发，突出一个“教”字，是我社的一大优势，也是我社图书的一大特色。10年来的实践，我们深深地认识到这一点。10年来我们也出版了一批教育理论专著，并获得好评，如获得广西社科优秀成果一等奖的《校长成长的探索》等。今后我们要集中全社智慧，从这一领域去开拓，去下功夫。我认为目前可从五个方面去思考：①教育史方面，如新中国教育史、广西教育史；②教育名著方面，如世界教育名著精义、中国教育名著精义；③民族教育理论专著；④总结我国教育教学改革成功经验的教育理论专著，如当代中国中小学教学流派研究等；⑤反映对我国著名特级教师研究成果的理论专著，如中国特级教师研究等。总之，突出“教”字，多出高层次的教育理论专著，是我们的任务和愿望，也能更好地创造我社图书特色，把我社办得更好。

原载《学苑书语》

呼唤新的蒙学读物

我国蒙学源远流长，据记载，上起秦汉，到辛亥革命后，家学、私塾这些蒙学形式一直存在，与之配套的，蒙学读物相当丰富，如《三字经》、《千字文》、《百家姓》、《弟子规》、《名贤集》等，历代还有多种续编和改编本。

这些读物，有开启蒙昧之功，它不仅让学童识了字，而且还让他们学到了诸如经书、史学、舆地、社会、教育、体操、自然、算术等方面的知识，还让人们学习修身、养性、伦理、道德的准则。当然，由于时代、社会的原因和作者的局限，在这些读物中，存在一些封建性的糟粕，与我们的时代不相宜，但其中不乏精华之处，许多地方所体现出来的为人准则、中华民族传统美德就是其体现。

今天，我国人民在邓小平同志建设有中国特色的社会主义理论指引下，正在开创全新的时代和伟大的事业。今天的时代，呼唤新的蒙学读物。这是对少年儿童进行思想品德教育的需要，是加强社会主义精神文明建设和发展教育事业的需要，也是继承我国优秀教育传统、开拓新时期少儿教育的新探索，是对当前文化市场少儿读物质量不高，过多、过滥，甚至用低劣、有害读物污染少年儿童心灵不良影响的抑制。

令人欣喜的是，教育界和社会上的一些有识之士已着手在编写新的蒙学读物，并已初见成果，图书市场上已出现了新的蒙学读物。大连市把《三字经》加以改造，取其精华，弃其糟粕，补充删改，推出一部以“八心”、“八德”为内容的《新三字经》——《中华传统美德选赞》，“八心”即勤、俭、智、恒、奋、勇、群、重，要求学生以此为目标，自助、自强，养成良好的个性心理品质；“八德”即仁、义、孝、敬、公、廉、忠、诚，让学生以这八个道德目标为鉴，养成待人处世的良好道德品质。曾长期从事青少年工作，并对蒙学读物有研究的现任文化部常务副部长高占祥同志，借鉴《千字文》等蒙学读物，用近三年时间，翻阅654部书，最后写成了《处世歌诀》，全书千字，共250句，四言谐韵。内容包括修身正心、治学修德、待人接物、为人处世等。其他还有明天出版社的《幼学启蒙丛书》、少年儿童出版社的《国情三字经》等，还有重新印刷的《三字经》等及其译析读物，如金盾出版社的《蒙学四篇解说》等。但这仅仅是新的起步，还是不够的，我们要变区域性、个体性行为为全国性的群体性行为，建议国家有关部门牵头，组织起来，编撰、出版高质量的蒙学读物。

原载《中国教育报》，1994年10月31日

认真在重点图书上做文章

——《抗日战争史》丛书的策划与实践

1995年是伟大的中国人民抗日战争胜利50周年。抗日战争是在中国共产党领导下，中华民族百余年来首次打败外国侵略者、取得彻底胜利的伟大民族解放战争。为反映这一伟大胜利的全貌，广西师范大学出版社于1994年底隆重推出了列入国家“八五”出版规划的重点图书——《抗日战争史》丛书（第一批20种），并获得第二届国家图书奖提名奖。《抗日战争史》丛书的策划与实践，启示我们：一个出版社每年都要有重点图书，要认真在重点图书上做文章。

一、重点图书要有周密的编纂构想。一部学术专著的好的选题的形成，既要根据图书市场的需要，又要掌握学术领域的动态。《抗日战争史》丛书选题的形成和策划，要追溯到1990年。当时我社一些同志在拜访专家中了解到，一些学者正在筹划加强抗日战争史研究，迎接抗日战争胜利50周年，而当时市场上尚无此类专著。我社同志敏锐地意识到，这是一个极有价值的信息。经过全社上下多次论证，决定用5年时间，组织编纂和出版一套高品位、高质量、高水平的学术丛书，向伟大的抗日战争胜利50周年献礼。选题确定后进行策划，首先要制定周密的编纂构想。编纂构想是图书工程的“设计蓝图”，是编纂好图书的前提和重要基础。为编纂好这套丛书，我们拟定的编纂构想是周密的，包括以展示抗日战争的历史，促进对其研究的学术进步与繁荣，用历史事实对人民群众进行爱国主义教育为宗旨；以既突出中国共产党及其领导下的人民力量在抗日战争中的主导地位和中流砥柱作用，又写出中国抗战的全民族规模，并反映出中国抗日战争在世界反法西斯战争中的地位和作用为指导思想；以学术性与可读性、高品质与通俗性相结合，具有思想性、教育性、现代性为特色；要求以马列主义、毛泽东思想为指导，贯彻忠于历史、实事求是的精神，在内容上要有较高学术水平，敢于发表自己的观点，展示最新研究成果，对当前学术界尚无定论的问题，在介绍各家各派观点之后，要阐明己见，并力求公允；在行文上力求文风纯正、平实流畅、深入浅出、通俗生动，结构严谨，说理明白，可读性强，要让具有中等以上文化程度的读者读得懂、爱读；在材料上尽量用第一手的、首次披露的材料；时间上始于1931年的“九一八”事变，迄于1945年9月日本无条件投降；体例上分政治、经济、军事、外交、人物、文化、综合7个系列，既照顾丛书的完整性，又兼顾各系列、各专题的相对独立性，尽量做到点面结合。构想还包括作者队伍组织、操作措施、时间安排、设计印装、宣传发行设想等。丛书正是按照这个构想实施的，所出图书也较好地体现了这一构想。

二、重点图书要有一流的作者。书稿出自作者之手，是图书的基础，好的图书要有好的书稿；重点图书要有一流的作者，由他们写出高质量的书稿。这已是出版界的共识，也是出版业的一个规律。我社一开始就非常重视丛书作者队伍的组建。首先聘请著名历史学家、博士生导师王桧林教授任主编，并与主编进一步研究编纂构想，共同商讨组成作者队伍，请一批在该领域长期进行研究、有造诣的知名专家、学者撰稿。如请长期从事国共关系史研究、出版过多部专著的李志良教授撰写书稿《度尽劫波兄弟在——战时国共关系》；请长期从事伪满洲国史研究和史料、档案整理的解学诗研究员撰写书稿《历史的毒瘤——伪满政权兴亡》；等等。为教学科研服务，大力扶植中青年学人，出书又出人，是大学出版社的办社宗旨和任务。在组建作者队伍时，我社经与主编研究，还请一部分近10年来在该领域研究中有见地、论著颇丰的中青年学人参与撰稿（约占丛书作者的1/3）。我们这样做，受到专家、学者和同行的肯定和称赞，他们认为，这体现了出版社的胆识与远见。为了保证书稿的质量，使编纂构想和主编意图落实在书稿中，社里还派出人员到作者较集中的北京等地与作者座谈、个别拜访，逐一落实；每部书稿完成后，都要由丛书主编审读同意后才发排。这样做，使众家之作体现出丛书的共同特色，保证了丛书的较高学术水平和在该领域处于领先地位。

三、重点图书也要做好审编工作。书稿成为图书，离不开书稿的审定和编辑加工工作，离不开编辑的辛勤的、创造性的劳动。图书的出版是一项综合性、群体性劳动，审编一环极为重要。一流的作者的书稿也不例外。为了做好审编工作，出版社组成了社领导牵头的由主编、社外专家、社里骨干编辑组成的专门班子具体负责。审编中主要做了如下工作：一是书名的拟定。一律改用文学色彩较浓的正副题书名，给读者较好的、突出的“第一印象”，吸引读者。如将《深谷幽兰——抗战时期的宋庆龄》的副题改为《战时“国母”风采》，将《海外抗日烽火——华侨对祖国抗战的支援》的正题改为《华夏向心力》，将《汪精卫国民政府史》改为正副题《历史的怪胎——汪精卫国民政府》，《峥嵘岁月——第二次国共合作史》的正副题改为《度尽劫波兄弟在——战时国共关系》，等等。二是保证观点正确，努力反映最新科研成果。这是专著学术性的体现。如抗战时期是宋庆龄一生活动最频繁、斗争最激烈、思想最光辉、贡献最伟大的一个时期，理应深入研究。已出的其他著作中虽有论及，但由于资料、篇幅等原因，研究欠深入，不能令人满意。而《深谷幽兰——战时“国母”风采》却弥补了这方面的不足。这部专著将宋庆龄置于抗日战争大环境中，主要从她与国民党、与共产党两个关系中进行研究，全面、客观、准确地反映了这一特定时期一代伟人的风采。这是极正确的。因为她的抗日思想和活动正是围绕这两对关系展开的，而她的思想与实践的日趋成熟也正是在处理这两对关系中实现的。由于这部专著的研究视角新颖和观点正确以及反映了最新科研成果，受到了同行专家和广大读者的好评。国务院学位委员会学科组成员张静如教授称赞该书：“对于宋庆龄开创了由歌颂走向思考、由纪念走向研究的先河，为广泛持久地开展纪念和学习宋庆龄的活动奠定了坚实的科学基础。书中有一些新的见解，在史料的挖掘上，也填补了一些空白。在众多的有关写宋庆龄的著作和文章中，该书是一部有深度的好的专著。”三是坚持正确导向，力求反映抗日战争全貌。当时在该研究领域，出现了一股研究“正面战场”热，极力论证国民党军队在抗战中的“主力”作用。这是违背历史事实的。丛书坚持历史唯物主义，不受这种“热”的影响，重现抗日战争的历史真实。老一辈无产阶级革命家、抗日老将军杨得志指出：“这套丛书不仅以大量篇幅反映中国共产党领导的人民武装在抗日民族解放战争中所做出的巨大贡献和所取得的卓越成就，而且对广大爱国的国民党官兵在抗击日本侵略者的战争中所做出的贡献，也做了实事求是的评价和论述……力图使读者能从全方位、多视角、多层次来了解抗日民族解放战争的全貌。”四是史料的使用和核实。做到尽量用第一手材料和首次披露的材料，并核对无误。《深谷幽兰——战时“国母”风采》一书1/3的材料和一些照片，就是首次披露的。材料新，是学术专著的要求，也是其学术价值的又一体现。五是语言加工。做到用词准确，语言规范，平实流畅，通俗生动，具有可读性，力戒当前一些史著可读性较差的弊病。六是统一纲目、体例，使众家之作体现丛书的共同特色。

四、重点图书要认真设计，精心印制；大力宣传，积极发行。封面、版式设计、印装是图书构成不可或缺的部分，是其质量的一个重要方面。书稿成为图书，编辑人员（含美术、技术编辑等）要认真进行封面、版式设计，印制人员要精心印制、包装。出版社要走出一些误区，改变对学术专著不重视这方面工作的毛病。为出版好丛书，社里请名家设计了包括咆哮的黄河、血染的长城、长鸣的警钟等内涵丰富的统一的封面，并采用凝重的着色，较好地体现了丛书的内容和功用；加之活泼的版式设计和印装精良的精、平装两种包装，给读者鲜明、深刻的印象而受到好评。中央级报刊两次介绍了丛书封面，不少书店用丛书封面作为宣传品贴在店内。这就说明，重点图书，即使是学术专著，也要重视设计、印装，才能更好地进入市场，受到读者欢迎，也才能更好地与国际印制质量和图书市场接轨。“好酒也要吆喝。”重点图书也要宣传，才能更好地进入市场，送到读者手中。我们除了在报刊上发杨得志同志撰写的全书总序和书评（各种报刊已发10多篇）、书讯、广告外，我们还召开社店恳谈会、编辑和发行人员到书店介绍等形式进行宣传，使书店人员了解丛书内容、特点；在订货会上重点宣传，并充分利用已建立的发行网点，用选择送书、寄销等形式，让广大读者见到丛书。我们既依靠主渠道，又大力做好自办发行，从而开拓了市场。加之丛书的内容与广大群众的关系以及它特殊的教育性、可读性，发行势头看好，已销售5000多套，许多书店一次订购100套以上，最多的一个院校订购了700套，改变了学术专著发行难的状况。

原载《中国出版》，1994年第8期，后选入《精品图书的策划与创意》一书，中国书籍出版社，2000年10月

历史专著如何赢得读者

——从《抗日战争史》丛书的发行谈开去

抗日战争，是中国近现代史上一个极其重要的事件，在世界历史进程中占有重要的地位。国家“八五”出版规划重点图书、广西师范大学出版社出版的《抗日战争史》丛书（下称“丛书”）是研究这一伟大事件，反映中华民族抗日战争全貌的大型学术丛书，第一批图书10种出版半年多来，已发行近5000套，且势头日涨。一套专著性学术丛书，能迅速走向市场，其中给我们许多启迪。

编撰时想着广大读者。专著因其专业性、理论性较强，读者面受到一定的限制，因而出版、发行均较难。丛书由著名抗日战争史专家王桧林教授任主编，约请在抗日战争史研究中有造诣的专家、学者和中青年学人撰稿，从编撰到发行，我们既想到从事该专业的人员所需，更想到为具有中等以上文化程度的广大读者服务。为此，我们以忠于历史、实事求是的精神，在内容上力求达到较高的学术水平；在取材上，尽量用第一手材料，以丰富的史料印证观点；论述公允平实，深入浅出。总之，我们试图全方位、多视角、多层次地来考察抗日战争，将它的全貌展示在广大读者面前，以历史事实对人民进行爱国主义教育。

用可读性赢得读者。学术专著的读者面窄，除专业因素外，有些因论述、语言等影响其可读性也是原因之一。专业性和可读性不是排他的，亦可共存。可读性是赢得读者不可或缺的因素。我们从四个方面着手：一是书名，拟出较浓文学色彩、有正副题的书名吸引读者，如《深谷幽兰——战时“国母”风采》、《抗战军人之魂——张自忠将军传》、《华夏向心力——华侨对祖国抗战的支援》、《动荡中的同盟——抗战时期的中苏关系》等；二是封面，以印制精良，设计包含咆哮的黄河、血染的长城、警钟的长鸣内容的封面，给读者留下深刻的“第一印象”；三是史料，不重复已有资料，而是尽量用第一手材料，而且多数是首次披露的史料（含文字和照片），并在丰富的史料上去研究、论述；四是语言，做到文风醇正，通俗生动，平实流畅。

发挥营销的桥梁作用。出版社的发行部门和书店这些营销机构，是图书通向读者手中的桥梁。我们的做法是召开社店恳谈会、发行人员到店介绍等形式，使书店人员了解丛书特点，统一宣传；在订货会上重点宣传，并充分利用已建立的发行网点，用选择送书、寄销等形式，让广大读者见到丛书；充分利用传媒扩大宣传，在多家报刊发书评、书讯，刊登了老一辈革命家杨得志为丛书写的总序等。我们既依靠主渠道，又大力做好自办发行，从而开拓了市场，不少新华书店销售百套以上，最多的一个院校订购了700套。

丛书第二批图书正在印制中，下半年可上市，全套丛书共30种，将于1995年出齐，献给伟大的抗日战争胜利50周年。

原载《新闻出版报》，1994年7月1日

为凯歌谱写的音符

——《抗日战争史》丛书策划札记

一部学术专著的好的选题的形成，既要根据图书市场的需要，又要掌握学术领域动态。广西师范大学出版社列入国家“八五”出版规划的重点图书《抗日战争史》丛书选题就是这样形成的。1990年前后，我社有关同志在拜访专家中了解到，当时一些学者正在筹划加强抗日战争史研究，迎接抗日战争胜利50周年，而当时市场尚无此类专著。我社的同志敏锐地意识到，这是一个极有价值的信息。经过全社上下多次研究，决定在5年时间，组织编纂、出版一套高品位、高质量、高水平的学术丛书，向伟大的抗日战争胜利50周年献礼。

为编纂好这套丛书，社里制定了周密的编纂构想，以展示抗日战争的历史，促进对其研究的学术进步与繁荣，用历史事实对人民群众进行爱国主义教育为宗旨；以既突出中国共产党及其领导下的人民力量在抗日战争中的主导地位和中流砥柱作用，又写出中国抗战的全民族规模，并以反映出中国抗日战争在世界反法西斯战争中的地位和作用为指导思想；以学术性与可读性、高品位与通俗性相结合，具有思想性、教育性、现实性为特色；时间上始于1931年的“九一八”事变，迄于1945年9月日本无条件投降。内容分政治、经济、军事、外交、人物、文化、综合7个系列。层次上要有较高学术水平，并力求公允。体例上既照顾丛书的完整性，又兼顾各专题的相对独立性，尽量做到点面结合。在叙述上力求文风醇正、平实流畅、深入浅出、通俗生动。

我社从一开始就非常重视这套丛书作者队伍的组建。首先是聘请著名历史学家、博士生导师王桧林教授任主编，与主编共同制定编纂构想、商讨构建作者队伍等；请一批在抗日战争史领域长期进行研究、有造诣的知名专家、学者撰稿。为大力扶持学术研究，还约请了部分近10年来在该领域研究中有见地、论著甚丰的中青年学人撰写书稿。

在编纂构想中还就丛书中每一种书的书名、材料使用、封面设计等做了规定。该丛书要求尽量用第一手材料和首次披露的材料，并核实无误。社里请知名人士设计了“咆哮的黄河”、“血染的长城”、“长鸣的警钟”等内涵丰富的丛书封面，并采用凝重的着色，还在版式设计、用纸、印制上提出了要求。

为了进一步将编纂构想等落实在书稿中，社里还派出人员到作者较集中的北京等地与作者座谈、个别拜访，逐一落实。从而使众家之作体现出丛书的共同特色。第一批图书10种出版后很快受到读者的喜爱，已有10多家报刊发表了书评，两次介绍了丛书封面，丛书现已发行了5000套，且势头看好。整套丛书30余种，将于今年出齐，是出版社和丛书作者献给伟大的抗日战争胜利50周年的一份厚礼。

原载《中国图书商报》“优秀选题策划百例”8

发掘我国古代诗学精华

——《中国古代诗话词话辞典》策划札记

了解和掌握学科学术动态、出版信息，是学术专著选题策划的前提和关键之一。前几年我和张葆全教授等多次谈到了我国古代诗话词话学术研究动态和出版信息。我国古代诗话词话种类繁多，内容丰富，是我国古代诗学精华。虽然近10多年来，学术界一些人开始重视该领域的研究，也出版了《中国诗话史》、《中国诗话学》等专著和选注（译）本，发表了一些有影响的论文，但由于受地域、资料、基础等因素的影响，研究队伍还较小，研究范围还不宽，一些领域尚未涉及，有待开拓和发掘。特别是为研究提供基础材料的工具书和资料图书亟待编辑出版，为此我们提出了出版《中国古代诗话词话辞典》的选题和编撰构想。

1. 明确目的，突出特色。诗话词话是一种漫话诗坛词坛轶事、品评作家和诗词作品、谈论诗词作法、探讨诗词体制源流风格特色的随笔式的著作。这些著作品评诗词作家、作品常常是一语破的，往往在轻松的笔墨中，不乏真知灼见，散漫的文字里，时有理性的光辉，因而深受人们的喜爱。编纂《中国古代诗话词话辞典》，旨在为人们了解和研究中国古代诗话词话著作以及诗词作家作品、诗学词学理论提供一部实用的专门化的工具书。根据我国诗话词话领域的学术动态和出版信息，确定该书应以整理、发掘我国古代诗学精华，加以深入研究、论述为目的，编写出一部反映我国古代诗话词话全貌的学术性强的工具书，突出其学术性和工具性的特点。为此，尽量从古代著述中，选最有价值的诗话词话，形成辞条；在每个辞条的首句，就明确点出该辞条的诗学观点，指出其在我国古代诗学中的地位和价值，并定名为《中国古代诗话词话辞典》。

2. 确定范围，安排体例。古代诗话词话，卷帙浩繁，过去多散见于各种著述中。北宋欧阳修的《六一诗话》首次以“诗话”命名，标志着诗话专著的正式诞生；词话产生较晚，滥觞于北宋中晚期。因此，我们确定以古代诗话词话著作为界，从《六一诗话》开始，下至清代，达300余部，选取了3000多个辞条。诗话词话富有民族特色，凝聚着中华传统文化的精华。作为宋元以来我国文学批评的主要样式，它从诞生之日起就显示了强大的生命力。这些著作不仅记录了许多诗人词人事迹、诗坛词坛轶事、文学掌故、作品本事，保存了不少古代佚诗和零章断句，对古代诗词作家作品做了大量的考订诠释，为后人研究古代作家作品提供了许多宝贵的资料，而且在摘评名篇佳句，总结创作经验，研究诗词作法，评论流派作法，探讨艺术规律，阐述诗学词学经验等方面也都取得了很大成就，具有重要的学术价值，是一笔十分丰富宝贵的文学遗产。根据内容，辞典分诗话和词话两大部分，容量上前者多于后者；辞条分类编排，包括要籍概览、体制类别、特点风格、作家流派、名篇佳句、轶事本事、辨正考订、诗词作法等方面；各类辞条按作家作品的时代顺序排列。每个辞条的文字，重论述，有必要考证，不仅做诠释，以保证其学术性和工具性特色的体现。为便于读者进一步的查阅参考，辞典之后附录近现代研究诗话词话论著以及论文目录索引；为便于检索，并另编了按音序编排的辞目。

3. 采取措施，保证质量。其做法是：①精心组织作者队伍，邀请对诗话词话有研究、有写作能力的作者参加。②主编、副主编分类写出样稿，交作者讨论，统一认识，统一要求，统一规格。③作者根据主编提出的诗话词话著作，一部一部撰写；作者提出每部著作的辞条，并写出样稿，经主编审定后再逐条撰写。④部分和全书分别两次统稿；每条引文由作者、部分统稿、全书统稿三次核对。⑤作者参与校对，主编等和责编共同终校，并一同到厂校红并通读，确保图书质量。

《中国古代诗话词话辞典》出版后，周振甫、陈贻焮、莫砺锋等著名专家学者致信主编，称赞该书“辞条全面允当，内容充实准确，且多创见，富于学术价值”，“为研究者提供了一部翔实、方便的工具书，具有很大的实用价值”。该书先后获得桂版优秀图书一等奖（广西政府奖）、中南地区大学版协优秀学术专著一等奖、中国教育图书展一等奖。《人民日报》、《新闻出版报》、《中国教育报》等报刊发了书评、书讯。这既是对该书的肯定，也说明了要出版好一部图书，进行精心策划，认真组织实施是完全必要的。

原载《中国图书商报》

做好选题策划　打造学术精品图书

——选题策划札记

好多年前，同一些老出版人谈到编辑工作时，提到业内有人提出要把编辑分为案头编辑和策划编辑，即编稿的只管编稿，策划选题的只管策划选题，互不兼任。当时大家就认为，这实质上是按工作性质和内容的不同来做的分工；策划选题和编辑书稿，实际上是图书生产流程中的两个重要环节；随着市场经济的发展，图书市场的繁荣、变化，选题策划的重要性更为凸显罢了。就一般出版社而言，没有分的必要。当然，选题策划是现代编辑必备的素质，应有的基本功和能力，一个合格的编辑应该会策划选题。在长期的工作中，我深切体会到，好的图书，特别是学术精品图书的打造，必须从选题策划抓起。多年来，我们先后策划、出版的一些受到图书市场和读者欢迎、肯定的学术精品图书，就是从选题策划抓起的。

学术精品图书的选题形成，首先要善于捕捉信息。我社出版的《抗日战争史》丛书选题的形成和策划，要追溯到1990年。当时我社一些同志在拜访专家时了解到，一些学者正在加强进行抗日战争史研究，迎接伟大的抗日战争胜利50周年。社里同志敏锐地认识到，这是一个极有价值的信息，当时市场上尚无这类学术专著。社里经过多次论证，虽然我社当时成立不久、实力不够，但仍决定用5年时间，借助外力，并倾尽全社之力，组织策划、编纂和出版我社第一套高品位、高质量的学术丛书，向伟大的中国人民抗日战争胜利50周年献礼。选题确定后，社里组织人员进行了精心的策划，制定了周密的编纂构想，包括丛书宗旨、指导思想、特色、结构体制、思想观点、行文要求、材料使用、作者组织、操作措施、时间安排、设计印装、宣传发行等。丛书编纂出版完全按照选题策划的构想进行，至1995年共出版了

40余种，是我社和丛书作者献给中华民族伟大的抗日战争胜利50周年的一份厚礼。由于高质量和学术性，丛书荣获了首届国家图书奖的提名奖。为丛书撰写的《为凯歌谱写的音符——〈抗日战争史〉丛书策划札记》一文，也被《中国图书商报》选登在“优秀选题策划百例”专栏。

了解和掌握学科学术动态和出版信息，是学术图书选题策划的前提和关键之一。我国古代诗话词话是一种漫话诗坛词坛轶事、品评作家和诗词作品、谈论诗词作法、探讨诗词体制流派与风格特色的随笔式的著述。其品评诗词作家作品常常是一语破的，不乏真知灼见，时有理性的光辉，深受人们的喜爱。其种类繁多，内容丰富，是我国古代诗学精华，具有重要的学术价值，是一笔十分丰富、宝贵的文学遗产。上世纪90年代初，我和古代文学专家张葆全教授等人多次交谈有关我国古代诗话词话的学术研究问题。认为虽然80年代以来，学术界一些人开始重视了该领域的研究，并出版了《中国诗话史》、《中国诗话学》等专著和选注（译）本，发表了一些有关论文，张教授等人也在上海、陕西等多家出版社出版了相关著作，但由于受地域、资料、基础等因素的影响，研究队伍还较小、研究范围还不宽，不少领域尚未涉及，多有待开拓和发掘。我们认为，若步人后尘，再出版相关著作，虽是容易的，但价值、意义不大，得另开门路、创新发展，如为该领域研究提供基础材料的工具书和资料图书亟待编写出版，而我校和我社所在地图书馆这方面图书资料也较多，这是很好的编写基础。经过多次研究，听取张教授等人意见，我提出了编写、出版一部该领域资料性、学术性工具书的构想，定名为《中国古代诗话词话辞典》（以下简称《辞典》），并写出了选题策划报告。确定《辞典》以整理、发掘我国古代诗学精华，加以深入研究、论述为目的，力求反映该领域全貌，突出其学术性和工具性的特色。古代诗话词话过去多散见于各种著述中，北宋欧阳修的《六一诗话》首次以“诗话”命名，标志着诗话专著的正式诞生；词话产生较晚，滥觞于北宋中晚期。因此，我们确定选材范围以古代诗话词话著作为界，从《六一诗话》始，下至清代，达300余部，选取了3000多个辞条。根据内容，《辞典》分诗话、词话两大部分，容量上前者多于后者。辞条分类编排，分为要籍概览、体制类别、特点风格、作家流派、名篇佳句、轶事本事、辨正考订、诗词作法等方面；各类词条按作家作品的时代顺序排列。每个辞条的首句，就明确点出该辞条的诗学观点，指出其在我国古代诗学中的地位和价值；文字重论述，有必要考证，而不是仅作诠释，从而保证了《辞典》学术性和工具性的体现，很好地展示了我国古代诗话词话的学术特色。为便于检索，另编了按音序编排的辞目。为便于读者作进一步的查阅参考，《辞典》后还附录了近现代研究诗话词话的论著及论文目录索引。《辞典》出版后，周振甫、陈贻焮、莫砺锋等知名学者分别致信主编，称赞该书"辞条全面允当，内容充实准确，且多创见，富于学术价值"，"为研究者提供了一部翔实、方便的工具书，具有很大的实用价值"。业内多家报刊发了书评，该书三次获得省级优秀学术图书一等奖，为该书撰写的《漫话诗坛词坛的工具——〈中国古代诗话词话辞典〉策划札记》，也被《中国图书商报》选登在"优秀选题策划百例"专栏。该书首印5000册，一出版就被订购一空，立即加印，1万册不到3个月也售完。这些都是对该书的肯定，也说明要出版好一部学术图书，进行精心策划，认真组织实施，突出学术特色是非常必要的。

"文革"后，经过美学界的第二次大讨论，我国美学百花园的春天又来了，涌现了不同流派，提出了许多新观点，出现了一批美学名家的蓬勃发展的喜人气象，也引起了国际美学界的极大关注，为此，需要拿出成果展现在世人面前。我从校内外一些老师和学术界朋友处得到这方面的信息，就有了出版一套美学图书，反映我国美学百花园喜人成果的想法。当时山东大学周来祥教授正好在我校讲学。他是博士生导师，我国知名美学名家，和谐美学流派的代表者，又时任国际美学学会执委、国际比较美学学会执委。我和他曾多次见面，已是熟人。这次见面时，他又和我谈了当时我国美学发展的盛况以及国际美学界对我国美学的关注，我马上跟他谈了想编一套反映这一盛况图书的想法。他听了非常高兴，用北方人的直爽、豪气连声说："功德无量！功德无量！我赞成。"因为他曾出版了《美是和谐》的专著，他拉着我的手说："我正在编《再论美是和谐》的集子，就投给你们，算是我投的赞成票！"当时我向他较具体地谈了我的策划构想，又征询了他有关作者和书稿编写方面的事宜。之后，我又多方征询了校内外有关专家、老师的意见，并写出了具体的策划方案，向社领导汇报，得到社领导的肯定和积极支持，并同意把这套书定名为《中国当代美学流派名家论丛》（简称《论丛》）。在策划方案中我特别强调了不同"流派"和"名家"两个特点，这也是《论丛》的特色，这就要选好作者，保证书稿的质量。在组稿中，我最早约请的是我国美学界备受敬重的知名学者，为人、治学、学识有口皆碑的复旦大学博导、“美在创造中”流派的创立者蒋孔阳先生；有从西方哲学研究跨入美学领域，从事西方美学研究，撰写了大量有关西方美学研究、评论文章的资深学者，时任全国美学学会会长，新任国际美学学会执委的中国社会科学院常务副院长汝信同志（当时为中共中央候补委员）；有从中国古代哲学研究转入中国传统美学研究的知名学者、武汉大学刘纲纪教授；等等。不到一个半月，书稿就陆续寄来了，经过紧张而认真的编辑、印制，《论丛》的第一批图书就问世了，这就是《美在创造中》、《再论美是和谐》、《论西方美学与艺术》、《传统文化、哲学与美学》等。同时还出版了一些中青年美学学者的论集，如有争议的美学流派、“超越美学”的代表、厦门大学杨春时教授的《生存与超越》，“实践美学”的代表者、复旦大学朱立元教授的《美学与实践》。《论丛》出版后，在全国学界、业界产生了很大影响，1999年在全国美学研讨会上，许多与会者发言时指出，《论丛》的出版对我国美学事业的发表将产生积极的影响，在当年底的一期《中国图书评论》上，在评述学术图书出版时，专门评述了《论丛》的出版意见，《新闻出版报》刊登了蒋孔阳先生《美在创造中》一书的“自序”和我写的书评《创造美学的代表力作——评〈美在创造中〉》。杨春时教授是全国政协委员，他当年到北京开政协会时，将他的论集送给一些学术界委员时，受到大家的高度评价，好几位委员都说：“广西师大出版社真是出了一些好书。”汝信同志在出席国际美学学会年会时，将他论集的精装本送给学会会长和一些国外美学名家时，他们都赞扬说：“多美的书啊！从书中我们可以看到中国美学的发展。”《论丛》的策划和出版，我们更认识到，精品学术图书要有一流的作者，要有优质的书稿；书稿出自作者之手，是图书的基础。这是出版界的共识，也是出版业的一个规律。《抗日战争史》丛书、《辞典》的策划、出版也是这样做的。我社一开始就重视《抗日战争史》丛书作者队伍的组建。首先聘请著名史学家、博士生导师王桧林教授任主编，并与主编进一步研究编纂构想，共同商讨组建作者队伍，邀请在各有关领域长期潜心研究、有造诣的知名专家、学者撰稿，以保证书稿质量。如请长期从事国共关系史研究、出版过多部专著的李志良教授撰写书稿《度尽劫波兄弟在——战时国共关系》；请长期从事伪满洲国史研究和史料、档案整理的解学诗研究员撰写书稿《历史的毒瘤——伪满政权兴亡》；等等。为更好体现大学出版社大力扶植中青年学人、出书又出人的办社宗旨和任务，经与主编研究，还请一部分当时近10年来在该领域研究中有见地、论著颇丰的中青年学人撰稿（约占丛书作者的1/3）。我们这样做，学界和同行称赞是“体现了出版社的胆识与远见”。为保证书稿的质量，使编纂构想和主编意图落实在书稿中，每部书稿都由丛书主编审定后才发排。《辞典》也是这样做的。如每个辞条的提出和撰写，都经主编审定，全部书稿完成后，主编、副主编又分别审定诗话和词话部分，并对全书进行统稿、定稿。对这些书稿出版社都严格执行了“三审三校”流程，更好地保证了书稿的质量。

宗法制度是以父权和族权为特征的、包含有阶级对抗内容的一种宗族、家族制度。宗法制度及其文化形态是中国传统文化的核心。它对中国历史文化和意识形态产生了深远影响，成为中国历史上最具民族特色的文化现象。研究宗法制度不仅对了解历史上的中国，而且对了解现实中国都具有重要意义。我校钱宗范教授是国内宗法文化研究的知名学者、学界公认的我国两大宗法研究中心南方中心的领军人物（北方中心为东北师大），曾出版专著《周代宗法制度研究》（广西师范大学出版社），在学界引起极大反响，受到广泛好评，获得当时国家教委社科成果二等奖（当时尚未设立国家图书奖）。但学界过去对宗法文化研究往往局限在当代和汉民族中。我国是一个多民族的国家，汉民族的宗法制对少数民族是否产生过影响？特别是像地处祖国南疆的广西各民族是否存在宗法？等等，这都是过去宗法研究中未涉足的领域。上世纪90年代初，在我国太平天国史知名学者、广西师大钟文典教授“有关民族的、地域性强的研究课题更有价值”意见的启示下，钱宗范教授和他的研究团队以学者的胆识和科学精神，在1993年以“广西汉族与少数民族宗法制度和当代社会”为研究课题，申报国家教委人文社会科学研究规划，由于其研究的开创性和新颖的视角，经国家教委组织专家审定，不仅将其列入规划，而且定为重点课题（当时广西仅此一项）。我和钱教授是多年好友，他与我多次研讨，也让我参与过课题组一些会议。我们认为要做好课题，既要查阅典籍史料，更要深入实地调查，适时进行研究，并撰写出专题论文发表，为日后出书打下基础。为此我写出了选题策划报告，突出宗法研究的延伸性和开拓性，彰显民族性和地方性的特色，经钱教授同意，定名为《广西各民族宗法制度研究》，策划报告很快得到社里的同意和支持。历时5年，钱教授为首的课题组以马克思主义的基本理论为指导，以广西12个民族为研究对象，通过实地调查和查阅史籍，搜集、整理出资料2000多份，逐一研究了12个民族宗法的具体表现和特点，通过广泛联系和比较，探索其基本特征和发展规律，进一步研究其产生的原因和社会影响。这期间，课题组同志将他们研究成果，写成专题论文发表在相关报刊上，达50多篇，影响最大的是钱教授和梁颖同志共同撰写、1996年8月3日发表在《人民日报》的《浅论中国宗法文化的研究》专论。这些都为成书打下了坚实的基础。这时我又与钱教授团队拟定了全书的目录、体例、行文等，开始撰写总论，为突出宗法的现代研究，专列了一编“广西各民族宗法的改造与当代社会”，揭示了在改革开放的今天研究宗法这个古老话题的现实意义，也给学界同行以开放性的启示。50多万字的《广西各民族宗法制度研究》一书1997年1月由广西师大出版社出版，这是做了前人未做的工作，展示了民族宗法文化研究的新成果，在学术上具有重大的开拓创新意义。该书出版后受到学术界一致好评。古代史老学辈、博导赵光贤和博导彭林，史学家、北大博导吴荣曾，民族史专家、中南民院（现中南民族大学）博导吴永章，北方宗法研究领军人、东北师大博导詹子庆等，读到该书后纷纷来函称赞，是“目前所见研究少数民族历史上宗法制度的第一部著作”，“开拓了民族史和宗法制度史研究的新领域”，“也为史学研究开辟了一条新路”。《光明日报》、《中国出版》、《学术月刊》、《中国教育报》等10多家主要报刊发表了书评。该书一年内3次获得省级以上优秀学术图书奖。之后我又和钱教授他们商量，建议他们就少数民族宗法研究拓展开去，他们欣然同意，历时9年，以科学精神和胆识，选取我国13个人口较多、在历史上产生了重要影响、在不同地域的少数民族宗法制度进行研究，取得了很好效果。我建议他们结集，60余万字，并以《中国少数民族宗法制度研究》为书名出版（江西高校出版社，2006年5月）。这两部学术专著的出版说明，突出民族性和地方性的选题策划是极具生命力的，是很好打造精品学术图书的坚实根基，有拓展性和延伸性的选题策划，是成功的选题策划。

选题策划是一个系统工程，包括掌握信息，了解市场和读者需求，提出选题构想，设计方案、实施细则，选择作者，编校书稿，封面设计，版式装帧印制，营销宣传，市场开发，等等。上述每一个环节都不能忽视，只有做好每一个环节，环环相扣，落实选题策划要求，才能很好地打造出精品图书。过去往往不重视学术图书的封面设计，我社一直重视这一环节，因为封面是给读者第一印象的。如《抗日战争史》丛书的封面，就是请知名专家设计的，以咆哮的黄河、血染的长城、长鸣的警钟，配以凝重的灰黑底色，与丛书内容极为吻合，深受大家好评，多家报纸评价了丛书封面设计。学术图书发行难是个老问题，但只要重视，切实采取措施，也是可以“破局”的。如“丛书”发行，我社就选择准对象，有针对性地进行营销宣传，从而开拓了市场，不到半年时间就发行了5000多套，不少新华书店销售百套以上，有一院校一次就订购了700套。《中国出版》、《新闻出版报》发表了我论述有关学术图书发行的文章：《在重点图书上做文章——〈抗日战争史〉丛书编发思考》、《历史专著如何赢得读者——从〈抗日战争史〉丛书发行谈开去》。《辞典》等学术图书的发行也是这样做的，效果也很好。

选题策划是编辑的基本功，应有的素养。现代编辑应学会做好选题策划，不断提高选题策划的能力，多出精品图书，特别是学术精品图书，为繁荣学术，促进出版业的繁荣发展，做出我们的贡献。

高品位的论坛　高质量的园地

——谈学术丛书《东方丛刊》的编辑意识

《东方丛刊》（广西师范大学出版社出版，下称《丛刊》）是一套专门研究东方文化、东方美学、东方文艺理论、东方文学、中外东西比较的学术丛书，现已出版了15辑，“已闪耀出灿烂的光辉，引起了学术界的重视”（北京大学季羡林教授语）。《丛刊》之所以受到重视和好评，重要原因是坚持了“成为国内研究界高品位的学术论坛，甘为诸位同仁作嫁衣，提供一个高质量的学术园地”的编辑方向。《丛刊》具有创新意识，首先表现在选取“东方”这个突破口上。一段时间以来，由于受“欧洲中心论”等的影响，对东方文化的研究是薄弱的一环。近10多年来虽有改观，但仍未尽人意。我们编辑这套丛书就是以弘扬东方文化传统、文艺美学理论体系为宗旨，将其编成研究“东方”这一特定内涵的纯学术性丛书，因而具有填补空白的开创意义和学术价值。其次，体现在所收论文的出新上。丛书所收论文均为首次发表，而且质量高，反映了该领域的最新研究成果。如刘纲纪先生的《唐代华严宗与美学》一文，把盛唐美学精神与华严宗联系起来，观点是新颖而深刻的。专家学者的评价，充分肯定了这一编辑特色：“论文观点及方法不限于传统模式，时有新意，有助于东方研究的现代化。”（北京大学金克木教授语）

在编辑时，我们严格把好书稿的质量关，一律按质选用。为保证书稿质量，我们一直坚持两条，一是每辑都有“大家”手笔、名家论文，如我们已发的蒋孔阳先生的《论崇高》、林焕平先生的《略论中国古代文论中的现实主义传统》、刘纲纪先生的《唐代华严宗与美学》、童庆炳先生的《中国古代文体论述要》等。二是每辑都要选用出版后能产生影响的论文。如张石的《中日审美意识传统的相异点及其意义》一文，由“审美意识”这一角度，牵连出一长串关于中日两种审美意识传统中的“对称与反对称”、“可持续与不可持续”、“生机与寂灭”三方面的有趣比较，剖析了中日审美意识的相异点，达到了所谓“同是桃花两样红”的微观细致研究的境地，既新颖又具启发性。南开大学朱维之教授肯定《丛刊》：“内容较多高水平的论文，美不胜收……可算是全国难得的优秀丛书。”我们在重视抓好书稿质量的同时，也注意抓好封面设计、内文版式设计、校对和印装质量，这也是《丛刊》获得好评不可或缺的因素。

编辑中，我们在坚持以质选文的原则下，有意识向中青年作者，特别是向年轻博士倾斜，每一辑都编发两篇以上他们的论文，如第8辑所发的“中外东西比较”栏6篇论文中就占了4篇。这些论文内容厚实，角度新颖，论述深入，文笔较流畅，颇受好评。为更好地服务作者，我们做到三条：一是收稿后两个月内采用与否给予答复；二是有新意的论文，为保其新，就优先发表；三是对采用的论文，为保其风貌，尽量满足作者在篇幅等方面的合理要求。大学出版社为读者服务，首先就是要为师生服务，为教学科研服务，《丛刊》编在每辑后的两个附录：“中国研究、教授东方美学、东方文艺理论、东方文学、比较文学人员名录”和“东方书目”，也是这一服务意识的体现。它的辑入，老师们称赞是“为教学和研究者寻找同志，加强横向联系，变‘个体户’为‘研究群体’，真正起了牵线搭桥的作用”；“为教学和科研提供信息做了一件好事”。

《丛刊》出版以来，已有近20家中央和省级报刊发表了书评，收到了大量学者的来信鼓励，已被全国300家著名图书馆和大学图书馆收藏，一些外国学者和学术单位来函求购。这既说明了《丛刊》的学术价值，也是对我们编辑意识的肯定。

原载《光明日报》

附：著名学者论《东方丛刊》

●季羡林（北京大学教授）

虽然迄今只出版了四辑，然而已闪耀出灿烂的光辉，引起了学术界的重视。……发表了几篇很有见地的文章，给研究美学、文艺理论、比较文学等的专家学者开阔了眼界，受到了他们的赞扬。

我认为，《东方丛刊》是一个非常有水平的学术丛刊。……在目前全国丛书之林中实占有独特的地位。这样出下去，它一定还能做出更大的贡献。

●金克木（北京大学教授）

在同类学术丛书中不仅论文有一定水平，且具有特色：一是注重文艺理论及美学在东方发展的理论研究；二是论文观点及方法不限于传统模式，时有新意，有助于东方研究的现代化；三是发表一些中青年教师及研究生的论文，对于扩大学术队伍，活跃学术空气亦有贡献。

●刘纲纪（武汉大学教授）

它有如下一些特点：

1. 以东方的美学、文艺理论的探讨为主……视野开阔，丰富多彩，带综合性。

2. 选稿从严，入选文章绝大部分在资料、论点、论证、文字上都达到了目前较高的学术水准。

3. 坚持马克思主义指导，同时又广泛借鉴、吸取现代外国研究成果，思想解放，有积极创新精神。

4. 十分重视培养青年一代学者……

5. 由专业人员担任编辑工作，在文章分类编排、突出重点，以及校对上都做得较好。

●贾植芳（复旦大学教授）

它的出版是我国学术园地里一种开拓性的景象。

它选材广泛而严谨……用新时代的视角，发掘、整理、审视与研究有关东方文化圈内的各个学术领域……进行富有创见性的描述与论证，并多有独到之见。

所载各文，都具有较高的学术质量，为我国的社会主义文化建设事业，贡献了新的理论和学术财富。

●朱维之（南开大学教授）

丛刊既有组织上的权威性，又有青年编辑的朝气。……内容较多高水平的论文，美不胜收。……可算是全国难得的优秀图书。

坚持宗旨　繁荣《东方》研究

——《东方丛刊》的策划思考

《东方丛刊》是由中华全国美学学会、中国比较文学学会、全国高校东方文学研究会等5个单位联合主办，广西师范大学文学院组稿、审稿，出版社编辑出版的一套专门研究东方文化、东方美学、东方文艺理论、东方文学、中外东西比较的学术丛刊，现已连续出版10多年共50多辑（每年4辑）。由于坚持丛刊宗旨，在学术上下功夫；重视文化品位，保证书稿质量，乐为他人作嫁衣，热心为读者、作者服务，显示出鲜明特色，促进了“东方”研究的繁荣，受到了同行专家和广大读者的重视和好评。

1. 坚持宗旨——学术上的思考

东方文化源远流长，具有悠久的历史和光辉的传统。然而在现代学术领域，由于受“欧洲中心论”等的影响，我国在这方面的研究长期以来是薄弱的一环。近20多年来虽有进展，但仍未尽如人意。我们编辑、出版的《东方丛刊》是一套专业研究东方文化、东方美学、东方文艺理论、东方文学、中外东西比较，即研究“东方”这一特定内涵的学术性丛刊，就是以弘扬东方文化传统，繁荣“东方”研究，建立有中国特色的东方文化、文艺美学理论体系为宗旨。10多年来，我们一直坚持这一宗旨，为保证丛刊的学术性，在创新上去思考。创新就是突破、开拓，它是建立在求异思维基础上的思维。学术是离不开创新的。没有创新，学术就没有生命力，就更谈不上学术的进步、繁荣。创新也是编辑策划选题，编审出高质量、高品位学术丛刊的前提和基础。我们选取“东方”作为研究方向，编辑出版该领域学术性丛刊，本身就具有填补空白的开创意义和学术价值。在所发论文的出新上，也体现了丛刊的学术性。丛刊所收论文均为首次发表，而且质量高，反映了该领域的最新研究成果。如刘纲纪先生的《唐代华严宗与美学》一文，认为“华严宗带很浓的艺术、美学色彩。产生于印度的《华严经》本来就充满了各种美丽的神话，在它移入中国之后，又与中国本土的哲学和审美意识结合起来，很好地适应了盛唐到中唐那个极富于美的理想与追求的时代。就唐代的佛教宗派来看，盛唐精神可以说是集中地反映在华严宗的思想中。华严宗是宗教，但又是一种曦光流彩、声光并作、卷舒自在、美丽诱人的宗教……”把盛唐美学精神与华严宗联系起来，观点是新颖而深刻的。专家、学者的评价，充分肯定了丛刊的这一特色。“《东方丛刊》是一个非常有水平的丛刊……在目前全国丛书之林中占有独特的地位”，它“已闪耀出灿烂的光辉，引起了学术界的重视”（北京大学季羡林教授语）；“坚持马克思主义指导，同时又广泛借鉴、吸收现代外国研究成果，思想解放，有积极创新精神”（武汉大学刘纲纪教授语）；“它的出版是我国学术园地里的一种开拓性的景象。选材广泛而严谨……用新时代的视角，发掘、整理、审视与研究有关东方文化圈内的各个学术领域，进行富有创见性的描述与论证，并多有独到之见。所载各文，都具有较高的学术质量，为我国的社会主义文化建设事业，贡献了新的理论和学术财富”（复旦大学贾植芳教授语）。

2. 突出高品位——质量上的思考

图书的高品位，关键是它的高质量。出版品位的内涵是丰富的。就丛刊而言，包括内容品位、文化品位、艺术品位、印装层次品位等。出版高质量的图书（如学术专著和教材）是由我国大学出版社的性质和任务所决定的，是社会主义精神文明建设和市场经济发展的需要。图书的竞争性、价值观，其核心在于图书的质量，而其关键又在于书稿的质量。因此，在编辑《东方丛刊》时，我们首先严格把好选文的质量关，坚持按质选文。要编辑、出版一流的图书，就要有一流的作者，一流的书稿。为保证书稿质量，我们认真做到两条，一是每辑都有“大家”手笔，“名家”论文。我们已发的蒋孔阳先生的《论崇高》、林焕平先生的《略论中国古代文论中的现实主义传统》、彭端智先生的《东方宗教与文学的关系初探》、周来祥等先生的《中西古代审美理想的比较研究》、童庆炳先生的《中国古代文体论述要》，等等，就是其代表。二是每辑都要选用出版后产生影响的论文。这种影响就是来自文稿的质量。如张石的《中日审美意识传统的相异点及其意义》一文，由“审美意识”这一角度，牵连出一长串关于中日文化与现代化的问题，主要选取中日两种审美意识传统中的“对称与反对称”、“可接续与不可接续”、“生机与寂灭”三方面作了有趣的比较，剖析了中日审美意识的相异点，达到了所谓“同是桃花两样红”的微观细致研究的境地，既新颖又具启发性。该文发表后受到好评，报刊评论指出，这是“一种高屋建瓴的研究态势”，表明了“美学研究可以而且应该突破其传统的固有范畴而走向理性新质的建立”。又如王一川的《典型、移心化与众声喧哗——80年代后期中国文学典型问题描述》一文着重论述了“典型”问题。“典型”是中国现当代文艺理论中的一个极为重要的中心概念，也是既有的文艺理论中一个牵一发而动全身的概念。但是，1985年以来，“典型”在中国小说创作的实践中却由作品的中心“退居二线”。该文将此称之为“移心化”和“众声喧哗”。文章通过对马原、洪峰、苏童等大量“先锋”作家的作品中的移心化与众声喧哗的实例分析，指出在80年代后期的中国小说创作中，原先作为作品中心的典型，“已变得中心弥散，总体破碎，多种声音竞相争鸣”。该文发表后，报刊上多篇评论认为该文中有两点值得注意：其一，选择典型的新变化这一话题，其实就是选择、理解“新潮”（先锋）小说的一个独特的角度。因为，在对典型的态度和处理方式上，新潮小说与《创业史》等小说本意有着相当明显的区别。极端而言，从某种程度上讲，新潮小说家正是由对典型以及对典型背后支撑着的“文化语境”的“反对”而开始他们那令人目眩的“实验”的。因此，这一话题的选择，别具匠心。其二，作者将这一问题——典型的新变化——放到“文化语境”的大背景下去考察。尽管作者对“大背景”的考察在本文中并未充分展开，但这已赋予了全文一种较为开阔的视野、恢宏的气势。还有李庆本的《20世纪中国浪漫主义》、王可平的《西北雕塑与民族意识》，等等。这些论文发表后，在同行中引起了较大反响。丛刊的高品位、高质量得到了专家、学者的肯定。刘纲纪先生指出：“选稿从严，入选文章绝大部分在资料、论点、论证、文字上都达到了目前较高的学术水准。”南开大学朱维之教授评价说：“内容较多高水平的论文，美不胜收……可算是全国难得的优秀丛书。”

图书质量问题是个综合问题。因此，我们在重视抓好书稿质量的同时，也注意抓好封面设计、内文版式设计、校对和印制、装帧上的质量。这也是丛刊获得好评的不可或缺的因素。

3. 认真“作嫁”——服务上的思考

“为他人作嫁衣”，是对编辑人员不慕名利，为作者、读者服务的精神的赞誉。辛勤工作，不慕名利，热心为作者和读者服务，也是编辑出版人员基本的职业道德。在丛书策划和编辑中，在坚持以质选文的原则下，我们注意提高服务意识。有意识向中青年作者，特别是向博士（包括博士生）“倾斜”，以扶植中青年学人为己任，每一辑都编发两三篇以上他们的论文，就是其一。如第4辑就发了5篇，第8辑“中外东西比较”6篇论文，就有4篇的作者是博士。这些论文内容厚实，角度新颖，论述深入，文笔流畅。如东西文化交融研究的新作，介绍国外文化人类学和神话学研究最新的一手材料的、内容新颖而厚实的《爱神的东方家园——兼及爱与死主题的神话发生》和《食色关系论》，学术性、现实性具强的《异国情调与民族性的幻觉》。编辑对隐含潜能的作者（或称“潜人才”），对初出茅庐而有后劲的年轻人的积极扶植，是事业的需要。文学巨匠巴金先生说：“编辑的成绩不在于发表名人的作品，而在于发现新的作家，推荐新的创作。”这话无论是从编辑付出的劳动的艰辛程度，还是从强调编辑对作者的激励作用分析，都很有道理。为更好地服务作者，我们还做到三条：一是收稿后两个月内采用与否给予答复；二是有新意的论文，为保其新，就优先发表；三是论文采用时，为保其风貌，尽量满足作者在篇幅等方面的合理要求。大学出版社为读者服务，首先就是要为师生服务，为教学科研服务。在策划编辑中，我们牢记大学出版社的办社宗旨，尽力服务这个宗旨。就是编在每辑后的两个附录：“中国研究、教授东方美学、东方文艺理论、东方文学、比较文学人员名录”和“东方书目”，也是服务读者精神的体现。它的辑入，报刊评论称赞是“为教学和研究者寻找同志，加强横向联系，变‘个体户’为‘研究群体’，真正起了牵线搭桥的作用”，“为教学和科研提供信息做了一件好事”。

丛刊出版以来，已有二三十家中央和省级报刊发表了书评，收到了大量学者的来信鼓励，已被全国300余家著名图书馆和大学图书馆收藏。这说明丛刊宗旨的正确，也是对我们策划思考的肯定。

原载《南方文坛》，1994年第4期

开拓新领域　展示新成果

——《广西各民族宗法制度研究》编辑后记

宗法制度是以父权和族权为特征的，包含有阶级对抗内容的一种宗族、家族制度。宗法制度及其文化形态是中国传统文化的核心，它对中国历史文化和意识形态产生了深远影响，成为中国历史上最具民族特色的文化现象。研究宗法制度不仅对了解历史上的中国，而且对了解现实的中国都具有重要意义。广西师范大学历史学教授钱宗范主编的《广西各民族宗法制度研究》一书，以马克思主义的基本理论为指导，以广西汉族和其他少数民族的具体社会史料为研究对象，采取从世界历史文化发展的宏观规律的广阔视野出发，进行广泛比较，综合分析，探求广西各民族宗法制的具体表现、基本特征和发展规律，并进一步完善和丰富了对中国和世界各民族宗法制度发展规律的科学认识，所以在学术上具有重大的开拓创新意义。

该书第一编“世界和中国各民族宗法制度发展形态的一般性规律”，用三章八九万字的篇幅，从宏观到微观，首先介绍世界和我国各民族宗法制度发展的一些共同规律，然后介绍广西各民族宗法制度存在的一般形态，进一步丰富了对世界宗法制度宏观规律的认识。本书在这一部分提出了一些在国内学术界还未提出过的新观点。如：（一）宗法制度既不是纯粹的血缘氏族组织，也不是一般意义上的政治组织。因而中国传统经学观点认为宗法只是大小宗间关系的理论，既不符合马克思主义关于宗法的基本理论，也不符合中国几千年来宗法制度发展的基本事实，是完全错误的。（二）宗法制度不仅中国周代存在，夏商两代以及秦汉至近代均存在；不仅汉民族地区存在，而且古代和近代的各少数民族中均存在；不仅中国存在，而且世界上经济欠发展的古近代农、牧业民族中均存在。我国学术界一些传统观点认为，只有周代存在宗法，只有汉族有宗法，只有中国有宗法等，是完全不符合中外历史事实和马克思主义基本观点的，其根源是国内学术界一些人至今没有摆脱封建经学的错误影响。（三）世界古代各民族的宗法制度的发展经历了七个发展阶段，古代南斯拉夫人、古代希伯来人、古代罗马早期社会、古代亚述人、古代苏美尔南部等地区、古巴伦社会、古典希腊和古典罗马，可以作为奴隶社会早期原始宗法制度从开始产生、发展到典型和走向瓦解的七个阶段的代表；中国古代的宗法制度经历了三个时期，即原始社会末期父系氏族家长制时期，是宗法的萌芽时期；夏、商，特别是西周春秋，是原始宗法制度时期；战国秦汉至近代，是封建社会的宗法制度时期。这些关于世界和中国宗法制度发展阶段和存在形态的论述，是重要的科研成果，其论据充分，论证严密，为进一步探讨广西各民族宗法制度建立了理论基础。这些观点的提出已受到国内学术界同行的重视和好评。（四）指出传统学界认为的嫡长子继承制即宗法的观点，既不符合历史事实，也不符合宗法制度发展的规律。该书认为，嫡长子继承制仅是宗法制发展中某一个阶段的现象。学界大多数人认为中国秦汉以后存在宗法统治，可是不存在嫡长子继承制；就是在周代，鲁、宋等国也不实行嫡长子继承，宗法统治却很强固，所以不能把嫡长子继承和宗法混为一谈。其他继承制度，只要能巩固宗族的统治的，同样能成为宗法制度中的重要内容。

第二编“解放前广西各民族宗法制度研究”共七章，37万多字，逐一研究广西汉、壮、瑶、苗、侗、仫佬、毛南、回、京、彝、仡佬、水共12个民族宗法的具体表现和特点，通过广泛联系和比较，探索广西各民族宗法的基本特点和发展规律，进一步研究其产生的原因和社会影响。这一部分做了前人未做的工作，开拓了宗法研究的新领域，研究成果丰富，出新观点极多。

该书对广西宗法制总的发展规律的论述中认为：（一）广西汉、壮等12个民族在解放前都存在形态不同的宗法制度，否认少数民族有宗法的观点是完全不能成立的。该书认为，各民族有自己独特形式的宗法制度，正是中华民族各民族文化形态丰富多彩的具体表现。它丰富了我们对中国传统宗法文化的认识。（二）广西各民族的形成是多元一体格局，各民族都有自己的文化形态，又接受了其他民族文化的影响，因此在各民族的宗法文化形态上，表现出了复杂多样的特点，这正是各族人民历史上团结合作、互相吸收、共同发展的生动见证。（三）广西古代历史上，既有汉族入居少数民族之中，受少数民族融合同化而成为少数民族成员的例证，也有少数民族入居汉族中，受汉族先进文化影响，同化融合成汉族的例证。历史证明，汉族离不开少数民族，少数民族离不开汉族，互相学习，互相吸收，共同提高，是广西各民族宗法文化中表现出来的共同现象。

广西有12个民族聚居，汉族占总人口的60%以上，壮族也有1000多万，瑶族是世界著名的山地民族，苗族是有几千年历史的古老民族，该书对汉、壮、瑶、苗四个在广西人口最多的民族单列专章论述；对其他八个人数较少的民族，则集中三章论述。这些论述，新见迭出，极有价值。如在对广西汉民族宗法的研究中指出：（一）广西汉族的宗法制度与祖国南方各省宗法制度发展形态有类似的规律和特点，但也有自己的特殊性，即宗族家族组织发展时间较晚，一般在明清时期才建立祠堂，修订族谱族规，族规的劝诫性较强，惩罚性较弱，在内容上反映了资产阶级的道德意识，某些地区的族规中妇女有一定的地位；桂西和少数民族杂居的汉族，受少数民族文化影响较深，形成和发展成近代的汉族大姓宗族，在族产中反映了商品意识，由土地转化为经营资本；在族权的行使上产生了族长由公选产生的民主意识。这是南方各省明清以来宗族中很少见到的，这说明了近代半封建半殖民地社会的政治经济已反映到宗法中来。（二）广西客家人的宗法的最大特征是守宗不守土，即他们离开家乡后随处迁移，四海为家，但却依靠强固的守宗合族的观念保持了本族的凝聚和团结，是与一般汉族世代聚居守土守宗的最大不同之处。在对广西壮族宗法的研究中提出：（一）解放前壮族普遍存在宗法统治，证明在少数民族中存在宗法制度；壮族宗法中既有祠堂、族谱、族产、族规、族长等汉族宗法中普遍存在的共同特点，也有幼子继承、承重孙、转房制、不落夫家等特殊的宗法婚姻和继承形态，从而丰富了我们对宗法制度存在规律的认识。（二）壮族过去社会中存在的转房制、不落夫家等原始婚姻形态，都成为维护宗族血脉继承的工具，带有强烈的宗法性。只有从宗法统治的角度，才能说明这类婚姻的本质和作用。（三）宋元至明清时期壮族地区存在土司土官制度，土司土官官族内保留了自己的宗法形态。在对广西瑶族宗法制度研究中提出：（一）作为广西少数民族中留存资料特别丰富的著名的山地民族，其宗法为我们提供了南方山地少数民族宗法的一个典型。（二）大瑶山的石牌组织、南丹白裤瑶的油锅组织等，都是在经济较落后、社会较闭塞的情况下形成的宗法组织与地域组织结合的一种统治形式，石牌地域性较强，而油锅血缘性较强。这种地域与血缘相结合的形式，马克思恩格斯早已论述过中世纪初期欧洲广泛存在，现我国少数民族中也有发现，证明了马克思恩格斯论断的科学性和普遍性，丰富了我们对世界宗法制度发展规律的认识。（三）大瑶山当地的宗族族规与地方上的习惯法常结合起来，对维护地方稳定起了一定的作用，是宗法组织与地域组织结合的反映。（四）瑶族的继承制度因族别支系和居住地区而异，长子继承、兄弟分产、幼子承袭都有，且都在特定环境下对巩固宗法统治起了作用，都是宗法统治存在的表现形式。这进一步否定了只有嫡长子继承才能产生宗法的传统观点。（五）不落夫家、转房制、入赘婚、姑舅表婚等在解放前瑶区都存在，在宗法统治下，这些婚姻形式都成为为男性族长服务的生男育女的工具。（六）瑶族的民歌充分反映了在宗法统治下男女向往婚姻自由、追求自由幸福的理想，是研究宗法的重要资料，具有历史价值。（七）瑶族也有祠堂族规，但更多的是反映瑶族的风俗习惯，与汉族的祠堂族规作用不同。对回族、京族、彝族、水族、仡佬族宗法制度研究时提出：（一）广西回族的民间宗法的存在形态不够典型，由于信仰上的差异，回族较少有祭祖宗的祠堂。即使少数地方有，但也不常去祭祀，宗法组织远比汉族松散，族权的行使也不突出。但某些祖先有杰出事迹者，族人也建祠。（二）由于宗教信仰的关系，回族内部存在宗教式的宗法封建关系，有强烈的同宗同教为兄弟的意识。这为开展宗教性的宗法关系研究给人们以启迪。（三）生活在广西北部湾的京族，在居住地（如村）建有类似于宗庙的哈亭，它是京族宗法制的外在表现形式；嘎古集团是京族宗法统治的主体；由个体家庭、各姓宗族组合而成的京族宗族，是京族特殊的宗法组织结构。哈亭与汉族宗庙不同之处为不同姓氏都在哈亭内设牌位祭祖。这表明每一村的哈亭成为宗庙和社庙合一的祭祀机关，每一村实为宗族组织和地方组织的结合。（四）京族严禁姑舅表婚和近亲通婚，这与京族世代从事海上作业，需要强壮的身体等原因有关，但也实行汉族封建婚姻中的聘媒制等封建宗法婚姻。（五）彝族、水族、仡佬族绝大多数居住在外省，留居广西的人数极少，宗法形态不很典型，但族权、家长权、宗法性的婚姻、继承、丧葬祭祀习俗均不同程度地存在，反映了聚居在广西西部的这几个人口很少的民族，封建宗法统治也是存在的。另外，对苗族、侗族、仫佬族、毛南族等宗法制度的存在形态、特征等也作了深刻、独到的论述。

总之，该书在大量调查研究、掌握详尽资料的基础上，对广西12个民族历史上的宗法制度做了深入的研究，做出了精辟的论述，丰富了宗法制度的内涵，为各民族史的研究增添了新的内容，建构了民族地区宗法制度研究的新体系，把我国传统的宗法文化研究推向了一个新阶段。

学术研究联系现实，研究历史文化做到批判继承，为改革大业、为两个文明建设服务，是学术研究的一个重要目的。该书第三编“广西各民族宗法的改造与当代社会”用三章篇幅，七八万字，紧紧联系当代社会现实，探讨了宗法制的改造及当代社会的批判继承问题，对宗法制度进行剖析，扬弃其不利于社会发展的习俗，利用其有益于经济建设和社会稳定的传统，为建设有中国特色的社会主义提供方略，很有特色，极富开拓性和现实性。该书指出了宗法制度中的守旧迷信、家长制、家族主义、生育观念、重男轻女、宗派观念、任人唯亲等思想对当今社会的影响及其危害，以及克服和扬弃这些宗法传统的办法；对宗法传统中的团结凝聚、互相救济、兴教办学、环境保护、维护治安、促进海外华人投资建设、促进民族团结和祖国统一方面的作用等给予了应有的评价。这揭示了在改革开放的今天研究宗法这个古老课题的现实意义，也给学界同行以开拓性的启迪。

《广西各民族宗法制度研究》是1993年1月国家教委下文确定的人文社会科学研究“八五”规划课题；到了1994年，国家教委组织全国专家学者审定，正式下文确定为人文社会科学研究“八五”规划重点课题——“广西汉族与少数民族宗法制度研究和当代社会”的研究成果而写成的学术专著。开展课题研究，撰写学术专著，需要有明确的指导思想和科学的原则。作者在进行课题研究和《广西各民族宗法制度研究》撰写时的指导思想是：

（一）从宏观到微观，进行广泛联系和比较。研究历史文化，切忌孤立地静止地片面地去研究。任何国家的历史文化，都有符合世界历史文化发展普遍规律性的特点和自己的特殊性；任何民族的发展，都是在与外民族的互相交往、彼此影响中实现的。该书采用从宏观到微观的视角，首先介绍世界和我国各民族宗法制度发展的一些共同规律性，然后逐一研究广西各民族宗法的具体表现和特点，通过广泛联系和比较，探索广西各民族宗法的基本特点和发展规律，进一步研究其产生的原因和社会影响。这就使研究的结论更加科学，更加能为人所信服，更容易做到在学术上有所突破。这样，本书就以高屋建瓴之势，把广西各民族的宗法制度放在世界和中国的历史长河中去研究，成为一个具有深刻理论意义的课题。

（二）从实际出发，联系当代现实。在聚居广西的12个民族中，汉、壮、瑶、苗四个民族人数较多，留存资料特别丰富，民族特色也很典型，因而在书中分别单列专章论述，并由于瑶族文化典型，论述得更为细致深入。对其他八个人数较少、留存的材料极少、宗法文化也不典型的民族，则集中在三章论述，有的写得也较简单。该书这样安排，是从实际出发，体现了实事求是的原则。社会科学研究除了发展学术以外，还应该为当代社会的发展提供有益的借鉴和经验，特别是对在中国历史上有过巨大影响的宗法文化，进行批判地继承，对建设当代文明有着重大的现实意义。该书敢于结合当代中国以及广西的社会现实，研究宗法文化改造的途径和方法，不仅在学术上具有创新意义，而且对推动广西民族地区乃至我国的经济文化建设也具有现实意义。

（三）学习、引用他人成果，开展学术争鸣。该书对与民族宗法研究无直接关系的学术问题，采用多数学者意见。广西民族史的研究中存在不少学术分歧意见，诸如土司土官的族源问题，存在两种对立的意见，而与该书研究的主题宗法制度无直接的关系，所以暂采用源于壮族说，而将土司土官制度中的宗法形态列入壮族一章论述。80年代出版的一套广西少数民族社会历史资料（无汉族和回族），多系广西民族史研究工作者50年代在政府部门的组织下，深入实地、细致调查的成果，得到主管部门和多数学者的认可。对于不属于宗法研究范围的其他有分歧的民族史上的问题，该书原则上采用这套历史资料的观点。党的百家争鸣方针，是明辨是非、促进学术发展的正确方针。但多年来争鸣之风并不热烈。该书作者在充分介绍自己的研究成果、阐述自己的观点时，对不同观点的学者的论著进行了一些引证和评论，以引起学术争鸣，推动学术研究的发展。该书的这种做法是值得肯定、赞赏的。

开展较大的人文社科研究课题研究，要有周密的计划安排，要不断写出阶段性的研究成果。几年来，钱教授和课题组成员，在进行深入调查、查阅资料、潜心研究、认真探讨的基础上，将阶段研究成果写成了论文，在中央和省级以上报刊就发表了近20篇，其中包括1996年8月3日《人民日报》第6版发表的《浅论中国宗法文化的研究》，另外还有《论世界和中国诸民族宗法制度发展形态的共同规律性》、《浅论中国宗法制度的特点及其在广西民族地区的表现》、《广西各少数民族封建宗法概论》、《广西壮族民间宗祠述论》、《试论广西瑶族石牌组织的宗法性》、《浅论苗族继承制度的宗法性质》、《试论侗族近代社会宗法文化的基本特征》、《京族宗法制存在形态初探》、《论仫佬族“冬”的宗法关系及其性质》、《试论近代广西宗法文化的变异性表现及其批判继承》等。这些阶段研究成果的发表，受到了同行专家的重视。

《广西各民族宗法制度研究》一书出版时间虽然不长，但已在学术界引起很大反响，受到好评。《光明日报》1997年11月8日发表的书评《民族历史文化研究的力作》中指出：“这部专著对广西12个民族古近代的宗法制度进行了全面系统的研究，填补了我国民族地区宗法制度研究的空白。”“本书提出的一些学术新见，开拓了民族史和宗法制度史研究的新领域。”这些评价是十分中肯的。相信该书的出版对提高和推动我国相关学科的学术研究水平是极为有益的，对读者增长见识、开阔视野也是很有帮助的。

原载《广西师范大学学报》（哲学社会科学版），1989年第3期

从资料汇集到深入研究

——桂林抗战文化著述出版走向剖析

1938年10月武汉沦陷至1944年湘桂大撤退以前这一段时间，一大批“以国家兴亡为己任”的文化人汇集桂林，在中国共产党抗日民族统一战线的指引下，开展了轰轰烈烈的抗日文化运动，桂林成为抗战中国大后方的文化中心之一，被称为“文化城”，享誉国内外。据统计，在桂林文化城战斗过的知名作家、艺术家和其他学者就有1000多名，真是人才荟萃；先后在桂林创刊、复刊的报刊近200种，开设的书店、书局、出版社200余家，出版了上千种各类书籍。一条桂西路，全是书店，真是琳琅满目；文艺演出团体有60多家，有时10多个剧种同时演出，可谓盛况空前；群众性的歌咏会、诗歌朗诵会、街头演出、诗画展更是有声有色。这种以反法西斯、抗日救国为主旋律的文化运动，发生在当时只有30万人的“国统区”的桂林，是党对桂林抗战文化的领导和抗日民族统一战线实践的丰硕成果。搜集、整理桂林抗战文化的历史资料，总结、探讨桂林抗战文化运动的历史经验，是今人责无旁贷的历史任务。虽然早在60年代初期，一些高校和学术单位的有识之士开始了此项工作，但直到党的十一届三中全会后，此项工作才真正开展起来。

史料的积累是研究工作的基础。桂林抗战文化著述是从出版有关史料图书开始的。在党的十一届三中全会精神鼓舞下，一些当年战斗在桂林文化城的老同志和高校、学术单位关注桂林抗战文化的有识之士最先行动，从80年代初，在一些出版社的大力支持下，就陆续出版了一批反映桂林抗战文化史料的图书。这方面要首推广西人民出版社出版的“抗日战争时期桂林文化运动资料丛书”（共11种，已出版7种），是桂林抗战文化资料的宏大汇编，包括《西南剧展》、《桂林文化城纪事》、《桂林文化城概况》、《（抗战时期桂林）文艺期刊目录索引》、《欧阳予倩与桂剧改革》、《戏剧运动》等。这些图书从不同侧面反映了桂林抗战文化的概貌。此外，还有漓江出版社出版的大型资料工具书《桂林文化大事记》，桂林博物馆、八路军桂林办事处纪念馆等单位分别编写的《西南第一届戏剧展览会——文物史料选集》、《西南剧展40周年纪念座谈会资料集》、《驼铃声声——新中国剧社战斗历程》、《桂林旧事》、《八路军桂林办事处》、《漓水烽烟》（共3册）、《救亡日报的风雨岁月》、《广西出版志资料（四）——桂林文化城出版事业专辑》，等等。这些文化工作者辛勤劳动的重要成果，为桂林抗战文化研究提供了丰富的第一手资料。

从资料汇集到学术研究，是桂林抗战文化著述出版走向的显著特点。林焕平著的对茅盾抗战时期在桂林和香港的文学作品进行分析、研究的《茅盾在香港和桂林的文学成就》，是80年代初期有关桂林抗战文化研究的唯一的一部专著。自80年代中期起，桂林抗战文化研究工作在资料积累的基础上逐步深入开展，桂林抗战文化研究学术专著出版越来越多，至今已有10多部，达500多万字。其中有广西人民出版社的对桂林抗战文化进行较全面介绍和研究的《桂林文化城史话》，收录了桂林抗战文艺方面的有关辞条1900余条的工具书《桂林抗战文艺辞典》；漓江出版社出版的有关桂林抗战文艺史论结合的学术专著《桂林抗战文化概观》，汇集研究桂林抗战文化的论文35篇，反映研究基本情况和最新成果的《桂林抗战文化研究文集》；广西师范大学出版社出版的、集研究与资料于一体的大型学术丛书《桂林文化城大全》（文学卷·小说分卷10辑、诗歌分卷2辑）、《桂林抗战文化研究文集》（二）；广西教育出版社出版的首部较系统论述桂林抗战文学的史书《桂林抗战文学史》；等等。特别应指出的是《桂林文化城大全》这套卷帙浩繁的大型学术丛书，分文学、教育、新闻、出版、音乐、戏剧演出、历史研究、体育、国际交往等卷，共23辑，达1300余万字，是桂林抗战文化研究的重要成果，是献给伟大的抗日战争胜利50周年的礼物。这些专著的出版，显示了桂林文化城滋养的广西文化人的胆识和追求，带来了抗战文化研究的新气象。近几年来对桂林抗战文化研究越来越深入，目前研究课题在宏观上有：桂林文化城的成因、分期和历史地位，桂林抗战文化在中国现代文化史和世界反法西斯文化史上的地位和作用；党的领导和党的统一战线政策在文化城中的中流砥柱作用，毛泽东思想在文化城的传播与实践；桂林抗战文艺的历史经验与建设有中国特色的社会主义文化事业和社会主义精神文明建设；等等。微观上有作家作品研究，有事件、活动研究，如西南剧展、“抗战门神”等。这些课题研究都是极有现实意义的。

为纪念抗日战争和世界反法西斯战争胜利50周年，由广西区党委宣传部、社科院、广西抗战文艺研究会等单位召开的全国第二届“桂林抗战文化研讨”今秋将召开，《桂林文化城大全》音乐卷、教育卷等和《桂林抗战文化研究文集》（三）、（四）等一批学术著作在编辑、印制中，这说明桂林抗战文化的研究将更加深入，桂林抗战文化著述的出版将更加繁荣。

原载《新闻出版通讯》，1995年第12期

从点子到创意到一个品牌

一

1988年3月，全国新华书店在南宁召开工作会议，各省、地市店经理及相关人员300来人与会，同时，广西区店也邀请我区5家出版社派人参加，以加强社店联系，扩大5家出版社的图书发行。当时我社才成立一年多，是一个名不见经传的新社、小社，也想通过这次会议宣传我社，多与书店同人联系、交流，听取他们的意见，了解市场的需要。于是，我们请区店张经理和业务部门的负责同志帮忙，在会议的第二天晚上邀请了60多位来自不同省市的与会代表在住地宾馆会议室开座谈会。在会上，党社长简要地介绍了我社的情况，诚恳地请书店的同志给我们这个出版战线的“新兵”、图书发行业的“小学生”扶植、帮助。张经理很支持我们，他在会上发言，特别强调了我社背靠广西师大教学科研这棵大树的潜在实力，不久的将来，在教育图书的出版上必定大有作为，希望大家多给我们“出点子”。

会议开得很热烈，大家踊跃发言，谈到了图书市场的现状和需求，提供了许多有价值的信息，并且提出了不少很好的建议。其中一位代表的发言，引起了我们的兴趣和关注。他提出：“现在一些刚开始学英语的初中生，特别是县里的初中生，感到很困难，像读天书一样。你们能不能像翻译文言文那样，编写出版一些英语教辅书。”会后整理会场时，我们几个人一直在议论这位代表的提议，一致认为这是一个极有价值的信息。回到宾馆房间，洗漱完毕，已近12点了。我和党社长同住一间，当时仍很兴奋，靠在各自床上，一直议论着编写英语教辅书的事。谈论集中在两个问题上，一是如何借助文言文的形式，进行英译汉；二是突出书的特色，拟好书名。我们一直谈到深夜两点多钟，形成了初步意见：书中一定要有课文原文，原文下一行是对着原文的汉语直译，但这些文字是不符合语法习惯的，必须要有符合现代汉语语法习惯的通顺译文，称通译，也称意译。但放在哪里呢？我们提出了两个地方，一是列在直译下面，二是放在句后，用括号括起。至于书名，当时尚未拟定，只是确定在书名中要突出“对译”，又要突出有“译”也有“注”。临睡前，党社长要我第二天把当晚我们商量的意见整理出来，回桂后立即向时任总编辑的贺祥麟教授汇报，并找他和外语系主任刘上扶教授以及陆煜泰教授等商量编写书稿事宜。第二天中午，我在将头天晚上的意见整理成“策划意见”，写到“书名”一项时，突然灵感闪现。我想到：这套书是针对中学英语课文编写的，对照翻译又是其突出特点，而且是以“译”为主的，因此就闪现出“中学英语课文英汉对照译注”的书名。我立即告诉党社长，他想了一下，马上说：“好，就提出这个书名征求贺老他们的意见。”我们还商定，这套书一定要抢在放暑假时上市，现在是3月，必须5月交稿，7月出书，快件发到书店投放市场。这套书的事就这样初步定了下来。

二

南宁会议一结束，我们立即往回赶。抵桂时已是下午，我们分别给当时兼任出版社社长的王炜炘副校长和兼任总编辑的贺老汇报，他们都认为很好，表示大力支持。贺老早年赴美留学，是解放初期归国的外国文学名家，他中英文造诣皆深，既精通英美语言文学，又精通中国语言文学，是全国外国文学学会首批授予优秀贡献奖（相当于终身成就奖）的三位老专家之一，还先后担任过我校中文系主任和外语系主任。他是主编最合适的人选。之后，我马上去找刘上扶教授和陆煜泰教授，他们都是我校首批外派赴美高级访问学者，又是编著、出版过英语用书的作者。我说明来意后，他们都很支持，表示“乐意为此效力”，并定下第二天上完课后就开编写会，由他们邀请系里合适的老师参加，并就这套书如何编写做些准备。

第二天下午，编写会在当时出版社办公用的二层教学楼上靠东头的教室召开。王炜炘副校长本来要参加的，因学校临时有会不能前来，他事先打电话，一定要好好听贺老和外语系老师的意见，5月份按时按质完稿。贺老、刘上扶、陆煜泰、周全霖、蒋天庭、刘迎等老师以及党社长和我参加了会议。会上，党社长简要介绍了选题的由来，提出了5月上旬完稿、7月上旬一定出书占领市场的要求。我介绍了编写的初步构想，并拿出市场上文言文今译的书给大家借鉴。刘上扶老师不负重托，对编写做了充分准备。他指出，目前的“英语热”就是极大的需求市场，不仅同学们需要，一些基础差的成年人也需要，因为有一定基础的可拿《英语900句》、《新概念英语》等来学，没有基础的只好拿初中英语教材来入门了，这些人中有的人也找我们要入门之作，这套书也适应他们的需要，这也是一个信息吧。说着，他拿出当年的《中国建设》杂志，给大家看其中的“中文月课”栏目。这是一个专为外国人学中文办的栏目：上面是中文原文，下面是对译的英文，整段文字的下方是符合现代汉语语法规范的中文译文。接着，他又拿出昨晚连夜翻译出来的一篇课文，让中英文书写俱佳的蒋天庭副教授（现已故）书写在教室黑板上。上行是英语课文原文，下行是对着原文词语的汉语直译，中间用横线隔开，并将符合语法规范的通译句子分别写在直译的下一行或句末，用括号括起来，加上“中文月课”将通译句子放在一段对译文字的下面，这样三种形式，让大家比较、研讨。经过讨论，大家认为通译文字放在直译下面更好。这样安排方便同学阅读，明确两种语言的相异点，既学英语，又学汉语，可以互动双赢。贺老也赞同这样安排，他指出，英语属印欧语系西日耳曼语分支，而汉语则属于汉藏语系，两者相差太远，因而我国青少年学习英语感到困难，因为英语的语法、语言习惯、句子构造等和汉语差别太大，初学者要真正理解和掌握它，实不容易。他高兴地说：“大家今天借鉴文言文今译和‘中文月课’的形式，研讨出了原文、直译、通译三者对译的新模式，这是借鉴基础上的创新，太好了，这是今天编写会的一大收获。对译是这一创新形式的最大特点，也是我们这套书的一大特色。正如编撰初步构想里说的，是为同学们在英汉两种语言间‘架起了一座学习新桥’，让他们弄清两种语言的差异，既掌握英语精髓，又避免‘中国式英语’的错误，同时还可以提高他们英译汉的能力。汉语里这叫‘一举两得’，英语则是‘To kill two birds with one stone’（一石二鸟，或一箭双雕）。”因为通译文字往往比原文、直译长，如何解决？我提出可以用小一号的另一种字体排，尽量对齐。大家纷纷赞同，认为这样既有利学生区别，又比较美观。至于注释，编撰构想中只提出为词语等作注，而刘上扶老师等人认为，这仅是一方面，为帮助同学们更好地学英语，还要根据大纲精神、教材实际和年级特点科学安排，要对语法现象、句子结构、表达方式等作注，将注文用括号括起来，放在句后。对于书名，大家极为赞同，认为突出了对译特点，也概括了这套书译注内容。这次编写会，开得认真热烈，解决了许多实质性问题，为套书的编写打下了很好的基础，直到下班后很长一段时间，才在大家创造一种新的编写形式的喜悦中结束。

三

响鼓也要重槌敲，精品也要名家造。出自名家之手的书稿就能保证高质量，这是打造高质量的品牌图书的一个重要基础。“英汉对照”这套书从策划之始就决定由名家来撰写，我们认真挑选了作者。除了请贺老挂帅，刘上扶教授和陆煜泰教授具体负责、主持编写工作外，我们聘请的作者有从事英美文学和英语语法、修辞、阅读等教学的名师，有长期从事英语教材教法教学、对中学英语教学研究颇有成效的名师，有多年带领学生到中学实习、与中学老师和同学有广泛接触、熟悉中学英语教学的名师。后来由于编写需要，又邀请了一些长期从事中学英语教学和研究、积累了丰富经验的中学老师和教研员参加。他们都是教学骨干，先后都成了各个领域里的专家、教授，许多人作为高级访问学者、外教去过英美，精通英语，其中不少人也是有经验的书稿编著者。正是他们，以教师的高尚师德、对中学生高度负责的责任感、勤奋的敬业精神和认真的工作态度，通力合作，在5月上旬按预定计划完成了一部部高质量的书稿，为这套书的出版赢得了时间，打下了坚实的基础。

要把中学英语课文用直译、通译的形式翻译成中文对这些名师作者来说并不是一件难事。但要真正做到尊重教材课文，不违背标准英语的原意和习惯，译文又符合现代汉语规范，达到双语俱佳，确实是不容易的。为了保证书稿的高质量，力求双语俱佳，在编写中，作者们坚持做到如下几点。一是尊重原文，正确理解，按标准英语准确翻译。如：“A shark is a fish, but it has many differences from a fish. For one thing, if a shark stops swimming, it will sink.”若将这句话译为：“鲨鱼是鱼，但它和鱼有许多不同之处。其中有的一个不同是如果鲨鱼停止游动，它会沉下去。”这就错了。因为“for one thing”是个词组，意为“首先”或“第一”，若译为“其中有的一个”就不合英语语法习惯了，这句应译为：“鲨鱼是一种鱼，但它与其他鱼类有很大差别。首先，如果鲨鱼停止游泳，它就会下沉。”这样翻译，表述才准确。二是强调学习外语，不能排挤学好母语——汉语，要按母语规范，在一定的语言环境中准确对译。如“He went on swimming for another two hours before he finished his journey”，若译成“他又继续游了两个小时才完成他的旅程”，看起来似乎不错，因为书中的词语表中也将“journey”的中文译为“旅程”，但从现代汉语语法规范（上下文意思）和语境来看却是不规范的，全句应译为“他又继续游了两个小时才游完全程”。又如“I like to work with animals better”，若按原文意思可译为“我更喜欢和动物一起工作”，“和动物一起工作”是不规范、有违常理的，这一句应为“我更喜欢跟动物打交道”。三是重视东西方文化上的差异，在英译汉时很好地体现汉语言文化上的特色，特别是在人名、地名、专用词语的翻译上。如“He stepped into the South China Sea from a beach in Xuwen,Guangdong”，有的刊物将这一句译为“他从广东徐文的一个海滩下水进入南中国海”。其译文有两处明显错误：不能将“徐闻”译为“徐文”，它是一个地名，位于湛江南端，是从大陆乘船赴海口必经地之一；我国只有“南海”，“南中国海”是一些外国人的说法。这是两处文化背景方面地理常识上的错误。作者在书中的译文是：“他从广东徐闻海滩步入南海。”这样翻译是较恰当的。四是同册作者在编写中有争议的问题，都提出来与统稿者或其他老师商议，力求按标准英语处理。如一个作者举了一个例句：“I suggest that he goes there.”引起了争议，当时个别作者认为可以这样说，但经过争论，大家觉得在英语语法中也有例外情况，应该按标准英语的习惯用法来表述，即suggest后要接假设语气，应为：“I suggest that he should（或者省去should）go there.”在编写时，作者间这类的商讨是不少的，也是非常必要的，是为了对学生负责，保证书稿的高质量。五是尽力写好注释，使同学们更好地拓展知识，学好课文。如高中三年级册中“all”的注释：“是代词，一般置于人称代词之后，作同位语。例如：1. They all want to go. 他们都想去。2. Are you going to take all away? 你们打算把他们都带走吗？”又如同册注释：“had it not been for the captain是虚拟条件状语从句，它用的是倒装形式，相当于if it had not been for the captain。这类的倒装句所用的动词有were, had, should等。1. Should any one call,tell him to wait for me here.万一有人找我，让他在这里等我。2. Were there no steel, there would be no modern industry.没有钢就不会有现代工业。”另外，为了帮助初学英语的同学领会翻译方法，在初中第一册中还用箭头标示单词的翻译次序，如“who←are←you？谁←是←你？”等等。别小看了这些细微之处，它处处体现了作者——老师们以学生为本、为学生着想、为学生服务的精神。为了保证书稿的高质量，作者坚持把好“三道关”——同册作者互相审阅，套书副主编刘上扶、陆煜泰教授统稿审核，主编贺老抽查审定，这是作者敬业求真、认真负责精神的体现。

四

即使是畅销书，也要经常根据市场反馈信息、读者意见需求，不断进行修改、充实、完善，并切实做好宣传、营销工作，这样才能成为长销不衰、读者公认的品牌图书。《中学英语课文英汉对照译注》这套书是这样经历过来的，这一品牌图书是这样形成的。

5月上旬，这套书的书稿经过贺老审定后交到了社里。我们在抓紧编辑加工、准备印制的同时，已与区店联系宣传、发行事宜。区店因知道这套书的由来，极为看好这套书，因而非常配合，积极支持，用“特事特办”的做法，让我们写出精彩的文字，他们以单面征订方式，向全国书店征订。当天我们就写了200多字，简要介绍这套书的主要内容、创新特色、功能效应、强大作者阵容等，并附了一段课文译注样例，派人送到区店。不久，征订单就用快件发到全国各地。6月上旬开始，订单回执如雪片似的从全国各地飘回到区店，一统计，竟超过5万套。看到这个喜人的数字，区店张经理、业务科负责同志非常兴奋，分别打电话给党玉敏社长和社里有关同志报喜、祝贺，说这套书的征订数打破了区店多年来套书征订的记录。至今我还记得张经理大声说的话：“这是我们合作，你们社由区店第一次向全国征订的套书，就一炮打响，太好了。”因为当时我们编写、征订的这套书只是按年级分册的初中三册，区店同志告诉我们，全国许多书店打电话询问高中各册什么时候出。全社上下听到我社第一套“走市场”的教辅图书在全国征订一炮打响的喜讯都极为高兴，社里在抓紧印制初中各册的同时，又让我和责编同贺老、刘上扶教授联系，着手编写高中各年级三册。为了早日高质量地完成高中各册书稿编写任务，贺老、刘上扶教授建议适当扩大作者队伍，请作为高级访问学者从美国回来不久、写作能力又好的何瑞锦教授、徐继旺教授等加盟。作者都很卖力，在上好课的同时，互相配合，夜以继日地编写，于7月上旬就写出了书稿，责编加班加点编辑加工、印刷厂加班印制，终于在开学前在书店与读者见面。套书由于其高质量，适应教学需要，在书店非常畅销，初中三册初印8万套，很快销完，区店催着加印。高中三册首印8.5万套，不到3个月也全部销完。

但这套书的出版曾引起了一些争议。有的大学老师认为，这样编写指导学生学习有违英语学习规律，会误导学生，是不科学的；有的中学老师说："你们在书中什么都讲了，我们上课还讲什么？"……面对这些议论，作者和出版社都没有出面说话，而是静观，"冷处理"。我们认为，在如何指导青少年学习英语的理念和方法上，历来存在着两种截然不同的观点（时至今日，这种争议在全国教坛仍然存在，没有科学的统一），对于有些人的"指责"，没有反驳的必要，还是让事实来说话为宜。"实践是检验真理的唯一标准。"一套书的编写是否成功，一种理念、方法是否科学，不是哪一个人、几个人说了算的，最终的裁判者是它的读者、使用者，对教辅图书来说，就是广大的老师和同学，他们是最有发言权的人群。至于"课难上"的说法，我们认为这从一个侧面说明这套书编得好、有用，也是对老师的一个挑战，逼着大家去学习、提高，去更好地钻研教材，掌握其精髓，才能在教学中突出重点、解剖难点，让学生真有所得。随着这套书的连年畅销，它逐渐成为我社教辅图书一个知名品牌，受到读者热烈欢迎。他们认为套书内容翔实、译注准确、实用，甚至在图书市场上流传出"要买中学英语参考书，就买'英汉对照'"的佳话，同学们普遍反映："这套书特别适合自学，有助于我们自学能力的提高。"……事实是最好的回答，它证明我们创新编写的这套书是符合科学的，是受到同学和老师欢迎的，一些自学英语的成人读者也称赞这套书是"入门的向导"。面对事实，那些对这套书的"指责"之声就听不到了。

创造一个品牌之后，还要不断进行完善和维护。这是品牌生命得以延续的保证。这套书出版以来，我们一直重视听取各方面的意见。社里多次派人出去用座谈会、问卷调查等形式听取使用过这套书的同学、老师和家长以及常年销售这套书的书业同人的意见。套书的主要作者也利用带学生到中学实习、到学校讲学、对教师进行培训等机会，主动与师生交流，征求对套书的意见。套书出版头三四年，贺老、刘老师每年都会收到读者信件两三百封，反映他们的意见和要求。对这些意见，社里和作者都非常重视，作过多次认真的研究，适时地对套书做过多次修改、补充、完善。每次付印前社里都请作者认真通读各册图书，有时还互相交换阅读，对个别表述不够完美、不尽如人意的地方进行修改、订正；以后又根据同学、老师意见和教学需要，先后增加了注释中的举例、课堂和单元练习，课后练习解答，期中和期末测试卷等。这是内容方面的，此其一。在配套、印制形式、版式上也做了改进，如先编写、出版初中三册，根据市场需要又马不停蹄地编写、出版了高中三册，使之成为系列套书；之后又根据同学反映，担心今年买了这一年的一册书明年买不到另一册书，在套书出版三年后，又推出了初中三册的合订本和高中三册的合订本；过去注释是排在句子后、夹在文中的，后来根据读者需要，增加注释内容，适当举例说明和方便阅读，将注释移至一段文字后；等等。这是形式方面的，此其二。

我社建社以来就重视与新华书店合作，依靠“主渠道”发行。随着改革开放的深入发展，市场经济的繁荣，民营书店也在图书市场上登台亮相，并逐步发展。社会上部分同人对民营书店尚有一些微词之时，我社经过反复学习、认真研究，开始与民营书店合作，成了业内敢“吃螃蟹”的第一人。1993年有了新发展，我社与全国许多民营书店建立了很好的互信互利关系，构建了我社多渠道发行的全国网络。1994~1995年，我社包括这套书在内的教辅图书的发行又跃上了一个新台阶，这套书的年发行量多年来一直维持在10多万套，合订本也在万套以上。

我们这套书原先定位是为广大在英语学习中有困难的同学和县里的同学编写的，出版后受到他们的欢迎，是在预料中的。但即使是在经济、教育发达的江浙、北京等地，这套书也很畅销，连全国知名的北京图书大厦也一直销售这套书，他们一要就是5000套至10000套，这是我们事先没有料到的。

原载《思考出版：人心即市场的彼岸》，广西师范大学出版社，2006年11月

教辅品牌图书的又一次成功打造

——《中学各科教学重点·难点解析》丛书的策划与实践

一

1990年1月，我社推出了包括高中语文、数学、物理、化学、英语、生物、历史、地理8种“重点·难点·解析与训练”和初中语文、数学、物理、化学、英语5种“重点·难点·解析与训练”共13种的《中学各科教学重点·难点解析》丛书（以下简称《丛书》），第一版第一次印制就印制了5万套，由于是在当时图书市场上首次推出既适用于高、中考复习，又有助于高、初中各种教学的品种齐全的丛书，适应当时教学和市场的需要，《丛书》在市场和读者中反响强烈，很快销售一空。10多年来，经过不断地修订、完善、补充和配套，一直畅销不衰，销售不断攀升，最多时每年销售近20万套，成为我社教辅图书中的一个重要品牌。《丛书》是我社第一批“走市场”图书，它们在图书市场上“闪亮”登场，走近了读者，特别是走近了广大老师和同学，同时也让市场和读者，特别是广大老师和同学，开始认识我社，信任我社。这是让我们“喜出望外”的一大收获。这套《丛书》的成功实践，充分说明了教辅品牌图书是要精心打造的。

《丛书》推出前，新修订的教学大纲刚公布，新的“九年义务教育”教材和高中各种教材正出版、使用，高、中考面临新的改革。在我国教育战线改革的新形势下，广大老师和同学特别需要一套能很好地体现教学大纲精神，既能挖掘教材精髓，又能指导中、高考复习迎考的用书，当时市场上尚未有这类书。我们通过各种渠道，得知北京有些教研员和一些中学有经验的一线教师正在进行这方面的探索、研究，于是，我社就萌生了要编辑出版这类图书的想法。经社领导和一些骨干编辑的反复研究，大家明确认识到，为教学、科研服务是大学出版社的宗旨，这是大学社的“共性”，而我们高师院校出版社应有其“个性”，那就是为基础教育服务，是姓“教”的。我们同时清醒地认识到，我社刚成立不久，在当时出版业的大环境下，作为一家大学出版社，要在全国率先出版这样一套教辅图书，是要冒一定风险的，也是有一定难度的。但经过多次认真学习和研究，我们认为，随着改革开放的不断深入发展、社会主义市场经济的起步，各个出版社可以站在公平竞争的舞台上，抓住机遇，敢于挑战，只要敢于“摸着石头过河”，就能率先在出版的“江河湖海”中成为勇敢的“吃螃蟹”人。

要出版这套丛书，既要有胆识和勇气，又要切实做好方方面面的工作。为了解决选题问题，除了社里向自治区各有关部门汇报、做工作外，我们也得到了学校领导的高度关注和大力支持，王炜炘校长就多次到南宁找有关部门领导，争取他们的支持，终于得到了当时的自治区教委侯德彭主任、杨伦副主任和新闻出版局梁定伟局长、孙权科局长等领导的同意。对此，至今我们仍深深感到，在经济不够发达的地区，广西出版业能跃上当时全国的中上水平，我社能有今天，是与我区各级领导的思想解放、观念超前，对我们的关怀与支持，密不可分的。通过北京的朋友的帮忙，我们很快与作者取得了联系，决定合作。社领导带领我社一些骨干编辑多次上京与作者共同研究、探讨，决定将《丛书》定名为《中学各科教学重点·难点解析》丛书，并形成了编撰共识：《丛书》严格依据国家教委制定的《全日制中学各科教学大纲》和全国统一使用的中学教材，结合近几年来北京等地区中学，特别是作者所在学校的教学实践和教学成果，对中学各科（高中政治除外）教材的重点、难点，做出尽量精当的解析，并通过对典型例题的分析指出解题的思路、方法和技巧，同时提供一定数量的配套练习和综合训练，帮助初、高中各年级同学，特别是毕业班同学，牢固掌握各科知识重点，融会贯通地理解难点，培养他们的思维能力、分析能力和表达能力，以利于他们复习、升级和升学；同时《丛书》对中学各科教师的教学、教改也很有参考价值。之后，便出现作者赶写书稿、责任编辑夜以继日加工书稿并适时出版的动人情景，并随之就有了喜人的销售势头：《丛书》1991年1月首次印制5万套，很快销售一空，至11月就连续5次印刷，发行量突破10万套，有的学科高达17.5万多册。这是我社在全国图书市场上率先推出指导中、高考复习迎考的教辅图书的一次成功尝试。

一个好的选题，一套丛书，推出后即使被市场看好，受读者欢迎，很畅销，也不是一劳永逸的，要不断根据市场需要，即根据教学需要、老师和同学的需要，不断修改、充实、配套、完善，才能长期占领市场，赢得读者。这也是品牌图书形成的过程，是其旺盛生命力的体现，《丛书》也是这样过来的。由于《丛书》的成功推出、畅销，“跟风族”就钻出来了——“跟风”是市场上产生平庸图书的重要病根之一——市场上类似的图书就接连不断地上市，什么“三点”（重点、难点、疑点）、“四点”（“三点”加测试点），等等，多达二三十种。面对业内的冲击和挑战，我社极为重视，领导与责编多次研究，大家认为冲击、挑战不可怕，只要坚持《丛书》原有的服务教学、服务师生的宗旨，发扬“吃螃蟹”的胆识和勇气，坚持“以质取胜”，不仅能站稳市场，继续赢得读者，特别是广大的老师和同学的信赖，而且还可将之作为《丛书》二次开发的新机遇。于是我们多次与作者研讨，多次走出去与多年来使用《丛书》的老师、同学、有经验的教研员和书店人员座谈，征询他们的意见，一些责任编辑还参看了市场上一些兄弟社出的同类图书。经过慎重研究，我们决心把业内挑战变成我们再次发展的新机遇，进而形成了新的构想，采取了新的应对措施，即在保持《丛书》原有内容、特色、形式的基础上，为更好地配合教学，方便不同年级师生的使用，对《丛书》进行配套，突出“同步”的特点，按年级分册的形式编写，初三和高三年级突出复习、迎考特点，并增加单元（章节）练习、模拟测试等内容，对封面设计、内文版式和编排等印制上也作了改变。经过精心打造，我社在1993年新学年开始之前，又推出了新版配套的《丛书》，并通过各种渠道同时发行，再获成功，发行量逼近20万套，实现了二次飞跃。

二

图书是以“质”取胜的，品牌图书更是如此，质高才能赢得市场和读者。作者是书稿质量的第一保障者，教辅图书高质量的书稿出自有理论造诣和实践经验的名师之手。业内人士常说：“作者是出版社的衣食父母。”从某种意义上讲，是作者决定了书稿的质量，他们是打造品牌图书的重要基础。名师来自教学、科研的第一线，对指导教学的纲领性文件——各科教学大纲及根据教学大纲编写的教材，不仅很熟悉、很有研究、掌握得很好，而且在各科的教学中积累了丰富的经验，还在教学中大胆进行改革试验，又勤于学习，善于思考，具有一定的理论造诣。教辅图书就要请名师“操刀”，才能保证书稿的质量，这是教辅品牌图书形成的基础。《丛书》的作者就是来自北京市的重点名校的名师和教育学院（教师进修学校）的教学研究人员，他们当年就是特级或高级教师，不少还是“专家级教师”，其中多位来自位于海淀区的10大重点大学附中，如清华大学附中特级教师孔令颐，中国人民大学附中胡俊泽（校长），北京大学附中孙增彪（副校长）、陈育林、董世奎、刘实文、张玳、邱永仪、王立明、韩福胜等，为了更好地提升书稿质量和品牌效应，我社又多次派人与当时因编写练习类图书名震全国书业的海淀区教师进修学校联系，得到他们的大力支持，派出由教学第一线走上教研员岗位的特级教师赵大悌等多人参与编写。同时我们又出“新招”，在图书市场上再“吃螃蟹”，征得该校同意，将“北京市海淀区教师进修学校组织编写”的字样标示在图书的醒目位置，极大地提升了《丛书》在市场上和读者中的影响力与公信力，销售量跃上了新台阶，使《丛书》真正成为当时图书市场上教辅读物的主要品牌。

名师对教材熟悉，能很好地驾驭教材，又有教学经验，因而在《丛书》的“解析”中能科学地指出学习内容的重点、难点及学习和掌握的方法，阐述的语言极为简明，便于读者理解、掌握。这是《丛书》质量的体现，也是其鲜明特色之一。如在《高中语文重点·难点·解析与训练》中，就根据当时的教学实际，把文言基础知识、现代文阅读和写作三项作为重点、难点来解析。在“文言基础知识”中，又将“实词”中的古今词义变化、一词多义，“词类活用”中动词的使动用法、意动用法、为动用法和名词作状语，“句式”中的习惯句式（也俗称特殊句式），“阅读和今译”中的断句标点、今译作为重点、难点解析。这些都是文言文语言和形式与现代文的显著的不同之处，也是同学们学习、掌握文言文的关键和难点所在。又如，在谈到文言文“今译”如何掌握好重点、难点时，作者明确指出：“文言翻译中，重点和难点就是那些诸如通假字、古今异义词、一词多义现象，以及活用的词类、特殊的句式等。”“遇到多义词，要把几个词义拿来比较，选择一个最切合文章的义项。特别要注意不要把两个相连的古代单音词，当作现代的双音词。

如‘地方’是‘土地和面积’，‘妻子’是‘妻子和儿女’。”“对于词序问题，也要加以注意，宾语前置、定语后置以及介宾词组（注：‘词组’现称‘短语’）后置等，翻译时，应把倒置的位置正过来。如‘战于长勺’，‘于长勺’是介宾词组后置，今译时，应把它放在动词‘战’的前边、状语的位置上，翻译成‘在长勺开战’。”在《高中数学重点·难点·解析与训练》中，重点、难点准确，解析简明的例子也很多，如在代数部分的第一章“函数的基础知识”第一节“函数概念的三要素”中，作者指出，函数概念的三要素（定义域、值域和对应关系）中对应关系和定义域是关键。解题时不能忽视定义域的确定，否则会得出错误的结论。又指出，函数对应关系的表示法是多种多样的（解析法、图像法、列表法），同一个函数既可以用解析法表示，也可以用图像法或列表法来表示。即使在函数的解析法表示中，也可以有不同的表现形式。正是这一点，既可以给我们灵活解题带来方便，也容易使我们做出错误的判断。因此，关键的问题还是要抓住函数概念的本质——三要素。这样的讲析，这种画龙点睛之笔，使内容重点突出明确，难点迎刃而解；语言简明，便于同学们理解和掌握，必然会促进学习质量的提高，为复习迎考打下扎实的基础。

《丛书》的每一册都包括了“训练”内容，即在每一项大内容、每一章节“解析”后都配有“练习”（以后配套成同步的分年级编写出版时还附有期中、期末考试题，高考模拟题等）。这些“练习”题量不多，但都是作者精心选择和编拟的“珍藏题”，是从多年教学实践中练出来的，是作者们的“看家本领”。选题的准确、精当是《丛书》一大特色，也是其受读者欢迎的一大原因。这些选题显示了作者深厚的功力，让同学们在练习中学习、掌握解析内容，起到了事半功倍的作用。如“高中数学”代数部分第一章第一节内容解析后的练习题就选得很科学、精当。这是一道用函数定义三要素判断两个函数是否为同一个函数的典型例题：

例：下列四组中的函数f（x）与g（x）表示同一个函数的是哪一组？

（A）$f(x)=x$，$g(x)=(\sqrt{x})^2$

（B）$f(x)=1$，$g(x)=\frac{x}{x}$

（C）$f(x)=x$，$g(x)=\sqrt[3]{x^3}$

（D）$f(x)=1$，$g(x)=x^0$

解：用函数定义的三要素对$f(x)$和$g(x)$一一进行检查，只要有一个要素不同，它们就不是同一函数。（A）中的$g(x)=(\sqrt{x})^2$可变形为$g(x)=x$，但其定义域为$x\in[0,+\infty)$，而$f(x)=x$的定义域为$x\in\mathbf{R}$，定义域不同，所以（A）中的两个函数不同；（B）中的$g(x)=\frac{x}{x}$可变为$g(x)=1$，但其定义域为$x\in\{x|x\neq0, x\in\mathbf{R}\}$，而$f(x)=1$的定义域为$x\in\mathbf{R}$，所以（B）中的两个函数不同；（C）中的$g(x)=\sqrt[3]{x^3}$可变为$g(x)=x$，定义域与$f(x)=x$，同为$x\in\mathbf{R}$，$f(x)$与$g(x)$的定义域、对应关系、值域都相同，所以（C）中两个函数相同；（D）中$g(x)=x^0$可变为$g(x)=1$，但它的定义域为$x\in\{x|x\neq0, x\in\mathbf{R}\}$，而$f(x)=1$的定义域为$x\in\mathbf{R}$，所以（D）中两个函数不同。因此相同的函数只有（C）组。

选题的典型精当，对同学们的学习有很大的启示、指导作用，既锻炼了同学们的解题思路、方法、技巧，又对他们掌握知识、培养能力有举一反三、触类旁通之功。这是《丛书》的一大亮点，同学们喜欢它也是情理中的事了。

三

教辅品牌图书需要出版社人员与作者通力合作，共同打造。《丛书》的作者虽然都是有经验的名师，但由于受各种因素的影响和制约，书稿中往往会有一些不足之处和可提升的空间，这就需要出版社人员与作者沟通研讨、通力合作，不仅要修改不足之处，使其充实完善，还要精益求精，不断提升书稿质量。这样才能更好地打造出品牌图书，这也是品牌图书形成的必由之路。

我社领导对《丛书》的编辑出版一直极为重视。不仅多次进京与有关学校和作者联系，还在书稿编写、修改时多次带领骨干编辑去北京与作者交换意见，研讨书稿中的有关问题。我们的行为“感动了上帝”，海淀区教师进修学校的领导出面和我们商谈，支持书稿写作。该校老师私下对我们说：“这是少有的，大概是你们的认真和真诚打动了他吧。”不少作者也对我们说：“我们接触过不少出版社，你们对书稿这样认真，是少见的。”为了保证书稿质量，社里精选了一些熟悉中学教学、对中学教学有研究的编辑，其中不少是有10多年、20多年教龄的骨干，由他们担任各册的责任编辑。还明确要求，在认真编辑加工书稿时，理科编辑要认真做每道例题和训练题，认真审核每个图表，力求正确，有多种解法的题目要全部列出；文科编辑对引文等要核实，要对着答案看训练题，力求语言表达准确、简明，不放过书稿中存在的问题，鼓励发现书稿中可提升之处，并提出来与作者研究，尽力保证图书的高质量。在1990年前的高考试题中，开始出现了要求考生将相关学科知识相互渗透、共同解决问题，以考查考生的分析、应用能力的命题趋向。我们的编辑人员敏锐地捕捉到这种趋向，建议作者并与作者一道，设计了一些应用相关学科知识，特别是数、理、化、生相关知识，相互渗透、运用，解决实际问题的知识综合应用的复习题。如在《高中化学重点·难点·解析与训练》综合练习中就有这样的例题：

某厂在1大气压110℃时，在一密闭容器中，将某烷烃和环烷烃的混合气体1体积（密度与N_2相同）与5体积氧气（过量）混合，点火完全燃烧后，恢复到110℃时，测得混合气压强比原混合气压强增加5%，求此混合烃各自名称和体积百分组成。

解决这个问题，必须懂得物质的量与气体压强的正比例关系，必须懂得二元一次方程组的设立和求解，当然还必须首先具备相关化学知识的分析、推理和判断能力，寻求解题的突破点，必须从题干中已知的条件：原混合气体的密度与N_2相同（平均分子量为28），以环烷烃（最小是环丙烷）去推导出烷烃的分子量必须小于28，确定烷烃为甲烷。再通过设立环烷烃C_nH_{2n}的体积为x，燃烧后气体摩尔数增大的变化，以及其与压强的正比关系，设立方程组：

$$\frac{1}{1+5\%}=\frac{1+5}{6+\left(\frac{n}{2}-1\right)}$$

$$76(1-x)+14nx=28$$

$$\begin{cases}nx-2x=0.6\\7nx-8x=6\end{cases}\Rightarrow\begin{cases}x=0.3\\n=4\end{cases}\Rightarrow\begin{cases}CH_4\text{ 占 }70\%\\C_4H_8\text{ 占 }30\%\end{cases}$$

这一例题将化学与物理、数学的相关知识巧妙地串联、结合起来，共同解决实际问题。这类题型在当时的教辅图书中是少见的。但我们敏锐地感知到教学要联系实际、解决实际问题的重要，就与作者一道探讨，编拟了类似的题目。而自《丛书》推出的1991年起，连续几年的高考试题中都出现了这种形式的应用题。这既说明了责编与作者合作研究的必要，又体现了《丛书》的预见性、前瞻性和实效性。在《丛书》出版后的几年里，我们不断收到使用过这套书的广大同学和一些老师、家长的来信，对《丛书》这方面的特点、高质量赞誉有加，对《丛书》能帮助同学们在高考中获胜表示感谢。这是《丛书》贴近教学、服务师生的体现，也是其价值和生命力的体现。责编与作者通过共同研究、探讨来提升质量的事例很多。如在“高中数学”部分的“函数概念的三要素”一节的典型例题后，责编建议加上必要的“说明”，点明必要的注意事项，这是非常必要的。其“说明”是：“两个函数当且仅当‘三要素’全部相同时，才是相同的函数，因此要按函数三要素是否相同来检验两个函数是否相同。另外，我们不能因其解析式的形式不同而断言两个函数不同。这是因为函数的解析式是可以根据某些定义、定理、公式、法则进行变形的。”

作者认真撰写书稿，责编切实做好编辑加工，是保证书稿质量不可或缺的两个重要环节。而责编与作者合作、共同研究，则是进一步提高书稿质量的一个重要举措。这一成功经验进一步启示了我们，这样做现已成为了我们的“传统”。现在，不管是教辅读物还是学术著作，我们都是尽力这样做的。在实践中我们还认识到，编辑和作者的合作，最好是从组稿时就开始，这一重要合作平台的搭建，是高质量书稿形成的基础。

四

教辅品牌图书，特别是“走市场”的教辅图书，要不断开拓市场、占领市场、走向读者，是需要采用多种营销手段、大力宣传的。

大力宣传是图书走向市场的重要促销手段。在1990年下半年《丛书》出版前，我们就写出了短小精彩的宣传文字，很好地介绍《丛书》作者、内容、特点等，附印在自治区新华书店的征订书目上（过去的书目没有这样做过，即使有文字介绍，也是极简单的几句话），取得了比预想要好得多的效果，让书业人士很好地了解了《丛书》，区店第一次征订就达到了5万套，当年连印5次，到第二年发到了10多万套。1992年春，由我社承办的全国大学出版社订货会在桂林举办，我们又乘势在会上运用制作大幅广告、印发单页宣传单、单台陈列、召开座谈会等形式，大力推介《丛书》。在订货会上，《丛书》和我社的其他几套教辅书不仅引起了国有新华书店与会代表的兴趣，还引起了当时正在兴起的民营书店（当时俗称“二渠道”）的极大关注。通过这次订货会，不仅《丛书》销售量上了一个新的台阶，逼近20万套，而且我社教辅图书因质量上乘，受到书店、读者的好评，成为了市场上教辅图书的主角之一。

随着我国改革开放事业的蓬勃发展、政策的适时调整，图书市场发生了可喜的大变化。其变化的标志之一，就是“二渠道”得到“正名”，民营书店沐浴改革开放的春风，如雨后春笋般出现、成长，成为图书市场上一个不可小视的重要渠道。为了出版社的进一步发展，经过慎重研究，我们相信民营书店经营者中的绝大多数是诚实守信的，是事业的开拓者，因此，在营销上迈出了大胆而重要的一步——率先与民营书店合作，同他们“做生意”，增进了双方的了解和友谊，又成为开拓图书市场敢于“吃螃蟹”的人。为了做好做大民营书店这笔“生意”，在1993年初，我社又出“新招”，邀请那些与我社合作好、有诚信、在图书市场显露头角的民营书业老板来社里商谈、研讨出版社与民营书业如何进一步加强合作，大力开拓图书市场的“大计”。在会上，我社又大力宣传、推介了《丛书》，并专门请作者从北京来给与会者介绍《丛书》的内容和特点，社里也要我在会上发言，着重介绍《丛书》强大的作者队伍、编辑出版经过、改版按年级编写与教学同步的必要性和在教学中的作用等，在到会代表中引起了很好反响。一些与会人员对我们说：“这个会开得好，加深了（我们）对你们的了解，看到了你们的诚心，实力、诚信是你们的优势，我们乐意同你们合作。”这次会议，开启了我社与民营书店进一步全面合作和国有、民营多渠道发行的新局面。之后，包括《丛书》在内的我社教辅图书的发行量大增，业内人士把我社和其他两家出版社的教辅图书视为“三足鼎立”，戏称为“三巨头”。当时，几乎在全国的新华书店、民营书店都能看到我社的书。《丛书》等教辅书成了时尚品牌，市场上流传着“要买教辅书，就找广西师大出版社”的佳话。这次会议还促成了各民营书店间的合作，为后来成立的在业内产生很好影响的“教育图书联合发行体”的形成打下了很好的基础。民营书业为我国图书发行事业的发展做出了重要贡献，但至今业内和社会上仍有些人对他们另眼相看，对此，我们是难以理解的。

为了进一步扩大《丛书》的宣传、发行，我们又与中央电视台合作，以《高中语文重点·难点·解题与训练》一书为基础，改编成高中语文复习讲座，并请北京市特级教师主讲。经与作者、主讲者及中央电视台商定后，将该书内容浓缩、提炼成8讲。1995年，讲座在中央电视台教育节目中播出，结果业内和教育界反响热烈。几位全国知名的教育图书策划人从各地给社里打来电话，对此表示欣喜和震惊。他们说：“你们真是敢作敢为，又吃了只大螃蟹。”“这一招真厉害，你们真是招招鲜呀!”……当时各地许多书店纷纷打来电话，要求用快件给他们添货；社邮购部收到许多学校、老师、学生及家长的函件，有时一天多达几十件，要求邮购《丛书》。这使当时《丛书》初显停滞不前的发行量又有了新的突破。

教辅品牌图书是根据市场和读者需要编写出版的，也要根据市场和读者需要不断修改、补充、完善。《丛书》也经历了这个过程。一方面，《丛书》最初是针对中、高考复习迎考而编写的，因而只有配合当时考试科目的高考8种和中考5种。但随着时间的推移，市场上出现了新的情况，特别是模仿《丛书》而推出的“三点”、“四点”的同类书已多达二三十种。另一方面，随着教育的发展、教改的深入，老师、同学们不仅需要复习迎考书，而且各年级、各学科也需要教与学的参考书，不仅同学们需要，老师也需要。此时书业同人也纷纷向我们提出，要我们利用《丛书》的品牌效应，做出系列套书。我们通过与老师座谈，也了解了他们的这种需求。于是社里经过认真研究，并与作者多次协商、研讨，决定对《丛书》修改、充实、完善、配套，按年级、分学科编写，使之成为与教学同步的教学辅导书，并于1994年先人一步在市场推出。结果《丛书》又一次成为市场亮点，销量大增，年销售量达20万套。以后，又经过修改，10多年来一直长销不衰，成为深受广大师生欢迎的我社教辅品牌图书之一。有一年全国人大、政协会议期间，在书业中很有影响的王府井新华书店到两会人员住地设点销售图书，结果在该店列出的教育类“十大畅销书”中，我社两种图书榜上有名，《丛书》就是其中之一。

原载《思考出版：人心即市场的彼岸》，广西师范大学出版社，2006年11月

关于“出书范围”的思考

每每提到出版社的出书范围，诸多同仁往往都认为是必要的，我也不否认这一点。但随着时间的推移，特别是在加快改革开放步伐的今天，把出版范围定“死”，没有任何“灵活性”，就越来越显示出它的不足和弊端了。其主要表现是：

1. 影响了高质量图书的出版。要出高质量图书，特别是那些学术价值高、专业面较窄的学术专著和高校教材，往往需要有较雄厚的经济实力，因为出这些书大多会赔钱，是众所周知的。由于出书范围的限制，不少社在经济上承受不起，就只好压缩这类选题，减少这类品种了；即使出，也只是少出为好。这样一“压”一“减”，高质量图书就自然出得少了。这类事例是不少的。如某地方文艺出版社，在国内还是颇有名气的，几年来出了一些好书，国家图书“八五”计划重点项目该社有8项，是全国地方社中最多的，占所在省（区）重点项目一半还强。由于出书范围的关系，每年“苦苦”经营，利润甚微，按该社目前经济实力，莫说是完成8项重点工程，就是完成一两项都困难。该社几年来还有一些好书稿，也由于经济原因而推掉了，如学术性较强的辞书——《世界诗学大辞典》，转给了外省有经济实力的另一家出版社，外省社投资几十万元很快出版了，该书一出版就受到学术界的好评；一部送上门来的全国一流专家撰写的外国文学史也不敢接受。这些“打着灯笼”、“踏破铁鞋”也难“觅”的书稿被“推”掉，实为可惜！

2. 导致了一批“不三不四”图书的出版。这里所说的“不三不四”图书，是指那些内容不甚健康、格调低下、平平庸庸的图书，那些“热”出来的图书，或者叫作什么“擦边球”图书（那些极少数被查禁图书不在此之列），也是那种作为书的责编（当然指稍有职业道德的编辑）都不好送给亲朋好友，更不愿让还处于青少年时期的家人看的书。这些书是出版界同志们都心中有数的。几年来这些图书大量涌入市场，是大家有目共睹的。由于受出书范围所限，有的出版社为了“生存”下去，有的出版社为了赚点钱补贴出版“重头书”的亏损，或者为了多出几本质量较好的书，只好违心地出一点“不三不四”的书。诚然，目前图书市场上一些“不三不四”图书的出笼，原因是多方面的，而出书范围限得过死，也是一些出版社出这类书的原因之一。

3. 不利于出版队伍的稳定。几年来，由于出书范围的规定，在出版社之间的确出现了“贫富不均”、“苦乐不均”的现象。有些社由于能出中小学教材和配套图书，“旱涝保收”，一年下来几百万、上千万利润垂手可得。据了解目前全国的教育出版社，每年纯利润千万元以上的达10多家，一般也有六七百万元；而有的社，大家辛辛苦苦一年下来，才二三十万元，这在一些大学社、文艺社尤为突出。而事实上又不是这些社的同志工作不努力所致，也不是这些社没有实力和潜力。据有关资料统计，文艺社的编辑人员的学历、职称在各类社中是最高的，大学社更不用说了。当然出版社是否办得“兴旺”、经济效益是否好，不完全决定于编辑的学历、职称，但他们的文化素质却是决定因素之一。而为什么其结果又是这样悬殊呢？正如这些社的同志所说的：“根本不存在公平竞争的条件，那些社是吃‘皇粮’的。”言下之意，就是出书范围在一定程度上影响了公平竞争。目前情况是，有的教育出版社在当今改革大潮中，也没有太大作为，在所出图书中，高质量图书所占比例也不高。这种情况的出现，必然影响出版社的稳定，一些社领导感到压力太大，难于改变现有局面，有的甚至想辞职不干，“撂挑子”算了；一些编辑人员也想“跳槽”，一走了事。他们不完全是因为“贫富不均”、自己拿的奖金少，而是感到由于出书范围的限制，无法改变现状，也无法施展自己的才能，积极性受到影响。

综上所述可以看出，“一刀切”、定“死”各出版社的出书范围，已影响着不少文艺社、科技社、大学社、中央部委社等类出版社积极性的发挥，影响着一些高质量图书的出版和出版业的进一步繁荣，束缚了生产特殊精神产品——图书的精神生产力的更快发展。在探索出版战线进一步深化改革，把改革的步子迈得更大一些的时候，有必要对出书范围做如下调整和改革，解决出书范围中的问题。

1. 出版范围上给予某些“松动”。前几年曾允许各出版社出版一定比例或几种“超范围”图书，其做法是可取的。但又不一刀切，因有的社在其出书范围内已“大有用武之地”了，而且又不像过去那样，各社相同、划“死”比例，有些社可以高些，有些社则低些。为了确保这些“超范围”图书质量，控制数量，防止出现前几年这类图书出版上的毛病，不仅各社要在“超范围”图书上优化选题，严把质量关，党组织、社领导要真正高度负责，而且要将这些图书向各社的主管部门（主要是新闻出版部门）专题报批。各主管部门要制定相应规章，控制比例，严格审批；对有问题的图书要严加查处，决不姑息；对未报选题或“先斩后奏”图书也从严查处。

2. 政策上给予一些“倾斜”。目前主要是两个方面，一是出书范围上的倾斜，主要是由省（区）新闻出版局或出版总社掌握，将中小学教材或配套用书，分某一种给那些出书面窄或经济上较困难的社。现在事实上有一些省（区）就是这样做的。如某省把中小学音乐教材给文艺社出，某省把中小学美术教材给美术社出，某省把初中英语教材给译文社出……这样做，不仅救“活”了一些出版社，而且更主要的是促进了一些高质量图书的出版。二是税收政策上的倾斜。虽然这不是新闻出版部门所能办到的事，但也应提出来。总体来讲税收是要的，但有的税则应考虑调整。如增值税，富裕的教育类等出版社则可免交（出教育类图书，为中小学生计是可赞的），而目前较困难的文艺社等则要交，且税额又较高。如某地方文艺社，去年纯利润仅20多万元，而增值税则高达12万多元。

3. 发挥出版集团优势。以省（市、区）为范围组成出版集团，是出版系统改革的一个发展趋势。相对地集中人力、物力、财力，能多出高质量图书，提高出书质量，促进出版繁荣。对那些列入国家“八五”计划的项目和其他有影响的重点图书，有的社由于经济等原因若出版有困难时，应发挥地方出版集团优势，从各方面给予资助；也可组织集团内的横向联合，社与社合作，用联合出版的形式，促进这些图书的出版。在这方面，山东等省（区）是做得较好的。各省（市、区）新闻出版部门应做好组织、协调工作。

4. 新闻出版部门给予重点扶持。各省（市、区）新闻出版局或出版总社应从出版基金、局自由支配资金或利润中提取一部分，给予那些在出版重点图书上有困难的出版社重点扶持，如广西出版总社为扶持三个社的三个重点项目就分别各拨款8万~10万元。这样“把好钢用在刀刃上”，就能使重点图书得以顺利出版，这也是职能部门应做的工作。

今天重提“出版范围”，不是想否定它、推翻它，而是盼望新闻出版部门和出版社的同志们去思考，并探讨改革的措施，思想更解放一些，加大改革开放的步伐，促进出版事业的更大发展。

原载《新闻出版通讯》，1992年12月15日

短论4则

一：提倡责编写书评

提倡责编写书评，是因为责编有写好书评的基础。责编是书稿的第一读者，在整个编辑流程中，通过初读、编辑加工、复读乃至终校、通读等，往往要反复审读书稿五六次以上，对书稿的内容和文字、长处和特点、不足和缺陷等，都有较充分、全面的认识和理解，并写出了详细的审稿记录。这些都是写好书评的基础。

责编在审读、编辑书稿后，要实事求是地对书稿的内容观点、意义价值、论辩创新、体系结构、形式语言等作出全面的评价。这些评价往往是较为客观、科学、公允的，其中不乏真知灼见。这些审稿意见，稍加整理加工，就能成为一篇书评。国内不少老牌出版社，有一个很好的制度，就是要求责编每编辑一种书后，就要将审稿意见整理加工成一篇书评。这是一种极有意义的做法，值得借鉴、推广。

提倡责编写书评，是因为出版者需要把图书推向市场。当前图书市场竞争激烈，撰写、发表书评，就是把本版图书推向市场的一个重要渠道，它可以帮助架设购（书店、读者）销（出版社）两者之间的桥梁。

提倡责编写书评，是因为这样做能更好地促进责编素质的提高。要适应出版改革的需要，不断编辑出版高品位、高质量的图书，很关键的一步是编辑人员不断提高自己的素质。责编写书评，是学习，也是提高，能有助于责编认识能力、分析能力、思维能力、写作能力、语言表达能力等各种能力的提高。多年来的实践，我体会到其间的艰辛，也尝到了其中的甜头。为进一步繁荣书评写作，应提倡责编写书评。

原载《新闻出版报》，1993年10月29日

二：“立片言以居要”

——浅议写好消息导语

导语，是新闻形式之一的消息的开头部分。它要求以简洁的语言写出最新鲜、最重要的事实，从而说明全文的主题，给人以概括的印象，引起读者的注意。随着新闻改革的深入发展，不少报纸刊发的消息的导语是写得很好的。最近新华社发的《数千面标志旗迎风舞 上万幅宣传品表心愿 北京涌起申办奥运热潮》这则消息的导语：“春寒料峭的北京街头涌起了一阵强烈的申办两千年奥运会的热潮。”就是一例。它包含了事件、时间、地点等诸要素，还介绍了背景材料，而且文字简洁，用词准确、生动。

可是，目前也有一些消息导语写得不甚合乎要求，而且并未引起足够的重视。其主要表现是不简洁，文字过长，没有很好地写出新鲜、重要的事实。如最近某省报发的一则由该报记者采写的题为《××地区抢种春玉米十三万多亩》的消息，其导语是“克服天旱抢收节，早行动，这是××地区今年春种玉米的一个显著特点。截至二月十一日止，全地区已种下十三万多亩，比去年同期多种二万余亩。”把本该写到正文中的今年春种玉米的“显著特点”也写入导语中，这样，导语就冗长了。存在这种毛病其重要原因之一，是一些消息的写作者、编审者对导语的写作重视不够、研究不够。

毛泽东同志对导语的作用和写作曾有过精辟的论述。1951年他在《纠正文字缺点》一文中写道：“于开端处，先用极简要文句说明全文的目的或结论（现在新闻上称为‘导语’，亦即中国古人所谓‘立片言以居要，乃一篇之警策’），唤起阅者注意，使阅者脑子里先得一个总概念，不得不继续看下去。”毛泽东同志用“立片言以居要”概括出了导语的特点、作用和写法，可以说是总结了导语写作的科学规律。毛泽东同志对消息写作十分重视，他身体力行，所写的消息导语甚为精湛，被赞为典范。他在解放战争时期写的消息就是很好的例证，这些消息的导语最短的如《爷台山战事扩大》仅有7个字（标题就是导语），最长的也没有超过40个字，而且这些消息，都是当时国内外争相关注的有关解放战争的重大事件。这对我们极有启迪：以事件为中心，兼顾其他因素来写导语，是一个成功的方法。因为事件是构成导语诸因素即“五个W”中的主要因素，其余的为环绕因素，再则，消息中报道的发生的事件及其结果也是社会和读者最关注的中心。

“立片言以居要”，是写好导语的要求。对我们今天的消息写作乃至新闻改革都有积极的促进作用。

原载《新闻出版报》，1993年4月16日

三：欢迎提纲式写法

某日，某报第一版左下角刊登了一则消息：《亚太地区新闻研讨会在京开幕》，这则消息虽然没有刊登在显要位置，但却以它提纲式的独特写法引人注目，我们欢迎这种写法。

欢迎提纲式写法，因为它简洁、清晰，让人一目了然。会议的时间、主题、与会代表、发言题目等内容，以简明扼要的文字、概括性的叙述方式，迅速地报道给国内外广大读者。

欢迎提纲式写法，因为它是对当前报纸消息文字过长、“水话”太多等弊端的改革。其意义已超出了这则消息本身的范畴，体现了作者、编者的一种改革意识。

原载《新闻出版报》，1993年1月11日

四：如此“名牌精品”——对一种教辅读物的思考（略）

原载《新闻出版报》

牢固树立服务意识　努力提高服务质量

——全国大学出版社首届办公室工作研讨会综述

由中国大学出版社协会主办、中南地区大学出版社协会协办、广西师范大学出版社承办的全国大学出版社首届办公室工作研讨会于5月8日至11日在广西师范大学出版社举行。中国大学版协常务副理事长高旭华、中南地区大学版协正副理事长单位广东高教社社长杨永信、湖南大学出版社社长邓德全、武汉测绘科大出版社社长徐方以及广西师大出版社社长党玉敏和各家社领导与56家大学出版社主管副社长或办公室主任70余人出席了会议。

这次会议以党的十五大精神为指导，结合大学出版社实际，围绕加强办公室服务功能中心议题，总结近两年来的工作实践，交流经验，探讨在新形势下，如何改进工作，加强管理，提高服务质量，充分发挥办公室的作用。与会者提交论文30篇，通过大会交流，分组研讨，就办公室的定位、职能和工作范围，办公室如何提高工作效率、工作质量和服务质量，办公室如何协调好社内外有关部门的关系，如何做好办公室主任和提高办公室人员素质，办公室管理科学化、规范化以及手段现代化等内容进行了研讨。

现在大学出版社设立的多数是属行政职能的社办公室，但也有一些社在机构改革中，提高了办公室的地位，作为社领导的助手和参谋，协助社领导搞好出版社的管理，强化其管理职能，以保证社长负责制的实施，将其更名为社长办公室；有的社为了统一管理，精简机构，将办公室和总编室合并，仍称为办公室，或称为综合办公室、社长总编办公室；有的还是“三合一”形式，将办公室、总编室、党组织办公室三者合并，统称办公室（内部有分工）。办公室因其职责、工作范围不一，人数也不等，少则仅一两人，多数是5至10人，有的大社则达二三十人。参加这次研讨会的除少数分管社领导外，多数是办公室主任，他们中虽有年近半百的老同志，而多数是三四十岁的年轻人；虽然有做了一二十年的“老主任”，但多数是上任不久的“新主任”；他们多是从社内其他科室调来的，有的还是从校内其他部门，甚至从校外调来的。加之这次是首届就办公室工作进行研讨的专业会，因而大家对这次会议极为重视，对探讨的问题极感兴趣。

一、办公室的定位、职能和工作范围

与会者在研讨中说，出版社办公室“是为社领导服务，为社内各科室服务，为全社职工服务，为社内外相关联的部门服务的一个服务性很强、具体办实事的行政办事机构”；“在行政工作中具有特殊的地位，肩负着中心枢纽的使命”；“是在社领导直接领导下的一个重要的职能部门，它工作的好与差，直接影响到出版社工作的开展，直接影响到出版社的形象”；“是一个综合性很强的行政事务部门，它与编辑、出版、发行等部门一样，是出版社整体中一个不可缺少的有机组成部分，对上，它要给领导当好参谋助手；对下，它要为群众做好服务工作。它是协调左邻右舍、联系社内外的枢纽”；“是出版社联络校内外的代表，是展示全社形象的窗口，是发布领导指令、传递各方信息的中心”；“它起着承上启下、联系内外、督促检查、综合协调、信息处理的枢纽和桥梁作用”。综上所述，办公室这个重要的职能部门，是承上启下、左关右联的中心、枢纽，是出版社的形象窗口，大家对于办公室定位的共识是科学的、恰当的。在研讨中与会者戏称社办公室是“大管家”、“不管部”，这说明出版社办公室的工作范围是很“宽”的，“多”而“杂”的，“平凡琐碎、头绪繁多”，“事多、事杂、事急”是其特点。其工作范围，上海交大社定了9条：1. 负责全社人员的行政和生活管理，保障社内职工的正常工作秩序和工作条件；2. 关心职工的切身利益，协助学校和社领导尽力解决职工的困难；3. 负责社党政联席会议的记录和管理，组织拟定社有关工作计划、报告、总结、规章制度等文件和通知；4. 办理和保管来往公文、信件及做好文件归档、报刊订阅、邮件收发工作；5. 负责社内固定资产的清查、登记、管理工作；6. 落实安全、保密防范制度，搞好环境文明建设；7. 热忱接待来信来访，安排接待社外来社办事人员的住宿交通等事宜；8. 认真协助社党政领导做好人事党务工作；9. 负责社内各种会议的筹备和组织落实工作。对工作范围，其他社也有规定，如北京航空航天大学社定了7条、东北大学社定了9条等，除上海交大社定的9条外，还有协助社领导做好职称评定、工人考工和全员年终考核及调资工作，协助社长进行财务管理，职工生病住院安排照顾和丧葬，等等。武汉大学社机构改革中提高了办公室的地位，改为社长办公室，规定其工作范围包括：有计划地添置生产设备和办公用品、劳保用品，办理购置过程中的各种手续；负责房屋的改建、维修及水电管理工作；安排生产与办公用车、车辆维修保养，检查修理质量和结账情况，协助主管社长做好安全保卫工作；负责全社财产的保障、维修及建账建户工作；管理各类文件，办理职工调动、转正、提职、提薪、退休、聘用等各种手续；负责人事、组织统计工作以及社内各种有关统计资料的搜集、整理汇总、编报，包括各主管部门需要的统计材料和文字材料；负责社内职工考勤、岗位津贴的统计、核发；社内外人员往来的各种接待工作，报刊征订、传真、信件的收发以及领导交办的各种其他工作。在研讨中，不少与会者意识到，在新形势下，办公室工作范围更大了，要求更高了。北大社同志认为，现在社办不仅是“收收发发，抄抄写写，上传下达，迎来送往，管车、管物、管后勤，办文、办会、办杂事”，而是“除了更高质高效地完成有关事务性工作外，还必须紧紧抓住自己工作的主线”。这条主线就是当好领导的参谋助手，做好群众的服务工作，增强出版社内部的凝聚力。在研讨中，大家指出社办工作有“政策性、从属性、关联性、整体性、特殊性、超前性、不定性（或称应急性、随机性）、被动性、事务性、奉献性”等特性，虽然有参谋助手、管理、协调、指导督办、信息传递等职能（中国政法大学社的同志将办公室的职能概括为“指挥、宣传、协调、组织、供给”10个字），但大家认为服务职能是最基本的，“服务是贯穿办公室全部工作中的一条主线”，面对诸多“杂”事、“忙”的工作，必须有一根主线来牵引，这根主线就是树立服务意识，提高服务质量。华东师大社的同志认为：“出版社办公室的工作其主要内容就是为全社开展正常工作提供多方位的服务。”在研讨中，也有的与会者认为在新形势下，“办公室工作应从提供行政服务为主，转变到为选题策划、图书营销服务为主”；“参与政务为主，后勤服务为辅。这是新的经济体制转变后对办公室工作提出的客观要求”。在新形势下，办公室的职能也在朝着出谋献策、处理信息、科学管理的方向发展，参谋助手作用正是办公室的一项重要职责。多数同志认为随着市场经济和出版社发展的需要，虽然办公室的职能在内容和形式上也会变化、发展，但服务这个根本职能是不会变的。

在新形势下，办公室如何发挥服务这个根本职能呢？关键一条就是不断牢固树立服务意识，不断提高服务质量，做到“优质服务”。树立服务意识，提高服务质量，华中理工大学社的同志认为，这“是一个问题的两个方面，是辩证的关系。只有牢固地树立服务意识，把办公室看作服务机构，才会积极、主动地去做好服务工作，从而提高服务质量。反过来，服务质量提高了，职工满意了，也才说明服务意识真正树立了”。社办怎样牢固地树立服务意识，努力提高服务质量呢？首先，要树立全心全意、全方位服务的观念。就是要把党的全心全意为人民服务的宗旨落到实处。这是办公室工作关键一环。社办同志要不断进行“服务观念”教育，要“以人为本”，千方百计挖掘人的最大潜能。加强学习，使自己从实干型，转变为知识型，这是做好服务工作的基础；提倡顾大局、讲奉献，不计较个人名利得失，甘当无名英雄，树立“能吃苦，肯牺牲，负责任，不拖拉”的作风，多办实事、好事。其次，要力争变被动服务为主动服务。办公室工作有明显的被动性、从属性，但不能被其束缚自己的手脚，应化被动为主动。上海外语教育出版社的同志提出要“学好有关政策，吃透领导意图，了解群众要求，改进工作方法，充分发挥积极性、主动性、创造性，在认真调查研究的基础上，进行‘超前思维’，并提出解决问题的办法和建议，取得为领导决策、为各科室和全社员工服务的主动权”。这也如东北师大社的同志提出的“需要实现三个方面的转移：一是由被动服务向主动服务转移；二是由滞后服务向超前服务转移；三是由单项服务向多项服务转移”。高教社的同志认为“树立超前意识应该想全社人员之所想、想全社人员之未曾想；在繁杂、被动中找规律，减少盲目性和被动性，这样就能掌握工作的主动权，有序、高效地工作”。

二、如何做好出版社办公室工作

由于与会者大都是从事办公室工作的或分管办公室工作的，因此，这是研讨中谈得最多的话题。

1. 领导要重视

社领导重视办公室工作，要定期研究办公室工作，关心和支持办公室工作；要明确办公室职权；要选配好办公室人员，特别要选配好社办主任。这是做好办公室工作，充分发挥办公室作用的关键。广西师大社领导在研讨中说，我们一直把社办当作社里举足轻重的部门，历来选派得力干部到社办工作，10多年来先后4位同志担任过社办主任，除1人到校内其他单位担任领导外，其他3人都成为了社里的主要领导；对社办要重视，要破除一些认识“误区”，如认为社办做好“杂”事就行了，不是直接“创利”单位，等等，社办虽然不直接创利，但却是一笔“无形资产”，它的工作做好了，能调动社里各部门、全社人员的积极性，创造更大的财富，促进两个效益的提高。

2. 加强办公室队伍建设

搞好办公室工作，关键是人，必须坚持以人为本，加强社办队伍建设，加强学习，苦练内功，全面提高社办人员素质。这是做好社办工作的根本。对社办人员的基本要求就是奉献、精干、高效、一专多能。高教社同志认为，社办人员“要敬业爱岗，有强烈的事业心、责任感和吃苦奉献精神；要善于学习，不断拓宽知识面，增强多方面的能力，成为一专多能的多面手；要有务实、严谨的工作作风和开拓创新精神，工作中有新招数、新办法，创造性地工作；要有良好的心理素质，能正确对待自己，也能正确对待同志；要主动团结协作、形成合力，突出整体性”。山东大学社的同志认为，社办人员在工作中，要多出好点子、多提供有价值的信息、多提供高效优质的服务，多做化解矛盾的工作。提高自身素质要做到“八讲”，即讲学习、讲政治、讲大局、讲效率、讲纪律、讲团结、讲奉献、讲谦虚务实；要做到

“五勤”，即脑勤、眼勤、手勤、脚勤、口勤。为了搞好社办工作，其人员应该相对地稳定，不要“动得过勤”。

选配好社办主任，这是搞好社办队伍建设的关键。主任是“龙头”，舞好龙头，全身就活，整个社办队伍就活起来，就会成为一条“龙”。社办主任应具有怎样的素质？怎样当好社办主任？与会者都有很多切身体会，也是大家谈论最多的一个内容。社办主任应具有怎样的素质呢？上海交大社的同志认为社办主任应具有六方面的素质：1. 较高的政治思想素质；2. 较强的组织能力和办事能力；3. 做人的思想工作和协调社内外有关部门关系的能力；4. 当家理财的经济观念，艰苦奋斗、勤俭办事的作风；5. 善待他人、关心群众的优良品格；6. 谦虚谨慎、热情负责的精神风貌。暨南大学社的同志认为，社办主任要加强邓小平建设有中国特色的社会主义理论的学习，要具备如下素质：1. 有现代管理意识；2. 熟悉国家有关出版发行的各项方针、政策；3. 有一定的出版行业知识，了解出版行业的动态；4. 准确及时地上情下达、下情上达；5. 在团结协作上起表率作用。

在研讨中不少同志认为，物色社办主任人选时，要从共产党员中找，从社内编辑和发行人员中找，要找任劳任怨、无私奉献、肯学习、肯动脑的同志。有的同志提出社办主任还要利用业余时间，承担一定的组稿编辑、发行工作，从而更好地了解市场，与大家有更多的共同语言。如何当好社办主任，与会者有许多切身体会：一是要转变观念。由管理型转变为服务型，突出“服务”两字，社办工作就是对出版社全局工作提供服务。二是要积极主动，有“四心”：诚心、虚心、热心、耐心；要多管事、多出力、多服务。三是搞好上下、左右、内外各种关系，为全社创造良好的工作条件；大家的事，发动大家一起办。四是多做人的工作，关心人，体贴人。

3. 建立健全规章制度

没有规矩，不成方圆。要做好办公室的工作，特别是要做好优质服务和提高工作效率，必须要有一套健全的规章制度。这样，才能有章可循，进行规范化、科学化的管理。这是做好办公室工作的有力保证。在这方面，不少社办同志做了许多卓有成效的工作。华东师大社的同志10多年来，协助社领导先后制订了《聘任制试行条例》、《人事管理试行条例》、《考勤和奖励实施细则》、《返聘离退休人员暂行办法》、《职工业务、文化学习进修实施条例》、《职工临时困难补助办法》、《社出版大楼管理规定》、《复印机使用管理规定》等10多项规章制度，达2万来字。有些规章制度经过多次修改，变得更切合实际和规范化，有效地促进了社内各项工作的开展。华中理工大学社制定了《社长总编办公室岗位职责》、《职工文明公约》等，进一步强化了服务意识，提高了服务质量和办事效率。对日常事务工作，也制定了相应的制度，如社办工作人员值班安排制度，社办一周工作安排、安全保密制度、印章管理制度、办文制度、来访接待制度、偶发事件报告制度等，从而使工作有章可循，有序进行。规范化、程序化是与制度化并存的，高教社的同志做了公文、信息、会务、事务、档案、印信、信访工作管理等方面的规范化、程序化工作，并设计制定了一整套规范管理的登记表、审批程序表，收到了很好的效果。

4. 抓住主要矛盾

社办常规性工作量大，应急性事务多，额外事务也多，我们要在“多”而“杂”的工作中，分清轻重缓急，抓住主要矛盾，紧紧围绕全社的中心工作、重点工作，这是搞好办公室工作的切入点，也是提高办公室工作效率和服务质量的契合点，或者说是契机。如每年的第四季度，办公室就要主动为全社人员提供有关信息，为选题论证会做好充分准备。这样抓主要矛盾，也就掌握了工作的规律性和主动权。

当前，办公室还要特别强调做好两方面工作。一是坚持艰苦奋斗、勤俭节约的作风。这既是我们党的光荣传统，也是当今时代的需要。不仅是目前经济尚不够好的社要这样做，就是经济效益好的社也要这样做。要从一点一滴、各个方面节约每一分钱、每一张纸，全社上下要这样做，社办更要带头做到。与会者指出，近几年接待、通讯、交通等费开支越来越大，是较普遍的问题，应引起各社的高度重视。二是要尽力协调好出版社与校内外各部门之间的关系，为社里创造一个良好的工作和生活条件，挖掘一切潜能，调动各方面的积极性，使出版社得到不断发展。

在研讨中，有的与会者提出两个问题：一是社办人员的学习问题，包括集体和各自的政治业务学习与外出学习等方面；二是“出路”问题，包括社办人员的提职、职称、待遇等方面。过去做得不够，这涉及社办人员的素质提高和积极性的调动问题，各出版社应引起重视。

三、办公室的改革和发展方向

这是出版社自身发展的需要，也是促进出版繁荣的需要，是改革大业和市场经济发展的需要。

试行目标管理。东北师大社的同志在研讨会上介绍了试行目标管理的做法：首先针对工作实际情况，进行科学合理的目标设计，建立科学的目标体系，体现出层次性、一致性、法规性、发展性和目标确定性；其次，实现目标必须有一套切实可行的办法，建立健全岗位责任制是实行目标管理的基础，要建立考核制度和科学合理的工作规范，考核的具体做法有计分法、统计法、评议法等；第三，要不断提高领导艺术，要善于做人的工作，善于协调。东北师大社的做法引起了与会者的重视。

办公现代化。这是办公室改变历来的“手工操作”方式，提高工作效率和服务质量的重要手段和必然趋势。办公现代化就是利用先进的科学技术，不断使人的部分办公业务活动物化于各种设备中，并由这些设备与办公人员构成服务于某种目标的人机信息处理系统。出版业的新的形势和任务要求现代化的办公设备和办公手段，目前，电脑（不少已社内联网）、打印机、复印机、传真机、因特网、激光照排系统等办公自动化手段已被广泛运用进行文字处理、文件管理、数字统计、事务管理等。新闻出版署已与有关出版、科研单位共同开发出“书稿档案计算机系统”、“电脑版权咨询系统”、“全国出版选题计划、图书出版信息计算机管理系统”等软件，并陆续完善了图书出版、图书评奖、图书展览等项内容的软件。与会者认为，用现代化办公设备武装办公室已势在必行。这不但可以大大提高工作效率，而且也使出版管理走向正规化和规范化。出版社应走出手工业、人海战术的狭隘小圈子，向现代化管理迈进，在这方面加大投资是有战略眼光的明智之举。人民大学社办公室按管理职能区分别类，将人事工资津贴、固定资产职工住房及修缮、离退休、临时工等建立档案输入微机，实现管理现代化。

复旦大学社从1995年起致力于建设“复旦大学出版社管理信息系统”，并于1996年起投入试行。该系统是一个综合的管理信息系统，这不仅处理了该社图书出版过程中的全部生产调度、管理，还实现了办公自动化，使社办工作更加高效率、高水平。复旦大学社的同志在研讨会上对该系统的介绍，引起了与会同志的极大兴趣，大家认为，办公自动化是社办管理改革和发展的必由之路。

这次研讨会由于目的明确，与会者重视，会前做了充分准备，大家认为会议开得生动活泼，既研讨了问题，又交流了情况，达到了预期目的，并建议中国大学版协今后定期召开这方面的研讨会。大学版协在征求意见后拟于两年后在东北财大社召开第二届办公室工作研讨会。

原载《大学出版信息》，1998年6月1日

抗日战争史学术研讨会综述

由广西师范大学出版社、《抗日战争史》丛书编委会、《历史研究》编辑部、《近代史研究》编辑部、《文史哲》编辑部、《抗日战争研究》编辑部联合举办的“抗日战争史学术研讨会”于1993年6月2日至5日在广西桂林召开，来自全国各地的约30名专家、学者参加了这次会议。

与会学者一致认为，抗日战争是近代百余年来中华民族首次打败外国侵略者的民族解放战争，是世界反法西斯战争的重要组成部分。然而，由于种种原因，我国的抗日战争史研究还比较滞后，主要表现在：一是许多有关抗日战争史的重大问题长期被忽视；二是许多有关的重要史料未能及时挖掘和整理；三是一批有价值的学术专著得不到及时出版。在抗日战争胜利将达半个世纪之时，如果我们还缺乏对抗日战争史全面、系统、深入的研究，那将愧对我们的抗日先烈。加强抗日战争史的研究已是一项刻不容缓的工作。与会学者认为，当前抗战史研究需要深化的课题主要有：1. 抗日战争在中国近代史上的地位；2. 抗日战争的起点及其分期；3. 关于抗战的战略主张及其影响；4. 游击战、运动战、阵地战在抗战中各自的战略地位；5. 抗日战争的领导权问题；6. 抗战时期的国共关系；7. 抗战时期的社会经济；8. 抗战时期的思想文化；9. 中共的国际反法西斯统一战线政策；10. 太平洋战争与中国抗战；11. 欧洲战场与中国抗战；12. 雅尔塔世界格局的形成及其对中国的影响；等等。

会议期间，学者们还对广西师范大学出版社推出的《抗日战争史》丛书首批图书（共10种，王桧林主编）进行了研讨，认为这批图书的出版填补了我国抗日战争史研究中的许多空白。与会学者还对广西师范大学出版社不惜大量的人力、财力，准备在抗日战争胜利50周年之际出版一套30多种、大型的《抗日战争史》丛书表示高度赞赏，认为从事这项工作不仅表现出卓识与魄力，而且为弘扬民族精神、推动学术研究做了一件大好事。

原载《文史哲》，1993年第5期

对于白话文教学的认识和探讨

中学语文教材中的白话文包括小说、散文、议论文和部分戏剧、诗歌、说明文，既有中国作品，又有少量外国作品，在中学语文课本中占的比例达2/3左右。《中学语文教学大纲》指出，语文是从事学习和工作的基础工具，语文教学的目的主要是培养和提高学生的阅读、写作能力，学生学会了看书作文，那他们出校后的发展就有了常常用得着的基础了。教师指导学生认真学好白话文，对完成《大纲》中指出的语文教学的目的任务，提高学生用现代语言表达思想、观点和反映事物的能力，对学生进行政治思想教育，为学好其他学科，使他们成长为有理想、有道德、有文化、守纪律的建设人才，将来更好地为社会主义建设服务，有着极其特殊的重要作用。可是，当前白话文的教学质量并不高，在白话文教学中还存在不少问题，主要是：

1. 兴趣不高。白话文有易懂又不易真懂（即表面易懂，而深入下去却不易懂）的特点。不少教师觉得白话文“明白如话”，没有多少可讲之处，因而对白话文教学不感兴趣，备课时钻研、探讨不够。学生则认为白话文一看似乎“懂”了，没有什么“学头”；又由于教师讲解往往停留在“写什么”这个表面上，不能很好地引导学生深入钻研，“解”学生之“渴”，因而学生对白话文的学习兴趣不高。兴趣就是“动力”，兴趣意味着成功，我们甚至可以把兴趣作为成功的代名词。师生对白话文教学不感兴趣，是当前白话文教学质量不高的重要原因之一。

2. 教学中遇到了一些新的困难。这些困难是：第一，课时少、课文多。以高中二年级语文为例，教育部规定每周4课时，每学期除去考试、劳动等时间，一般上课时间16周左右，全学期上课时数为64课时。按《大纲》要求，每学期作文不少于8次，即使只安排一半在课内完成，也得8课时；加强指导，重在讲评，是提高学生写作能力的重要一环，8次作文指导和讲评至少也得8课时；段考、期考后应很好小结、讲评，两次也得2课时，仅这些加起来就得18课时，因此进行阅读教学的时间（包括白话文和文言文）就仅有46课时左右。而每学期语文课本均有30篇课文，因此，除个别课文外，分到每课名下的课时多为一两课时了。虽然高中三四册语文课本文言文十一二篇，篇幅短些，但由于文字上比白话文难度大，因而所需课时并不少。第二，课文篇幅长。高中第三册语文课本有白话文19篇，篇幅在10个页码（约5000字）以上的达13课，占68%强，第四册语文课本有白话文18篇，篇幅在10个页码以上的达12课，占66%，有的课文长达23个页码。长课文多，也给教学带来困难。第三，在课堂上指导学生自学、阅读和议论课文需要的课时多。粉碎“四人帮”，特别是十一届三中全会以来，老师们思想解放，许多老师立志改革，探索建立合理的课堂教学结构，改革教学方法，加强对学生学习方法的指导，做到教师为主导，学生为主体，让学生成为课堂的“主角”。虽然重视了课前预习的指导，但在教学时仍然要有足够的时间让学生反复阅读课文，因此阅读教学的主要形式仍然是在课堂上。而且课后“思考和练习”又基本上在课内完成。这样，相对来说，所要的时间就要比单纯以教师讲为主多，但教学计划中规定的课时却较少。这是改革中遇到的新困难。

3. 重视不够。由于近几年来高考语文试题内容与高中语文课本中的白话文关联很少，使人觉得“学非所考”。有些教师由于受高考“指挥棒”的影响，不大重视白话文教学，上课时往往是赶任务。赶完课之后则找很多课外的内容来讲授，做大量有关字、词、句、篇方面的练习。特别是到了复习时，又从汉语拼音、文字、词汇等基础东西从头温习一遍。至于课文，复习很少，白话文更是，只把少量名家名篇略微提一下罢了。由于上述原因，同学们也不够重视课内的白话文的学习，总希望老师多讲些课外的东西，多编些资料。由此可见，目前教材的编选和高考内容脱节，不能不是造成一些师生不重视白话文教学的一个原因。

上述情况说明，要不断提高白话文教学质量，开创白话文教学的新局面，就要提高师生对白话文教学重要性的认识，教师要重视白话文的教学，加强探讨，改进教法，激发学生兴趣，培养学生良好的学习习惯和科学的学习方法，使师生双方的积极性得到充分的发挥。

基于中学语文课是一门基础工具课和白话文在中学语文教学中的地位、作用，语文学家叶圣陶、王力等老前辈都是非常强调和重视白话文教学的。叶圣陶老先生谈到关于中学要不要教文言文时，讲了三个想法：“一个想法是中学里不教文言文。什么理由呢？回答是：绝大多数中学毕业生只要把现代语文学通学好就可以了，往后他们在工作中在进修中都用不着文言文”；“再一个想法是中学的语文课本全是现代文，另外编一种文言读本，供一部分学生进修”；“再一个想法是语文课本里还是编入一部分文言文，但是不像现在这样‘雨夹雪’似的，要相对地集中”[1]。虽然这是叶老和他的朋友关于在中学要不要教文言文的“三种想法”，但从这些想法中说明了叶老是十分强调中学生要“学通学好”现代文的。因此，语文教师就更应责无旁贷地要重视现代文教学，帮助学生学通学好现代文。王力先生也说：“我看中学语文课应该注意提高学生语言修养，主要是培养学生的读、写能力，而重点在写作……没有写作能力，只有古汉语知识，也是白费力气！”[2]这段话同样是要我们重视白话文的教学，提高学生的现代语言修养，培养学生阅读白话文的能力和运用现代语言进行写作的能力。

总之，为了更好地提高学生的阅读和写作能力，为学好其他学科打下基础，进而培养能力，发展智力，交流思想，总结经验，为社会主义现代化服务，每个中学教师都应该重视白话文的教学，集中精力教好白话文，指导学生学通学好白话文，这是当务之急。

要搞好白话文教学，提高教学质量，就必须端正教学思想，改进教学方法。叶圣陶老先生谈到语文教学时主张：“老师少讲，致力于导，使学生自求得之。”他还提出讲是为了不讲，教是为了不教的主张。这同样是白话文教学中应遵循的一条原则，而且是切实可行的。端正教学思想，改进教学方法，就是要改变过去课堂上教师讲到底、学生被动听的那种旧的课堂教学结构和传统的教学方法，调动师生双方的积极性，教师指导学生自己学通学好课文。因此，教学时间的安排，教学过程的设计和教学方法的采用，都要体现教师指导下的学生自学、质疑、议论、练习为主，教师的点拨、讲解为辅的精神。教学应当让学生主动地发现知识，获得知识，运用知识，让他们动眼、动口、动耳、动脑、动手，这样才能形成能力。这样就能使教学符合教育科学的原理，符合学生学习的规律，收到更好的效果，能激发学生的兴趣，发展学生的智能，更好地提高教学质量，迅速培养人才，适应社会主义建设的需要。这是着眼于未来、为了学生的明天、使学生终生受益的大好事。

要提高白话文的教学质量，就要立志改革，不断进行教学方法的改革和探索。近年来，我在白话文教学中做了如下的尝试和探索：

一、单元教学。我的做法是：以课本中的单元为单元（课文多的单元分为两个小单元），先以这个单元中思想内容、结构思路、写作特点、语言因素等方面相对来说难度大的课文为重点，教学时先提出要求、明确重点，引导学生自学、质疑、议论，然后教师点拨，重点讲授，小结，以此做示范，启迪学生拿到一篇课文应如何阅读，叫作示范课；然后，选择一篇中等程度的课文，教师根据教学目的和课文后面的“思考和练习”，提出明确、具体的要求，布置阅读提纲，引导学生按照教师示范课的方法去阅读、议论、理解、掌握教师提出的本课需要掌握的内容，称为引读课；单元中其余课文（特别是每个单元中的阅读课文），就让学生模仿上述两种课的学习方法，独立地认真阅读课文，看注解、“思考和练习”，自己去学通学好课文，叫作自读课。在指导自读时，有时要注意把必要的资料介绍给学生，学生阅读时教师要巡视课堂，做个别辅导、答疑（特别要照顾中下学生），有时还要有意识地进行个别提问，以便及时了解、检查学生阅读效果。如高中语文第四册第五单元包括3篇序言一类的课文，就其内容和写作方法以及文字来说，《〈呐喊〉自序》一文较难些，我就以《〈呐喊〉自序》作为示范课。教学安排是：教师简单地提出学习本文的目的要求，包括思想内容，写作方法，重点理解的词、句、段（如“有谁从小康人家而坠入困顿的么，我以为在这途路中，大概可以看见世人的真面目”等）；并提出5个问题：①第一段的“梦”指的是什么？这段在全篇中起什么作用？②关于S会馆的环境描写，烘托了怎样的气氛？寄寓了怎样的思想感情？③作者为什么要弃医从文？④最后三段表现了怎样的写作目的和写作态度？⑤为什么称为“呐喊”？要求学生阅读时思考，并做好回答准备；指导学生认真阅读课文，看注释与“思考和练习”。学生阅读时巡堂答疑，并同时检查学生对教师提出的词、句、段的理解、掌握情况。通过检查，我知道学生已基本上弄清文章写的那几件事同作者思想发展的关系，了解文章的思路，认识本文采用夹叙夹议、叙议结合的写法并对文章中的某些重点句、段也有所理解以后，就引导学生朗读、理解那些尚未很好理解的句、段的深刻含义，然后在此基础上，让学生集中议论教师提出的那5个问题，接着对全文做简要的小结，要求学生课外阅读《呐喊》一书，并布置课外作业《从鲁迅弃医从文思想到……》，以加强对课文的理解，最后留下一点时间让学生完成“思考和练习四”的作业（写在课本上）。整个教学过程共用了两个课时。《〈农村调查〉序言》一文为引读课，安排1个课时。具体做法是：在预习时让学生从书中找出“思考和练习五”中的成语和词组，查字典，完成这个练习。上课时先让学生认真阅读课文、注释、思考和练习，圈点批注，写出内容要点，要求理解、掌握下述问题：①什么是序言？它的内容及其作用；②本文写了哪些内容？是怎样安排的？为什么要这样安排？③本文在论述上有什么特点？之后让学生朗读课文第二、四、五自然段，最后口头简要回答“思考和练习三”。《〈物种起源〉导言》为自读课，也安排1课时，让学生用大部分时间以“思考和练习”为引导，参看注解，自己阅读理解课文，并完成课后作业；最后让学生比较一下这3篇文章内容和写法上的异同点，进而理解序言的特点、内容、作用。又如第四册语文第一单元4篇散文，《内蒙访古》为示范课，《威尼斯》、《花城》为引读课，《我们打了一个大胜仗》为自读课。

单元教学的三种课型犹如教幼儿学步，从扶着幼儿走，拉着幼儿走，到让幼儿跟着大人走，最后放手让其自由行走。从实践中我体会到，这样教学能用较少时间获得较高的效率，能养成学生良好的读书习惯，提高阅读能力，以期达到培养起独立的阅读能力。

二、对比数学。就是将体裁相同（多是同一单元的）、思想内容和写作方法上异同点较明显、易于比较的几篇文章安排在一起进行教学，教师先引导学生反复阅读这几篇文章，在读通的基础上进行比较。对比一定是主要点、关键问题，应由教学目的或课文内容来确定。这样教学，初步打破了按一篇篇课文进行教学的框框，重点突出，有利于学生抓住关键问题，印象深刻，有助于学生阅读和写作能力的提高，而且在时间上往往比一篇篇地教学要少一些课时，可以解决一些课时紧、课文多的困难。

对比的内容是多方面的：

从思想内容上对比。《守财奴》、《泼留希金》是两篇小说。小说是以刻画人物的形象为中心，通过完整的故事情节和具体的环境描写反映社会生活的，塑造人物形象是小说反映社会生活的主要手段。抓住人物分析是读懂小说的关键，有助于学生理解全文的主题思想，学生印象也特别深刻。教学时，我将两篇小说对比起来教学，主要让学生具体分析小说主人公葛朗台和泼留希金所表现的各自的阶段本性有什么异同点，为什么会有这些异同点，从而更好地理解人物性格，进而掌握作品的主题思想和作者的创作目的。后来全市统考，出了类似的题目，我教的两个班学生回答得较好。可见，教学时进行这样的对比，是有效果的。

从写作方法上去对比。教议论文可以从题目、论点、论据和论证方法等方面进行对比。如将《改造我们的学习》、《“丧家的”“资本家的乏走狗”》、《鲁迅的精神》这3个题目进行对比，让学生明确议论文的题目与文章中心论点、论述内容的关系，更好地体会议论文题目的作用。《改造我们的学习》和《善于建设一个新世界》两文都是开门见山提出中心论点，但在论述上却是不同的，教学时，就比较其论述方法上的异同点；《“丧家的”“资本家的乏走狗”》和《改造我们的学习》、《鲁迅的精神》论证方法是不同的，通过对比，使学生认识到议论文的论证方法是多种多样的，论据是为论点服务的。《天山景物记》和《风景谈》两篇散文，教学时抓住散文“形散而神不散”的特点，让学生找出每篇的中心即“神”，然后分析文章是如何围绕中心选择、组织材料的，比较其不同点，让学生认识和掌握在写复杂的记叙文时，如何围绕中心选择和组织材料，帮助学生进一步提高写复杂的记叙文的能力。

从体裁的特点方面去对比。课本中的白话文是按体裁分单元的。有的单元教完后，引导学生对比课文，理解这种体裁的特点，是很有必要的。第四册第五单元3篇课文都是属于序言一类的文章，各篇教学后，我就引导学生通过对比，掌握序言的知识，包括什么是序言，它的内容和作用等。为了便于教学，分散难点，我还将文言文按文体分类，分别放进白话文的有关单元中，古今文交叉安排教学，教后进行对比，进一步掌握同类体裁的特点。如将《〈指南录〉后序》、《送东阳马生序》放到课本序言单元里，5篇序学完后，就让学生比较古今“序”的不同点（着重在内容和作用上），加深了学生对“序”这种文体的理解，丰富了知识。

三、质疑问难课。古人说："学贵有疑，小疑则小进，大疑则大进。疑者，觉悟之机也，一番觉悟，一番长进。"质疑问难是学习上肯动脑、肯钻研的好习惯，是一种复杂的智能劳动，也是一种能力的表现，是勤学善思的结果，是学习、掌握知识一个重要阶段。在教学中，教师要有意识地培养学生质疑问难的习惯，从而更好地培养学生的能力，发展他们的智力。我在引导学生自学课文时或者在适当点拨、讲解后，特别注意启发和鼓励学生质疑问难。这使教师的点拨、讲解更有针对性，更能因材施教，有利于激发学生的积极性。有些文字上较深的课文，由于时代、社会经历等原因，今天的中学生难于理解的课文（如鲁迅一些文章），就干脆上成质疑问难、解惑课，为深入学习打基础。《为了忘却的记念》一文，学生阅读后反映：对课文所记的人或事、作者的写作目的、感情等基本上还能理解，但对一些句、段理解不深。于是在教学时就着重指导学生深入阅读，在书上标出难点，提出问题。有一个班的学生阅读后共提出了44个难点，还提出了3个质疑的问题：①用整整一段阐明"那两本书"的来历和价值似乎与中心无关。②为什么插入一些与5位烈士事迹无关的事（如将诗赠给日本歌人等）？③第三部分是不是可以省去，将其内容并入其他部分，几笔带过？教师汇集后，将一些学生通过查字典、认真阅读课文可以理解的问题指出后，解答和引导学生理解了"为什么是忘却的记念"等学生提问中带普遍性，又与课文内容和写法有关的17个问题，并让学生对3个质疑的问题进行议论，待得出较正确的看法后，教师进行补充，归纳和小结，然后再让他们议论、理解其他问题，教师同时巡堂做个别辅导。我认为这样做针对性强，学生学得积极主动，虽然零散些，但比过去教师从头至尾讲授效果要好，而且用的课时也比过去少。我觉得类似上述的作品，作为今天的中学生来说，不一定要求他们处处学懂，即使有少数地方不懂，也是允许的。

在白话文教学中，教师要善于根据教学目的要求，从课本上和学生自学提出的问题中，提出关键性的有启发性的问题，引导学生深入思考、钻研、议论。这样就针对白话文"易懂又不易真懂"的特点，将学生从初读课文"似乎懂了"的基础上提出他们"一时不懂"的问题，让他们钻研、议论，达到"真懂"的境地。这样引导学生学习，能激发他们学习白话文的兴趣，消除"白话文没学头"的错误看法，使他们感到"有学头"；有助于学生能力的培养和智力的发展。下面谈几点具体做法：

引导学生“看到书背后的东西”。华罗庚教授曾说过，读书“首先应该不只看到表面上，而且要看到书背后的东西”。这“表面”的东西就是文章“写什么”的内容，即文章写了一个什么人，写了一件什么事，提出了一个什么问题，表达了什么观点、思想感情等，有人称之为“暴露的信息”，较易获得，这也是白话文“易懂”的缘由；而我们引导学生学习，则要引导他们看到“书背后的东西”，即不仅要学生懂得“写什么”，而要引导学生懂得“怎样写”和“为什么要这样写”的问题。就文学作品而言，就不仅是作品的人物、地点、故事情节等，而是作品的主题、社会意义、内在脉络和作者的构思方法等，有人称之为“隐蔽的信息”，这往往是学生不易懂的问题。在教学中我们特别要启发、引导学生去探索“隐蔽的信息”。在教授《秋色赋》一文时，我认为文字上不难懂，所以内容也易掌握，因而在指导学生学习时，就提出：理清本文的思路，进一步理解散文的特点，联系已学过的类似的散文，体会这种类型散文作者构思方法上的共同点的问题，让学生深入钻研、议论。指导学生不要停留在“表面”，而是由“表”及“里”，探索“隐蔽的信息”。使学生感到白话文还是有学头的，要学通学好也是不容易的，从而激发了学生的学习积极性。

引导学生抓“课眼”，打开思路，深入钻研。课眼就是能带动读者去理解课文，透视主题的关键句、段。《威尼斯》这篇游记，其课眼就是开头一句：“威尼斯是一个别致的地方。”因为本文主要是介绍意大利的名城威尼斯的绮丽风光和文化艺术，而这些绮丽风光和文化艺术又是独具特色的，所以文章极力突出它的“别致”所在。抓住这个课眼，就能窥视全课，带动起对主题、选材、详略安排、构思方法、语言运用上的特点的理解。在教学中我们应该注意引导学生找课眼、抓课眼，从而进一步打开学生的思想，深入钻研课文，找到窥视全文的“窗口”。

从学生的质疑中抓住关键问题，引导学生思考、议论。在自学《百合花》时，有的学生提出“小说的主人公是青年战士还是新媳妇”的问题。这是理解本文的关键问题。我就引导全班学生联系课文，认真思考、议论，从而加深了学生对这篇小说的主题、构思方法和作者思想感情的理解，达到了教学目的。另外，有些虽然是课文中的细微之处，但若有助于对文章中心的理解，必要时也可以点一下，也会引起学生的积极思考。如《百合花》中的青年战士，喜欢在枪管上插树枝，把这个细节描写提出来，有助于学生对青年战士内心世界的理解。

当前很好地认识白话文教学在中学语文教学中的地位和作用，加强对白话文教学的研究和探讨，是非常必要的。当然，白话文教学中需要探讨的问题还有很多，如怎样与写作教学联系，使读、写结合得更好，促进学生写作能力的迅速提高；如何与课外阅读相结合，等等。在此就不谈及了。我所谈及的认识和探讨，目的是期望我们的同行共同加强对白话文教学的探讨，为开创中学白话文教学的新局面而努力。

参考文献：

[1] 叶圣陶：《大力研究语文教学，尽快改进语文教学》，见《中国语文》1978年第2期。

[2] 王力：《为开创中学语文教学新局面而努力》，见《中学语文教学》1983年第1期。

原载《广西师范大学学报》（哲学社会科学版），1984年第1期

一份受师生欢迎的试卷

——1987年全国初中三年级教学抽样调查语文测试题浅谈

去年国家教委在全国15个省、市、自治区部分各类学校进行了初中三年级教学抽样调查，它是国家教委“七五”期间的重点科研课题之一。这次抽样调查的目的，就是通过对当前全国初中教学现状的了解，为制定九年制义务教育教学大纲，改革初中教学，加强师资队伍建设，大面积提高教学质量做出决策提供科学数据和客观材料，进而提出比较科学而又切实的建议，为国家教育科学化的实施做好准备。可见这是一项关系到教育改革的基础工作。

这次教学抽样调查的语文测试题是国家教委委托华东师范大学主持命定的。参加抽样调查测试的师生普遍反映，这是一份好试题。

这份测试题之所以好，是由于它有如下几个特点。

一、思想明确　符合实际

这份测试题内容和要求以《新编中学语文教学大纲》（试行草案）为依据，以统编教材为基础，又不局限于教材，体现了国家、社会对初中毕业生语文能力的要求，体现了语文教学改革的方向，体现了当前世界命题的潮流——标准化的趋向。由此可见，这个命题的指导思想是很明确、正确的。这份测试题也很好地体现了这个指导思想。

由于命题指导思想明确，因而题目是符合实际的，较真实地反映了当前初中语文教学的现状和水平。同学们反映说："试题所涉及的内容都源于课本，并不陌生。"从测试后反馈的信息和统计资料中可看出，都较好地反映出了不同地区、不同类型学校的实际。从试题的难度、区分度、信度、效度看也充分说明了这一点。据18个市、县不同类型学校抽样调查的数据分别是：阅读题的难度是0.5107，作文题是0.5516，两套题的合计难度是0.5271，这说明试题难度适中，符合水平测试要求；区分度阅读部分的标准差为17.52，作文部分标准差为11.16，可见测试题符合水平测试要求，作文标准差比阅读小，也是符合实际情况的；阅读题的信度是0.95，可见试题有较好的信度，作文题的信度是0.6021，由此可见试题的成绩基本上是可靠的、稳定的；关于试题的效度，因这些市、县中考试题不同，不能比较，但据抽样数据分析，测试题对各类学校都有较好的效度，都能有效地反映出各类学校学生的实际水平，学校领导、教师也反映，测试的结果，符合学生的实际情况（与这些学校历次中考状况是一致的）。

二、重视基础　测试面宽

语文测试题按200分计，由阅读部分（占总分60%）和作文部分（占总分40%）两部分组成（听、说两部分未计入），共有18个大题。阅读部分又有选择题（包括正音、正字、选用词语、解释词语、辨析句意、分析语法、文学常识等）、填空题（包括填词、解释文言词、辨析修辞手法和说明方法等）、简答题（包括文言注释、翻译、默写和用简洁的语言回答问题等）、综合题（包括议论文、古诗、招考启事阅读等），总之，其内容包括了语音、文字、词、句、篇、语法、修辞和文学常识等语文基础知识，正如参加测试的学生说："题目来自课本，我们见过面，都是一个初中生学过和应掌握的基础知识。"

面宽，一是指知识面宽。除上面提到的内容遍及初中教学的基础知识外，还涉及数学、物理、生理方面的知识，做到了文理渗透。除测试题，还附有录音带，用以测试听、说能力（听、说测试题不能印在试卷上，根据录音整理为附录二）。二是指覆盖面宽。测试题直接来自课文基本篇目65篇和非基本篇目55篇。得分点100个，作文包括了应用文、记叙文、议论文3种文体，得分点10个。

这样命题体现了大纲关于“语文是学习和工作的基础工具，语文学科是学习各门学科的基础”的精神，能很好引导教师重视基础知识的教学，引导同学们扎扎实实地学好基础知识，养成良好的学风，不去猜题、押题，在学习上要文理并重，全面发展。

三、突出能力 实用性强

这份测试题按教学大纲要求，对学生听、说、读、写能力进行了全面、综合测试。如这次测试，在阅读部分考查学生的阅读理解能力，而在写作部分也首先考查了学生的阅读理解能力。因为3篇作文均属“提供材料作文”，均要在阅读理解“材料”之后才能作文。作文（一）的应用文写作，就首先要阅读理解了张正写给李明的信的内容后，才能正确填写李明给王峰汇款的汇款单；作文（二）的记叙文写作，对学生的阅读、理解能力要求更高，还要有较高的概括能力，才能写好；作文（三）也必须要抓住小明同学看法的片面性。初中语文教学，应着力提高学生的阅读理解能力。这份试题做到了这一点。这是中学生必须掌握的最基本的语文能力，也是中学生智力的基本要素。这次测试还重视了对学生速度的考查。测试时间不长，但学生阅读、写作量却不小，没有速度是不行的。速度反映出能力，也是当今社会所需要的，在教学中我们应注意速度的训练。

这份试题的另一个明显特点是突出了实用性。这方面的事例在题中处处可拾，如综合题第（三）题，要求学生阅读一则《招考演员启事》后回答6个提问。这则启事内容简单，要求回答的问题也较为容易，而且启事、通知等社会应用文比比皆是，学生经常看得见，能准确地理解、掌握社会应用文是一个初中生必须具备的语文基础知识和基本能力，这类题目体现了教学大纲关于“语文是学习和工作的基础工具”的精神，又有利于引导学生扎扎实实地学好语文基础知识并注重其社会的实用性。另外，填空题（二）填写人体头部部分名称的词语、作文（一）根据要求填写汇款单等，以及听、说能力的测试，都体现了实用性的特点。写作部分对学生写作的要求，也都是初中生必须掌握的最基本而又非常实用的写作知识和写作技巧。

四、题型新颖　注意梯度

测试题不仅题多，而且题型新颖。这表现在题目的内容和形式上。如填空题（二）和简答题（三），要求学生用最准确的词和尽可能简明的语句，表明人体头部的部分名称，表述一个代数公式和一个物理现象，把语文和生理、数学、物理学科知识糅合起来，文理渗透，有的还附有图。这样命题受到师生欢迎。参测学生反映说：“文图结合的题，我们感兴趣。”理科老师说：“文理渗透题好。”又如选择题（三）的（15）、（16）是选择正确的诗句，各举出4句选自不同诗中的句子，其中只有1句是对的，让学生判断。这实际是将过去传统的背诵、默写题命活了。

作文题在这方面也很突出。这次要求完成3种不同文体的习作。按张正给李明的信上要求写1张汇款单去购书；根据推选班级学习委员候选人的小组讨论记录，写1篇不少于400字的题为“我们推荐唐克同学为学习委员候选人”的介绍文章给班上墙报；根据小明同学说的不重视体育锻炼的几句话，写1篇300字左右的议论短文，自拟题目。这些题目从形式到内容都是新颖的、多样的。

这份测试题注意了题中、题间有一定的梯度。如填人体头部部分名称的7个词，其中“鼻”“面”是常用的也是易写出来的。“额”、“鬓”两个词次之，“颔”、“颧”、“睑”则少用也较难写出，说明在题内就有一定的梯度。在题间更注意了梯度，如作文3个题间就是按由低到高要求安排的，在同一文体内也注意了梯度的安排，如填汇款单，准确填写出收款人和汇款人的地址和姓名是一般要求，准确而简明写下附言、准确地用大写写出汇款金额则是更高要求（考试结果也证明这种梯度要求是客观存在的，符合学生实际的）。

总之，这套题比较好地体现了大纲要求和命题的指导思想，比较全面地客观地考查了学生学习语文的现状，为今后语文教学改革提供了有益的启示。

原载《试题研究室》（初中版），1988年3月30日

附：从走上“三尺讲台”后，我就开始在报刊上发表有关语文教学的文章。“文革”后，我在《中学语文教学参考》、《中学语文教学参考资料》等全国语文教学期刊与《广西教育》等上发表《要重视文言句法的教学》等20来篇文章，并在全国中学生喜爱的两种学习报纸上开辟文言词语和写作专栏等。

二

一部填补宗法制研究空白的专著

——《周代宗法制度研究》综评

我校历史系钱宗范教授的学术专著《周代宗法制度研究》，由广西师范大学出版社出版以来，在学术界引起了极大的反响，受到普遍好评。早在本书出版前一年，《光明日报》在《史学》专栏的“新书预告”中就作了报道，称本书提出了一系列崭新的学术观点，澄清和纠正了宗法制度研究中很多模糊错误的认识。本书出版后，国内著名史学学者接连发表书评，对本书的学术价值给予了高度评价。中国社会科学院历史研究所研究员、著名史学家王贵民指出，该书是值得关心宗法制度、研究古代历史的人们一读的好书；上海社科院历史研究所副研究员、古代史专家杨善群指出，它的出版填补了宗法制度研究方面的空白，是一部近年出版的较有分量的学术著作。

宗法制度在中国历史上存在了几千年，和社会的政治、经济、思想关系极为密切。周代是中国宗法制度最典型、最发达的时期，宗法制度的统治和影响渗透到社会生活的各个方面，这在世界历史上是罕见的，对中国几千年来历史文化的发展影响深远。因此，研究和探讨宗法制度，首先是它的原始形态即周代的宗法制度，说明它在当时社会上存在的真相，它的起源、发展、演变的规律，它和世界其他国家宗法制度的异同，实为解开中国历史文化之谜的钥匙和探索中国历史文化特点的关键，具有重要的学术价值和现实意义。

这部专著不仅对周代宗法制度的层次结构、特点作用进行了详尽的剖析，而且把这种不断变化着的制度，置于中国古代和世界历史的发展长河中加以考察，显现出系统、全面、条贯的特点。全书共分七章。第一章概论。论述宗法制度的起源和本质，它在古代世界各国的表现形态和发展阶段，它在中国古代的原始形态和特点。第二章宗法制度家族形态。阐明了中国原始宗法制度类似于世界古代各国的共同性以及自己表现出来的特殊性。第三章宗法分封制度。指明这是周代氏族组织与国家统治机构结合，构成由天子至士的整个社会的宗法统治网络的一种制度。第四章宗法统治与政治统治的结合。主旨在于否定君统与宗统相分说，强调自天子至于庶人的各等级间都有宗法关系，广泛地说明宗法分封制下宗统与君统结合、充满宗法精神的鲜明特征。第五章卿大夫世族内部的宗法制度。详尽地论证了周代的贵族世族是宗法氏族和奴隶制政治统治结合的产物，它是充分发展的宗族形态，成为经济、政治、军事上自给、自治、自卫的具体而微的宗法国家，并从世官世禄、经济基础、政治组织、军事力量4个方面加以深刻揭示。第六章士庶人阶层的宗法制度。对“士有朋友”、“士有隶子弟”的古义作了考证，指出“朋友”在古时常指宗族兄弟；驳斥了庶人无宗法的论点。第七章周代宗法制度对中国历史文化的影响。提出对宗法制度影响下产生的中国传统文化应予批判、继承、借鉴、吸收。这部长达32万余字的专著，对周代宗法制度作了全面系统而精辟的论述，因而被同行们赞誉为我国第一部全面探讨宗法制度的有分量的学术专著。王贵民研究员称赞该书“是迄今仅见的全面阐述先秦时期宗法制度的专著”；中国社科院经济研究所研究员李根蟠评价该书“是一部内容丰富、资料翔实、颇有创获、值得一读的好书”。

该书之所以能对宗法制度的研究做出创造性的贡献，首要原因是作者坚持把马列主义的科学理论作为研究的指导思想，从世界历史发展的普遍规律，结合中国历史的具体实际来探索中国的宗法制度。作者指出，宗法制度起源于历史上最早形成的族权和家长权、最早包含阶级对抗内容的父系氏族家长制大家庭，而不是起源于宗庙、人口繁衍、保留与淘汰的法则等方面，从而为我们理解以政权、族权、神权、夫权为特征的封建宗法的阶级性提供了依据。宗法制度从一开始产生就包含了阶级性，它既可以和奴隶制结合，为奴隶主服务，也可以和封建制结合，为封建统治服务。游牧民族的流动性更需要宗法血缘纽带来联合与团结族人，以维持贵族奴隶主的统治；而农业民族的稳定性更便于宗法制度的长期保留，以为封建统治服务。所以不论在中国还是外国，不论在奴隶社会还是封建社会，不论在哪一个民族中，只要是商品货币关系不太发达的地区，宗法制度总是常见的。只不过在中国和外国，在奴隶社会和封建社会，在农业民族和游牧民族中有不同的存在形态和特点罢了。作者的这些精辟论述，使宗法制度的研究建立在科学的基础之上。

创见性是这部学术专著的显著特点。该书从大量历史资料出发，在宗法制度的研究上不受传统观点的影响，提出了一系列创见性的、令人信服的学术观点。在研究中，作者对史料广泛搜辑和细致推敲，且已融会贯通，运用自如，因而做到了论据充足、论证严密、史论结合，令人信服。作者反对单凭古代礼书所述的宗法古义予以推衍，主张从大量原始资料出发进行全面分析，从世界历史和中国历史的比较研究中得出宗法制度的特点和规律。从世界范围来看，宗法制度的发展变化有一段漫长的经历。该书把阶级社会初期宗法制度在世界各国的发展，分为七个阶段来论述，每一阶段都举出一些实例加以分析。如第一阶段有古代南斯拉夫人的家庭公社，第二阶段以《旧约》一书中所反映的古代希伯来部族为代表，第三阶段以古罗马早期的父权制大家庭为典型，第四阶段举亚述的宗法制家族为例，第五阶段有两河流域苏美尔晚期的家族制度，第六阶段有古巴比伦的宗法制度……作者以详尽篇幅论述了世界古代各国的宗法制度，研究了宗法制度发展的普遍规律，并运用比较研究法探索中国古代宗法制度的特殊性。这种在史实基础上的论证，深入浅出，令人信服。更可贵的是专著在深入研究的基础上，突破成说，不受礼书古义的局囿，揭示了周代宗法制度的丰富内涵，提出了一系列新的见解。如“周代宗法制度和中国历史文化”一章，是该书研究宗法制度的一个新内容。作者认为：充分发展的宗法制度却造成了中国文化的一个高涨，诸如礼乐典章文物、敬德思孝的伦理道德、尽力于“人道”的文化精神、家国统一的历史感，等等，对以后两千多年中国历史文化的流变，产生了深远的影响。同时指出，这种文化无疑给中国人带来很多长处和优越感，但也有自己的不足和缺陷，需要在今天现代化建设过程中批判、继承、借鉴、吸收，全面实现创造性的发展和转化。第六章“士庶人阶层的宗法制度”，也是一个新的问题，该书根据细致勾勒的史料，基本上显现出士庶人宗法的面貌。传称“士有朋友”、“士有隶子弟”，“朋友”为宗族兄弟之义；又称“士食田”、“官宰食加”，士为卿大夫的邑宰家臣；可见士有他的宗族和小块土地，担任了官宰的士及其他贵族还有作为俸禄的“加田”。但他们与贵族的宗族有别，未与政权结合，只有他家庭中的父权，且隶属于贵族宗族之下。春秋时存在宗法与非宗法的士，当宗法瓦解之际，士最先从原始宗法制度下分离出来，兴起成为封建政权的官僚。至于庶人也存在宗族与宗法，从文献中亦把它纳入宗法礼制的末等。传称“庶人工商各有分亲，皆有等衰”，“庶人工商皂隶牧圉，皆有亲昵”等记载，都可以证明。还论证了“百室一族”和“乡田同井”、“出必共洫间而耕，入必共族中而居”的庶人的宗族、社会组织和生产经济状况。春秋时期的变革使庶人宗族组织先行瓦解，其社会地位得以提高，促使个体生产者和租佃生产关系广泛形成，形成了封建生产关系。总之，书中有材料，有分析，不乏精到的见解。例如，关于“宗”字古义及其演变，关于宗法制在古代世界各国早期历史中的普遍性，关于原始宗法制的提出，关于周代分封制和西欧中世纪分封制的区别，关于卿大夫世族的形成和发展，关于贵族存在的原始婚姻形态，关于世族的两种土地所有制，关于与两种私有制相联系的两种继承制的性质，关于宗法制度道德规范——“孝悌”及与此相关的“忠”的观念的形成变化与此消彼长，关于宗法制度生发的中国历史文化特征，等等，都有颇为精彩的创见性的论述，其中不少是迄今所见颇有新意、最为细致的分析。还应该指出的是：这部专著的体系也是独创的。作者运用历史唯物主义原理，紧紧扣住研究对象的最本质的内核，层层展开它的充分发展的形态，使这一体系庞杂的宗法制度能围绕着父权——族权的这个中心进行多方面的论证，自始至终贯彻这一理论脉络，构成了该书的体系。

富于论辩性，是该书又一特点。这部专著通过论辩，用充分的史料和开阔的视野，进行理论开掘，澄清和纠正了宗法制度研究中的一些模糊错误的认识。真理只有在互相切磋与辩难中才能发展，因此，这种认真的充分的论辩是值得提倡的。在宗法制度实行的过程中，“宗统”与“君统”是否结合，也就是说，天子、诸侯的君王系统是否实行宗法制，这是宗法制研究中争论的一个热点。书中相当详细地分析了关于宗统与君统的关系争论的源流，并对君统、宗统互不相许的观点进行了淋漓尽致的批驳。有的学者提出：“宗统和君统是两个不同的范畴。其特点是：在宗统的范围内，所行使的是族权，不是政权；与宗统相反，在君统范围内，所行使的是政权，不是族权。”“王族对于王，需要论君臣关系，不能论血亲关系，所以王无宗法；公族对于公，不能论亲属关系，只能论君臣关系，所以诸侯也无宗法。”“宗法之制，上不及天子、诸侯之至尊，下不及庶人之至卑，仅行于大夫、士阶层。”针对这种观点，专著首先列举大量原始史料，如《左传·桓公二年》所说的“天子建国，诸侯立家”；《左传·僖公二十四年》所说的“（周公）封建亲戚，以蕃屏周”等，证明西周春秋时代，天子、诸侯都把自己的宗族兄弟分封出去作为统治的辅佐，在宗法分封形成的周代统治网中，周天子成为天下的大宗，诸侯成为一国的大宗，政治上的上下等级和宗法上的尊卑地位是一致的，因而君统和宗统是合一的。周代天子、诸侯等贵族统治阶级正是利用宗法关系，以巩固自己的统治地位。事实上西周春秋时代的君统和宗统是紧密结合的。为什么某些学者硬要说其分开，认为“天子、诸侯不行宗法”呢？这主要是由于他们在研究宗法制度时，没有从金文、《诗经》、《尚书》、《左传》、《国语》等可靠的原始史实出发，而仅仅根据战国、秦汉时人编撰的《仪礼》、《礼记》等礼书所记的几条资料的缘故。事实上礼书中的阐述与西周春秋时代实际的宗法制度是大有出入的。礼书虽然托名周代之书，实际出于战国秦汉，书中反映的正是战国秦汉时的社会情况，而那时宗法统治已从天子、诸侯两级中瓦解，所以礼书认为天子、诸侯不行宗法。因此仅用礼书来论证周代的宗法制，必然会带来失误。与某些学者的观点针锋相对，专著认为周代的宗法制度不仅上及天子、诸侯之至尊，而且还下及庶人之至卑。并用《左传》等史书记载的大量史料来佐证。作者认为，庶人的宗法组织，作为贵族剥削、奴役的工具，是整个周代宗法制度的社会基础。经过论辩，可以看到，专著这些观点，无疑是正确的，因而得到了国内绝大多数史学工作者的赞同。

为了阐明宗法制度的存在与发展情况，必须辨析一些问题，其中宗法制与嫡长子继承制的关系，是一个主要问题。对于这一个问题，学术界有一种流行的看法，即认为嫡长子继承制是宗法制度的核心和标志，没有嫡长子继承制就没有宗法制度。专著不同意这种观点，认为宗法制家族存在的条件是宗族共财制，以及建立在共财制基础上的族长、家长的专制权力，父权家长制的宗族、家庭，在成立的初期往往还没有嫡长子继承制。如早期南斯拉夫人的家庭公社，其族长是由选举产生的；在嫡长子继承制瓦解以后，宗法制家族中出现的兄弟分产的现象比较普遍。在这样两种家族中，虽然不存在嫡长子继承制，但宗法的规范是存在的，维系整个宗族家族的共财制以及族长、家长的统治权力是始终存在的，这才是宗法制的核心内容，宗法制度应该说是存在的。众所周知，西周实行嫡长子继承，宗法制度最巩固最典型；到了封建社会，特别是明清以后，无论城市和农村，在财产继承上实行兄弟分产，而长子多得一点的继承方式，可见当时中国的封建宗法制度照样存在。嫡长子继承制的确立和巩固，只反映宗法制度发展到了一个新的更加成熟的阶段。显然，把嫡长子继承制与宗法制度等同起来是不确切的。嫡长子继承制只是宗法制发展到一定阶段的产物，是宗法制全盛时期的一个重要内容，而不是有无宗法制度的标志。可以说这部专著对宗法制与嫡长子继承制的关系，在我国史坛上首次做出了清楚的论述。

专著对一些问题进行论辩，其目的正如作者所说的："本书对一些不同学术观点进行的引证、评述和商榷，仅仅是为了开展学术讨论……一方面以文会友，以共同的努力推动宗法制研究的深入，进一步探索中国历史文化特点形成的根源，另一方面也诚恳地欢迎学术界和广大读者对本书的内容提出批评和商榷意见。"正如杨善群副研究员所指出的："钱氏《周代宗法制度研究》所做的工作，可以说是总结性的，又是开创性的。它的出版，必将推动宗法制度的研究进入到一个更深入、更科学的阶段。"

同行专家们在充分肯定专著的学术价值的同时，也中肯地指出了它的美中不足以及学术观点上值得商榷之处。如整个说来，对所讨论的西周春秋时代社会发展程度估计似偏低；怎样对待"宗法古义"，还存在有失偏颇的地方；把周代宗法制称为原始宗法制，夸大了周代婚俗和家庭形式的原始性，因此实际上划不清周代宗法制与原始父系家族公社的界限；对庶民阶层实行宗法制的论证显得薄弱，与对宗法制的界说合不拢；有些论述分散数处，不够集中；等等。对于一部建立了全新学术体系的专著来说，存在某些不足和不同的学术意见是完全正常的。作者表示，将进一步研究这些意见，把对宗法制度的研究引向新的高度。同行专家们都指出：这些商榷意见和不足，毕竟是白璧微瑕，该专著"体系之宏大，见解之精辟，论述之细微，分析之深入"的特点和"对中国政治制度史研究上的开拓、创新之功"是显而易见的，"是一部近年出版的较有分量的学术著作，是古代史研究中的可喜收获"。

原载《广西师范大学学报》（哲学社会科学版），1991年第2期

民族宗法文化研究的创新之作

——读《广西各民族宗法制度研究》

宗法制度是以父权和族权为特征的、包含有阶级对抗内容的一种宗族、家族制度。宗法制度及其文化形态是中国传统文化的核心，它对中国历史文化和意识形态产生了深远影响，成为中国历史上最具民族特色的文化现象。研究宗法制度不仅对了解历史上的中国，而且对认识现实的中国都具有重要意义。

学术界过去对宗法文化研究，往往局限在古代和汉民族中。我国是一个多民族的国家，各民族形成多元一体的格局，汉民族的宗法制对少数民族是否产生过影响？如果少数民族有宗法，其形态又是怎样的？这些宗法是否发生过变异？特别是像地处祖国南疆的广西各民族是否存在宗法？等等。这都是过去宗法研究中尚未涉足的领域。广西师范大学教授钱宗范和他的研究群体，以学者的胆识和科学精神，在1993年就以“广西汉族与少数民族宗法制度研究和当代社会”为研究课题，申报国家教委人文社会科学研究“八五”规划。由于其研究的开创性和新颖的视角，经国家教委组织全国专家审定，不仅将其列入规划，而且定为重点课题。5年来，钱教授为首的课题组以马克思主义的基本理论为指导，以广西汉族和其他少数民族为研究对象，深入实地调查和查阅典籍史料，搜集了2000多份资料，逐一研究广西汉、壮、瑶、苗、侗、仫佬、毛南、回、京、彝、仡佬、水12个民族宗法的具体表现和特点，通过广泛联系和比较，探索广西各民族宗法的基本特征和发展规律，进一步研究其产生的原因和社会影响。他们将这些丰富的科研成果撰写成的洋洋50多万字的学术专著——《广西各民族宗法制度研究》，已由广西师范大学出版社于1997年11月出版。这是做了前人未做的工作，展示了民族宗法研究的新成果，并进一步丰富了对中国和世界各民族宗法制度发展规律的科学认识，从而填补了广西各民族宗法制度研究的学术空白，所以在学术上具有重大的开拓创新意义。

《广西各民族宗法制度研究》一书分为3编。第一编“世界和中国各民族宗法制度发展形成的一般性规律”，用9万字左右的篇幅，从宏观到微观，首先介绍世界和我国各民族宗法制度发展的一些共同规律，然后介绍广西各民族宗法存在的一般形态，进一步丰富了对世界宗法宏观规律的认识。该书在这一部分提出了一些在国内学术界还未提出过的新观点。如：宗法制度既不是纯粹的血缘氏族组织，也不是一般意义上的政治组织。宗法制度不仅中国周代存在，夏商两代以及秦汉至近代均存在；不仅汉民族地区存在，而且古代和近代的少数民族中也存在；不仅中国存在，而且世界上经济欠发展的古近代农、牧业民族中均存在。世界古代各民族的宗法制度的发展经历了7个发展阶段，即古代南斯拉夫人、古代希伯来人、古代罗马早期社会、古代亚述人、古代苏美尔南部等地区、古巴比伦社会、古典希腊和古典罗马，可以作为奴隶社会早期原始宗法制度从开始产生、发展到典型和走向瓦解的7个阶段的代表。中国古代的宗法制度经历了3个时期：原始社会末期父系氏族家长制时期，是宗法的萌芽时期；夏、商，特别是西周春秋，是原始宗法制度时期；战国秦汉至近代，是封建社会的宗法制度时期。这些关于世界和中国宗法制度存在形态和发展阶段的论述，是重要的科研成果，其论据充分，论证严密，为进一步探讨广西各民族宗法制度建立了理论基础。这些观点的提出已受到国内学术界同行的重视和好评。同时该书指出，我国学术界一些传统观点认为，只有周代存在宗法，只有汉族有宗法，只有中国有宗法等观点，以及受传统经学观点的影响，认为宗法只是大小宗间关系的理论和嫡长子继承制即宗法的看法，既不符合马克思主义关于宗法的基本理论，也不符合中国几千年来宗法制度发展的基本事实，是完全错误的。拿嫡长子继承制来说，该书认为它仅是宗法制度发展中某一阶段的现象。中国秦汉以后存在宗法统治，可是不存在嫡长子继承制，就是在周代，鲁、宋等国也不实行嫡长子继承，宗法统治却很强固，所以不能把嫡长子继承和宗法混为一谈。其他继承制度，只要能巩固宗法的统治的，同样能成为宗法制度中的重要内容。该书还指出，近年来某些青年学者引进外国关于“世系群”的理论，企图用来替代中国宗法制度的研究，是不科学的。因为世系群仅是西方社会学根据非洲部落组织抽象出来的人类学概念，它与我国具体条件下产生的包括父权、族权、家长权的宗法制度毫无共同之处，不可能用来替代对中国宗族、宗法的研究。这些研究成果，不仅加深了人们对马克思主义宗法理论的认识，而且帮助人们正确认识中外宗法制度的形态、规律和影响。

第二编“解放前广西各民族宗法制度研究”，约38万字，逐一研究广西汉、壮、瑶、苗、侗、仫佬、毛南、回、京、彝、仡佬、水12个民族宗法的具体表现、特点和发展规律、产生原因和社会影响。将宗法研究拓展到民族地区和少数民族，做了前人未做的工作，开拓了宗法研究的新领域。该书在对广西宗法制度总的发展规律的论述中认为，广西汉、壮等12个民族在解放前都存在形态不同的宗法制度。这正是中华民族各民族文化形态丰富多彩的具体表现，它证明了否认少数民族有宗法的观点是完全不能成立的。广西各民族的形成是多元一体格局，各民族都有自己的文化形态，又接受了其他民族文化的影响，因此在各民族的宗法文化形态上，表现出了复杂多样的特点，这正是各族人民历史上团结合作、互相吸收、共同发展的生动见证。广西古代历史上，既有汉族入居少数民族之中，受少数民族融合同化而成为少数民族成员的例证，也有少数民族入居汉族之中，受汉族先进文化影响，同化融合成汉族的例证。历史证明，汉族离不开少数民族，少数民族离不不开汉族，互相学习、互相吸收、共同提高，是广西各民族宗法文化中表现出来的共同现象。广西有12个民族聚居，汉族占总人口的60%以上，壮族有1000多万，瑶族是世界著名的山地民族，苗族是有几千年历史的古老民族，该书对这4个在广西人口最多、民族特色也很典型的民族，分别列专章论述；对其他8个人数较少、留存的材料较少、宗法文化也不典型的民族，则集中在3章论述，有的写得较简单。这样安排，是从实际出发，体现了科研中的实事求是的原则。这些论述中，提出了很多新的见解，富有学术价值。如该书提出：广西汉族的宗法制度与祖国南方各省宗法制度发展形态有类似的规律和特点，但有自己的特殊性，即由于宗族家族组织发展时间较晚，一般在明清时期才建立祠堂，修订族谱族规；族规的劝诫性较强，惩罚性较弱，在内容上反映了资产阶级的道德意识，某些地区的族规中妇女有一定的地位；桂西和少数民族杂居的汉族，受少数民族文化影响较深；形成和发展成近代的汉族大姓宗族，在族产中反映了商品意识，由土地转化为经营资本；在族权的行使上产生了族长由公选产生的民主意识。这是南方各省明清以来宗族中很少见到的，这说明了近代半封建半殖民地社会的政治经济已反映到宗法中来。广西客家人的宗法的最大特征是守法不守土，即他们离开家乡后随处迁移，四海为家，但却依靠强固的守宗合族的观念保持了本族的凝固和团结，是与一般汉族世代聚居守土守宗的最大不同之处。解放前壮族普遍存在宗法，既有祠堂、族谱、族产、族规、族长等汉族宗法中普遍存在的共同特点，也有幼子继承、承重孙、转房制、不落夫家等特殊的宗法婚姻和继承形态，是维护宗族血脉继承的工具，带有强烈的宗法性。只有从宗法统治的角度，才能说明这类婚姻的本质和作用。宋元至明清时期壮族地区存在土司土官制度，土司土官官族内保留了自己的宗法形态。这种宗法形态表现为两个方面：一方面官族本身有族长和家族成员之间同姓血缘的宗法关系；另一方面官族与受他们奴役的非血缘性的家奴、土民、土兵之间，形成家长式的封建依附关系，即马克思、恩格斯论述过的宗法封建关系。该书关于壮族宗法分两个层次等观点，把对壮族历史文化的研究推向了深入。作为广西少数民族中留存资料特别丰富的著名的山地民族，广西瑶族的宗法为我们提供了南方山地少数民族宗法的一个典型。广西大瑶山的石牌组织、南丹白裤瑶的油锅组织等，都是在经济较落后、社会较闭塞的情况下组成的宗法组织与地域组织结合的一种形式。石牌地域性较强，油锅血缘性较强，这种结合形式，马克思、恩格斯早已指出中世纪欧洲广泛存在，现该书认为广西瑶族中也存在，证明了马克思、恩格斯论断的科学性和普遍性。大瑶山当地的宗族族规与地方上的习惯法常结合，是宗法组织与地域组织相结合的反映，对维护地方稳定起了一定的作用。瑶族的继承制度因族别支系和居住地区而异，长子继承、兄弟分产、幼子承袭等都有，且都在特定环境下对巩固宗法统治起了作用，都是宗法统治存在的表现形式。这进一步否定了只有嫡长子继承才能产生宗法的传统观点。不落夫家、转房制、入赘婚、姑舅表婚等在解放前瑶族地区都存在，在宗法统治下，这些婚姻形式都成为为男性族长服务的生儿育女的工具。瑶族民歌充分反映了在宗法统治下男女向往婚姻自由、追求自由幸福的理想，是研究宗法的重要资料，具有历史价值。瑶族也有祠堂族规，但更多的是反映瑶族的风土习惯，与汉族的祠堂族规作用不同。苗族聚居于湘、黔、桂三省区，宗法形态具有共同的特征。苗族是有几千年历史的古老民族，先秦秦汉时在逐渐向南向西迁移的过程中，氏族组织逐渐形成鼓社组织，解放前广西苗区的鼓社，实际上是地域组织和宗法血缘组织相结合的社会组织，鼓社内的法规也是地方习惯法。苗族的祭祀、丧葬、继承制度有自己的特色，原始的婚姻形态、多种形式的继承制度、对神灵的崇拜都与宗法统治结合起来，成为巩固宗族统治和男子继承权的工具。侗族近代的宗法文化，由于受汉、壮等族的影响，表现了10个方面本民族文化与外来民族文化相融合的特征，充分说明了侗族文化是在吸收外来文化基础上独立创造出来的。仫佬族、毛南族是在当地土著民族和外来汉族相互通婚融合的基础上，在明清时形成的新民族。这再次证明中华民族各民族间从来就是互相学习、互相吸收、不断融合的，没有哪个民族是在封闭中独立发展起来的，著名社会学家费孝通先生提出的“中华民族多元一体的格局”的观点是正确的。仫佬族、毛南族的宗法文化，强烈地反映了地方土著民族文化和汉族先进文化相融合的特征，如均有祠堂、族谱、族规等，宗族对族人进行宗法统治，但两族都保留了在婚姻、祭祀、丧葬、继承制度上不同于汉族地区的原始习俗。侗族的“款”、仫佬族的“冬”等社会组织，都是一定形式的地域组织和血缘组织结合的形式，款的地域性较强些。这些组织经历了几百年，成为各自民族自给自治的农村基层组织，他们都有宗族的族规与村规结合的成文式不成文法。广西回族由于宗教信仰的关系，其内部存在宗教式的宗法封建关系，有强烈的同宗同教为兄弟的意识。但其民间宗法的存在形态不够典型，由于信仰上的差异，回族较少有祭祖宗的祠堂，即使少数地方有，也不常去祭祀，宗法组织远较汉族为松散，族权的行使也不突出。但某些祖先有杰出事迹者，族人也建祠，如桂林回族的傅氏宗祠等。这些观点在开拓宗教性的宗法关系研究方面给人们以启迪。生活在广西北部湾的京族，在居住地（如村）建有类似于宗庙的哈亭，它是京族宗法的外在表现形式；嘎古集团是京族宗法统治的主体；由个体家庭、各姓宗族组合而成的京族宗族，是京族特殊的宗法组织结构。哈亭与汉族宗庙不同之处是不同姓氏都在哈亭内设牌位祭祖。这表明每一村的哈亭成为宗庙和社庙合一的祭祀机关，每一村实为宗族组织和地方组织的结合。京族严禁姑舅表婚和近亲结婚，这与京族世代从事海上作业，需要强壮的身体等原因有关，但也实行汉族封建婚姻中的聘媒制等封建宗法婚姻。彝族、水族、仡佬族绝大多数居住在外省，留居广西的人数极少，但居住相对集中，而宗法形态不很典型，但族权、家长权、宗法性的婚姻、继承、丧葬、祭祀习俗均不同程度地存在，反映了聚居在广西西部的这几个人口很少的民族，封建宗法也是存在的。总之，该书在大量调查研究、掌握详尽资料的基础上，对广西12个民族历史上的宗法制度做了深入的研究，做出了精辟的论述，丰富了宗法制度的内涵，为各民族史的研究增添了新的血液，建构了民族地区宗法制度研究的新体系，把我国传统的宗法文化研究推向了一个新阶段。

社会科学研究除了发展学术以外，还应该为当代社会的发展提供有益的借鉴和经验；学术研究联系现实，研究历史文化做到批判继承，为改革大业、为两个文明建设服务，是学术研究的一个重要目的。该书第三编“广西各民族宗法的改造与当代社会”用8万字左右的篇幅，紧紧联系当代社会现实，探讨了宗法的改造及当代社会的批判继承问题，对宗法制度进行剖析，扬弃其不利于社会发展的糟粕，利用其有益于经济建设和社会稳定的传统，为建设有中国特色的社会主义提供方略，很有特色，极富开放性和现实性。该书指出了宗法制度中的守旧迷信、家长制、家族主义、生育观念、重男轻女、宗派观念、任人唯亲等思想对当今社会的负面影响及其危害，以及克服和扬弃的办法；对宗法传统中的团结凝聚、互相救济、兴教办学、环境保护、维护治安、促进海外华人投资建设、促进民族团结和祖国统一方面的作用等给予了应有的肯定和评价。这揭示了在改革开放的今天研究宗法这个古老话题的现实意义，也给学界同行以开拓性的启迪。

《广西各民族宗法制度研究》这部高品位的学术专著，虽然出版时间不长，但已受到同行专家的充分肯定和赞誉，是意料中的。钱宗范教授为首的研究群体，是活跃勤奋的，他们多年来对宗法文化潜心研究，勤于笔耕，著述颇丰，我们期待着他们的新作不断问世。

原载上海《学术月刊》，1999年第2期

研究宗法文化的开拓性新作

——评《广西各民族宗法制度研究》

广西师范大学出版社最近出版的50多万字的《广西各民族宗法制度研究》，是一部开拓宗法文化研究新领域的高品位学术专著。该书有以下特点：

一是开拓宗法文化研究新领域。该书用主要篇幅对聚居在广西的12个民族宗法的具体表现和特点进行了研究，探索其基本特点和发展规律，进一步研究其产生的原因和社会影响，做了前人未做的工作。

二是提出了一系列富有创见的学术观点。该书用马克思主义的观点对各民族的资料进行了深入的剖析，提出了许多令人耳目一新的富有创见的学术观点。如瑶族的石牌和油锅、苗族的鼓社、仫佬族的“冬”、京族的哈亭、侗族的款等社会组织，都是各民族在一定历史发展阶段宗法血缘与地域行政组织结合的一种形式，由此证明了马克思、恩格斯提出的由血缘性宗法组织向地域性的行政组织的过渡，这是东西方古代民族发展的共同规律的论断。

三是丰富和深化了宗法文化研究的内容。该书对民族宗法文化问题作了深入的探讨，视角新颖、辨析入微，大大丰富了我们对宗法制的认识，对今后学术界的研究有重要启迪。书中还发掘出大批各民族宗法文化宝贵的学术史料，涉及婚姻、丧葬、祭祀、家庭形态以及族谱、族规、族产、族权、族墓、宗祠等。

四是联系现实，提出对宗法文化的批判继承问题。该书紧紧联系当代社会现实，探讨了宗法制的改造与当代社会的批判继承问题，提出了宗法制中的守旧迷信、家长制、家族主义、生育观念、重男轻女、宗派观念、任人唯亲等对当今社会的影响及其危害，以及克服和扬弃的办法；对宗法文化中的团结凝聚、互相救济、兴教办学、环境保护、维护治安、促进海外华人投资建设、促进民族团结和祖国统一等给予了应有的评价。

原载《中国出版》，1998年第6期

附：《广西各民族宗法制度研究》一书刊于主要报刊的书评

《中华读书报》：《民族历史文化研究的最新成果》（略）

《中国教育报》：《历史文化研究的新开拓》（略）

《中国图书商报》：《宗法研究的新启迪》（略）

《文汇读书周报》：《开拓宗法研究新领域》（略）

《中国史研究动态》：《宗法文化研究的最新成果》（略）

《广西民族研究》：《宗法文化研究的开拓性力作》（略）

创造美学的代表力作
——评《美在创造中》

蒋孔阳先生是我国美学界备受尊重的知名学者，著名美学流派——创造美学的代表。新中国成立以来，我国美学界有过两次美学大讨论，一次是1956年前后的关于什么是美和什么是美感的讨论；一次是80年代初中期的美学大讨论，这次美学热，参加的人更多，涉及的美学问题更广，各种观点纷呈，形成了我国美学观点上的多元格局，但能够自成体系、形成流派的并不多。在这次大讨论中，蒋孔阳先生把他多年潜心研究的成果和他对人生对美的体会和思考，撰写成一篇篇论文参加讨论。像一根红线一样贯穿在这些论文中的蒋先生的美学思想——以实践为基础，以创造论为中心的审美关系说，是这次大讨论中最有影响、最容易为人接受的体系。广西师范大学出版社最新出版的《美在创造中》，就是反映蒋先生创造美学思想的代表力作。

《美在创造中》共收蒋先生重要论文19篇，其内容涉及美论、美感论和审美范畴论，另加一组综合性的文章。这些文章集中显示了作者对美的界说，展示了他的美学观："美在创造中"、"人是'美的世界'"、"美是人的本质力量的对象化"、"美是自由的形象"……通过文集，我们可以看到作者论述的一些重要观点：①作为人类社会现象之一的美，在不断地变化和创造，因此，美不是静止的，而是发展的、动态的、变化的，我们对美不能作固定化的理解，而应该从发展的、动态的和变化的观点来看问题。②美是一个开放性的系统，是时空的复合结构，是自然物质、知觉表象、社会历史、心理意识相互渗透、相互融合、因缘汇合形成的崭新的而又完整的形象。换句话说，美的创造，是一种多层次的突创，美的特点，就是恒新恒变的创造。③作为审美主体的人与作为审美对象的客体之间的关系，也永远处于恒新恒变的状态中，所以，美也处于不断的创造过程中。

从文集中，我们可以看到蒋孔阳先生研究美学、探讨美的本质时，主张不仅要看到学派之间的差异，而且要看到相互间的充实和补充，是主张相互学习、吸收的。这样才能不断地做到自我完善，不断地进行新的创造，促进美学研究的发展和繁荣。“为学不争一家胜，著述但求万家鸣。”这是蒋先生1996年为他即将毕业的博士生写的一张条幅，这两句话表现了蒋先生做学问的态度，也揭示了蒋先生成为美学史家的一个重要原因。

原载《中国教育报》，1999年3月30日

一项颇具学术价值的美学科研成果

——读袁鼎生《西方古代美学主潮》

由广西师范大学出版社出版的《西方古代美学主潮》（袁鼎生著）一书，是一部有特色的、从古希腊起到中世纪的西方美学史。

《西方古代美学主潮》，洋洋37万字，对西方古代美学和谐这一主潮，作了充分而又系统的研究和论述。作者认为："西方的和谐理想，是贯穿整个古代史的美学主潮，有着丰富的质与量的发展。"该书将西方美学主潮划分为3个时期，即古希腊是它的形成、辉煌时期；古罗马是它的承续、嬗变时期；中世纪是它的终结、转折时期。在这3个历史时期内，作者认为："和谐理想的发展变化形成了8个阶段，或曰8个历史位格：神的物化——人物相和——人神相和——此岸世界彼岸化——彼岸世界此岸化——人的神化——圣三位一体——和谐趋向崇高。"这8个阶段有机连贯，既容纳了西方古代美学思想与艺术意识的精华，又显示了西方古代美学推移运行的基本规律。在深入地探讨西方古代美学思潮发生、发展过程中，该书对具有代表性的美学家的美学观点作了详尽、具体、准确、深刻的且具有理论高度的分析。不管是对古希腊的美学家毕达哥拉斯的静态和谐与赫拉克利特的动态和谐，德谟克利特的人物相和与苏格拉底的人神相和，柏拉图的美是理式说与亚里士多德的整一说，还是中世纪的圣三位一体，但丁与审美理想的历史转换，作者都在评述中显示出该书较高的学术价值和深刻意义。我们可以看出，在按照自己的观念论述西方美学主潮时，作者论述的脉络清晰，条理分明，使论著成为一个自成体系的完美整体，体现出一种总观全局的战略眼光和高屋建瓴的气势。论著写了一部从古希腊到中世纪的西方美学史，这部美学史有自己特定的视角和自身的美学观念，学术眼界宽阔，令人觉得作者具有宏伟的历史观，这是《西方古代美学主潮》一书的第一个明显的特色。

运用比较美学的方法来论述，是该书值得称赞的第二个特色。作者在审观西方古代美学主潮的特质时，作了纵横的比较。纵的方面，与西方近代美学思想相比较；横的方面，与中国古代美学思想中的和谐思想相比较，在纵横的比较中，作者对西方古代美学的主潮和谐问题，做出了自己独特的研究和论断。作者在该书开篇“绪论”之首就指出：“西方古代和谐在既强调分离、对立，又注重合一、统一的哲学文化引导下，以不合而和的方式构成，跟中国古代和谐形式形成了鲜明的对照，与西方近代崇高产生了本质的区别。”因为东、西方在经济、政治、文化、思想等方面有其不同的历史特点，因而形成了东、西两个不同的美学体系。通过比较，作者在得出中国古代和西方古代美学都以“和谐”为首的共同点后，又展示了它们之间不同的特点：中国重人人之和，而西方更重人神之和；中国重心理与伦理的内容之和，而西方更重物理的、感性形式之和；中国重相辅相成、相互转化之和，而西方更重相互差异、相互对立之和，即“不和之和”；中国重典型的和谐，西方则有更多的壮美风格和悲剧因素。在分析具有代表性的美学家的美学观点时，也运用了“比较”的方法。如在分析古希腊美学家毕达哥拉斯和赫拉克利特时，作者指出：毕达哥拉斯是古希腊和谐说的奠基者，赫拉克利特则是完善者；如果说毕达哥拉斯倡导优美的和谐、静态的和谐，那么赫拉克利特则崇尚壮美的和谐、动态的和谐；从逻辑环节来看，在毕达哥拉斯以优美的、静态的和谐为主的理论体系里，正潜生着壮美的、动态的和谐的趋向，赫拉克利特是对毕达哥拉斯合乎规律的发展；从和谐说的整体生成来看，毕达哥拉斯的静态和谐说与赫拉克利特的动态和谐说，构成了古希腊和谐说的日月双璧，进一步实现了和谐理论的完整性；从历史与逻辑及其统一来看，静态和谐说与动态和谐说无法构成共时性，只能是一种前后相续的历时性，因此，尽管两者构成了完整的和谐说，也属一种发展中的完善，而非同步的完善。又如，在分析苏格拉底和柏拉图时作者指出：苏格拉底的人物相和理想，内含两种活力极强的模式，一是以人为中心为目的的人神之和，二是以神为主导为指归的人神之和；其重要性体现在西方古代美学主潮的基本内容——人神之和，并和中国古代美学主潮偏重人人之和构成了鲜明的区别，奠定了古希腊的审美理想——以人为中心的人神统一，预示了其后的美学主潮形成人的神化与神的人化交相变换、波谲云诡的发展趋势。柏拉图扭转了苏格拉底和谐理想中人的重心，建构了西方古代美学主潮的第四个历史位格——此岸世界的彼岸化，其中人的神化为主要内容，使此岸尽可能地彼岸化，形成神人同构的和谐。通过比较来谈和谐，使论述显得丰富、深刻，使自己的观点更加鲜明，更突出了西方古典美学的特征。

作者从和谐出发，敢于大胆地提出自己独特的见解，表现出一名青年学人学术探索的胆识和勇气以及力图求解的心智和精神，这也是《西方古代美学主潮》的一大特色。在分析西方和谐这一主潮时，该书联系历史的进程，做了历史的探讨，其中有的问题，过去很少有人涉及，但作者却做了翔实的探讨。如“圣三位一体”的和谐美学思想，作者在第三编中用了两章的篇幅作了论述，并侧重论述了奥古斯丁与教父美学和谐理想与托马斯·阿奎那与经院美学的和谐理想。“《神曲》审美意识的多重弹奏”的论述，都颇具特色。作者认为：《神曲》以丰富的审美幻象，展示了但丁物态化了的审美理想——神人和谐与社会和谐，从而使艺术形态的审美意识和理论形态的审美意识在同一作家身上达到了统一，创造了西方古代美学史上的一大奇迹，并形成了美学主潮的高度整一。作者对西方古代美学研究中的一些观点和结论，也大胆地提出己见。如对“圣三位一体理论本身并不是美学理论”的观点提出异议。作者认为，圣三位一体“是中世纪和谐理论的高度概括，包孕了丰富的和谐思想，中世纪差不多所有的和谐观念都与它相关，差不多所有重要的美学家都发掘过它的和谐意味，他们的美学理论体系均为圣三位一体所统领。甚至可以说，圣三位一体是中世纪美学和谐主潮的发展、展开、终结，是整个中世纪美学和谐主潮的浓缩形态，把握了圣三位一体，也就把握了中世纪的基督教精神，把握了中世纪基督教和谐理想”。这种观点建立在丰富的史料基础之上，是很科学的。又如在对比论证时，作者认为，“说中国是天人合一，西方为主客二分”，等等，这是不完全符合实际的。作者的这些结论，是有道理的。在论述中，作者还对一些问题作了开创性的探讨。例如，作者认为“和谐不是一种抽象静止的概念，而是历史上生动具体的运动过程”，对这一过程，该书作了具体细致的描绘，这种描绘在我国还是第一次；又如，在论及中国悲剧的大团圆结局时，作者就认为是“化解调和矛盾造就和谐的典型例证”。作者这种开拓性的研究探讨，是值得肯定的。这既显示了作者较强的辩证思维能力和创造精神，也显示了作者治学态度的严肃认真，而研究成果是作者努力搜集和掌握资料，并加以研究、分析所得出的自己的结论。

原载《中国出版》，1996年第6期

泱泱诗国 诗学集粹

——评介《中国古代诗话词话辞典》

我国是世界文明古国，以泱泱诗国著称于世，而诗话词话则是我国古代文学园地的一朵奇葩。诗话词话自宋代以后，成为近千年我国古代文论和批评的主要表现和主导倾向，出现了一大批杰出的作者和优秀的论著，形成中国古代文论发展史上的一个高峰，也成了中国古代文学批评史上的一种独特形式，汇集了我国漫漫历史阶段诗学的精华。系统整理、研究诗话词话这笔丰富宝贵的祖国文化遗产是十分有价值的工作。百万余字的《中国古代诗话词话辞典》（下称《辞典》，张葆全主编，广西师范大学出版社1992年版）的出版，就是这一工作的一项重要成果，它是泱泱诗国诗学集粹。

《辞典》体例符合诗话词话的实际，是其显著特点之一。诗话词话是漫话诗坛词坛轶事、品评作家和诗词作品、谈论诗词作法、探讨诗词体制源流风格特色的随笔式的著作，内容广泛，不唯理论与创作，主要包括诗论词论和诗事词事两大内容。前者侧重于诗词理论和评论，后者侧重于诗词和诗人词人的本事轶事的记载。《辞典》体例上适应诗话词话这种特殊形式的构成，以史贯穿，依理论范畴和对象所具特点而综合归类、编次，编写者在这方面有较好的处理，符合诗话词话的实际，分为要籍概览、体制类别、特点风格、修养才力、作家流派、名篇佳句、轶事本事、辨正考订、诗词作法等方面，其总的体例编排，原则上是兼及本事与轶事，照顾共性与个性，因而既有一般文学理论与文学创作性质辞书的体制、意境、风格、流派、作家、作品评论、作法等内容，也有知人论世的“轶事本事”，有具体细节的“考订辨正”等，能较好地体现诗话词话应有面貌，适合它的实际。这样的体例安排，既不同于一般的文论辞典，又有别于其他美学辞典。在诗话词话中谈诗词作法的内容颇为繁富，因而《辞典》既有“诗词作法”类别，但又不像其他工具书停留在诠释、举例上，而是从构思立意、作家修养……多方面辑录各诗家观点，做到条分缕析、纲举目张、品评甄别，既有助于读者提高诗词鉴赏能力，又能帮助读者从中获得诗词作法金针，委实是学诗学词者渡河津梁。又如“轶事本事”类别，这是诗话词话故事性的突出特征，既可“助闲谈”，又为研究者提供当时诗人词人的生活细节，是掌握作者个性、心态、文风等直观材料，这样相对集中，概括分类，则便于检索。

每个辞条都能够体现一个观点，是《辞典》的另一个显著特点。一般文学等工具书的辞条文字多是定义性和诠释性的，而《辞典》的辞条文字不仅有这些内容，而且大多辞条本身都能够体现一个观点，都是对一个诗学观点的评介，即进行理论阐述、正误勘别和是非评判，使人便知一种立场、一种态度在其中。这是符合诗话词话的特性的，也是《辞典》的一大长处。在“要籍概览”中介绍诗话词话作者，往往能三言两语道出其论诗论词的宗旨和主要美学倾向，如介绍张炎的《词源》，概说上卷是“讨论词乐”，指出他“重视音律又将文词的构思摆在第一位的观点，值得注意”；下卷谈词的作法、体制及词学观点，指出“张炎论词的最高标准是‘清空’、‘雅正’和‘意趣高远’”。接着对张炎“清空”的内涵及具体要求进行概括性阐述。这样的评论，如果不是编撰者本人对词学具有深厚功力与精深研究，是绝不能道出其万一的。在评论阐释中，往往还注意突出编撰者的诗学词学观点。如评宋人王灼对柳永词“不知书者尤好之”、“声态可憎”的批评，《辞典》指出：“我们认为这正是柳永词浅俗近情，为广大民众喜闻乐见的优点和长处。所谓‘凡有井水饮处即能歌柳词’，正是柳词创作通俗化、群众化的追求所结的果实。”针锋相对，表现了编撰者马克思主义历史唯物论的眼光和正确的文艺批评观。

材料来源广泛、丰富，是《辞典》又一特色。《辞典》所收书目辞条，上限为北宋欧阳修的《六一诗话》，下限为近代诗话和词话，所收书目限于已成书的诗话词话专著和前人辑集或汇编的专书。至于唐代和唐代以前的诗品、诗格、诗式、诗论一类著作，现代白话文诗话、别集中的论诗之语以及今人新近辑录的诗话词话，则不在收录之列。《辞典》编撰者从300多部极有价值的诗话词话中，选其精华，依类辑出3000多条辞目，以简明的语言，将材料、观点、评价等融入每则辞条之中，具有较大特色，力求从浩如烟海的古代诗话词话典籍中，发掘出有价值的东西，让它们比较清楚地呈现在读者的面前。纵可观宋以来中国诗学衍生发展的轨迹，横可览诗人、诗律和诗学观念百家纷呈的全貌，是帮助读者学习和了解中国古代诗话词话的一部通书。此外，《辞典》之后附录的近现代研究诗话词话论著目录索引及论文目录索引，也为广大读者，特别是诗话词话研究者、爱好者提供了丰富的资料，便于进一步查阅参考。

原载《中国教育报》，1994年5月15日

古籍整理中一项重要成果

——读《中国古代诗话词话辞典》

诗话词话是我国古代诗学园地中一朵奇葩，系统整理、研究诗话词话这笔宝贵文化遗产是古籍整理中十分有价值的工作。百万余字的《中国古代诗话词话辞典》（广西师范大学出版社1992年版，下称《辞典》）的出版，就是这项工作的一个重要成果。

《辞典》所收书目辞条，上限为北宋欧阳修的《六一诗话》，下限为近代诗话和词话，并限于已成书的专著和前人辑集或汇编的专书。编撰者从300多部极有价值的诗话词话中，选其精华，依类辑出3000多条辞目，力求从浩如烟海的古代诗话词话典籍中，发掘出有价值的东西，纵可观宋以来中国诗学衍生发展的轨迹，横可览诗人、诗种和诗学观念百家纷呈的全貌，具有丰富的资料性。此外，书后附录的近现代研究诗话词话论著目录索引和论文目录索引，也为读者提供了进一步查阅的丰富资料。

诗话词话是漫话诗坛词坛轶事、品评作家和诗词作品、谈论诗词作法、探讨诗词体制流源风格特色的随笔式的著作，主要包括诗论词论和诗事词事两大内容。前者侧重于诗词理论和评论，后者侧重于诗词和诗人词人的本事轶事的记载。《辞典》体例上适应诗话词话这种特殊形式的构成，以史贯穿，依理论范畴和对象所具特点而综合归类、编次，分为要籍概览、体制类别、特点风格、修养才力、作家流派、名篇佳句、轶事本事、辨正考订、诗词作法等类项，较好地体现了诗话词话的应有面貌。

如诗话词话中谈诗词作法的内容颇为繁富，因而《辞典》辟有专门类项，但又不像其他工具书停留在诠释、举例上，而是从构思立意、作家修养等诸方面辑录各诗家观点，做到条分缕析、纲举目张、品评甄别，既有助于读者提高诗词鉴赏能力，又能帮助读者从中获得诗词作法金针，委实是学诗学词者渡河津梁。

一般文学等工具书的辞条文字多是定义性和诠释性的，而《辞典》的辞条文字不仅有这些内容，而且大多辞条本身都体现一个诗学观点。即进行理论阐述、正误勘别、是非评判，使人便知一种立场、一种态度在其中。

原载《新闻出版报》，1992年9月9日

附：著名专家评点

萃宋元明清诗话词话于一炉，一卷在手，可窥中国诗史全貌。

本辞典收入辞条3000左右，均是编纂者从现存的几乎全部古代诗话词话作品中辑录的，力求每个辞条都体现出一个诗学观点或诗学现象，并以当代文艺理论的观点和方法，对所有辞条进行分类编次和理论阐释。读者从中不仅可以了解到中国古代诗话词话的源流概貌，也能看出诗话词话领域的许多研究成果。辞典分为“诗话卷”与“词话卷”两部分，总体上依据“要籍概览”、“体制类别”、“特点风格”、“作家流派”、“名篇佳句”、“轶事本事”、“诗词作法”等方面的内容进行分类。“要籍概览”按时代先后介绍诗话词话专书，提示其内容特色，指明其价值地位。“体制类别”、“特点风格”、“作家流派”等集中辑录诗话词话作家对诗词的体制、特点、格律、流别进行探讨的代表性观点，介绍诗话词话作家所论及的历代著名诗词流派、代表作家及其作品的风格特色。“轶事本事”汇辑历代诗人词人轶事与诗词本事，兼及诗词坛掌故，以作正史和别集的重要补充。“诗词作法”则从立意、寄托、意境、构思、比兴、用典、结构、章法、对仗、格律、炼字琢句、诗病修改等方面，分类汇辑诗话词话作者的有关论述。体大思精，义例完备。辞典的最后，还附录了近现代研究诗话词话的论文与论著目录索引，并附本辞典辞目的音序索引，以供读者进一步的查阅参考与检索之便。

该书出版后，受到同行专家学者的好评。《新闻出版报》等多家报刊发了书评。获第三届桂版优秀图书评奖一等奖，全国教学优秀图书评奖一等奖，中南大学版协优秀图书一等奖。

●莫砺锋（南京大学教授）：

为研究者提供了一部翔实、方便的工具书，具有很大的实用价值，而且也有相当高的学术价值。后者主要有三点：

1. 选目广博而精审……显示出编者对古代文学批评的卓识。

2. 归类科学。

3. 考订精确，评论妥当，颇具学术眼光。

争取读之，觉琳琅满目。近来坊间出辞典甚多，然如此佳构者极少见，一语以蔽之，他书或可备翻检之用，而此书可供阅读也。

●陈贻焮（北京大学教授）：

辞条全面允当，内容充实准确，且多创见，富于学术价值，无论对科学研究，还是对语文教学提供参考资料，还是对一般读者普及诗词知识、提高艺术修养，都是很有益处的。此外，本书编排便于检索，附录有参考价值，文字深入浅出，印制精美，都是很显著的优点。

●王水照（复旦大学教授）：

体大思周，义例完备，信息量密集……爬罗剔抉，披沙拣金，将种种有价值之资料，融为一编，井然有序。既具检索功能，又为中国诗话词话学建一体系，实已优入著作之林，不得仅以“工具书”目之。

●王运熙（复旦大学教授）：

此书条目繁富，内容详赡，对中国古典文学爱好者、研究者都很有参考价值。你们在这方面做了有意义的工作，令人钦佩。

●傅璇琮（中华书局编审，国务院古籍整理出版规划领导小组秘书长）：

还来不及细读，翻阅目录，觉整体结构甚好。除书目外，有不少可供进一步欣赏、探求之辞条。书后所附索引，亦极为实用。

●黄天骥（中山大学教授）：

辞典出版对中国文学史、批评史的研究大有裨益。你们努力耕耘，十分钦佩。

重现中华民族的伟大胜利

——评《抗日战争史》丛书

抗日战争是在中国共产党领导下，中华民族在近百年来首次打败外国侵略者的伟大民族解放战争。在这一伟大事件已经过去半个世纪的今天，广西师范大学出版社出版了列入国家"八五"出版规划的重点图书——《抗日战争史》丛书（下称丛书），重现了中华民族这一伟大胜利。这是一部大型的学术丛书，共30种，700余万字，第一批10种已出版发行，第二批10种将于近期出版，向抗日战争胜利50周年献礼。

明确的指导思想和宗旨是丛书遵循的原则之一。早在1991年，该社根据学术领域的动态和专家的意见，开始酝酿这一选题的时候，确定其指导思想和宗旨是突出中国共产党及其领导下的人民群众、武装力量在抗日战争中的中流砥柱作用，写出中国抗日战争全民族的规模，并反映出中国抗日战争在世界反法西斯战争中的地位和作用，用历史事实对广大人民群众特别是青少年进行爱国主义教育。在内容上要有较高的学术水平，显示出丛书在该领域的领先地位和较高的价值，展示最新科研成果；在材料上，尽量用首次披露的材料，用第一手材料；在行文上，力求文风醇正，平实流畅，深入浅出，通俗生动，可读性强。

坚持正确导向，反映抗日战争原貌。近几年来，在抗日战争这一研究领域，出现了一股研究"正面战场"热，极力论证国民党军队在抗日战争中的"主力"作用，这是违背历史事实的。丛书坚持历史唯物主义，不受这种"热"的影响，重视抗日战争的历史真实。老一辈无产阶级革命家、抗日老将军杨得志在"总序"中指出："这套丛书不仅以大量篇幅反映中国共产党领导的人民武装在抗日民族解放战争中所做出的巨大贡献和所取得的卓越成就，而且对广大爱国的国民党官兵在抗击日本侵略者的战争中所做出的贡献，也做了实事求是的评价和论述……力图使读者能从全方位、多视角、多层次来了解抗日民族解放战争的全貌。”丛书以反映抗日战争中中国共产党的领导作用的图书种类占大多数。再如通过《新中国的雏形——抗日根据地政权》、《深谷幽兰——战时“国母”风采》、《华夏向心力——华侨对祖国抗战的支援》、《抗战军人之魂——张自忠将军传》等书，引导广大读者对中国共产党领导的抗日战争有一个全面、客观的了解和认识。

封面的设计，也充分体现了丛书的指导思想，对学术丛书，目前封面设计尚未受到足够的重视，往往以“庄重”“朴实”为标准。出版社为丛书的封面设计提出了新的要求，要求有所突破，体现丛书指导思想，为此特聘请国内知名人士进行设计。结果设计出包括咆哮的黄河、血染的长城、长鸣的警钟为主体，内涵丰富的封面图案，并采用凝重的着色，配以“总序”的部分文字，较好地体现了丛书的内容和指导思想，给读者以鲜明、深刻的印象，受到好评。

丛书第一批图书出版后，受到同行专家、学者的重视和好评。国务院学位委员会学科组成员张静如教授看了《深谷幽兰——战时“国母”风采》后称赞该书“对于宋庆龄开创了由歌颂走向研究的先河。为广泛持久地开展纪念和学习宋庆龄的活动奠定了坚实的科学基础”。丛书第一批图书10种出版半年多来，已销售5000多套，且发行势头日益见好。在学术著作销售难的情况下，这也是图书市场对丛书价值最好的评价。

原载《中国教育报》，1994年9月4日

重现历史真实　讴歌伟大胜利

——喜读《抗日战争史》丛书

伟大的抗日民族解放战争过去近半个世纪的今天，作为第一批读者，喜读了广西师范大出版社出版的《抗日战争史》丛书第一批图书10种，深深感到这套列入国家“八五”出版规划重点图书的大型学术丛书，是一套重现历史真实，展示中国共产党中流砥柱作用，讴歌中华民族伟大胜利的极有特色的丛书。

鲜明的导向性是这套丛书的一个显著的特色。丛书坚持历史唯物主义，从指导思想到具体内容，真实地反映了抗日战争的历史。其鲜明的导向性主要表现在如下三个方面：一是以正面歌颂中国共产党及其领导的抗日军民为主。在丛书内容上，有的反映八路军、新四军、抗日游击队的英勇斗争历史及抗击日本侵略者的著名战役；有的反映抗日根据地的政权建设和经济建设的成就；有的记述广大人民群众对抗日战争的支援；有的论述党在抗日战争时期的方针政策的正确性。二是在丛书构成上，直接歌颂中国共产党及其领导下的抗日军民的图书品种占大多数。三是坚持学术性，以科学的、实事求是的态度，对丰富的史料进行分析研究，得出符合史实的科学的结论。丛书的正确导向，既能引导广大读者全面、客观地了解和认识抗日战争，又能对广大读者特别是青少年进行爱国主义和革命传统教育。

研究的深入与创新是这套丛书的又一个显著特色。丛书展示了我国抗日战争史学术领域的最新科研成果，显示出它在这一学术领域的领先地位。丛书作者敢于发表自己的观点，对当前抗日战争史研究中尚有争议的问题，在如实介绍各家观点之后阐明自己的见解。丛书还尽量使用首次披露的材料和第一手材料，这些都显示了丛书的学术价值。如丛书中《深谷幽兰——战时“国母”风采》这部专著，将宋庆龄置于抗日战争大环境中，主要从她与共产党、国民党两者关系中进行研究，因而全面、准确、客观地反映了这一特定历史时期一代伟人的风采。同行专家和广大读者对这部专著新颖的研究视角、正确的观点和所反映的科研成果评价很高。国务院学位委员会学科组成员张静如教授指出："对于宋庆龄开创了由歌颂走向研究的先河。为广泛持久地开展纪念和学习宋庆龄的活动奠定了坚实的科学基础。书中有一些新的见解，在史料的挖掘上，也填补了一些空白，在众多的有关写宋庆龄的著作和文章中，该书是一部有深度的好的专著。"

可读性强也是丛书的一大特色。学术专著的读者面窄，除专业因素外，可读性不强也是原因之一。其实，专著的学术性与可读性不是相斥的。由于丛书研究的是抗日战争史，有其特殊的教育性和现实性，因而具有可读性更必要。对此，丛书的作者和编辑人员通力合作，进行了可贵的努力。一是拟出文学色彩较浓、由正副题组成的书名，如将《海外抗日烽火——华侨对祖国抗战的支援》的正题改为《华夏向心力》；《深谷幽兰——抗战时期的宋庆龄》的副题改为《战时"国母"风采》；《峥嵘岁月——第二次国共合作史》的正副题改为《度尽劫波兄弟在——战时国共关系》；《汪精卫国民政府史》改为《历史的怪胎——汪精卫国民政府》；等等。二是封面绘有咆哮的黄河、血染的长城、长鸣的警钟，加之以凝重的底色，突出了丛书的主题。三是在语言上做到文风醇正，通俗生动，平实流畅，力求让有初中以上文化程度的读者能读懂，因而受到广大读者特别是青少年的欢迎。不少读者反映说："看了书名和封面，'第一印象'极好，就急于想看内容。"一位女中学生读了《深谷幽兰——战时"国母"风采》后来信说："读了这部书，我更崇敬宋庆龄。这样的学术专著我们读得懂，喜欢读。"

据了解，丛书第二批图书10种最近将出版。我们期待着这套共计30种、700余万字的大型学术丛书1995年初出齐，迎接伟大的抗日战争胜利50周年。

原载《大学出版》，1994年第4期

附：将军盛赞　专家好评

●洪学智：

你们做了一件很有意义的事情。这件事情很重要，是进行爱国主义教育、提高民族自尊心和自信心的好事。希望你们吸收各方面的成果，更加系统、更加全面地进行研究，把革命斗争的传统传下去。现在日本还有一些人不承认日本过去对中国的侵略，你们这些书，是有力的反驳。……希望你们多做一些像这样对振兴中华有益的好事，多出一些这样的好书，让我们的革命传统代代相传。

●萧克：

现在日本一些人不承认过去侵略中国，在教科书上只写“进入中国”，如果我们不讲这段历史，后人就不知道了，你们的书要像这样一本一本地出，还要有一个简略的本子，让学生们、让一般的人在火车上、汽车上也能读起来。莫忘国耻。

●陈锡联：

你们出的这些书很好，很有意义，谢谢你们，我现在眼睛不太好，怕是看不完了，但我要让我的孙子们看，留给后人看。

●杨成武：

你们的工作做得很好，对抗日战争史要大讲特讲，不然三四十岁以下的人知道的就不多了。……对革命后代的教育，要像你们这样，以高度的责任感，认真过细地做好。

●廖盖隆（中共党史学会副会长）：

总起来看，已经出版的20本书，都具相当的学术水平，从不同的方面反映了抗日战争那个伟大时代的面貌，可以帮助广大干部和青年认识我们中华民族自身（包括强点和弱点）和周围的世界，激发大家为振兴中华而奋斗的雄心壮志。

●王淇（中共中央党史研究室研究员）：

一个小出版社，愿意拿出一笔不小的资金资助学术著作的出版，看重社会效益，不汲汲于赢利，说明政治方向端正，难能可贵。这套丛书以辩证唯物主义和历史唯物主义为指导，高举爱国主义旗帜，贯彻忠于历史、实事求是的原则，全方位、多视角、多层次地考察了中华民族抗日战争。不仅填补了一个空白，而且颇有创见。

●何理（国防大学教授、少将）：

在当前社会上文化出版业处于低谷、困难重重的情况下，广西师范大学出版社能成功出版这样一套高品位的史学丛书，其胆识令人感佩，其影响和作用恐怕要超出丛书本身。

●郭德宏（中共中央党史研究室研究员）：

近年来，抗日战争史著作的出版出现了一个高潮，一些大型丛书纷纷问世或即将问世。这些大型丛书，有资料性的，有纪实文学性的，而研究性的不多。广西师大版这一套是其中出版最早、规模宏大、影响也较大的研究性丛书，可以说是抗日战争史学术著作出版的一大壮举，对广大读者特别是青少年具有教育意义，学术价值也比较高，对推进抗日战争的研究有不可忽视的作用。丛书中的著作大部分都写出了新意，在研究深度上有所前进。

●丁守和（中国社会科学院研究员）：

这样大型的抗战史丛书，过去还没有过，这是我们史学界的很大成就。如果说有什么意见的话，我觉得除了这些专题著作外，似乎应有一本综合性概述抗战全貌的著作，作为丛书的开端或殿后。

●罗焕章（军事科学院研究员）：

丛书总体布局和安排比较合理，军事斗争与其他方面斗争的照顾比较恰当。将学术专业性和普及性相结合，使历史学研究走出狭窄的范围，变成了广大群众喜闻乐见的事情。可以看出，丛书在这方面做出了有益的尝试。

●丁则勤（北京大学教授）：

从某种意义上说，丛书反映了当前我国抗日战争史研究的学术水平。丛书兼具学术的严肃性和面向社会的可读性，不仅力求文笔生动，而且做到图文并茂，深受读者的欢迎，有些书很快出现供不应求的局面。

●张作耀（人民出版社副总编辑）：

这对于伸张正义，鞭挞侵略，昭告天下以事实的本来面目，驳斥曲解历史者的荒唐言论，是非常及时的。可以说，功莫大焉！

●李世安（中国人民大学副教授）：

这套丛书不乏精深佳作。有的书拓宽了抗战史的研究，回答了中外史学界长期以来都很感兴趣的问题。

拳拳爱国心 凛凛抗日行

——读《华夏向心力——华侨对祖国抗战的支援》

抗日战争是近代100余年来中华民族首次打败外国侵略者的民族解放战争。这场战争的胜利，中国共产党及其领导下的人民起了中流砥柱的作用。也是在中国共产党倡导的抗日民族统一战线旗帜下，以国共两党合作为基础，在全国各族人民、各民主党派、各抗日团体、社会各阶层爱国人士、海外侨胞团结奋斗和世界反法西斯力量的热情支持下取得的。华侨是中华民族的一个支脉，是华夏炎黄的子孙。他们是祖国抗日战争中的一支重要力量，为夺取抗日战争的胜利做出过重大贡献。要研究中国的抗日战争，就不能不研究华侨。

广西师范大学出版社出版的国家“八五”规划重点工程图书——《抗日战争史》丛书中的《华夏向心力——华侨对祖国抗战的支援》，热情讴歌了华侨对祖国抗日战争的拳拳爱国心，凛凛抗日行，是一部研究抗日战争时期华侨的专著。

从内容看，该书涉及华侨在抗日战争中的活动范围极为广泛，并有一定深度。作者从多层次、多角度展示华侨支援和参加祖国抗日战争的感人事实，透视了整个华侨抗战历史的全貌。全书分八章，介绍了华侨的爱国基因、活动情况、发展轨迹；国民政府、共产党和抗日根据地的侨务政策；侨团（如南侨总会、泰国中华总商会等）、侨领（如南洋陈嘉庚、泰国蚁光炎、菲律宾李清泉、印尼丘元荣、马来西亚胡文虎、美洲司徒美堂等）和广大华侨为抗日捐资、回国参战，与所在国群众共同抗击日寇侵略的感人事迹。作者热情赞颂了华侨英勇抗战的光辉业绩，充分肯定了抗战中华侨所起的重大作用，肯定了他们在华侨史上所占有的重要地位。

该书展示了有关抗战中华侨研究领域的新成果，给人以启示。这是该书的学术价值所在，因为一部学术著作的价值就在于研究中获得的新观点、揭示的新材料以及给人的启示。在学术界，向来对国民党的战时侨务政策研究不够深入。该书在掌握了较为充分的资料的基础上，首次对国民党的侨务政策及相应的机构做了较为深入的研究，进行了实事求是的分析，既肯定了其有利于华侨抗战的一面，也指出了其“防共限共”及由于其中一些政策的不完善而造成不良后果的反动与消极的一面。该书对战时共产党的侨务政策做了客观全面的分析，并在此基础上对战时国共两党的侨务政策进行了比较研究，指出了国共两党由于执行不同的侨务政策而导致的必然不同的结果。对汪伪政权的侨务活动也做了客观评述，深刻地揭示了其虚伪、反动、卖国的本质。另外，过去学术界对八路军驻香港办事处在执行中共侨务政策中的作用研究甚少，而该书对此首次作了较为全面的研究，还对陈嘉庚南洋慰劳团、南洋运输团和诸多侨领人物做了较为深入的研究。这些研究，在观点、史料上均有出新。这些材料的补足和研究新成果，在一定程度上弥补了学术界在上述方面研究的不足。

从形式上看，书稿结构安排比较合理，布局比较完整。华侨支援、参加抗战，可以分为几个时期，而每个时期华侨抗战的形式多种多样，涉及地域广泛，社团、事件、人物众多，涌现的感人事迹又极多，给后人留下了极为丰富的史料。如果对这种史料不能很好地吸收、组织，有针对性、有目的地加以合理取舍，则书稿必然冗长、臃杂，甚至变成记“流水账”。书稿在结构上采取按内容划分的办法，如将国共两党的侨务政策、华侨捐献支援抗战、回国参战杀敌、侨团侨领感人事迹等分章编写，这样不仅条分缕析，结构缜密，而且有利于问题的论述和深入研究。通览全书，可见作者在合理组织、运用史料上颇费了一番心血，因而书稿剪裁得当，结构合理，比以时间规划各章节内容来得更为紧凑，有一气呵成之感。

此外，书后附录“大事记”，既有史料价值，又可作学术研究参考。

由于华侨分布地域太广，致使史料过于分散，因而书稿也存在一些不足，如内容上有零散状、条块感；有的问题研究由于史料欠缺，而挖掘不深。但总体上来说，该书超越了现有的学术水平，是一部较好的颂扬抗战华侨业绩、研究华侨抗战史的学术专著。

原载《中国出版》，1995年第4期

评《校长成长的探索》

教育大政方针确定之后，办好一所学校的关键在于有一个优秀的校长，这是教育界的共识。校长是学校的领导者、组织者和管理者，其重要性自不待言。要成为一个优秀的校长，就要懂政策，要有事业心和才干，这就既要经过实践的锤炼，又要经过培训，提高理论水平和管理能力。因此可以说，培训中小学校长是我国教育事业一项基础工作，是办好中小学、发展基础教育的关键一环。要做好中小学校长的培训工作，必须对这项工作的基本问题，如中小学校长的现状，中小学校长成长的规律，中小学校长的培训规律、培训制度和管理制度等，进行研究和探索。由黄焯、王祥佑两位教授和几位长期担任校长工作的“老教育”共同撰写的《校长成长的探索》一书（广西师范大学出版社1993年版）系统地回答了上述问题。

《校长成长的探索》包括两大部分，其一是国家教委、广西教委“七五”规划的重点科研课题“中小学校长培训规律和管理制度研究”的系列研究报告，这一部分除总课题研究报告外，还包括三个子课题的研究报告，即“中小学校长成长规律的研究”、“中小学校长培训规律的研究”、“中小学管理制度的研究”；其二是课题研究中收集到的40多万字材料的整理成果和相关的历史资料，包括中小学校长千人问卷调查的统计分析、24位不同类型中小学校长典型调查的整理材料，29个调查问卷统计表等。应特别提出的是课题组重视搜集和分析历史资料，附录中的历史资料，多是新中国成立前有关中小学的条例文件，如“省立中学组织大纲”、“中等学校校长任免规程”、“小学校校长任免规程”、“中等学校校长资格审查标准”、“国民基础教育的校长及教师”等。这些历史资料，能使我们更好地了解到关于校长培训和管理的历史沿革，做到历史与现实的结合。这项课题研究成果的一些重要内容，已被国家教委关于中小学校长培训工作的文件所吸收。

该书在课题的调查、研究过程中，进行了校长千人问卷调查，整理成29个统计表，分析整理了24位不同类型校长的典型材料，并将其中11人的典型材料收入书中。他们的基础、素质、经历不同，从各个方面谈如何做好校长工作的体会，一致认为，要成为一个合格的校长，是要经过一个过程的，但是经过培训，就能缩短这个过程，并能从理论上更好地充实自己。各级教育行政部门要通过“上岗培训”、“岗中培训”等措施，切实做好校长培训工作，造就一支优秀的校长队伍。

注：该书获教育部教育研究成果一等奖。

原载《中国教育报》，1994年2月20日

让教坛星光更灿烂

——喜读《教坛明星耀八桂》丛书

振兴民族的希望在教育，振兴教育的希望在教师。为总结推广广大教师的先进教学经验，发挥“明星”的榜样作用，广西区教委组织编写、广西师范大学出版社出版了《教坛明星耀八桂》丛书。

《教坛明星耀八桂》丛书分小学卷、中学卷、职教卷，入选教师110多位，覆盖了15个地市和柳州铁路局系统的各个学科，辛勤耕耘在中小学、幼教、职教、特教园地的教师。丛书收录每人四个方面的材料，即所在学校为其撰写的“个人简介”，入选教师自己撰写的学科教学总结，教案或教学实录，专家对教案或教学实录的简评。他们虽然教学风格各异，但都具有一些共同特点：展示了广西教坛明星的风采。

高尚的师德和无私奉献的精神，在他们身上得到了充分的体现。他们热爱教师职业，热爱学生，自任教那天起，就立志把教育事业当作“为之奋斗的终身事业”，身在教坛，眼观全球，为把祖国下一代培养成为社会主义建设的“四有”新人而呕心沥血、无私奉献。高尚的师德使教坛明星光彩夺目，可贵的敬业精神使教坛明星成为教书育人的典范。

学习先进教育教学思想，积极进行教学改革，是教坛明星身上体现的可贵的时代精神。《中国教育改革和发展纲要》指出：“中小学要由‘应试教育’转向全面提高国民素质的轨道，面向全体学生，全面提高学生的思想品德、文化科学、劳动技能和身体心理素质，促进学生生动活泼地发展。”这是具有中国特色的现代先进教育思想的概括性表述。我们的教坛明星勤奋学习，与时代同步，掌握先进的教育教学思想，改革创新，以他们丰富生动的实践，为我们做出了榜样。

勤奋学习，苦练基本功，全面提高素质，既是教坛明星的共同特点，又是他们成长的坚实基础。俗话说：打铁先得自身功夫硬。教坛明星不是生来固有的，是在教育教学实践中逐步成长的。从书中收录的他们的总结、教案或教学实录中，可以看到他们勤奋学习、苦练基本功、不断成长的足迹。

原载《中国教育报》，1995年5月7日

追溯我国传统文化的源头

——《中国古代龟卜文化》评介

龟卜是中华民族最古老的文化组成部分，《周易》常常被人们看成是我国传统文化的源头活水，其实龟卜才是最早的源头。龟卜是指古人通过灼烧龟甲，令其出现兆象（裂纹）而预测吉凶福祸，是古代帝王所推崇的一种决策国家大事的方式。《中国古代龟卜文化》（下称《龟文》，刘玉健著，广西师范大学出版社1992年版）就是一部追溯我国传统文化的源头的专著。

资料翔实、全面，是《龟文》一大特色。龟卜在我国流传时间长，对我国古代社会及文化产生过广泛而深刻的影响，古人对龟卜的研究著述也很多。《龟文》对龟卜文化的研究，建立在广泛占有资料的基础之上，对我国古代文献典籍中有关龟卜的记载几乎全部收录与整理，并作了分析，是一部集大成之作，包括“神圣的龟”、“龟卜的起源”、“夏代龟卜概述”、“商代龟卜的鼎盛发展”、“西周龟卜的继续发展”、“春秋时期龟卜大普及时代”、“战国以后龟卜的衰亡”7章。山东大学周易研究中心主任、著名易学专家刘大钧教授称赞《龟文》“是迄今为止我国第一部全面系统研究中国古代龟卜文化的著作，也可以说是一部龟卜发展史”。就完整的龟卜文化而言，它的研究范围，应当是多方面的，除卜法以外，还应当包括龟卜的产生、发展、衰亡的过程，以及在不同的历史时期它对中国社会所产生的影响作用、与其他文化的关系等。只有通过多方面的研究与探讨，才能较为全面、系统地认识和把握这一文化现象。但在《龟文》出版之前，尚没有这样一部类似于龟卜发展史的著作。因此可以说，《龟文》的问世，有填补研究空白之功。

立论平实公允，发前人之所未发，是《龟文》的另一特点。对古人为何用龟来占卜、为何以龟兆作为谈吉论凶的依据、龟卜产生的时代等龟卜起源方面的问题，对古人如何依兆象判断吉凶福祸等卜法方面的问题，对龟卜的分期、发展状况及其在各个历史时期发展特征问题，对龟卜与《周易》的关系问题，等等，《龟文》都大胆地提出了自己的观点，并做到平实公允，这是很可贵的。对龟卜文化的产生、发展、消亡过程，《龟文》第一次提出了分期，认为龟卜产生于原始社会晚期，盛行于夏、商、周三代，普及于春秋时期，衰落于秦汉，绝迹于隋唐之后。本来龟、龙、麟、凤4种动物均为灵物，为什么先民只选择龟而不用其他3灵呢？《龟文》认为："主要有两种原因。一是龟具有包括3灵在内的其他一切动物所没有的灵性——最善于沟通天人关系。……二是龙、凤、麟极难得到……由于这'3灵'在很大程度上属传说中的灵物，在现实生活中别说是难以得到，就是能见到它们1次，已经很不容易了。"

语言通俗易懂，是《龟文》又一显著特点。由于龟卜文化的古老性，导致文献中关于龟卜记载的语言晦涩难懂。为了使广大读者能够了解这一古老文化现象，《龟文》在语言上下功夫，力求通俗易懂，深入浅出，融学术性与通俗性于一体。《龟文》在直引文献材料之后，在阐述文字中往往用现代语言加以说明。如引用商代政治制度的记载——《洪范》中关于商代占卜机构的记载："择建立卜筮人，乃拿卜筮。曰雨、曰霁、曰蒙、曰驿、曰克、曰贞、曰悔。凡七，卜五，占用二。"在阐述中对这一段引文作了说明："这里，箕子在向武王陈述的治国大政方针中，其中就包括应建立占卜机构。就是说，要挑选精通卜筮的高级知识分子，负责卜筮之事。所谓'乃命卜筮'，是说天子要任命他们卜筮职务。其中龟卜兆象有雨、霁、蒙、驿、克5大类，想必每类兆象都要任命专职的卜官。同时，卜和筮的官员比例是5比2。"这样，它既可作专业研究者的参考之书，亦可作一般读者的入门之书，有雅俗共赏之效。

《龟文》的出版，对于龟卜文化的全面深入的研究，对于探讨传统文化，无疑具有“寻根”的意义。通过对它的研究，揭示出它产生、发展、消亡的社会背景和龟卜方法的本质，对于澄清人们对龟卜这一古老文化的神秘色彩和种种模糊认识，认清它在历史上曾起过的种种积极的和消极的作用，都是很有意义的。

原载《博览群书》，1993年第3期

一部系统的龟卜发展史

——读《中国古代龟卜文化》

龟卜是指古人通过灼烧龟甲，令其出现兆象（裂纹）而预测吉凶福祸的活动，是古代帝王所推崇的一种决策国家大事的方式。它是中华民族最古老文化的组成部分，是比《周易》还要早的我国古代文化的源头。《中国古代龟卜文化》（刘玉健著，广西师范大学出版社1992年版）是被国内外著名易学专家称之为“一部系统的龟卜发展史”的很有特色的专著。它有三个突出特点：

一是翔实的史料性。本书对龟卜文化的研究，建立在广泛占有资料的基础之上。对我国古代文献典籍中有关龟卜的记载几乎全部收录与整理，并作了分析，是一部集大成之作，具有翔实的史料性。全书包括神圣的龟、龟卜的起源、夏代龟卜概述、商代龟卜的鼎盛发展、西周龟卜的继续发展、春秋时期龟卜大普及时代、战国以后龟卜的衰亡7章。它的研究范围，除卜法外，还包括龟卜的产生、发展、衰亡的过程，以及在不同的历史时期它对中国社会所产生的影响，与其他文化的关系等。山东大学《周易》研究中心主任、国内外著名易学专家刘大钧教授称赞本书“是迄今为止我国第一部全面系统研究中国古代龟卜文化的著作，也可以说是一部系统的龟卜发展史”。

二是突出的论辩性。对古人为何用龟来占卜，为何以龟兆作为谈吉论凶的依据、龟卜产生的时代等龟卜起源方面的问题，对古人如何依兆象判断吉凶福祸等卜法方面的问题，对龟卜的分期、发展状况及其在各个历史时期发展特征问题，对龟卜与《周易》的关系问题，等等，作者都大胆地提出了自己的观点，这是很可贵的。如对龟卜文化的产生、发展、消亡过程，《龟文》第一次提出了分期，认为龟卜产生于原始社会晚期，盛行于夏、商、周三代，普及于春秋时期，衰落于秦汉，绝迹于隋唐之后。又诸如龟、龙、麟、凤4种动物均为灵物，为何先民只选择龟而不用其他3灵？西周和商代龟卜的时代特征等问题，作者都提出了自己颇有见地的看法。在龟卜研究中存在一些不同观点，作者在一些问题的论述中，不仅引述了这些观点，而且敢于提出自己的看法。如根据史实分析，不同意过去学者认为褚少孙所记载的卜法是汉代的占卜制度，不是古代卜法的观点；对“燋契”之“契”字的解释，不赞同古代经学大师杜子春、郑玄的看法，而赞同清代学者孙诒让的看法等，都极有见地。

三是语言的通俗性。由于龟卜文化的古老性，导致文献中关于龟卜记载的语言晦涩难懂。为了使广大读者能够了解这一古老文化现象，作者在语言上下功夫，在直引文献材料之后，在阐述文字中往往用现代语言加以说明，力求通俗易懂，深入浅出，融学术性与通俗性于一体。这样，它既可作专业研究者的参考之书，亦可作一般读者的入门之书，有雅俗共赏之效。

龟卜文化和《周易》一样，是一个热门话题，许多人都想了解我们民族这一古老文化。可读性很强的《中国古代龟卜文化》，能帮助我们揭开它的神秘面纱，澄清种种模糊认识，更好地认识龟卜这一古老文化，认清它在历史上曾起过的种种积极和消极的作用。

原载《青少年读书指南》

“与西方一流学者相抗衡”

——读《巴克莱哲学研究》

我国著名学者季羡林教授曾说过颇有哲理的一席话：“中国学术要发展，必须能直接与西方一流学者相抗衡，有些人在国人面前大谈希腊、罗马和苏格拉底，而在洋人面前讲《周易》，谈老庄。这不算什么本事，真有本事，就应去和西方学者争论他们的学问，与国人讨论中国的学术……”是我国老一辈学者对后辈寄予的厚望。为实现“与西方一流学者相抗衡”的目标，山东大学青年学者、现年37岁的西方哲学专业硕士研究生导师、国际巴克莱学会理事傅有德副教授的力作《巴克莱哲学研究》（广西师范大学出版社1993年版）被我国老一辈学者、武汉大学陈修斋教授、山东大学谭鑫田教授等赞誉为实现“抗衡”目标的“一个好例”，“是一项很有分量的成果”。

1685年出生于爱尔兰的乔治·巴克莱，是西方著名哲学家，他一生论著甚丰，有《哲学评论》、《视觉新论》、《人类知识原理》、《海拉斯与菲勒诺的三篇对话》、《论运动》、《提问者》、《西里斯》等。虽然对他观点的评论纷然杂陈，但是，巴克莱始终是西方哲学史最引人注意的人物之一，他的非物质主义哲学一直是人们热衷于讨论的课题。《巴克莱哲学研究》一书对巴克莱哲学全部内容，从横的系统结构和纵的发展过程两方面作了较全面完整的，也较深入细致的、条理清晰的评介。全书除“引论”外，分8章，除了较详细的对巴克莱生平和著作介绍之外，对巴克莱的哲学，还抓住其几个主要方面，如非物质主义的形成及其思想渊源、新原理、观念论、驳物质论、精神实体论、自然哲学、反抽象论等，分章作了既有丰富材料又有鲜明观点的论述，既对其内容作了实事求是的介绍，又对其得失努力作出符合马克思主义的评价；既对巴克莱哲学中的合理成分和对人类思想有促进作用的方面作了肯定，也对其哲学的错误方面作了应有的批判。这样论述，对初学者较全面地了解巴克莱哲学很有帮助，对研究西方哲学史的专业人员也很有启发，可以说这是一部雅俗共赏、深入浅出的优秀力作。

作者前几年曾有幸到被世人公认的国际巴克莱研究中心的爱尔兰巴克莱的母校——都柏林三一学院进修。其间，他不仅接触了有关巴克莱的全面系统的资料，而且也有机会与当今著名的巴克莱研究专家波曼博士、莱昂斯教授、维廉姆森博士、佩顿博士、豪顿教授等结识，打下了丰厚的研究和写作的基础。因而在该书中，作者对我国巴克莱研究的历史和现状，作了虽然简明扼要却也相当全面的概括，这表明本书是在批判地考察和总结国内相关的已有成果的基础上写成的。特别值得重视的是，该书更加系统全面地介绍了国外一个时期以来，特别是最近的巴克莱哲学研究的状况，列举了许多著名的巴克莱研究专家和权威学者的名字和他们的代表作品，也扼要地介绍了他们的主要观点和突出成就，并对他们的得失作了评论，以像卢斯那样的权威学者在充分肯定其成就的同时也指出其不足；对其他学者的观点更是大胆地作出了评论，如指出西方学者在研究巴克莱哲学时过分注重逻辑和语言的分析，缺乏历史观点，使巴克莱现代化的不良倾向，等等。这是作者敢于“与西方一流学者相抗衡”所迈出可喜而坚实有力的一大步的标志。

敢于对巴克莱哲学进行新探索和再评价，是该书最值得称道的显著特点。作者没有重谈过去在巴克莱的研究中重复了几十年的那几句套话——巴克莱哲学是“主观唯心主义”、“唯我论”，而是对这方面的传统观点提出了挑战，着重对巴克莱哲学的本质或主要倾向，提出了很新颖的见解。他把巴克莱哲学称为“非物质主义”，并认为“其主要倾向是客观唯心主义的”，“可以说是一种客观唯心主义的现象论”。作者在全面研读巴克莱著作的基础上，在书中论述了国内学者很少涉及，甚至根本没有涉及的巴克莱哲学中的一些理论，如法国哲学家马勒布朗士和培尔对巴克莱的影响，什么是巴克莱在《哲学评论》中所提出的“新原理”，以及巴克莱在自然哲学和语言哲学方面提出的许多观点，等等。

尽管该书存在着一些不足之处，如有些见解立论的根据不是很充分，内容结构上有值得研究之处，但该书许多观点令人耳目一新，让人刮目相看。作者——一位学成归国的学子、30多岁的年轻人写出能“与西方一流学者相抗衡”的力作，我们应感到欣慰。

原载《青少年读书指南》，1994年第5期

《桂林文化城大全·文学卷·小说分卷一》评介

列为广西师范大学出版社“八五”规划重点图书之一的大型系列丛书《桂林文化城大全》的第一辑——文学卷·小说分卷一（下称“卷一”），出版了。这是一部资料翔实、研究深入、印制精良的图书，为整理、研究、出版在抗日战争史上有着光辉一页的“桂林文化城”史料做了一件大好事。

1938年10月至1944年秋，随着抗日战争形势的变化，作为战略后方，又加之地理位置和特殊的政治环境，作为当时广西省会的桂林的地位一下变得突出起来，一时大批进步文化人云集桂林（据不完全的统计，这期间在桂林逗留和居住过的文化人有1000多人，新中国成立后活跃在中国文艺、新闻、出版等界的名人几乎都在当时到过桂林）。在中国共产党的领导和影响下，轰轰烈烈的抗日文化活动空前高涨，新闻、出版、文学、戏剧、音乐、舞蹈、教育、经济、国际交往等各项事业空前繁荣，几年中“竟成为国民党统治下的唯一抗日文化中心了”，被誉为“文化城”，享誉国内外，在中国抗日战争史和世界反法西斯历史上都写下了光辉的一页。今天，全面整理、深入研究，认真出版文化城史料、事迹、著作等，对继承和发扬文化城这一珍贵的文化遗产，弘扬光辉的民族文化，对广大人民群众，特别是青少年进行爱国主义和革命传统教育，有着重要的历史意义和现实意义。正如左联老作家、当年曾在文化城战斗过的著名文艺理论家林焕平教授指出的：“抗战时期桂林文化城是一份珍贵的文化遗产，继承和发扬它历史地落在我们这一代人的肩上。如果我们放弃责任，既对不起创造文化城的前辈，也为后代子孙所讥评。”

资料翔实、全面，是“卷一”的一大特色。全，是它所收史料全面、丰富、覆盖面大，反映了桂林文化城期间小说创作的全貌，也是这套预计达20多辑、

1200万~1500万字的大型系列丛书的编撰构想，“卷一”很好地体现了构想。如“小说分卷”收入内容范围为桂林文化城期间创作和发表的全部文学作品中的小说作品，以作家为纲编写，对部分代表作者作较详细的介绍研究。确定代表作的标准为：该作家在桂林文化城时期创作、发表作品的数量多少、质量高低，该作家在抗战文学中的影响度，该作家在现代文学史上的代表性，据此对作家进行综合考虑决定。据不完全统计，1938年10月至1944年秋，从桂林路过或在桂林逗留和居住过的小说作者就有近400人，创作、发表长篇小说近40部，中、短篇小说集近120部，短篇小说至少有1200篇之多。著名作家郭沫若、茅盾、巴金、丁玲、萧红、沈从文、艾芜、沙汀、鲁彦、骆宾基、端木蕻良、王西彦、司马文森、邵荃麟、舒群、路翎、碧野、孙陵、谷斯范、姚雪垠……都在桂林留下了自己的重要作品并产生过重大影响，为此，小说分卷共选出其中百来位代表作家，按其姓氏笔画顺序排列编撰。“卷一”选入的代表作家有：一文、S·y（即刘盛亚——引者注）、丁玲、于逢、马宁、卞之琳、方敬、王西彦、王鲁彦、王统照、丰村、巴金、孔厥、冯至、丘东平、艾芜、田堃、田涛、叶以群、司马文森20位。介绍每位代表作家包括三方面内容：在桂创作、发表作品概述，其间代表作原文及评点，在桂创作、发表作品目录。即使是他们在桂创作，而在外地发表的作品，或在外地创作，但在桂林发表的作品，均属收录范围之内。每位入选代表作家的作品不能全收，但选其代表作品（总数不超过3篇）。其中3万字以内的小说、散文、独幕剧、文学论文、100行以内的诗歌基本全收，超过以上分量的作品、专著，采用内容提要加节选的方式收入。入选作品尽量采用原版，除个别明显错漏处作适当处理外，一般不作更动，以存其原貌。其他作品则列入目录。如丁玲，抗战时期的小说，除了《在医院中》，其余均在桂林发表或出版，计有《泪眼模糊中的信念》（后改题《新的信念》）、《县长家庭》、《秋收的一天》、《夜》及短篇小说集《我在霞村的时候》（内收上述4篇外，还有《压碎的心》、《入伍》、《我在霞村的时候》，共7篇）。丁玲在桂林发表、出版的小说，题材十分广泛。又如巴金，这位文坛巨匠1938年11月至1944年5月先后三次到桂林，总共近一年半时间，除参加了一系列抗日文化活动外，著述颇丰，仅创作、发表长篇小说就达7部之多。“卷一”选录了他的短篇小说《夫与妻》、节选了短篇小说集《还魂草》中的《还魂草》，用故事梗概和节选的形式介绍了长篇小说《火》，而且都进行了评点。之后又列出了他在桂期间创作、发表的小说目录，除7部长篇外，还有1部中篇、3部短篇小说集和几篇短篇。至于代表作家以外的那些在桂林创作、发表过作品的其他作家，限于篇幅，则只收入他们创作、发表的作品目录（也按他们的姓氏笔画为序排列）。这样有点有面、有选有评、列目录的做法，能呈全貌。资料性是与本系列丛书同类的、反映抗日战争文学的其他丛书，如“大后方文学”、“孤岛文学”等的共同特点，但又有其自身的特色，如采用选录、节录、梗概的方式，使所收史料更全面、覆盖面更大；而且本系列丛书不仅是文学，还包括新闻、出版、教育、历史研究等诸多方面，全面反映桂林文化城的全貌，这又是有别于那些“文学”类丛书的。资料翔实、全面，既是为更好地抢救、保存桂林文化城这一珍贵文化遗产的需要，也是为进一步研究提供丰实的基础。

在丰富的史料（包括作品）基础上做深入研究、论评，是“卷一”，也是整个大型系列丛书《桂林文化城大全》的另一个最大特点，也是她与那些“文学”类丛书的最大区别之一。这一特点，在“卷一”前的《〈桂林文化城大全〉总序》、卷前的研究性专论《抗战时期桂林文化城小说概论》、对所选的20位代表作家的分别的“概述”、对所选作品的评点，等等地方，都得到了较好的体现。

“卷一”的研究性显现出如下的特色：

一、史论结合。“《桂林文化城大全》则既具资料性，又具研究性，是在资料性和研究性相结合的原则下编成的。”“卷一”不单是史料（作品）的汇集，而是在史料基础上进行深入研究，紧扣史料进行评论，史论结合是“卷一”研究性的一个特色。如对每位作家的“概述”，都是先介绍该作家在桂时间、活动、创作和发表作品情况，才在此基础上再论述其这段时间作品特色、作用和贡献等。司马文森是当时在桂时间较长、积极从事文化活动、著作甚丰的一位作家。在对他的“概述”中首先对其在桂活动、作品作了勾勒：“1939年5月，被国民党以‘嫌疑重大’为名‘遣散’，从韶关到达桂林。1944年9月离开桂林……”，“在桂期间，司马文森担任广西地方建设干部学校指导员和中学教员，积极从事桂林文化城活动，任文协桂林分会常务理事，主编《文艺生活》月刊、‘文艺生活’丛书、‘现实文丛’，创办《艺术新闻》，主持召开文艺座谈会，发表有关文艺运动的文章，为桂林抗战文艺运动的蓬勃开展贡献了大力。同时，他努力创作，著作甚丰，在桂的小说主要有：长篇小说《雨季》、《人的希望》，中篇小说《天才的悲剧》（即《尚仲衣教授》）、《转形》（又名《南线》）、《希望》，中、短篇小说集《一个英雄的经历》、《奇遇》、《蠢货》、《小城生活》、《孤岛》等。”在此基础上，对上述作品分别作了简评，然后“概述”对他在桂的小说作了总的论评：“司马文森旅桂的时期，是他创作道路上的重要历史时期，不仅小说创作数量多，而且作品题材广泛，手法多样，紧密地配合了民族解放的伟大斗争，也为以后更高艺术成就的获得打下坚实的基础。”

刊于卷前的3万余字的《抗战时期桂林文化城小说概论》，本身就是一篇有相当强的学术价值的研究性专论，是在全面、深入研究抗战桂林小说基础上写成的。它在研究大量史料（小说作品）的基础上，对抗战时期桂林小说的内容、艺术特色诸方面作了全面而深入的研究、论述。“概论”对抗战桂林小说所反映的内容基调的论述就是一个极好的例证。抗战桂林小说承接着抗战初期文学创作高昂的主旋律，继承着对抗战的欢呼、对英雄的颂扬。作家们用自己的小说去振奋人民的斗志，强化民族的意识。他们中的许多人，仍然以极大的热情，塑造在前线浴血战斗的将士，描写在沦陷区艰苦奋斗的人民，刻画在后方忘我工作的青年，将胜利的希望寄托在他们身上。所以“概论”指出的“直接反映前后方抗战题材的作品是抗战桂林小说的主流”，这个论评是恰切的。然而，在继续歌颂英雄和胜利的同时，抗战桂林小说多降低了原先过度高昂乐观的调子。比起抗战初期，这些作品表现出更为强烈的求真的审美倾向。许多作家笔底出现了越来越明显的对现状的沉思。对前方抗战的思索是尖锐的，对后方支援抗战的思索是痛苦的。随着抗战形势的发展，大多数作家都从初期的亢奋中苏醒过来。但无论如何，他们不可能放下对抗战的信念。在逐渐放弃速胜论的时候，必须寻找到新的对战争的观念，于是作品中就出现了对现状的沉思、寻觅。“概论”指出：“对人民抗战英雄业绩和顽强斗争精神的不懈歌颂，在抗战桂林小说中闪着永不熄灭的光芒。而愈益深沉的对现状的思索，对战争残酷性、本国国情进一步的理解，速胜论影响的消失、持久战思想的深入，又使这些小说更加扎实、更加深沉，比起抗战初期乐观单纯的风貌来，可以看出抗战小说从幼稚走向成熟的轨迹。”这些论评是中肯的，分析是合乎事实的。

二、持平公允。“卷一”不论是宏观上对抗战整个桂林小说，还是微观上对某一位作家或其在桂创作、发表小说概述，以及某一部作品的研究、论评，都坚持辩证唯物主义和历史唯物主义观点，尊重历史发展的客观事实，做到实事求是，恰如其分，持平公允，力戒偏颇和空话、套话、大话。著名作家王西彦抗战期间4次到桂林，前后共约9个月，创作、发表了10多篇短篇小说，发表了长篇小说《古屋》部分，出版了8部短篇小说集。“卷一”在“概述”中指出他“成绩相当显著”，并对其小说进行了公允、科学的研究论评：“王西彦在桂林创作、发表的作品显示了自己创作的逐渐提高。早期王西彦小说描写旧社会农村妇女悲苦命运的篇幅占了很大比例，但大都未能挖掘出更深的社会原因。40年代以后，王西彦除了继续描写农民的苦难外，还将大量笔墨放到知识分子的生活、挣扎、斗争、失败和缺点上。他在抗日战争背景下展示农民和知识分子这两大系列人物的命运。对社会问题的揭示有了新的深入。”“比起早期的创作，王西彦此时在现实主义艺术的道路上有了较明显的进步。小说对人物的刻画在典型化的程度上有所提高。”在肯定的同时，也指出了王西彦此时小说创作上的明显的不足：“作品的总色调过于阴郁悲凉，特别是农村题材，还时时流溢着宿命的气氛，抗日时代对农民的影响不大。相比起来，他笔下的知识分子形象要好一些。但从小说整体来看，人物的思想意义还较弱，情节的生动性还不够，语言的生活味也不浓。总之，抗战时期王西彦在桂林创作、发表的小说，为他后来的创作提供了进一步发展的条件。”王西彦1941年4月创作的短篇小说《家鸽》，描写知识妇女姚文英在三八妇女节一天中的生活情况。“卷一”对该文的思想内容也作了公允的点评：“作品中几次有意写到屋檐下的家鸽形象，对姚文英一类的知识女性作暗喻，加强了题旨意义的表达。但又由于作者急于将立意阐释出来，反降低了小说的含蓄性，在一定程度上减弱了作品的感染力。”

“概论”从宏观上对抗战桂林小说的艺术风格作了科学、公允的论评。由于大批的旅桂作家在桂林得到暂时的喘息休养机会，能较认真地进行艺术总结和琢磨切磋，这样比起抗战初期来，抗战桂林小说在艺术表现的一些方面有着显著变化，为其艺术水准的整体提高作出了积极的贡献。其表现是：“抗战桂林小说的艺术进步表现在现实主义的扩展和深化上”；“典型人物较多地出现，是抗战桂林小说较抗战初期小说艺术进步的特点之一”；“大量的儿童小说在桂林创作、发表，是抗战桂林小说表现形式多样化的显著现象，也是桂林文化城小说风格多样化的原因之一”；“抗战桂林小说还在通俗化、大众化的道路上取得了一定的成绩”。同时也指出了抗战桂林小说在整体艺术水平上的不足之处：“创作方法缺乏拓展的尝试，形不成多方面、多途径、多形式、多角度地反映抗战生活的画面；小说人物典型化程度虽然比抗战初期有所提高，却仍回复不到30年代的水平；表现技巧和体式变化也比较少。”接着，“概论”进而简洁、鲜明地指出了抗战桂林小说整体艺术上的进步作用和意义：“推动着整个抗战文学艺术整体上的前进，其功是不可没的。”只要认真地阅读“卷一”，编著者公允、科学的论评和他们深入研究的态度，是不难发现的。

三、不乏新意。研究就是开辟新领域，提出新观点，新意是一部著作学术性的体现。《桂林文化城大全》这套大型系列丛书的编撰本身就具有开创性，是做前人尚未做过的“工程”，它在体例上是全新的，有自己的特色；在内容上不乏新意。“卷一”体现了这一显著特色，是编著者对桂林文化城史料（小说）深入研究的成果。桂林文化城形成的原因，是人们研究的一个热点。“总序”首先对这个问题作了探讨，提出了3个原因：“一是抗日战争的大形势所决定的。抗战爆发后，北平、上海等大城市相继沦陷，大批进步文化人跑到桂林来；太平洋战争爆发后，日寇进占香港，原来逃亡香港的一大批进步文化人又涌到桂林来”；“二是中国共产党的抗日民族统一战线政策成功的结果。中共中央南方局负责人周恩来同志等，以拥护团结抗战、反对分裂投降的大义，对新桂系李宗仁、白崇禧、黄旭初，和桂系元老李济深，展开了巧妙而又成功的统战工作，使桂系相对地保持着民主气氛”；“三是桂系与蒋介石有尖锐复杂的矛盾……这使桂系对共产党保持又推又就的关系，而对进步文化人采取了较宽容的政策。同时，桂系也在一定程度上借重这批文化人增加他们手中的头寸”。由于上述原因，“桂林文化城就随着抗日战争形势的发展而波浪地向前发展，而成为文化史上的罕见的文化现象”。这样科学、系统地分析、探索桂林文化城形成的原因，还是第一次，是难能可贵的，也是符合历史事实的。

“卷一”中也不乏新颖的观点。如“总序”中第一次提出的桂林文化城可分为3个阶段就是一例。这3个阶段是：“第一阶段，约从1938年11月开始，武汉、广州相继沦陷，许多文化人撤退到桂林来，《救亡日报》也从广州撤来桂林复刊。八路军桂林办事处（简称“八办”），是中共中央南方局的派出机构，便以《救亡日报》为中心，有效地开展统战工作，把抗战时期桂林文化城的文化运动推向第一次高潮。”“第二阶段是低潮期。1941年1月皖南事变发生，国民党蒋介石在国统区实行反共恐怖政策，《救亡日报》、生活书店等被查封，夏衍等大批文化人逃亡香港，桂林文化城走向低潮。”“第三阶段是桂林文化城再次兴起走向最高潮。1941年12月8日太平洋战争爆发，同月25日日寇占领香港。原来逃亡香港的大批文化人在地下党的帮助下，以激越的爱国主义热情，冒着极大的生命危险，从日寇的刀光剑影下潜回到桂林。国民党政府没有任何理由拒绝这批爱国的文化人归来。在贯彻消极抗日、积极反共政策中，桂系与蒋介石有程度不同的差异，特别是国民党军委会西南办公厅主任李济深将军，对这批爱国文化人的归来比较地采取宽容和欢迎的态度。茅盾、夏衍、梁漱溟、金仲华、蔡楚生等人都先后脱险到桂林来了。广大爱国文化人又积极地开展文化工作，把桂林文化运动推向更高的阶段。”在“概论”、“概述”和“点评”中均可见到新出的观点。这些观点显然是正确的，分析是精到的。

桂林文化城的历史已经翻过去半个世纪，风霜雨雪，并不能销蚀它的光辉。愿中华民族的后辈子孙，都能像珍惜其他文化遗产一样，珍惜这一份特殊年代特殊环境中形成的文化财富。我们在祝贺“卷一”出版的时候，期待着其他各卷、各个系列的继续问世。

原载《社会科学家》，1992年第5期

注：另见《新闻出版通讯》：《突出研究性的一部书——读〈桂林文化城大全·文学卷·小说分卷一〉》

《桂林文化城大全》小说分卷评介

反映抗日战争时期桂林抗日文化活动光辉史实的大型系列丛书——《桂林文化城大全》中的小说分卷（共4辑，220余万字）最近已由广西师范大学出版社出版。

小说分卷的显著特点是资料翔实、全面。据不完全统计，抗日战争期间在桂林逗留和居住过的小说作者就有近400人，创作、发表长篇小说近40部，中、短篇小说集近120部，短篇小说至少有1200篇之多。小说分卷选录了其中100多位代表作家的小说作品，并对每位代表作家在桂创作、发表小说的情况作了概述，对作品进行“评点”。所选作品3万字以内的全文收录，超过3万字的采以故事梗概加节选。入选小说尽量采用原版，除个别明显错漏处作适当处理外，一般不作更动，以存其原貌。其他小说则列入目录。如著名作家骆宾基，小说分卷选录了他的短篇小说《乡亲——康天刚》、《北望园的春天》，用故事梗概和节选的形式介绍了他的长篇小说《幼年》，并都进行了评点，之后又列出了他在桂期间创作、发表的小说目录，包括4部长篇、1部中篇、2部短篇小说集和15篇短篇。至于代表作家以外的那些在桂林创作、发表过小说的其他作家，限于篇幅，则只收入作品目录。此书有点有面、有选有评及列目录的做法，使所收文学史料能比较全面、翔实地反映出桂林文化城小说创作的全貌。

小说分卷的另一显著特点是研究、论评深入。这一特点在总序、研究性专论、概述和评点中都得到了较好的体现。总序分析桂林文化城形成的原因，在于抗日战争的大形势、中国共产党的抗日民族统一战线政策和桂系与蒋介石的矛盾。刊于卷前的3万余字的《抗战时期桂林文化城小说概论》，是一篇有学术价值的专论。它对所收小说的内容作了论述，认为：“直接反映前后方抗战题材的作品是抗战桂林小说的主流”；“对人民抗战英雄业绩和顽强斗争精神的不懈歌颂，在抗战桂林小说中闪着永不熄灭的光芒。而愈益深沉的对现状的思索，对战争残酷性、本国国情进一步的理解，速胜论影响的消失、持久战思想的深入，又使这些小说更加扎实、更加深沉”，比起抗战初期乐观单纯的风貌来，抗战小说从幼稚走向成熟。

小说分卷在评点作品时，实事求是，持平公允。如著名作家王西彦抗战期间4次到桂林，前后共约9个月，发表了长篇小说《古屋》部分，出版了8部短篇小说集。分卷评点时指出：“王西彦在桂林创作、发表的作品显示了自己创作的逐步提高……他在抗日战争背景下展示农民和知识分子这两大系列人物的命运，对社会问题的揭示有了新的深入。”“比起早期的创作，王西彦此时在现实主义艺术的道路上有了较明显的进步。小说对人物的刻画在典型化的程度上有所提高。”同时也指出：“作品的总色调过于阴郁悲凉，特别是农村题材，还时时流溢着宿命的气氛，抗日时代对农民的影响不大。相比起来，他笔下的知识分子形象要好一些。但从小说整体来看，人物的思想意义还较弱，情节的生动性还不够，语言的生活味也不浓。总之，抗战时期王西彦在桂林创作、发表的小说，为他后来的创作提供了进一步发展的条件。”

此外，小说分卷还在每一辑前附有一些保存下来的当时的人物、活动和书刊的照片，这些都是极有价值的珍贵史料。

原载《抗日战争研究》，1993年第2期

附：《桂林文化城大全》总序（节选）

文/林焕平

桂林有历史文化名城的沿革，又有抗战时期文化城的光辉事迹。今天看来，在中国抗战文化史上，可以说抗战时期，北有延安，南有桂林。要研究抗战时期的中国，一要研究延安，二要研究桂林。或者说，要研究国统区，首先要研究桂林，桂林有着很强的典型性。桂林的具体表现就在于文化城。

所以，全面整理、出版、研究抗战时期桂林文化城的史料、事迹、著作等，有着重要的历史意义。

桂林文化城是怎样形成的呢？

一是抗日战争的大形势所决定的。抗战爆发后，北平、上海等大城市相继沦陷，大批进步文化人跑到桂林来；太平洋战争爆发后，日寇进占香港，原来逃亡香港的一大批进步文化人又涌到桂林来。

二是中国共产党的抗日民族统一战线政策成功的结果。中共中央南方局负责人周恩来同志等，以拥护团结抗战、反对分裂投降的大义，对新桂系李宗仁、白崇禧、黄旭初和桂系元老李济深，开展了巧妙而又成功的统战工作，使桂系相对地保持着民主气氛。

三是桂系与蒋介石有尖锐复杂的矛盾。抗战之前，有过蒋桂大战。抗战爆发后，蒋介石把桂系的军队调到前方，阴谋借日本军阀的飞机大炮摧毁桂系的军事实力。想不到台儿庄大捷，反而大大地提高了桂系的威望与实力。李济深是福建人民政府的领袖，失败后，被蒋介石囚禁在南京砀山好几年。这样，在蒋介石与桂系之间，又团结，又分裂；又抗战，又内战；形成复杂微妙的斗争关系。这使桂系对共产党保持又推又就的关系，而对进步文化人采取了较宽容的政策。同时，桂系也在一定程度上借重这批文化人增加他们手中的头寸。

这样，桂林文化城就随抗日战争形势的发展而波浪形地向前发展，而成为文化史上的罕见的文化现象。

抗战时期桂林文化城的发展，可分为三个阶段：

第一阶段，约从1938年11月开始，武汉、广州相继沦陷，许多文化人撤退到桂林来，《救亡日报》也从广州撤来桂林复刊。八路军桂林办事处（简称“八办”），是中共中央南方局的派出机构，便以《救亡日报》为中心，有效地开展统战工作，把抗战时期桂林文化城的文化运动推向第一次高潮。

第二阶段是低潮期。1941年1月皖南事变发生，国民党蒋介石在国统区实行反共恐怖政策，《救亡日报》、生活书店等被查封，夏衍等大批文人逃亡香港，桂林文化城走向低潮。

第三阶段是桂林文化城再次兴起走向最高潮。1941年12月8日太平洋战争爆发，同月25日日寇占领香港。原来逃亡香港的大批文化人在地下党的帮助下，以激越的爱国主义热情，冒着极大的生命危险，从日寇的刀光剑影下潜回到桂林。国民党政府没有任何理由拒绝这批爱国的文化人归来。在贯彻消极抗日、积极反共政策中，桂系与蒋介石有不同程度的差异，特别是国民党军委会西南办公厅主任李济深将军，对这批爱国文化人的归来比较地采取宽容和欢迎的态度。茅盾、夏衍、梁漱溟、金仲华、蔡楚生等人都先后脱险到桂林来了。广大爱国文化人又积极地开展文化工作，把桂林文化运动推向更高的阶段。

抗战时期文化城的成就主要表现在人文科学领域，包括文学、戏剧、音乐、美术、政治经济、历史、新闻出版、教育等方面。

后期桂林文化城的一件轰动全国的大事是西南戏剧展览会——简称“西南剧展”。这是中国戏剧史上空前的盛举，集中广西、广东、江西、湖南、云南、贵州等省的戏剧工作者于桂林，人数不下千人；演出剧种计有话剧、京剧、桂剧、粤剧、湖南花鼓戏、彩调等，演出剧目丰富多彩，有抗战戏、古典戏、翻译戏。那个时候，还没有提出“百花齐放”，倒真正体现出“百花齐放”。西南剧展，对以后的戏剧发展，产生了深远影响。

西南剧展不仅在当时是文化工作与统战工作相结合的典范，它的工作成就与工作经验，即使在90年代的今天，仍有深切的借鉴意义。

抗战时期桂林文化城，是历史文化名城的重要组成部分。在世界反法西斯文化中占有重要地位。我们应当把她突出出来。

国内外游人的旅游趣味，越来越丰富。他们不仅陶醉于甲天下的山水，更要欣赏深厚的历史文化，以增长他们的知识。所以开发历史文化名城，特别是开发抗战时期桂林文化名城的旅游资源，尤觉刻不容缓。这也是我们编辑这套丛书的动机和目的之一。

《桂林文化城大全》既具资料性，又具研究性，是在资料性和研究性相结合的原则下编成的。每卷有一篇两三万字的综合性论文，运用马克思主义文化观，综述和评价该卷内容，对每卷作基本而又深入的研究。对每个文化人抗战时期在桂林的活动与业绩，作简明扼要的介绍。对收入的每一部重要著作，作简要的评点。若不收入书内，亦附写作年表存目，以见全貌。这样做，既可以保存当年留下的珍贵文化遗产，又可见出今天编著者的研究成果，使专门的研究家于研究时获得捷径，以收到事半功倍的效果。至于一般读者，从中可深受爱国主义和反法西斯革命传统教育，亦可得到种种文化知识，获益倍增。

原载《新华文摘》，1993年2月号

注：《桂林文化城大全》由广西师范大学出版社出版。

广收博采　百花吐艳

——读《中国现代千家短诗萃》

诗歌历来是人们喜爱的一种文学体裁，短诗更是诗歌园地中的一朵奇葩。诗的价值不在长短，而在分量。人们喜爱短诗，是由于短诗一般都写得更集中、更概括、更含蓄、更精练，往往在最短的时间里让人们从中得到更多的感受、启迪、思索和联想，因而更容易打动人心。因而，广西师范大学出版社《中国现代千家短诗萃》（下称《短诗萃》）一出版，就受到广大读者和专家的喜爱和好评。

人们喜爱《短诗萃》，是她的广收博采，从我国妇女革命运动先驱向警予1916年11月为其创办的溆浦县立女子学校创作的“校歌”收录起，直到90年代初，横跨70多年，从中精选出不同时期的1246位诗人的1561首短诗。其中有老一辈革命家和革命先烈的短诗，也有活跃在不同时期诗人的短诗代表作；既有“大家”手笔，也有“无名之辈”的优秀短诗。以诗作发表的时间为序，分为6个时期来编排。因此，可以说是现代规模最大、最完整的一部短诗集，人们从中可以窥见近一个世纪来我国现代短诗发展的轨迹，纵览不同时代的变幻风云、社会百态、人世千奇及不同的艺术风格。这些短诗，无论当作文学或历史作品来阅读，也无论从科学或哲学角度去理解，它们的意义和作用都将不是短暂的。

《短诗萃》展示了不同流派、不同风格的优秀短诗作。在新诗草创时期，短诗起了开路先锋的作用，《短诗萃》收录了为冲破旧诗的规格，人们最初用现代口语创作的短小的自由诗、无韵诗，收录了短诗发展过程中不同时期代表不同风格、流派的作品，有象征派诗作李金发的《钟情你了》、王独清的《玫瑰花》、新月派诗作徐志摩的《消息》，还有哲理诗如陶行知的《放爆竹》、十四行诗如冯至的《招魂》、讽刺诗如金克木的《乌鸦——刺汪兆铭也》、街头诗如远千里的《拆墙》以及枪杆诗、宝塔诗……这些短诗都极富特色，短短几行，以通俗的语言道出哲理。

《短诗萃》还收录了反映人们斗争、建设、生活方方面面的短诗和少数民族诗人以及港、台诗人的短诗作，又给我们展示了短诗的多种风格。

《短诗萃》所选录的诗作之后，一般都有作者简介，有的还有注评文字。这为诗的研究和欣赏者，无疑也会提供有力的帮助。

原载《新闻出版报》，1995年1月18日

贵在构建一个新框架

——读《历史年代学》

历史科学是同年代学关系最密切的学科之一，通常所说的年代学，往往是指作为历史科学辅助学科的年代学，即历史年代学，因而作为一门新兴的交叉学科的历史年代学在历史研究中的地位是十分重要的。然而近半个世纪以来，国内虽有不少关于历法、历表、年表以及中国日历对照之类的著作出版，却未有一本适用于教学和初学者使用的历史年代学教材或专著，所以，唐凌同志的《历史年代学》的出版（广西师范大学出版社，1992）是很有价值的，它是目前国内一本系统论述历史年代学理论和方法的教材，国家教委已向全国高校推荐。

《历史年代学》的价值，首先贵在构建了一个新的框架，该书作者在搜集大量资料、充分研究的基础上，提出了历史年代学的框架，对它的内涵、范围、任务、学习方法作了清楚的说明，并对世界历史纪年、中国历法、中国历史上的主要纪年法、中国历史上一些特殊年代的时间概念、年历表的使用、不同纪年间的简易换算、历史年代的技术性测定和经验性测定、历史年代的编排、历史年代的划分、历史年代疑难问题的研究、历史年代的记忆等年代学上的重要问题，按次序分13章作了系统的论述。

在这个基础上，本书表现出三个特色：一是以“时序”作为历史学和年代学的基本出发点是极为科学的，因为作为交叉学科的历史年代学是非常重视时序的，只要牢牢把握时序这一中心，广泛兼及历史学的有关内容，使历史学的年代性得以突出，年代学的历史性得以扩大和强化，使历史年代学的内涵及原则能更好地确立起来，也是人们学习和研究历史年代学的一个关键之处。二是在论述中颇有新意。

如在论述历史年代学的内涵时指出："历史年代学是研究所有关于历史年代问题的一门科学，其目的是科学地揭示年代的各种原理、方法、特点及其在历史中的地位和作用，以便开拓历史科学的研究视野，推动历史科学更快地向前发展，不过必须指出，不论年代以何种形式出现，历史年代学的研究的重点，始终只能也必须是历史的时序构成及其变化，所有关心历史学内容的选择，均应以此作为取舍标准，这样才能使历史学和年代学真正成为一个'交叉体'，而不是'重合体'。"这就简明、准确地提出了历史年代学研究的内容、目的和任务。三是内容丰富、翔实，该书充分采纳和吸收了前人的研究成果，对历史年代学的有关知识包罗完备，兼及古今中外，而且系统全面，丰富翔实，所以这是一部很有价值和适用性很广的历史年代学教材，也是一部研究年代学的著作和查考中外古今历史年代的工具书。

原载《中国教育报》，1994年12月18日

少数民族宗法制度研究的又一创新力作

——读《中国少数民族宗法制度研究》

《中国少数民族宗法制度研究》出版了（江西高校出版社2006年版），是我校知名宗法文化研究专家钱宗范教授和他的研究群体，继出版《周代宗法制度研究》（广西师范大学出版社1989版）、《广西各民族宗法制度研究》（广西师范大学出版社1997版）后推出的又一部少数民族宗法制度研究具有创新性、高品位学术性新作，是唐仁郭、钱宗范、王昶、陈雄章和几位青年学人，历经9年，在原国家教委“八五”人文社会科学研究规划重点项目“广西汉族与少数民族宗法制度研究和当代社会”喜获成果的基础上，进一步拓展和继续研究取得的新成果。

世界各国各民族的历史文化，既有普遍性的规律，也有各自的特殊性。过去我们研究历史文化时，普遍性研究得多，讲得多，而特殊性则研究得少，讲得少。在当今，学习研究中国的历史文化，更应强调中国历史文化的特色。什么是中国历史文化中最具特色的现象呢？熟悉中国历史文化的人都会认为是中国的宗法家庭制度几千年来的长期存在及其在社会上产生的巨大影响。宗法制度就是一种以父权和族权等为特征的、包含有阶级对抗内容的宗族、家族制度。研究宗法制度不仅对了解历史上的中国而且对认识现实的中国都具有重要意义。宗法制度及其文化形态是我国传统文化的核心，对我国历史文化和意识形态产生了深远影响，成为我国历史上最具民族特色的文化现象。但长期以来，学术界对宗法文化的研究多局限在古代和汉民族中。我国是一个多民族的国家，各民族形成多元一体的格局，汉民族的宗法制度对少数民族是否产生过影响？如果少数民族有宗法，其形态又是怎么样的？这些宗法是否发生过变异？等等。这些都是过去宗法研究中涉足不多的领域。该书作者以学者的科学精神和胆识，深入实地调查和查阅典籍史料，搜集了1200多份新资料，并组织了多批学生从事少数民族的社会历史调查，反复修改，撰成了这部60多万字的学术新作，又一次开辟了宗法研究的新领域，展示了宗法研究的新成果，起了开拓和深化我国少数民族宗法制度研究、填补对我国人口较多的少数民族宗法制度研究学术空白的创新作用。

该书共15章，其中第2章至第14章，对13个人口较多，在历史上产生了重要影响的我国北方和南方有代表性的少数民族，依次为满族、蒙古族、维吾尔族、哈萨克族、藏族、壮族、苗族、瑶族、土家族、侗族、傣族、彝族、黎族的宗法文化形态的具体表现、特点和发展规律以及产生原因和社会影响，做了较全面的研究，其中多个民族的宗法研究是首次涉足，有的民族是在原研究基础上的开拓、发展。这一部分资料丰富，内容充实，史论结合，说服力强，是该书的重要部分。该书认为，满族是一个创建了强盛统一的清代、善于学习先进文化的民族，其族谱、族规中受汉文化的影响明显。满蒙联姻是对古代和亲政策的发展，对清代政治产生了重大影响；皇族内宗人府的设置，玉牒的修撰和取名制度，族长的设立，祭田的出现，都表明了皇族内部宗法的存在和皇族管理的宗法化；而满族上层统治者对家内奴仆、包衣、壮丁的剥削，表现了家长式的强制从属性宗法封建关系的存在。我国蒙古族因创建了世界历史上有重大影响的元代而闻名。它的宗法起源于父系氏族家长制，成吉思汗推行的领户分封制与宗法分封制巩固和推动了蒙古族宗法制度的发展，封建领主对广大牧民的宗法统治和政治统治的合一，在其历史上表现很突出。以萨满教和喇嘛教为代表的宗法性神权在蒙古族社会生活中起了圈套作用。维吾尔族在古代历史上迁徙性较大，游牧文化与农耕文化相互交错、渗透和互补，伊斯兰教的宗教文化渗透到家庭、社区的每一层面。在伊斯兰教与宗法文化的双重作用下，古代维吾尔族社会出现了以居住地域划分、以宗教信仰民族认同为纽带的非血缘性宗教组织；伊斯兰教在历史上加强民族凝聚、反对分裂活动的斗争中起了积极作用。哈萨克族历史上是一个流动性较大的游牧民族，明清至近代的哈萨克族的统治形态为宗法统治与政治统治的合一，带有原始性、宗法性、阶级性、军事性、伊斯兰教性、游牧性；清代乾隆时期哈萨克族涌现的民族英雄阿布赉汗，利用宗法关系，维护国家统一，反对分裂活动，影响很大。藏族的宗法制度也有其民族特色。过去藏南谷地以经营种植业为主的领主庄园制度和藏北一带以经营畜牧业为主的部落头人制具有不同宗法统治色彩。藏南一带宗法的血缘组织基本瓦解，以小家庭形式为主，而藏北草原血缘组织基本保存，原始宗法形态更突出。过去藏族社会一些地方，家庭中存在一妻多夫制形态是藏族特定的社会经济条件下形成的，典型地反映了女性在宗法社会下作为生儿育女工具的性质。喇嘛教作为特殊形态的宗法组织，其行善积德、爱国护教的思想对维护藏族地区的稳定和谐起过积极作用。壮族在封建社会后期同样存在祠堂、族谱、族规、族产、族长等为代表的宗法统治，其继承制度有“长子田”、“承重孙”的风俗。婚姻形态上壮、瑶、苗、侗地区过去存在“不落夫家”、转房制等表现强烈宗法性的原始婚俗；土官土司与土民、家奴、土兵间存在的是一种宗法封建关系；妇女在生产中起了较大作用，是维护宗法制家庭生存发展的需要。苗族是具有几千年历史的古老少数民族，其古代社会存在的鼓社、议榔、寨老组织，实质是氏族宗法组织与地缘组织相结合形成的宗法性社会组织。随着时间的推移，其氏族宗法性日渐减弱而地域性日渐加强。我国瑶族以其支系众多、民族特色显著成为全世界重视的山地少数民族之一，又是一个国际性民族，历史悠久。过去瑶族社会保留了家—房—族三级宗族组织，这是一种血缘性和地域性相结合的、存在着父权和族权的宗法组织，尤其典型的是大瑶山瑶族的石牌组织、白裤瑶的油锅组织、排瑶的瑶老制。

该书分列专章对上述13个少数民族的宗法制度做了详尽研究，证明了这些民族在古近代都存在具有本民族特色的宗法制度。同时，在第一章“概论”中也介绍了其他少数民族和古代匈奴等少数民族的宗法概况，总结出我国少数民族宗法制度存在形态的共同规律性。以游牧经济为主的少数民族在古近代的宗法制度，虽然各有差异，但有5个共同特征，即：宗族奴隶制、宗法封建制普遍存在；原始宗法制和早期国家的政治组织、军事组织相结合；表明妇女财产性质的原始婚俗复杂多样；刑法严酷和男子家长权特别强大；接受汉族影响向封建宗法过渡是普遍规律。以农业经济为主的少数民族在古近代社会的宗法制度虽也各有差异，但有8个共同的特征，如：宗法统治的小家庭合族聚居的习惯很普遍；祠堂、族规、族长等宗法统治形式和汉族有类似的特点；宗族组织和地域组织、族规和乡规民约结合的统治形式较多存在；表明妇女财产性质的多种原始婚俗并存；在父权和夫权统治下妇女在生产和家庭生活中起较重要的作用；宗法继承和财产继承制度反映了宗法制度的特点。该书对我国各少数民族宗法制度提出的这许多见解，过去学者或未曾论及，或论而未详，或论而未从宗法的本质上去分析，等等，甚至有的有误。该书开拓了少数民族宗法制度研究的新领域，展示了研究新成果，证明了我国少数民族的宗法制度有其共性，而又具特色，极富开拓学术研究新领域的创新意义，因而受到同行专家的好评是必然的。著名史学理论家苏双碧认为："该书是一种学术水平很高、史料分析和理论分析都比较客观和深入的著作，也是迄今国内外全面研究我国有代表性的10多个南方和北方少数民族宗法制度的第一部著作。"著名史学家詹子庆认为，该书"是一部学术含量丰厚、资料翔实、见解深刻、特色显著的新著"，它"构建了尊重历史实际的有关宗法制度的理论框架"。

学术研究的生命在于创新，而创新的一个重要途径则在于争鸣。该书以马克思主义、毛泽东思想关于宗法的基本理论作为指导，坚持科学精神和实事求是的原则，开展学术争鸣，对宗法研究中一些不同观点提出商榷意见和自己的创新见解。这些不同观点是：不承认少数民族中有宗法制度；宗法制度是周公旦创立的周代政治制度，周代以后不存在；宗法制度就是嫡长子继承制；有的青年学者从西方社会学中引用"世系群"的理论来解释宗法制度，等等。在争鸣中，作者提出了许多鲜明的创新的见解。该书指出，少数民族地区也存在具有本民族特色的宗法制度，西周时代周公旦利用周族的宗法制度扩大成为宗法分封制等，但我们不能说宗法制度是周公旦创建的，因而宗法制度不仅中国周代存在，夏商两代以及秦汉至近代都存在；不仅中国存在，而且世界上经济欠发达的古近代农、牧业民族中都存在；嫡长子继承制只是宗法制家族发展到一定时期的产物，以为嫡长子继承制就是宗法制这种传统观点是完全不符合历史事实的错误观点；"世系群"是日、美等国学者根据非洲的部落血缘组织抽象出来的一个理论概念，属于生物学、人类学的内容，而宗法制度既不是纯粹的血缘氏族组织，也不是一般意义上的政治组织，而是历史上存在的社会制度，两者含义不同，不能混淆不分。经过争鸣，明辨了是非，分清了正误，这就使得全书研究我国少数民族宗法制度的各章论述，建立在科学的基础之上，有助于人们正确认识中外宗法制度的形态、规律和影响。由此可见，开展学术争鸣，在争鸣中创新，这是该书和一般学术专著只平铺直叙地阐述作者观点、不评议前人成果和他人观点的最大不同之处。

社会科学研究除了发展学术以外，还应该为当代社会的发展提供有益的借鉴和经验。学术研究联系现实，批判继承，历史文化研究必须为当前经济社会服务，为改革大业、建设社会主义和谐社会服务，这是学术研究的一个重要目的。该书在不少研究少数民族宗法制度的专章中，都联系实际，提出了批判继承、为各少数民族和少数民族聚居地区经济社会发展、实现现代化提供借鉴的见解和意见。该书最后一章《中国少数民族宗法文化传统的现代化》，紧紧联系当代社会现实，探讨了宗法的改造以及当代社会的批判继承问题，提出了中国少数民族宗法文化传统现代化、推动少数民族经济社会现代化建设的方向，为建设社会主义和谐社会提供方略，很有特色，极富前瞻性和现实性。这一章首先展示了一份调查资料，介绍了当代壮族地区（涉及5个地级市所辖的12个县）传统宗法文化在现代化过程中的存在现状，说明了宗法文化是可以改造、为当代社会服务的；接着具体论述了应该解放思想、实事求是、与时俱进地看待中国少数民族的宗法文化传统，要以马克思主义、毛泽东思想、邓小平理论以及“三个代表”重要思想为指导，批判、改造与重建中国少数民族的宗法文化精神，保持民族文化的生机和活力。具体来说，对传统文化中一些封建迷信的落后观念、习俗应坚决批判、摒弃、努力肃清，对亲亲仁爱、爱家爱乡、尊老爱幼、兴教办学、互助合作、团结凝聚、维护治安、艰苦创业、勤劳朴素等美德习俗应予以发扬光大。这对构建和谐社会、建设社会主义新农村、促进改革开放、保护生态环境、加强民族团结、实现祖国统一、维护世界和平稳定都是有利的。这揭示了在改革开放深入发展的今天研究宗法这个古老话题的现实意义，也给学术界同行以开拓性的启迪。由此可见，该书不仅在学术上具有开拓性、创新性，而且是具有现实意义的学术新作。

原载《广西师范大学学报》（哲学社会科学版），2007年第1期，发表时与舒平共同署名

再拓新领域　再展新成果

——读《中国少数民族宗法制度研究》

唐仁郭、钱宗范、王昶等著的《中国少数民族宗法制度研究》一书2006年5月由江西高校出版社出版，这是我国著名宗法文化研究专家钱宗范教授和他的研究群体继《广西各民族宗法制度研究》一书出版后，历时9年，潜心研究、合作拟定的60余万字的一部再次开拓宗法文化研究新领域、再展研究新成果的学术力作，他们这种不断进取、勇于开拓的精神，令人敬佩、可喜可贺。

宗法制度是以父权和族权为特征的、包含阶级对抗内容的一种宗族、家族制度。这种制度及其文化形态是我国传统文化的核心，对我国历史文化和意识形态产生了深远的影响，成为我国历史上最具民族特色的文化现象。但长期以来，学术界对宗法文化的研究，往往多局限在古代和汉民族中。我国是一个多民族的国家，各民族形成多元一体的格局。汉族的宗法制度对少数民族会产生不同程度的影响，而少数民族的宗法文化形态是怎样的呢？这些宗法是否发生过变异？等等。这些都是过去宗法研究中涉足不多的领域。该书作者以科学精神和胆识，从事了前人未从事的工作，用9年时间，多次深入实地调查，反复查阅典籍史料，搜集了1200多份新资料，对我国13个人口较多，在历史上产生了重要影响，生活在北方和南方有代表性的少数民族，依次为满族、蒙古族、维吾尔族、哈萨克族、藏族、壮族、苗族、瑶族、土家族、侗族、傣族、彝族、黎族的宗法文化形态的具体表现、特点和发展规律以及产生原因和社会影响，做了较全面的研究。其中满族、蒙古族、维吾尔族、哈萨克族、藏族、土家族、傣族、黎族等多个民族是首次涉足，有的民族如壮族、苗族、瑶族、侗族、彝族，是在新形势下，又根据新的资料，在原有的基础上开拓、发展、进行研究的成果。如过去对彝族宗法制度的研究，主要是针对居住在广西的彝族，而该书则拓展到全国彝族主要聚居的四川凉山等地。所以说，该书进一步开拓了少数民族宗法制度研究的新领域，是它的一个显著的特点。

在拓宽研究领域时，展示了极具创新学术价值的少数民族宗法研究的新成果，是该书另一个显著特点。该书的大量篇幅，是分章对13个少数民族宗法文化形态的研究论述。在论述中引用资料丰富，内容充实，史论结合，说服力强，是该书的重要部分，从中我们可以看到对这些少数民族传统的宗法制度存在形态和发展规律，展示了很多创见性的研究成果。如该书认为，满族是我国北方的重要少数民族之一，曾创建了强盛统一的清王朝，又是一个善于学习先进文化的民族，因而满族宗法制度既有与汉族宗法制度相类似的特点，又带有自己的民族特性。其宗法组织是以聚居形式为主的血缘关系与地域关系相结合而形成的社会基层组织。与汉族相类似的族谱、族长、族规、宗祠、祭田的存在，是满族宗法制度存在形态的主要表现和特征。与汉族相比，其宗法统治相对较弱，宗族、家族内的阶级对抗不很明显。皇族内宗人府的设置、玉牒的修撰和取名制度、族长的设立、祭田的出现，反映了皇族阶层宗法的存在，体现了满族皇族管理的宗法化。满族上层统治者对家内奴仆、包衣、壮丁的剥削，表现了家长式的强制从属性宗法封建关系的存在。其继承制度分宗祧继承、地位继承和财产继承。满族的婚姻（包办婚、收继婚、早婚、一夫多妻的存在等）带有浓厚的宗法性，其实质都是在族权、夫权、父权的支配下，妇女成为宗族、家庭内生儿育女、传宗接代的财产并处于受统治的地位；联姻是其对外关系的一个手段，但也存在宗法因素并为政治服务，如满蒙联姻是对古代和亲政策的发展，对清代政治发展起了重大影响。长期生活在青藏高原的藏族的宗法制度也是前人没有研究过的领域。吐蕃奴隶制王朝瓦解后，吐蕃社会奴隶制宗法关系逐渐演变成了宗法封建关系。由于受生产差异的影响，西藏形成了在藏南谷地一带以经营种植业为主的领主庄园制和在藏北一带以经营畜牧业为主的部落头人制。由于生产组织的不同，它们所具有的宗法性也各具特色。领主庄园制中表现出的血缘性宗法组织则只限于本家族的小范围之内，而在藏北的游牧部落中，血缘性宗法存在的范围则广得多。游牧部落宗法表现具有更浓厚的原始宗法的痕迹，说明宗法制度的存在类型并不一定由国家社会制度决定。过去西藏各种国家官职、政治地位由贵族子弟世袭的制度，是氏族内部宗法性世袭制扩大化的结果，这是近代西藏还留有宗法性、政治性、宗教性三者结合的特殊形态的继承制度。藏传佛教俗称喇嘛教，也是一种特殊形态的封建宗法组织。藏族婚姻形态反映了强烈的宗法性，多妻婚、转房婚、阶级内婚制、买卖婚、一妻多夫制等都体现父权利益、家族利益高于一切的宗法观念。在论述中作者特别指出，过去藏族社会一些地方，家庭中存在一妻多夫制形态，是在特定的社会形态下形成的，典型地反映了女性在宗法社会下作为生儿育女工具的性质。并从《西康综览》、《西藏见闻录》、《巴塘县志》、《地理县志稿》、《中国藏族部落》等书的记载中找出了不少资料证明了这种婚姻形态的存在，论述了这种婚姻的宗法性表现：藏族的一妻多夫并非与母权制家族相同，而属于父权制家庭，此其一；其二是一妻多夫制是从属于家长意志，成为保护家财与权势的工具，因而，这种婚姻不仅由于生产、生活所迫在农奴阶层存在，而且为避免财产和权势的分散在部分贵族领主中也存在。这也证明了恩格斯在《家庭、私有制和国家的起源》一书中有关人类群婚制的论述："印度和西藏的多夫制，也同样是个例外，关于它的起源于群婚这个无疑是不无兴趣的问题，还需要进一步的研究。"（《马克思恩格斯选集》，第4卷，56页，北京，人民出版社，1966）对壮族宗法制度的研究中也引用了新资料，展示了新观点。过去我们在研究壮族宗法时，多是从宋元至近代去研讨。作者所带的研究生前几年在壮族聚居的广西上林县做社会调查时，对重要历史文物——唐代初年留存的《六合坚固大宅颂碑》（简称《大宅颂碑》，刻于唐永淳元年，即682年）、智城（它是三面以山体作城墙的古城，这在唐代独一无二，在世界范围内的古代也极少，今仅留城墙的基址）遗址和《智城碑》（是描写智城雄伟风光的，与智城共存，其历史文化内涵丰富，刻于唐大周万岁通天二年，即697年，在我国边疆民族地区迄今仅见）的考察和相关资料分析，探讨了唐代壮族宗法形态，提出当时桂西南壮族先民的宗法统治有5个特征，即广泛吸收和兼容了中原地区先进的唐文化；宗族统治与政治统治在一定程度上是结合的；韦氏的世居宅园——六合坚固大宅，与东汉至魏晋年间我国汉族宗族地主庄园有类似的特点；韦氏宗族有祠庙和族规制度；韦氏宗法在当地的统治发挥了积极的作用。这些新资料的引用，不仅使壮族宗法研究提前至唐代，而且对于我们了解壮族宗法制度的原始形态及其基本特点的形成很有启迪。

历史文化研究必须联系现实，宗法文化研究应与其他历史文化研究一样，重视联系现实，批判继承，为构建和谐社会提供有益的借鉴和经验，这也是学术研究的一个重要目的。联系当代经济社会现实开展宗法文化研究，是该书的又一显著特点。在第一章概论中，就先从6个方面论述了研究宗法文化的现实意义，接着在研究各民族宗法的专章中，有不少专章对宗法文化如何批判继承，为当今经济社会服务做了具体的论述。在第4章维吾尔宗法制度研究中指出：维吾尔族在人生态度上，奉行拒恶从善、驱邪归正、主持正义、守正自洁、诚实宽恕，强调做善事，不做不义之事；在伦理上，讲求为人正直诚实、仗义疏财、赈济扶贫，孝敬父母、尊敬长者，优待亲戚乡邻、怜恤孤寡；在经济生活上，恪守公平买卖、合法经营，禁止互相欺诈、以强凌弱，提倡遵纪守法，严禁犯邪作恶；在家庭生活中，有持家守节、讲究卫生、团结互助、和衷共济的美德，并把酗酒、吸毒、淫乱、赌博等违背社会伦理道德的行为归属于不可宽恕的犯罪；在社会交往中，有诚实守信、和蔼可亲、有礼有节、不卑不亢、遵守礼仪的传统。在维吾尔族漫长的发展史中，其传统美德一直保存下来，其内在机制应主要归结为以伊斯兰教基本原则为核心，以传统宗法文化为内容的，通过家庭父子传承形式进行的人为教育。维吾尔族在现代化的进程中不但承继了原有优良传统美德，并且其宗法观念与时俱进，逐渐在原来基础上，深化为新时代的团队精神和民族精神，这些源于宗法的传统文化思想观念，被维吾尔族人民以新的形式运用于他们的现代生活中。该书的最后一章，是专门论述我国少数民族宗法文化传统的现代化问题。首先展示了涉及5个地级市所辖12个县的一份有关当代少数民族宗法文化存在的现状调查材料，说明了宗法文化是可以改造、为当代经济社会服务的。接着该书在此基础上展开论述，指出应该解放思想、实事求是、与时俱进地看待中国少数民族的宗法文化传统。要以马克思主义、毛泽东思想、邓小平理论、“三个代表”重要思想作指导，来批判改造与重建中国少数民族的宗法文化精神，保持民族文化的生机与活力。具体来说，封建迷信落后的习俗观念应坚决批判、摒弃、努力肃清，爱国爱乡、团结凝聚、互助合作、扶困济贫、尊老爱幼、兴教助学、遵纪守法、保护环境、艰苦创业、勤劳互助的传统美德应发扬光大，这对当前促进改革开放、繁荣先进文化、加强民族团结、巩固祖国统一、构建和谐社会、维护世界和平都是有利的。这充分提示了在改革开放深入发展的今天，研究宗法这个古老的话题的现实意义，也给我们学术上以开创性的启迪。由此可见，该书不仅在学术上具有开拓性、创新性，而且是具有现实意义的学术新作。

正因为如此，该书一出版即获得著名史学家、《求是》杂志原副总编苏双碧教授，著名中国古代史专家、东北师范大学原副校长、博士生导师詹子庆教授等专家的一致好评。

原载《社会科学家》，2007年第1期，发表时与舒平共同署名

辨识伪科学　清除“癌细胞”

伪科学是历史性、世界性现象。伪科学近些年来在我国一时泛滥成为值得关注的社会现象。这些与现代文明相悖的现象，日益侵蚀人们的思想，愚弄广大群众，腐蚀青少年一代，严重阻碍着社会主义物质文明和精神文明建设。如何与伪科学作斗争？广西师范大学出版社出版的、业已荣入团中央启动的“中国青少年新世纪读书计划”“新书推荐榜”（崇尚科学反对迷信专榜）的《伪科学——科学肌体上的癌细胞》启示我们：高举科学利刃，弘扬科学精神。

该书通过事例揭露了伪科学的卑劣手段和罪恶目的，列举种种事例对伪科学进行曝光，揭露其卑劣手段及罪恶目的。如“‘邱氏鼠药案’的始末”揭露了“灭鼠大王”邱满囤“发明”的“邱氏鼠药”用的是国家明令禁用的剧毒物质——氟乙酰胺，对人畜和生态环境危害很大；“气功大师”不敢在几位科学院院士面前做击碎人体胆结石的实验气功表演，揭露了严新运用气功可以击碎胆结石的谎言；沈昌打着“人体科技”的旗号，用低级花茶弄虚作假，泡制“信息茶”获暴利5000万元的行为；“发明”“膨化花剂”的王洪成以所谓新发明“水变油”而骗取百余单位巨额“科研”赞助、诈骗不下千亿元人民币，但始终不敢来京验证的骗局……为了使人们更好地辨识伪科学，该书还概括出了我国的带有自己的“土”气的伪科学的5个特点：（1）在弘扬祖国传统文化或研究东方神秘主义的幌子下，用科学术语把一些封建糟粕装扮起来；（2）以表演代替科学的严格鉴定；（3）违背起码的科学常识和基本的科学规律；（4）不着边际的自我吹嘘；（5）不择手段的欺骗舆论。该书的结论是，伪科学“它的最大特征是违背科学规律，否认已有的科学公理，拒绝科学的基础实验，无视理论逻辑的自圆其说；它的核心是冒充和欺骗，主要目标是贪图暴利”。该书的这些揭示对我们辨识流行在我国大地上的伪科学是颇有裨益的。

该书在揭露伪科学时，也颂扬了高举科学利刃，弘扬科学精神，与伪科学做不懈斗争的我国科学家。正如著名科学家何祚庥院士评价的：“作者不只是描绘了‘癌’细胞，也用了很多篇幅谈了对付这种‘癌’细胞的‘操刀者’，亦即如何用‘手术刀’将这种‘癌’细胞切除的人们。”从书中记述的具体事例中，我们看到，科学工作者牢牢把握科学利刃，对伪科学进行了有力的揭露和坚决的斗争。他们或做出深刻的理论剖析，或对伪科学案例进行揭示和评论，展示了他们维护科学的神圣、捍卫科学的尊严、不畏艰难险阻的精神风貌。书中突出了何祚庥院士长期与伪科学做斗争的感人事迹。如对伪气功和所谓“人体特异功能”的揭露、对所谓“气功大师”严新发射外气影响科学实验结果的反驳、反对滥用物理学领域“场”的概念、对“水变油”“发明”及报道的质疑、对预测“大师”陈林峰预测“业绩”补遗等，更是展现了这位令人敬佩的反伪科学老战士的科学精神和人格魅力。何院士与伪科学做斗争的事迹在国内外产生了极大的影响。诺贝尔奖获得者杨振宁对何院士说：“我对大陆反对伪科学的事一直高度关心。”“你写的《“超人”张宝胜败走麦城》的文章获得了最高的转载率……成为轰动一时的文章。”著名华裔科学家丁肇中3次对何院士表示祝贺，他说：“这是科技界对伪科学的一次胜利。”他还对海外同行说：“何祚庥先生做了一件非常有意义的事，比研究高能物理重要得多。高能物理研究的是局部问题，反伪科学涉及科学技术的发展，关系到提高民族素质的问题。”

原载《新闻出版报》，1999年9月17日

《伪科学——科学肌体上的癌细胞》

花的 假的 虚的——伪科学大曝光

在全国人民拥护下，中央决定，彻底摧毁“法轮功”非法组织，彻底肃清李洪志歪理邪说的流毒，在坚持唯物论、反对唯心论，坚持学科学、用科学、弘扬科学精神的今天，广大读者，特别是青少年认真读读《伪科学——科学肌体上的癌细胞》一书是极获教益和颇受启迪的。

伪科学是历史性现象，它伴随着科学进程的始终；伪科学也是世界性现象，中国存在各种伪科学并不奇怪。但是，近些年来，伪科学在我国一时泛滥却是值得关注的社会现象。“这些与现代文明相悖的现象，日益侵蚀人们的思想，愚弄广大群众，腐蚀青少年一代，严重阻碍着社会主义物质文明和精神文明建设。”（《中共中央、国务院关于加强科学技术普及工作的若干意见》）特别是对李洪志散布歪理邪说、利用“法轮功”组织开展非法活动，妄图达到其政治目的，更是不允许的。我国社会和自然科学工作者（尤其是一些院士）响应江泽民同志的号召对伪科学进行坚决的斗争。《伪科学——科学肌体上的癌细胞》展示了科学战士的风采。该书通过对人体特异功能、“水变油”的大骗局、“气功师的预测”与卫星发射、气功表演与科学实验、“邱氏鼠药案”的始末等具体事例，让我们看到，科学工作者牢牢把握科学这把利刃，对伪科学进行了有力的揭露，他们或做出深刻的理论剖析、或对伪科学案例进行提示和评论，为了维护科学的神圣，捍卫科学的尊严，弘扬学术正气，不畏困难和险阻 ，与伪科学做斗争，展现了科学战士的风采。书中突出介绍了著名科学家何祚庥院士长期与伪科学做斗争的事迹，如反对滥用物理学领域“场”的概念，对伪气功和所谓“人体特异功能”的揭露，对所谓严新“气功大师”发射外气影响科学实验结果的反驳、对“水变油”报道的质疑、对预测“大师”陈林峰预测“业绩”补遗和该书所附他的两篇文章《“超人”张宝胜败走麦城——一份迟到的报道》、《纪念“实践是检验真理的唯一标准”的大讨论20周年——经验不等于实践》，更是展现了这位令人敬佩的不屈的反伪科学家的人格魅力。他与伪科学的斗争，在社会上产生了极大影响，也引起了海外的广泛关注。该书记述了诺贝尔奖获得者、著名华裔科学家杨振宁、李政道、李远哲和丁肇中等向何院士表示支持他反对伪科学的鲜明态度。

该书对种种伪科学进行了曝光，进而揭露其危害、卑劣手段和罪恶目的。该书对于我国的带有自己的“土”气的伪科学的特点做了概括，即：在弘扬祖国传统文化或研究东方神秘主义的幌子下，用科学术语把一些封建糟粕装扮起来；以表演代替科学的严格检定；违背起码的科学常识和基本的科学规律；不着边际的自我吹嘘；不择手段的欺骗舆论。该书最后指出：“人们认知客观世界，是既要靠眼睛，又要靠头脑，还要善于运用两只手，可以说，眼睛、大脑和双手（实践）的统一，这就是科学。”

原载《中国教育报》，1999年9月19日

情爱诗萃　唯美乐章

——读《玉台新咏译注》

在我国古代文学繁荣的南北朝时期，在风光绮丽的江南，相继出现了两部辉映文坛的诗文选集——《昭明文选》和《玉台新咏》，成为中古文学百花园里两朵引人注目的奇葩。令人欣喜的是，我校文学院张葆全教授继主编、出版6卷本《新编今注今译昭明文选》（台湾黎明文化公司，1995）后，现又出版了他多年潜心研究的新成果《玉台新咏译注》（广西师范大学出版社，2007），使《玉台新咏》这朵诗坛奇葩重新展现、艳丽绽放在我们眼前。

《玉台新咏》是由"太子少傅"徐陵在6世纪编成的一部诗歌选集，共收录汉代至梁代诗歌800余首。它最早见于史书著录的是《隋书》，可见隋唐时代它已流传于世，但唐代和唐代以前的写本均未流传至今。宋代始有其刻本，但原刻本也未传下来，今存的是明代翻刻本。徐陵在自序中说，所选诗歌全为"艳歌"，当是供给宫中佳丽、后妃、诸姬寂寞多闲之时披览的，加之其中收了一些"宫体诗"，因而长期以来它遭受了不公正的"待遇"。不少文人、学者甚至对它做出了错误的评价，把它称为"淫艳"之作，甚至把它所收的一些宫体诗定为典型的"色情"之作，因此，《玉台新咏》在文学史的长河中长期被"禁锢"起来，成了无人敢"涉足"的"禁区"。当然古代也有一些有识之士对它是有清醒的认识的，如清许梿指出："是书所录……虽皆绮丽之作，尚不失温柔敦厚之旨，未可概以淫艳斥之。"[1]改革开放以来，随着思想观念的不断解放，学术界一些人开始突破"禁区"，对《玉台新咏》做了新的审视和评价。经过多年广泛查阅材料，潜心对比研究，张葆全先生在《玉台新咏译注》中，通过长篇幅的"前言"，对每一首诗的"注释"、"译解”，破除历来对《玉台新咏》的偏见和误读，从新的视角，用新的观点来评论该书的宫体诗，还原了《玉台新咏》的“真面目”。张先生指出，《玉台新咏》所收录的诗，主要反映女性的生活，表现女性的情思，描绘了女性的柔美，吐露女性的心声，同时也表现了男性对女性的欣赏、爱慕，刻画了男女之间的爱意与相思；“女性”是它的题材，“情”与“爱”是它的主题，“美”是它的追求。因此可以说，它是一部关于女性的诗集，一部情爱诗萃、唯美乐章，反映了当时文学的主流，在文学史上有重要的价值和不同寻常的意义。这一评价与当前学术界多数人的评价是一致的、公允的。

宫体诗与梁简文帝萧纲做皇太子住 “东宫”有关。他好诗赋，其诗体世人称宫体诗。它本带来了新的诗风，但其后文人又以偏见和误读对其做出错误的评价，有人称之为“滞色腻情”之作，以“色情”视之；由于梁陈朝运不长，有人将此归咎于宫体，甚至称其为“亡国之音”。近年来，一些学者对宫体诗进行了认真的研究和解读，并做出了新的评价。著名学者周振甫先生指出：“宫体诗实是一种新变体。”[2]马积高说：“宫体决不等于艳体，艳体也非宫体所独有……同后来的某些词曲相比，它的描写庄重得多，其涉于色情之处更要少得多。”[3]石观海的《宫体诗派研究》（武汉大学出版社，2003）、广西师范大学文学院胡大雷教授的《宫体诗研究》（商务印书馆，2004）等都是很有参阅价值的研究力作。张葆全先生在书中指出，《玉台新咏》共十卷，选诗多为古典诗歌的精华，全书并不以宫体诗为主，宫体诗仅存于卷五至卷八中，为其中一小部分，而且这一小部分又是经过精选的。这些诗如《美人晨妆》、《夜夜曲》、《梦见美人》、《携手曲》等，张先生都一一做了评释，认为这些诗是洁净、雅致的，反映的是人类最本质的东西。可以说，《玉台新咏》是继《诗经》、《楚辞》后，汇集两汉、魏晋南北朝古典诗歌精华的一部优秀诗集。这些都是对宫体诗的正确定位。

在二战之后，西方曾流行过一种“文本批评”思潮，非常重视“文本”的独立性，甚至认为文学研究就是研究“文本”，认为只对作品的语言、形式、结构、意象进行研究就可以了，而一切背景材料都是多余的。主张“摒弃一切背景材料”当然是不对的，但重视“文本”自身，重视作品的相对独立性，认为对作品的解读不要仅仅变成作家生平思想的演绎或某种政治意识形态的阐释，这是有积极意义的。张葆全先生重视“文本”自身，摒弃传统世俗观点，对《玉台新咏》所集诗歌进行认真解读，用文学和审美价值观，从新的视角、用新的观点，提示了它的审美价值观和文学价值。书中指出，表现人体的美丽，是文学艺术共同追求的目标。如果从完美的角度来看，《玉台新咏》可以说是一部唯美的诗集，诗人力图把“人”（主要是女子）的形体和精神纳入审美观照之中。作品多以女性为主要描写对象，描写了女性容颜、体态、衣着、闺室之美，描写了女性爱恋、情思之美，绝大部分写得婉曲、香艳、缠绵，是精美不凡的艺术珍品，反映了人类对人体和人性自身美的认识。有的学者在论述魏晋南北朝文学的新特色时指出，创造美成为当时文学的首要任务。《玉台新咏》所集诗歌（当然包括宫体诗）就是这样一种致力创造美的文学。“宫体诗的主流是唯美的。”[4]张葆全先生的观点和这些学者的观点是一致的。在书中，张先生特别论述了《玉台新咏》在古典诗歌发展史上的重要地位。首先，它推动了唐代律诗的发展。就从它所录的宫体诗来看，这些诗比较讲究声律、对偶、用典方面的技巧，这对唐代格律诗的形成和发展有很大的影响。其次，其卷九中所选多为七言诗，卷十所选多为五言二韵的古绝句，这对后世七言诗的创作和唐代绝句的发展，也有很大的推动作用。再者，它有重要的诗歌史料价值。它为我们保存了大量的诗歌资料，选录了较多的乐府诗，这对保存梁朝以前的乐府诗起了一定作用，像《古诗为焦仲卿妻作》这样的名篇和其他诗本集由于该书选录而得以保存。此外，它在积累诗歌创作经验、提高诗歌艺术表现技巧方面也做出了不朽的贡献。其所录诗歌艺术性高、可读性强，在吟咏性情、托物言志、拓展诗歌意象、创造诗歌意境等方面有不少新的成就，给后世诗人许多宝贵的启示。它所选诗歌与音乐也有密切关系，许多作品是“入乐”的，在我国音乐文学发展史上具有重要地位。综上所述，《玉台新咏》在审美发展史和文学史上都有重要价值和意义。

对古典诗文进行注译是一项艰苦细致的工作，来不得半点“偷懒”，也不能“想当然”、望文生义，而要下苦功，细心阅读、查证资料、比对分析、潜心研究，还要有良好的文学和文字功力。张葆全先生勤于笔耕，近20年来，撰写（含主编）出版了古代文学研究专著10多部，达三四百万字。他一向治学严谨，对古代文本的注释、译解，内容充实、释义准确、造语精炼、文笔流畅，深受广大读者喜爱。改革开放以来，一些学者开始著书文来评述《玉台新咏》，但至今没有一个全注全译的本子，《玉台新咏译注》是迄今海内外第一部。它以“文本”为主体的阐释方法，充分领会并尊重诗人的愿意，通过“注释”、“译解”的形式，对每一首诗作出注释、译文、讲解，并着重提示这些精美不凡的艺术珍品的客观形象和意义、长期积淀下来的文化内涵，有助于读者正确解读。而且译文押韵，力求直译，努力保持诗作原有的韵律和韵味，如同现代散文诗，因此可读性、欣赏性很强。这些都体现了张先生的一贯注译风格，从中可以看出作者治学的科学严谨和深厚的学术功力。如卷五沈约的《古意》：“挟瑟从台下，徒倚爱容光。伫立日已暮，戚戚苦人肠。露葵已堪摘，淇水未沾裳。锦衾无独暖，罗衣空自香。明月虽外照，宁知心内伤。”先生对该诗做了9处注释，如“容光”注：“指阳光照射下所出现的各色美景。《孟子·尽心上》：‘日月有明，容光必照焉。’赵岐注：‘容光，小郤也。’”讲解：“初冬的黄昏，一位男子来到丛台之下，久久徘徊不去。他看着红日西沉，明月东升，心中非常悲伤。他在想念远在家乡的妻子。”译文：“抱着琴瑟来到丛台下，流连徘徊喜爱这傍晚的霞光。久久站立红日已经西沉，苦苦思念使人伤心断肠。露水虽干冬葵已可采摘，淇水未涨还不能沾湿衣裳。妻子在家独宿锦被总是睡不暖，丝绸衣服穿在身上只是徒然发出芳香。明月虽然能把我憔悴的外表照亮，它哪里能照见我心内的悲伤。”《玉台新咏译注》的出版，不但满足了社会上一般读者欣赏诗作、审美阅读的需要，有助于人们提高文学修养和审美意识，而且也为学术界和文学界《玉台新咏》的研究者提供了一个可以作为依据、参考的文本。

《玉台新咏译注》加上原已出版的刘跃进的《玉台新咏研究》（中华书局，2000）、曹明纲导读的《玉台新咏》（上海古籍出版社，2007）与张蕾《玉台新咏论稿》（人民出版社，2007）等有关论著，可以说已初步形成了《玉台新咏》的研究系列。再者，一些学术刊物和高校学报近年来也刊发了不少关于《玉台新咏》的学术论文，这说明《玉台新咏》越来越受到人们的关注和重视。我们期待更多《玉台新咏》研究成果的涌现，同时也期待张葆全先生的新作不断问世。

参考文献：

[1] 许梿.六朝文絜[M].北京：中华书局，1962.

[2] 周振甫.什么是宫体诗[J].文史知识，1986（7）.

[3] 马积高.论宫体与佛教[J].求索，1990（6）.

[4] 钱志熙.谈谈宫体诗[J].文史知识，2003（3）.

原载《广西师范大学学报》（哲学社会科学版），2008年第4期

新颖、翔实的教材

——《新东方文学史》评介

由我校中文系青年讲师梁潮、外语系青年讲师麦永雄和中文系研究生卢铁澎（参加一章中部分书稿撰写）合作编著的长达50万字的教材《新东方文学史》（古代、中古部分），去年8月已由我校出版社出版，并受到了外国文学专家、学者的好评。

作为这部教材的最早读者，我们认为《新东方文学史》确实有“新”意，“新”得有特色，正如有的学者所称赞的：“为外国文学教材开了新篇。”这种“新”就表现在如下3个方面：

一、内容丰富，资料翔实。由于受“欧洲中心论”这种传统偏见的影响，东方文学的研究在我国是一个薄弱环节。50年代后期，在一些专家倡导下，我国一些高校开始设置研究人员，开设东方文学课程，然而研究工作却处于刚刚起步的阶段，后又因“文革”而中断。1978年以后重新恢复研究工作，经过10年的努力，虽然取得了一定的研究成果，但东方文学相对于“欧美文学”、“苏俄文学”的研究而言，仍是一个非常薄弱的环节，因而国内还没有一部详尽的东方文学史。《新东方文学史》（古代、中古部分）则吸收了几十年来东方文学研究领域的成果，是一部内容丰富、资料翔实的大部头教材。

就篇幅而言，过去东方文学“简史”等教材，仅为《新东方文学史》的1/2或1/3。由于篇幅有限，对一些史实记述、作家评价、作品介绍等只能是一些粗线条的撰写，如“印度两大史诗”——《摩诃婆罗多》与《罗摩衍那》这部分内容，多者不过1.2万字，少者只有5千字。而这部教材，却将它作为专章：“第四章　全球最长的史诗——《摩诃婆罗多》与《罗摩衍那》”，长达10万字，分成“两大史诗形成史之谜”、“两大史诗情节提要”、“主要人物形象”、“思想内涵探索”、“艺术特色研究”、“两大史诗的深远影响”6个问题来阐述，之后还附有“本章编写所参考的研究成果目录”。这部教材的内容除阐述了古代、中古文学史外，还精选了这一时期东方文学的代表作品进行了详尽的评介，包括人类已知的最古老的英雄叙事长诗《吉尔伽美什》、西方书面文学的两大源头之一《圣经·旧约》、全球最长的史诗《摩诃婆罗多》与《罗摩衍那》、世界文学史上第一部长篇小说《源氏物语》、世界文化名人迦梨陀娑及其千古名剧《沙恭达罗》、世界民间文学史上一座壮丽的丰碑——《一千零一夜》、哲理诗泰斗萨迪及其流芳千古的《蔷薇园》，等等。可以看出，教材的作者的立足点是将“五四”运动以来几十年关于东西文学的研究成果做一个全面的总结性的综述，而不仅仅是个研究成果；不只是“一家之言”，而是一个集大成的著作。为实现这一目标，几位年轻作者花了几年时间，广泛阅读，勤于笔耕，采用搜集、邮购、借阅、复印等手段，翻阅了所有能找到的资料，其中包括300多部东方文学史专著、论文集、资料汇编、国别文学史（翻译本）、作家评传、作品等，以及千余篇有关东方文学的研究论文、评介文章、翻译论文。因此，书中收集的资料极为丰富。内容丰富，资料翔实，是这部教材的一个显著特点，也是写好一部教材的坚实基础。这个特点，受到了著名学者的一致赞赏。北京大学东方语言文学系刘安武教授在给作者的来信中说：“由于我们也正在编《东方文学史》，你们编的书材料翔实，内容丰富，将给我们很大的帮助。”

二、观点新颖，论证深入。本书作者涉猎了大量有关东方文学的学术专著和科研论文，并将这些科研成果中正确、新颖的观点吸收到教材中来。更为难得者，本书不仅集各家之说，并经过编著者融会贯通，提出独特之见解，从而使教材在对史实的阐述、作家作品的评介、争议问题的论争等方面，都显出观点新颖，论证精要、深入，理论性强的特点。如《圣经·旧约》，过去一些东方文学史教材，由于种种原因，不是避而不谈，就是仅把它当作宗教经典，批判其“唯心”、“迷信”的内容，总之，没有做出公正的评价。这部教材用整整一章，即第三章“西方书面文学的两大源头之一《圣经·旧约》”，对其做了科学的分析。在叙述《旧约》产生的历史轨迹、基本内容的基础上，教材明确指出：《旧约》“堪称人类童年时期珍贵的庞大文献集”。“既是犹太教的经书总集，又是一部希伯来文献与文学的汇编。”接着教材用两万来字的篇幅，详细论述了《旧约》的文学价值，指出：“作为希伯来文学的总汇，被公认为世界文学宝库中的一份珍贵遗产，在世界文学史上产生了极其重要而深广的影响。”并引用波兰著名历史学家科西多夫斯基的话来印证：它的内容宛如生活本身一样变幻万千，多姿多彩，原始古朴的生活景物，神秘奇特的宗教色彩，田园诗般的恬静气氛，兵燹战乱的腥风血雨，撕裂人心的悲剧场景，有血有肉的人物形象，强烈地显示着其崇高的文学价值和非凡艺术魅力。然后又对其神话传说、故事性的作品、诗歌、小说做了具体评价。总之，作者认为，“从世界文学史的视角来考察，《圣经·旧约》是古希伯来的文献汇集，它集中了古希伯来文学的精华和主要成就。《旧约》作为希伯来文学的汇编，与希腊、印度、中国的文学相并列，而成为古代世界成就辉煌的四大文学宝库之一，在世界文学史上占有至高无上的地位，影响极其深广”。这些观点显然是正确的、新颖的，论述是精当、深入的。

教材在评价作家作品时，不同地方列举了不同的观点，有的地方作者也鲜明地表述了自己的看法。这种论辩性，也是教材的理论性强的体现。如在《旧约》“诗歌评介”中，在评介《雅歌》时，首先指出：“两千多年来一直认为《雅歌》属于抒情诗，中国多数学者承袭传统观点，现在国内有研究者认为它是一部抒情性很浓的叙事诗。”在谈到对《雅歌》内容的不同看法时，又列举了三种不同看法：“第一，犹太教和基督教的传统观点认为，《雅歌》的诗意假托世俗的爱情，象征神人之间的爱，即上帝亚卫与他的造民之间的爱。”“第二，与上述观点相反，有人认为《雅歌》并不是宗教诗，它表现了古代名王所罗门的爱情。”并列举了在这种观点下两种不同的具体说法。“第三，有些学者既不同意神人互爱之说，也不同意君王爱慕民女之说，认为这是一部民间情歌。”并引用我国朱韵彬先生的观点表明赞同此说：《雅歌》的基本情节是“写一对男女青年在山野林间，在田园牧场，在竹篱茅舍中相见、相爱、相许、相从的过程”。在谈到对《雅歌》诗体的不同意见时，也列举了三种不同的观点：“是一部诗剧”、“是一部抒情体牧歌集”、“是一部民间情歌汇集”。之后，作者明确地表述了自己的观点：“笔者认为，民间情歌集说法比较合理。”并阐明了理由。

教材虽然仍分章、分问题来撰写，但由于作者注意用文艺学、美学、社会学等基本理论作指导，进行理论分析、评述，力图将每章、每个问题写成一篇篇专题论文，因而也显现出了较强的理论色彩。这既是这部教材的特色，又是有别于过去其他同类教材之处。如第四章“全球最长的史诗——《摩诃婆罗多》与《罗摩衍那》”中“四、思想内涵探索”这一部分，就是一个很好的例证。教材的这一部分首先指出：“印度两大史诗篇幅庞大，创作过程经历了漫长的历史时期，具有流动性、随意性和开放性的发展特点。它们犹如两条沧桑古河，有着印度民族诸多时代生活的、心理的和宗教的等厚重的意识沉积，思想内涵极其丰富而又十分复杂。大多数西方学者都不能理解两大史诗的真正意思，即使印度的史诗研究专家，也见仁见智，说法不一。在印度和西方学者的著作中，大多干脆避而不谈史诗的思想内涵。中国学者对史诗的研究尽管也做出了极大的努力，而对两大史诗的思想内涵问题，仍在探索之中，未取得一致的结论。史诗本身的复杂性丰富性决定了研究的难度……惟有从多角度多层次地研究分析，才有可能逐步接近、了解它们的真正意义。”接着作者从伦理学、社会批评、心理批评与原型批评等角度，用长达1.4万余字的篇幅去探索两大史诗的思想内涵。

编著这部教材的理论基地，或更确切地说，叙述视角，是世界文学——总体文学。不难看出，这部教材因为欲对东方文学的历史进程及其发展规律进行全面深入的研讨，世界文学——总体文学的宏观视角是必不可少的。因此，作者在编撰时注意从世界文学——总体文学的宏观视角出发，力图将整部东西方文学史置于世界文学的发展轨迹中，适当地把西方文学作为比较的参照系，加强对东方文学交流融合方面的比较研究；教材尽可能地吸收当前外国文学研究中最新的资料和最有价值的成果。力求点面结合，既对东方文学史上第一流的作家作品进行专门而详尽的论析，同时又重视各时代各阶段东方文学的概貌的全景扫描，对重要的各种流派、作家、作品和文学现象都予以恰如其分的评述，所以，这部教材能做到观点鲜明，立论公允，评析详尽，理论性、学术性、资料性、可读性的有机、完美结合。

三、全新体系，多样功能。这部教材不仅在内容上、理论上有自己的特色，就是在体例上也是全新的。对于这一特点，凡读过本教材的人都会鲜明地感受到。在这方面也确实称得上“新编”。这部教材不仅像其他同类教材那样，有史实的阐述，有作家作品的评论，而且介绍了当前国内东方文学研究状况，列出了国内出版的重要专著，在每一章后面附有“本章编写所参考吸收的研究成果目录”，不少专家认为，这样做是“开了一个很好的头”。这部教材在注释和附录中，还就一些问题做了辨析，大家认为这样“对使用此书的同行，大有帮助”。由于这部教材评析详尽，资料翔实，加以全新的体例，因而具有多种功能。它既是高校专业课教材，是专题研究成果总汇、争论问题的全面评述，是大学讲义的撰写参考，是本科学生的辅导良师，也是函授学习、自学考试的参加者和文学青年的必读书籍。因此，它虽出版时间不长，但已受到了高校有关专业师生的重视和欢迎，现已重印。

目前作者正在总结这部教材编著中的经验、教训，并着手进行近代、现代、当代部分的资料进一步收集、整理的工作。我们期望外国文学专家、学者多给这部教材加以评点，帮助几位青年作者继续写好新教材。我们预祝《新东方文学史》的近代、现代和当代部分早日问世。

原载《秋实录》

广西客家研究的最新力作

——读《广西客家》

客家是汉民族中的一支重要民系（或称族群）。客家研究和彭祖文化研究是当今汉民族社会学研究中的两大热门课题，而就地域范围、社会影响来看，客家研究更引人关注，因为不仅在我国，在世界，特别是在东南亚，客家的影响都是不可忽视的。关于客家研究开展已达100多年，其成果也十分可观，但作为客家大省（区）之一的广西，此前尚无一部关于广西客家研究综述性的著作。著名学者钟文典先生历经14年撰写而成的《广西客家》（广西师范大学出版社，2005），既是填补广西客家研究空白之作，又是广西客家研究的最新力作。

《广西客家》是一部全面性、综述性的专著，展示了作者对广西客家研究的最新成果。全书共8章。第一章“客家与客家问题研究”，有综论性质，着重论述了客家是汉民族中的一支重要民系，他们本是北方“土著”，主要在中原，广西客家是辗转南来的“客”，并特别指出它是一系多元的。第二章“客家迁桂的历史回顾”，对秦汉至民国年间的客家迁桂历史进行探索并做简要论述，分析各个时期迁徙的原因、特点和规律，并对晚清太平军向江南进军和客家人“漂洋出海”谋生的两种对外迁徙做了探讨。第三章“广西客家的分布现状”，给我们绘制了一幅广西客家人口分布图。广西14个地级市（城区）和76个县（县级市）中，只有4个县无客家人，全广西客家人口为560万，占广西人口1/10强，证明广西是一个客家人大省（区），值得重视和研究。第四章“广西客家的宗社情节”、第五章“广西客家的经济生活”、第六章“广西客家的文化习俗”，论述了中华传统文化是以宗族为单位的伦理观，展示了客家的宗社情节，汉民族“耕读为本”的传统及其丰富多彩的文化与习俗，特别是客家在经济领域的开拓与取得的成就，对推动广西社会的发展所起的积极作用。第七章“广西客家与周邻居民”，回顾了他们交往的历史，探讨了他们在政治、经济、文化等方面的相互交流和吸纳，并因此在语言、习俗乃至族属上的相互交易等问题。第八章“广西客家与现代中国”，展示了客家人的重教传统和爱国精神，着重论述了他们在我国近代反帝斗争和民主革命中作出的重要贡献以及涌现出的不少对国家和社会进步颇有建树的人物。阅读全书，让我们更好地了解广西客家的全貌，明确许多问题，如广西客家是怎样从中州大地南迁而来的，广西为何是客家大省（区）的，生活在多民族地区广西客家人是怎样与相邻的民族兄弟相处的，他们在广西社会经济发展中发挥了怎样的作用和做出了怎样的贡献，客家方言是怎样保留的，等等，该书都一一给我们做了解读。这些解读都建立在作者自幼在客家地区的亲历、亲见、亲闻和50多年来到广西60多个市县的实地调查采访，以及广泛查阅各类文献资料后潜心研究之上。作者是客家人，又是有心人，仅该书足显其治学的严谨和功力的深厚。

《广西客家》不是一般的资料汇集，是一部学术性专著。从上述问题的解读中，展示了作者长期潜心研究的新成果。这些成果中所提出的观点不仅与中外学界的观点是契合的，又体现了其地方性、民族性、时代性的明显特色。这是作者一贯的治学精神和风格的体现。作者是著名史学家，特别重视地方史研究。他经常告诫我们，研究广西一定要突出地域特点、民族特色和联系现实。该书各章节论述中都体现了这一治学精神。作者在第八章更是用整章篇幅，在翔实、可信的史实基础上，不仅充分论述了近代中国的一场伟大的农民战争——太平天国运动，是由广西客家人“六王”领导并为中间力量的太平军，在广西起义和进军，从两广走向江南，为的是对一个农民天国的探索和追求；并对中法甲申战争、中日甲午战争、辛亥革命、抗日战争，直至人民解放战争，以及对社会科学和自然科学技术的研究与发展，为保卫和建设新中国的战斗中，广西客家儿女和全国人民一道，写下的光辉篇章。书中既简述了廖磊等几位国民党中广西客家人的军政人物，特别指出了他们深明大义、以国家民族利益为重抗击日寇侵略的精神；还着重论述以朱光、李天佑、黄一平、钟夫翔为代表的共产党中的广西客家著名将领，他们青少年时就投身革命，在党的领导下，从土地革命、抗日战争、解放战争到新中国成立的几十年中，为国家的独立富强做出了重大贡献，深受人民的尊敬。还着重介绍了广西客家儿女在国内外颇有影响、备受赞扬的科学精英，如文史专家王力、罗尔纲，民族学家江应樑、徐松石，化工专家李运华，植物学家钟济新，医学专家叶馥荪、叶培，兽医学家叶浩，等等。由此可见，该书是一部时间跨度长，史料翔实，见事见人，有史有论，全面展示作者对广西客家研究新成果的、既有学术价值又有现实意义的力作。

（该书被桂林市读书节组委会列入“推荐书目”，我写的评述文章曾刊登在《桂林日报》，现补充、修改收入集子）

让我们认识桂林的一部好书

——读庞铁坚《推开桂林的门扉》

开国元勋陈毅元帅诗云："不愿做神仙，愿做桂林人。"这是他对桂林的极高礼赞。作为桂林人，好多人却未必对桂林的自然禀赋和千百年来丰富的历史文化底蕴有全方位的认识。庞铁坚先生的《推开桂林的门扉》（广西师范大学出版社，2005，下简称《门扉》）一书，为我们开启了历史之门，是我们认识桂林历史文化的一部好书。

《门扉》共26章，每章都以事件为中心，以历史文化发展为主线，用简明而平实的文字，记叙了诸多与桂林有关的人物、事件。文章采用叙论结合的方法，在记事中重点论述历史人物的活动，全书论述人物众多，列举120多位历史文化名人的传说轶事，可谓内容丰富。书中人物有的虽未到过桂林，但他们多是对桂林乃至岭南、全国历史文化的发展做出过贡献、起过积极影响的人物。如第七章"米氏云山，成就人物水墨画"一节，就介绍了曾在桂林为官1年零9个月的我国古代书画名家米芾及桂林山水对他的书画造诣产生的影响。书中讲述了米芾如何借得价值连城的书画名帖《张九龄司徒诰》鉴赏半月，废寝忘食、日夜揣摩的轶事；也讲述了这位玩石高手在漓江边受到奇峰奇石的启悟，总结出被历代玩石家普遍认可的"秀、瘦、皱、透"4字真诀；还讲述了他乘一叶小舟漂游漓江至阳朔，被沿江风光迷住，一路写生、一路琢磨用怎样的技法来表现这天然意境、山风秋色，并在阳朔县城临江边的万云亭画了由宋流传至元、被誉为皇宫瑰宝的画作《阳朔山图》（遗憾的是该画已从宫中失踪），第一次展现了他运用墨线渲染山水风光形成独特风格的故事。他在画中所表现的烟云林泉，湿润弥漫，山石古树，放纵洒脱的这种技法，后经他出生于桂林的长子、久负盛名的书画收藏家米友仁发扬光大，以至形成兼具父子匠心的“米氏云山”流派，成就了他们在中国美术史上难以撼动的地位。在“追随总理，政治学问皆风流”的第二十一章，则讲述了出生在桂林的政治家、教育家、我国第一位工学博士、被誉为“一代宗师”的马君武的一生。其中着重介绍了马君武追随孙中山先生参加同盟会，进行民主革命，成为孙中山器重的干才的事迹；评价了他学术上的造诣和翻译上的成果，以及他为我国广大读者翻译许多欧洲思想大师的著作，成为向中国读者系统介绍马克思学说第一人的卓越才能。文章对马受聘担任广西大学校长，为广西教育事业的发展、人才培养所做出的贡献以及作为我国近代著名文学团体“南社”重要成员在古体诗词上的成就，也做了翔实的记载。文中引用现存于世的《马君武诗稿》中寄赠同盟会成员的诗云：“最古桂林郡，相思十二年。浮桥迷夜月，叠嶂认秋烟。同访篱边菊，闲乘郭外船。为寻诸父老，把酒话民权。”这从一定侧面反映了他对故乡的深情和对三民主义的追求。书中还展示了他给桂林同乡、著名金石家林半觉先生的题词：“好学近乎智，力行近于仁，知耻近乎勇。”等等，均给我们留下了深刻的印象。作为“广西社会科学界联合会重点科普读物”，书中通过许许多多的人和事，向人们传达了许多桂林历史文化的信息，让我们能更好地认识桂林，深深地感受桂林浓郁的历史文化底蕴，也更突显了桂林这座历史文化名城的城市特色。

绮丽的桂林自然风光早已声名远播。两千年来，历朝历代，不管是来过桂林的，还是未来过桂林的，以及在桂林土生土长的，不少文人墨客，都为桂林山水所陶醉。他们寄情桂林山水，留下了无数的诗词华章、画卷墨宝、碑刻文字，丰富多彩。《门扉》在引述这些名篇时，不仅注重对桂林历史文化底蕴的体现，而且对在桂林这片美丽的沃土上，中原文化、江南文化、岭南文化的和谐包容、多元共生特性做了真实反映，从而使该书特色突出，增强了内容的可读性。

在桂林历史上，唐朝杜甫、白居易、韩愈等古代诗文大家虽未来过桂林，但他们描写桂林自然风光的千古名句则早已为人们所熟知。书中所引杜甫《寄杨五桂州谭》的“五岭皆炎热，宜人独桂林”，便是描绘桂林气候的佳句；白居易《送严大夫赴桂州》中的“山水衙门外，旌旗艛艓中”，则说明当时人们早已知晓桂林处处山水、款款景色，河道纵横、景致非凡；韩愈《送桂州严大夫》中的“江作青罗带，山如碧玉篸”，更是描述桂林山水最为形象、至今仍被人们广为引用的名言；王昌龄在《送高三之桂林》中用“岭上梅化侵雪暗，归时还拂桂花香”的吟唱，表达出自我的神往，如此等等，不一而足。由此可知，至少在唐朝时桂林的桂花就已经蜚声域外了。正是由于这些文人墨客留下的展现桂林自然风光的名篇佳作，为桂林山水风光声名的远播提供了飞翔的翅膀。

《门扉》还勾勒了许多“外乡人”的在桂风貌。如来桂为官的始安太守颜延之，监察御史郑叔齐，从中书令被贬来任桂林都督的褚遂良、张元龄，出行粤西、考察桂林的地理学家徐霞客，来桂主持佛坛的鉴真和尚，来过桂林的历代诗人柳宗元、李商隐、范成大等和来桂讲学的维新思想家康有为，来桂写生作画的美术大师齐白石、刘海粟、黄宾虹、徐悲鸿、张大千等，特别是抗战期间，桂林城更是各方爱国人士云集，仅文化界名人就多达上千人。对这些历代文化名人在桂留下的许多寄情桂林自然风光的诗文名篇，书中都做了讲述。如“唐宋八大家”之一的柳宗元是第一位目睹神奇山水的唐代大诗人，在柳州任职时不止一次来桂，他的名篇《訾家洲亭记》描写桂林的山“发地峭竖，林立四野”，孤峰之态，跃然纸上，若不是亲临，是写不出这种情态来的。晚唐诗人李商隐在桂林为官，写了几十首有关桂林的诗作，除了风情诗外，还有不少抒发情怀、寄托友谊、感叹时事的名篇，如《晚晴》，这首诗用洗练的语言描述了他在桂林的生活，其中“天意怜幽草，人间重晚晴”更是为后人所传诵的经典名句。南宋庆元六年（1200），68岁高龄到桂任广南西路提点刑狱权知府事的王正功，到任后的第二年即嘉泰元年（1201）举行乡试，广西学子共中举人11名，他在府中宴请中举学子，在微醺中挥毫写就七律二首，其中“桂林山水甲天下”一句传遍华夏，广告全球，成为家喻户晓的传世名句，他的这一诗句也华盖历代诗坛俊杰的光辉。

桂林是一片沃土净土，人杰地灵，历史上也涌现了许多文化名人，写作了不少诗作佳篇。如书中讲述的桂林第一位进士、唐朝诗人曹邺，广西第一个状元赵观文，靖江王的余脉、著名“黄山画派”创始人、美术创作和美学理论的宗师石涛，一代名臣、官至东阁大学士、为官治学的大家陈弘谋及其玄孙以及连中三元的陈继昌，与刘永福联手抗法、曾任台湾巡抚的清末名臣唐景崧，以王鹏运、况周颐为代表的晚清文学奇葩——我国文学史上著名的“临桂词派”，国民革命的两位先贤、学术名家马君武和邓家彦，等等。关于曹邺，书中讲述了《全唐诗》中有其诗作二卷，加上《粤西诗载》中所收的铁诗今存112首，有山水诗、情怀诗、政治诗等，其中《东郎山》："东郎屹立向东方，翘首朝朝候太阳。一片丹心存万古，谁云坐处是遐荒？"借这首咏山诗，他坚信自己的故乡不是遐荒之地，总有一天会名扬天下。今天他的梦想已成现实，"阳朔山水甲桂林"，阳朔与桂林紧紧相连，成为全国乃至世界最佳旅游目的地之一，早已游客如云了。他的政治诗《官仓鼠》："官仓老鼠大如斗，见人开仓亦不走。健儿无粮百姓饥，谁遣朝朝入君口？"这是流传千古的佳篇，今天仍有现实意义。至今仍保留在南溪山石壁上的一首石刻曹邺诗《寄阳朔友人》："桂林须产千株桂，未解当天影日开。我到月中收得种，为君移向故园栽。"这首诗写的是故乡的桂花树，却是作者寄望故乡才俊辈出的情感流露。他与同时代的曹唐和广西第一位状元赵观文被人们称为"桂林三杰"。书中讲述的"临桂词派"更是值得我们桂林人引以为荣。晚清以桂林临桂人王鹏运、况周颐为代表的"临桂词派"，是将词学研究和词创作推向一个新高度的文学流派。王鹏运（中年自号半塘）被公认为清末词人之首，他留下的词作颇丰，有《袖墨词》、《南潜集》、《半塘定稿》等多部词集行世；在词学理论上，他提出"重、拙、大"乃作词之要，向为词学者所崇。况周颐词作、词话等不少，有10多种留世，《门扉》中讲述的《蕙风词话》是况的代表作，是他在词学理论方面的重要贡献，被称为词学的千古绝作。他们两位与朱祖谋、郑文焯被称为词坛的"清末四大家"，足见他们在我国文学史上的地位。

第十章"斑驳历史，沧海桑田看石刻"历史韵味深长。这一章向我们介绍了书中遍布在桂林各座山峰的石壁摩崖上的石刻文化。这些石刻是记载桂林历史的历代文人墨客的留存，是厚重历史文化的见证。桂林的石刻自南朝始，摩崖石刻则自隋代始，到清代，存留下来的就达2000多件，形式上有文字、绘画、雕塑作品等，内容涉及政治、军事、民风、医学、建筑、宗教、民族关系等。这些石刻中有我国仅存的、保护最完好的一块《元祐党籍碑》，有位于西山观音峰南麓的1龛3尊佛像和菩萨像，有唐代佛教雕塑精品、位于叠彩山下漓江木龙洞渡口旁的喇嘛式石塔，有现移存于七星公园普陀山的唐代书法大家颜真卿书写的"逍遥楼"石碑，有刻于清代、至今保留在鹦鹉山上的国内最大最古老的一幅石刻城池图《桂州城全图》，有刻于隐山北牖洞前、南宋理学大师张栻的“招隐”二字榜书，有清代阳朔代理县令王元仁留在碧莲峰风景道崖壁上的巨幅草书“带”字和隐山朝阳洞的草书擘窠巨字“龙”……这些珍贵石刻，刻下了桂林往昔的历史，为桂林自然风光增添了文化魅力。当今，桂林石刻作为全国文物保护单位，正吸引着众多的中外游人。

近年，我市一些有识之士提出要开展“桂学”研究，这是很有见地的提议。“桂学”研究不仅可以探索桂林建城两千多年来的历史轨迹，传承桂林历史文脉，更能总结历史经验教训，为当代桂林经济社会的发展、建设社会主义和谐社会提供有益的启示。《门扉》和前不久广西师范大学出版社出版的《桂林老板路》一书，可以说是为“桂学”研究做了前期和普及性的工作，为广大桂林人和来桂的各方人士认识桂林做了群众性的普及工作。从这个层面来说，《门扉》一书更有其新的意义，它将为桂林历史文化的研究和宣传，提供更为翔实的佐证和发挥更为深广的影响。

原载《中共桂林市委党校学报》，2007年第3期

戏曲研究的新成果

——《〈金钗记〉及其研究》评介

摆在我面前的《潮汕文库·潮汕历史文化研究》丛书之一、20余万字的《〈金钗记〉及其研究》（下简称《金研》，广西师范大学出版社，1992）是在戏曲方面造诣精深的文物管理专家、汕头市陈历明同志的新作。慧眼独具的陈历明同志，从1975年12月22日完整的南戏《刘希必金钗记》宣德演出本出土第一天起，十五六年来，一直在做这一出土本的校补、研究工作。因此，可以无愧地说，《金研》是作者辛勤劳动的结晶，是戏曲研究的新成果。

校勘工作本身就是戏曲本（特别是出土、发掘的戏曲本）整理、复原的第一位工作，也是研究工作的基础。陈历明同志10多年来埋头伏案，做了大量的校勘工作，取得了可喜的成果。他从被坟水沤了500年的一团乱纸中，一页页地揭、一字字地找，以出土原件、第一次抄本、临摹本及书影补全的戏文，对过去出版本进行对比、补校，总计改正、补充1033处2952字，校勘出的错漏字数约占全剧文字的8%。经过补校，既使这件稀世之宝以本来面目完整地呈现在大家面前，又得到了研究工作所需要的更多东西，显现出作者校勘工作所起的作用。

陈历明同志不仅对出土本做了大量的校勘工作，更可贵的是他对出土本进行了长期潜心的研究，并获得了可喜的成果。《金研》的上卷，就是作者研究成果的记录。作者的研究，既有对出土本的微观研究，又有从出土本拓展到对明代前期的戏曲文学、戏曲舞台艺术、潮州戏剧的宏观研究。这种研究是广泛的、深入的，不仅研究剧本，还从唱腔、语音、乐器、舞美及至剧场学、剧人生活等多角度、多层次进行研究。如《金研》将宣德写本《刘希必金钗记》与在潮州发现的其他戏曲如

《蔡伯皆》、《金花女》等进行比较研究，其中牵涉到潮调、正字戏、白字戏这些古老剧种的来源。这种研究是极有意义的。

还有一点值得提出和重视的是《金研》的附录，收录附夹在出土本中的残文和贴夹着的一些纸片，这些纸片残留在本子中间一些地方，存有一些文字；在戏文卷末，附有锣鼓谱、散曲、诗句及其他文字。这些都是珍贵的历史资料。其整理、录出将有助于南戏研究的深入开展，使潮汕戏曲史研究变得更加有血有肉有光彩。

诚然，《金研》尚存在些不足，如某些研究结论还有待进一步地充分论证，出土本尚有不少脱漏字还需进一步考证、补全，但《金研》仍是戏曲研究的新成果。经济建设高潮必然带来文化建设高潮，我们期待着在潮汕这块古老文化沃土上，有更多的戏曲研究新成果不断面世。

原载《汕头特区报》，1992年11月28日

25年“磨”一书

“十年磨一剑”，说明磨剑的艰辛。《汉语同韵大词典》（以下称《词典》）从主编1984年提出编撰构想、邀约志同道合的人搜集资料进行编写，到今年4月由曾出版《汉语大字典》受到好评的湖北长江出版集团崇文书局（原湖北辞书出版社）出版问世，整整历经25年，说明这部大型新词典编写出版的艰辛。

我很幸运是《词典》书稿的第一位读者，还结识了主编邓治凡先生，了解了他的编写团队。拿今天通俗的称谓来说，他们都是“草根”作者——来自湖北少数民族地区恩施土家族苗族自治州的多所中学、中专里有几十年教龄的语文教师，组成的民间团队。

这些作者现在多是70来岁的老人，年长的已达80多岁高龄，有的还没等到《词典》出版就已过世了，他们为《词典》的编写、出版耗尽了心血，这种认真负责、执着求索的精神和科学态度，着实令人钦佩，值得学习。

《词典》的编撰，得到了社会各界的关心及支持。编撰期间《词典》还经专家会审4次，做重大修改10余次，先后排版、清样3次。

李格非教授等一些辞书专家审阅了《辞典》书稿后一致认为：“这是一部颇具特色、很有实用价值的新词典。”我多次应邀到武汉等地参加专家审稿会，并审读了大部分校样稿，对《词典》的特色有较清晰的认识。一是编排上的创新。之前的辞书大抵是按《汉语拼音方案》的音序编排的，而《词典》则是依《汉语拼音方案》的韵母顺序编排的，即在单字条目下按词尾的韵序安排词条。这填补了我国现代辞书编排方面的一个空白，是一部别具特色的新韵书。二是容量大、释义科学。全书达350余万字、7万多词条（初稿达8万来词条），是近年来新出辞书中容量最大的。在释义上作者态度严谨，用语力求确切、简练，值得称道。如“反差”一词，一般词典仅释义为：“指事物的相反性状在对比中显示出来的差异。”“照片、底片或景物等黑白对比的差异。”而《词典》则增加了一个新的义项：“人或事物在优劣、美丑、好坏等情况下对比而出现的差异。”这样的增加使释义更加科学、完整。另外，由于《词典》的创新编排，从而建立起了一种新的应用音系，有利于推动汉语规范化。三是方便检索、实用。《词典》按韵母排列，不仅为韵文、诗歌写作依韵选词提供了很大方便，而且随着现代信息工程的发展，中文信息处理、自然语言解释、机器翻译、情资自动检索等，与自然科学结合的语言工作也极需要这样的工具书。再则，现代汉语的韵母也类似于英语这类语言的词根，因而《词典》也有助于外国人学习汉语。这些都显示出《词典》的实用价值。

一位出版界的资深编辑曾说过，我们要多编写一些“经得起读，留得下去”的书；一位出版界的老领导也说过，要多出版“拿得出手，上得书架”的书。《汉语同韵大词典》就是这样的书。

原载《桂林晚报》，2011年1月9日

一部颇有新意的教材

——《马克思主义哲学概述》评介

书贵有新。教材也要有新意，这是教材的生命力的体现，是图书质量的保证，这已是大家的共识。近几年来，马克思主义哲学一类的教材虽已出了不少，但由鄂西财经学校老师们编写的、适合招收高中毕业生的中专各科各专业，特别是财经类中专使用的哲学教材——《马克思主义哲学概述》（下简称《概述》，广西师范大学出版社，1992）一书，在内容和观点上与同类教材比较起来，是一部颇有新意的教材。

内容新，是《概述》一个显著特点。这是教材编写的基本要求，也是教材质量的体现。《概述》按课程要求，在阐述马克思主义哲学如世界的物质性，意识的起源、本质和作用，认识和实践、真理，世界的普遍联系和辨证发展，对立统一规律，质量互变规律，否定之否定规律，唯物辩证法的基本范畴，人类社会的发展和科学的历史观，社会基本矛盾、阶级、国家、革命、社会意识和精神文明建设，人民群众和个人在历史上的作用，人类解放与共产主义人生观等一些基本内容时，增加了一些反映我国当前政治、经济、意识形态等领域的新内容，具有较强的时代性和针对性。如在第十五章“人民群众和个人在历史上的作用”关于群众观点的论述：“马克思主义群众观点的主要内容，《中共中央关于加强党同人民群众联系的决定》归纳为六个方面，即：人民群众是历史创造者的观点，向人民群众学习的观点，全心全意为人民群众服务的观点，干部的权力是人民赋予的观点，对党负责与对人民负责相一致的观点，党要依靠群众又要教育和引导群众前进的观点”；在第十二章“社会的基本矛盾”中专门增加了一节论述改革问题；在第十四章“社会意识和精神文明建设”中几乎用了一半的篇幅论述社会主义精神文明建设问题；等等。同时，在大部分章节中都贯穿了以经济建设为中心的基本思想，坚持四项基本原则和反对资产阶级自由化，树立无产阶级人生观和价值观，建设具有中国特色的社会主义，等等，都是《概述》突出强调和着重论述的新内容。总之，《概述》在阐明原理时，较好地贯彻了党一贯倡导的理论联系实际的原则，着力阐述了马克思主义哲学原理的方法论意义，对当前社会实践有重要指导意义的哲学原理大都列入章节进行具体阐述，注重了马克思主义哲学原理在实际工作中的运用。这样做，不仅增强了教材的时代性、实用性，而且增强了教材的理论性。这也给我们一个启示：反映新的内容，突出时代性，坚持理论联系实际，是我们编写教材必须遵循的一个重要原则。

观点新，是《概述》的又一个显著特点。事物是发展的，马克思主义也是在社会的前进中发展的，这是马克思主义强大生命力的体现。马克思主义哲学指导着我国的社会主义建设，我们党领导全国各族人民在建设有中国特色的社会主义伟大事业中，特别是党的十一届三中全会以来，更是创造性地运用和发展了马克思主义哲学，在坚持马克思主义哲学基本原理的基础上，提出了许多新的观点。《概述》在对马克思主义哲学的基本原理做较全面而系统的论述时，对一些问题的阐述中，很好地吸收和运用了这些丰富和发展了马克思主义哲学的新观点。如在“社会基本矛盾”一章关于生产力、改革的论述中指出：“这里要特别提出来一个问题，即科学技术不仅是一般的生产力，而且是第一生产力。”这是邓小平同志在建设有中国特色的社会主义的伟大时期，对马克思主义哲学理论的一大发展。在论述“改革也是解放生产力”时指出：“在社会主义条件下坚持经济建设这个中心，不仅有一个发展生产力的问题，还有一个解放生产力的问题。十多年改革开放的实践证明了邓小平同志所揭示的一条真理：革命是解放生产力，改革也是解放生产力。”这是对我国实践经验的创造性总结，是一个颠扑不破的客观真理。“革命是解放生产力，这是马克思主义的观点。在政治革命推翻了旧制度以后，在社会主义的根本制度建立起来以后，还要通过改革解放生产力，这是邓小平同志对马克思主义的一个新贡献。”在后续的论述中指出：“坚持改革开放和坚持四项基本原则，又都必须始终以经济建设为中心，大力发展生产力。”这是“由我国现阶段的主要矛盾决定的”。“加快改革开放的步伐，把经济建设搞上去，核心问题是探索一条高速发展生产力的有中国特色的社会主义道路。”“既要在总的原则问题上坚持社会主义方向，又不宜把经济建设和改革开放中的一切具体问题都划分它是姓‘资’，还是姓‘社’。”“判断某个事物的是非有各种不同的标准，而邓小平同志提出的应该以是否有利于发展社会主义生产力，是否有利于增强社会主义国家的综合国力，是否有利于提高人民的生活水平为标准，这是一个实践标准，这才真正体现了马克思主义实事求是的精神。”这些观点是全新的，是邓小平同志南方谈话基本精神的体现，是中国共产党和中国人民对马克思主义哲学原理创造性地丰富和发展的贡献。这也启示我们：在马克思主义的各类教材编写中，必须很好地吸收新观点、体现新观点，这样教材才会有“新”、具有生命力。

不容讳言，《概述》也存在一些不足之处，如有的章节联系实际论述不够，有的章节的论述没有较好地展开，有的章节的语言的可读性还不强。这是同类教材存在的共同问题，在此提出，是求得更好地解决。

《概述》和另一部教材的同时出版，体现了积极鼓励、支持老师们编写、出版教材的地处老区、山区的鄂西财校的领导同志的胆识和眼光，也说明了该校有一支较好的师资队伍。我们期待着鄂西财校的同志们编写出新的高质量的教材。

原载《财贸中专通讯》，1992年第8期

一部让人受到启迪的中医专著

《思考中医》出版已经多年，也再版多次，在书业和其他行业火了一阵子，点燃了许多人对中医的信心和热情。这次桂林读书月活动组委会又把该书推荐给广大读者。《思考中医》这样一部中医专著为什么会受到大家的关注呢？因为这是一部让人受到启迪的书。

《思考中医》又名《伤寒论导论》，是广西师大出版社出版的“中医文化系列”丛书之一，目前已出版了10种。《伤寒论》是汉代张仲景的著述，是中医史上承前启后的经典。《思考中医》是作者、中医博士刘力红教授长期潜心研读中医经典《伤寒论》的认识、体会，并结合医疗实践写出的中医学专著，充分体现了他对中医，尤其是对中医经典不同寻常的热爱与执着。这在当下业内对经典的重视每况愈下，甚至在高等中医院校纷纷将经典改为选修课的情况下，是难能可贵的，是值得赞赏的，也是最令人感到欣慰之处。诚如作者所言，经典是中医这门学问的基础，迄今还没有任何东西能够代替。因此，想学好中医，想在中医这门学问里达到较高的境界，就必须学好经典，不要把主要精力放在那些“辅导”书上。只有认真读经典，读原著，我们才能掌握科学理论和各种专业学问的精粹，更好地形成科学发展观，指导我们的工作、言行。

真正的中医看病，很重视“望、闻、问、切”，极重视阴阳、出入升降、左右开合，直至开方（处方）。并非有的人所说的，中医看病开方缺乏科学依据。中医看病、治疗是有一套科学依据的，其中充满了辩证法。正如书中所说的，“中医的核心就是阴阳”。“人体为什么会生病呢？简单地说，就是阴阳的紊乱。”“出入升降，无器不有”，出入升降是同一个道理，有出就必有入，有入就必有出，就像我们呼吸是一个出人，我们吃东西，解大小便也是出入。通过“望、闻、问、切”，阴阳、出入升降等诸方面观察、比较，制定出一个能够将紊乱的阴阳状态调整过来的方，中医经典里讲的“寒者热之，热者寒之，盛者泻之，虚者补之”就是这个意思。中医名家施今墨有次治愈98个病人用了98种不同的方，正说明了病人个体不同，阴阳紊乱的状况不同，因而就要用不同针对性的方。体认差别正是中医极具特色的一个地方。这也启迪我们，在生活和工作中，应多学一些辩证法，学会多方面、多角度了解情况、看问题，善于从中抓住主要矛盾，找出关键，开出解决问题的好“方”。这样就能使我们的工作不断前进，社会生活不至紊乱，充满和谐。

有人认为书名是取名思考时空、思考生命、思考健康之意，它既是一部中医书，也是一部超越时空与领域、谈论传统文化的人文社科书。此说中肯。中医是中华传统文化的一个重要组成部分，它植根群众，服务了几千年，大家熟悉它。加之本书作者结合病例实际，将甚深的经典要义平实而生动地娓娓道来，除固有的学术性外，还有较强的趣味性、可读性，并让人读后有所感、有所得，受到启迪。这是该书在读者中“火”的一个重要原因吧。

原载《桂林日报》，2007年9月20日

风情、乡情、亲情

——读钟泳天的《佛国之秘》

在汕头迎宾馆和返程途中，我喜读了《佛国之秘》这个散文集子。集子分为佛国之秘、江山多娇、溢彩流金、天涯情苑、名家神聚5个部分，收文共80篇。这些散文大多篇幅不长，而笔触却涉及故乡潮汕风物、祖国名山大川、城镇边陲风情，也描绘异域佛国风光；或咏一物，或叙一事，或写一人，或描绘文物胜迹，但都以散文的手法、抒情的笔调，表达了作者纯真、质朴而深厚的感情。

画家用调色板调颜料描绘风光，作家同样用彩笔描绘风光。作家描绘风光是为了抒情。风光，是自然界的存在；描绘风光，是通过作家的感受再现于读者。它除了自然的美以外，同时包含着作家的抒发感情的美；描写风光，不仅是作家对自然界的肉眼所见，更主要是作家心灵的感受。正如古人说的："情由景所生，景为情所注。"多年来，涉足祖国大江南北、海滨边境、内地城乡，还远游佛国异邦的作者，在散文中倾注深情描绘了各地风光。

> 蝴蝶泉在大理古城北20公里处，属苍山的云弄峰麓。泉池数丈见方，泉底是色彩斑斓的小鹅卵石，石缝中涌出的银色水泡，一个接一个升出水面，使清澈平静的水面，不断泛起涟漪。池旁有一株古树，横卧泉面，使蝴蝶泉隐在绿荫之中。泉周围的草地、野花，构成了一个无比优美无比幽静的境界。
>
> （《大理风光》）

作者写蝴蝶泉，仅是抓其特征，粗笔勾勒，但是寥寥几笔，便将读者带入了诗情画意的蝴蝶泉景色中，写出了含盈于自然景物中的静趣、美感，表达了作者喜爱之情。

写风光，要写有地方色彩的、有特色的。写西双版纳，作者就着力写了富于傣家风情又富于傣族佛教色彩的佛塔：

飞龙白塔在景洪县大勐龙的曼飞龙后山上，是一组群体佛塔。主塔立在中央，其他8个小塔置于主塔的八方。塔身洁白，塔尖镀金，宛如玉笋破土而出，故有人称为笋塔。主塔近17米高，小塔高约9米，每座小塔座下又设佛龛，龛内供佛像。在正南向龛下的原生岩石上，有一人踝印迹，传说是释迦牟尼的足迹，佛徒们因而兴建此塔。塔上各种雕塑、彩绘，造型优美，秀丽和谐。从远处望去，但见群塔挺立峭拔，尖顶刺向蓝天。伟岸壮丽，不可一世。

（《西双版纳》）

作家总是热爱自己的家乡的，他的笔时时处处流露出对家乡的爱、对家乡的情。《佛国之秘》洋溢着浓郁的乡情。

在桂林南郊相去不上10里的地方有一个村落，聚居着数十户人家。祖孙三代，说的是潮汕话，穿的是潮汕服，保持着潮汕人的各种生活习惯。每天早餐爱煮潮州粥；人客往来冲功夫茶；晚上在闲间里拉弦具，奏潮州音乐；过年做红角桃、蒸甜粿；元宵夜游花灯，清明扫墓，五月节包粽子，中秋节吃月饼，冬至吃甜丸……婚嫁奔丧也按照潮汕民间的传统办红白事。老辈人担心后代忘记祖先，要孩子们说潮汕话，保留家乡的人情风俗，并要他们一代代地传下去。……在大千世界之中，别开开生面地保留着一片与当地迥异的乐土。

（《山水深处》）

作者满怀乡情，回忆着30多年前——1957年春节和200多位在桂服役的潮汕籍解放军指战员和念书的潮汕籍大学生到该村拜年的情景，记下了团拜会上各方代表讲话时的潮汕方言土语。年过半百的村民代表的话，代表了潮汕人的心声，表达了潮汕人的乡情："自古以来，潮汕人在外创祖已有不少先例，他们在外方落地生根。像一株树苗慢慢长大，终成枝繁叶茂的大树。但他们时时不忘老家。不管在国外也好，在国内也好，不管他们走得多远，在感情上始终是和家乡息息相通的。如今，我们在共产党领导下，五湖四海都是家，时时都有同乡人给我们捎来家乡的音讯。"这种牵动读者的心的乡情流露，在集子里是很多的。

鲁迅是很重视文章的"地方色彩"的，这是因为"有乡土色彩的，倒容易成为世界的，即为别国所注意"（《鲁迅书信集》第528页）。乡土特色，不仅指自然景色，也包括一些地方的风土人情，人们的精神状态和气质，更包括作者浓浓的乡情。以个别反映一般，以特殊性表现普遍性，是文学反映生活的特殊规律。真正地把握住地方特色，勾勒出时代的风俗画、风情画，也就能更具体、生动地表现出时代精神。时代气息只有寓于有地方色彩的生活情境之中才能找到得以附丽的躯壳。离开了家乡风土人情的时代气息，难免流于枯燥的说教，并由于感染力不强而不能很好地起到感化、熏陶人的作用。描绘有乡土特色的乡风乡情，正是《佛国之秘》作者的致力之处，也是这本集子的特色之一。

散文是需要感情的，但绝非用一些炫目的形容词。只有作者对祖国和人民有执着的爱恋，对生活有深刻的理解，确实有所感动，才能意随境迁，情同物移。正如我国古代著名文论家刘勰所说："观山则情满于山，观海则意溢于海。"作者在《佛国之秘》这本集子里对父老乡亲，对家乡和各地风情、景物的描绘的字里行间，流露出感人的亲情——对同胞、对亲人的爱，对同胞、对亲人的情。集子中着力描绘的一位普通潮汕乡亲——运输专业户吴茶古就是这种亲情的突出体现：

塔头区是夹三江的低洼地。当台风、暴雨严重威胁乡亲们的生命财产的关键时刻，吴茶古不畏艰难险阻，奋勇向前……

在载物救人中，妹妹让他拉猪，他斩钉截铁地说："现在是什么时候，救人都救不赢，还能救你的猪！"这不是吴茶古绝情，而是他对乡亲们满怀亲情！

对散文写人，有人比作素描：寥寥数笔，活灵活现；有人比作淡墨画：轻轻勾画，呼之欲出；有人比作雕塑：三刀两斧，神情毕肖。总之，这些比喻中都包含着一个"粗"的意思。但是，光用"粗"来概括散文写人特点，也不尽然。倘若我们考察一些优秀散文，你会发现，作者在写人时，粗中还有细，而且有时非常细，细到入木三分。《佛国之秘》也有这种细腻的写人之笔：

“阿古，能不能多我一个？”她望着满满的一车人，又望着吴茶古为难的脸色。

吴茶古瞅着妻子的眼睛。这是一双怎样的眼睛？它多情而富于忍耐力。10多年的夫妻生活使他了解到，妻子是一个最能含辛茹苦的人。他每天在外面奔波，经受风风雨雨，一回到家里，就感受到她的温存和体贴。她是一个既可同患难又可同富贵的好伴侣。在这牵动着乡亲们生命安全的紧要关头，吴茶古虽是个体户，却也和所有的人一样是在这片神圣的土地上成长起来的中国人，他同样具有中国人舍己为公、自我牺牲的传统美德。这种美德像钻石一样晶莹，像金子一样闪光；这种美德足以顶住一切灾难，使这片土地摧不散，压不垮……

在这一瞬间，他发现妻子的眼睛特别美丽，并且充满柔情。在这一瞬间他领悟了很多事情，并下定决心：洪水过后要更好地爱她，譬如说，到城里给她买几套像样的衣服；譬如说，回到家里不要只顾歇息，要帮她干些家务，别让她太辛苦太劳累。但这时他无论如何也不能答应她。

拖拉机开走了，显得那么无情。妻子噙着热泪，望着满满一车人；望着车轮一路溅着水花离去，心中没有怨怼，还对自己说：“好人！我的眼睛没有看错……”

（《伴侣》）

此时“无情”胜“有情”。我们读到这里，感情也难以抑制。在“眼睛”上越细写越感人，越细写效果就越好。炽热的亲情，是我们中华民族共同的美德，它体现在吴茶古身上，也体现在战强台风、斗恶浪的好汉——阿进身上，体现在汕头市邮电局长话班副班长黄美昌身上，体现在揭阳县月城区党委书记王成美身上，体现在为人谦逊、忠厚、诚挚的刘昌潮老师身上……

钟泳天是位勤奋而有才华的中年作家，他沐浴改革的春风，已著有长篇小说《彩虹曲》（与人合作）、诗集《玫瑰花神》等。我们相信他会在创作实践中不断形成自己的散文创作风格，走出散文创作的新路。我们期待着他更多的散文新作面世。

原载《汕头日报》，后《广东侨报》转载

一部新颖实用的辞书
——读《中华联语语典》

一年多前，我以《25年“磨”一书》为题，在报上评荐了崇文书局出版的恩施职院邓治凡主编的350万字、按韵编著的新型辞书《汉语同韵大词典》。今天，我又读到了他从2007年开始，历时7年多编著的又一部80万字的新颖辞书《中华联语语典》（下称《语典》）。他这样勤奋执着、笔耕不辍、成果频出，真是令人钦佩、叹服。

“联语”实际上是大家熟知的、喜闻乐见的，如“吃一堑，长一智”、“当面锣，对面鼓”、“比上不足，比下有余”、“大事不糊涂，小事不马虎”、“从井以救人，解衣以活友”、“百闻不如一见，百见不如实践”、“事亲，事之本也；守身，守之本也”……我国的汉语言文字是世界重要的语言文字，它既奇妙又优美，其中仅三四千个常用汉字就能组合成众多的语言文字形式，表达丰富的内容和情感。联语就是一种非常独特的语言文字形式，也是人们惯称的“联名”。它由两个句子构成，前后句字数相同，句式基本一致，有的还合辙押韵；两个句子围绕一个意思，紧紧相连，在内容上或联合成意，或上下承接，或正反相对，或前后互补。“联语”源远流长，内涵丰富，结构工巧，音调谐和，具有言简意明、朗朗上口的特点，因而从古至今，深受人们喜爱、传诵，是我国最具民族性、文学性、群众性、实用性的文学语言形式，被海内外普遍赞誉。我们可以自豪地说，它是我国文字语言百花园中的一朵奇葩，是中华民族传统文化中独有的一件瑰宝。《语典》的编著出版，有助于人们对联语更好地学习和理解，进而在工作和生活中更好地使用。许多联语，经过长期流传，其中不少演变为成语，但它往往比单一的四字成语内涵更加丰富。如“仁者见仁，智者见智”就比成语“见仁见智”表达更清楚、明确，更易理解；“一朝被蛇咬，三年怕井绳”比成语“惊弓之鸟”、“心有余悸”等表达人们受惊恐后的畏惧心情更形象深刻。因此可见，联语又多是另一种类型的成语。但长期以来，我国学界对联语关注、研究不够，著述更少，除部分演变为成语的联语收入成语词典外，大部分没有入典。所以《中华联语语典》的编著、出版，既填补了我国成语类辞书的一个空白，又增添了我国辞书的一个新颖品种，其功大焉。

我国是世界上历史悠久的文明古国，又是对世界影响深远的语言文字大国，中华5000多年伟大文明光耀环宇，语言文字源远流长。从古到今流传的典籍论述中和在城乡坊间里巷的口头语言中，都珍藏着许多联语。邓治凡先生潜心耕耘，历时七载，从古代典籍至当今著述中，从先哲孔孟到当今伟人孙中山、毛泽东等的论述中，从文学作品和民间口语中，用原始的方法，搜集、摘抄了万余张联语卡片，然后精选其中的3000来条编撰成书。书中所选的联语，都是内涵丰富、思想健康、人们喜闻乐见、常常使用、能很好体现联语这种语言形式特点的，这也是《语典》的一大特色。《语典》对选入的每一条联语，都用汉语拼音加以拼注，并指明出处，还加注释，最后用简要文字既说明原义又说明引申义。

如：【惰而侈则贫，力而俭则富】

duò ér chǐ zé pín，lì ér jiǎn zé fù。

语见《管子·形势解》：人惰而侈则贫，力而俭则富。

惰：懒惰。侈：奢侈。力：勤劳。俭：俭朴。

此联的意思是：（一个人）懒惰而奢侈就贫穷，勤劳而俭朴就富有。后用来告诫人们生活中应去懒为勤，戒奢求俭，保持和发扬中华民族勤俭的传统美德。

对联语中的字，有不同的读音的也特别提出正确读音。如【二人同心，其利断金】指明出处中：“二人同心，其利断金；同心之言，其臭（xiù）如兰。”

有的联语有多个出处，《语典》也一一列出。如【百川异源，皆归于海】：

语见《淮南子·泛论训》：“百川异源，皆归于海。”又见宋·释道源《景德传灯录》卷九：“如百川众流，莫不朝宗于海。”后浓缩为上联，又浓缩为成语，

"百川归海"。

又如【国以民为本，民以食为天】：

语见《宋书·文帝纪》："国以民为本，民以食为天。"又见《汉书·郦食其传》："王者以民为天，而民以食为天。"又见董必武《挽沈骊英女士》："国以民为本，民以食为天。"

这样编著便于大家学习、查阅、使用，也便于外国人学习汉语。这是《语典》的又一特色。从而我们也可以看出作者处处为读者着想的用心，也可以看出作者编撰的辛劳。

邓治凡先生与我因编撰《汉语同韵大词典》而结交近30年，我们年龄相近，又都曾从事教师工作，也多次沟通过《语典》的编撰事宜，是能交心的"文友"。他说自己"教了一辈子书，业余编了大半辈子书"，并喜称自己是"乐于舌耕、笔耕的耕夫"。他一直成果颇丰，今虽已年近八旬，仍勤奋耕耘。一分耕耘，一分收获，我们期待着他更多的耕耘成果面世。

原载湖北《恩施日报》、《桂林日报》

30年探索的可喜成果

——读《教育研究与学校管理》

张文伟同志坚守在一所中学担任校长30年，据我所知不但在桂林，就是在广西也是仅有的，在全国也是少有的。30年来，他团结、带领他的团队，把一所普通中学创建成为市自治区首批16所重点中学之一，后又成为示范性高中。他是广西师大附中（原桂林市立中学，后改名为桂林市二中、十中、广西师院附中）老校长。30年来，他从大学学法律的"入门"教育战线，不仅成长为合格的中学校长、名校的知名校长，还在做好校长工作时，认真学习教育理论，潜心研究、不断探索中学教育和学校管理，获得了令人欣喜的成果。他刚在人民日报出版社出版的论著《教育研究与学校管理》，就是他30年来探索的结晶，该书被列入"人民日报学术文库"，足见其价值所在，令人敬佩。

该书收录了作者发表在各教育期刊上（有的还被收录在其他教育专著中）的18篇文章。这些文章都凸显了一个中心：如何成为一个合格的校长和怎样进行学校管理？读这些文章，我们还会获得启示：在实际工作中进行科学研究和探索，是一条正确的科研之路、成功之路。"校长研究"是长久以来教育界关注和热心研究的一个课题，极有现实和深远意义，关乎着中小学校长的成长，办好学校和发展教育。在这方面，作者是有心人，做过长期、深入的研究，早在20世纪80年代，他就应邀参加了在北京举行的"全国中学校长座谈会"，并做了"谈校长"的专题发言。特别是他参加了广西教育学会和广西教育学院牵头、列为广西教育科研重点课题的"中小学校长成长规律研究"课题组后（课题组由教育学专家和区内多名资深校长组成），更是多次深入城乡各地中小学调查、广泛问卷并潜心研究，提到教育理论层面进行探索，写出了许多有价值的论文。

该书收录了他有关“校长”研究的论文8篇，其内容包括校长的职责、精神、职业理想、广西中小学优秀校长领导工作经验的研究、中小学校长成长规律的研究等，并有作者结合自己30年担校长工作的经历与经验来谈的校长的任务、职责、素质、能力、精神、权力、利益、威信、规范、管理等10个方面的探索和对自己校长生涯“入门”、“探索”、“省悟”三个阶段的回顾。这些有调查、有事例、有理有据并上升到教育理论层面进行分析的文章，我作为一个曾经有近30年教龄，又曾经负责过学校教学工作和教育局教研室工作（以后从事的工作也与教育关联甚密）的人今天读来，仍然感觉亲切、鲜活，受启发、受教育。该书所收的另10篇文章，都是谈学校管理的，涉及行政领导班子建设、学校管理的目标和内容、学校管理要抓住教学管理这个中心环节、德育管理、人事管理、体育卫生管理和学校教育改革、教师必须坚持教书育人等内容。篇末的“教育赋”是关乎教育的诗作。作者离休后，每天坚持读书看报，坚持每周至少写一首诗的高雅休闲习惯。诗为心声，书中所选的诗都是作者对时下有关教育的“心声”、“有感”之作。

书中所收录的这些文章，虽然都是作者在30多年来积累资料、潜心研究、努力探索后撰写出来的，发表距今已有一段时日了，但其所述内容、所谈问题、所提观点、所涉理论在当下并未过时，仍是适时的，都是给人以启示、使人受教育的。如作者指出的“校长的根本任务就是办学育人，育人是办学的目的，办学是育人的手段”；“校长要有奉献精神、探索精神、求是精神、民主精神、批评精神”；“没有事业心和责任心的校长，就谈不上奉献精神”；“校长的探索精神是改革与创新相结合的精神”，“探索精神在改革创新的时代是从事任何一项工作的人都应该具有的一种精神”；“校长首先应该具有自我批评的精神，只有认真履行了自我批评义务的校长，才能取得批评别人的权利”；“校长要有远大的职业理想”，“做一个有丰富的办学实践经验和教育理论修养的教育家”，要“创办名牌学校”。这应是每位学校领导必须具有的基本素养和精神要求，这也是当下一些学校领导所缺失的。

原载《桂林日报》

改革的印记　发展的轨迹

——读《且行且思》

［摘要］《且行且思》一书中所收文章是我国出版业改革开放的翔实记录。一方面，它记录了作者在出版业中的所见所思；另一方面，它记述了改革大潮中我国出版业不断发展的实况，并很好地提出了在改革开放的当下出版人应如何做。这些值得读者深“思”并从中得到启示。

［关键词］出版业；改革开放；思；行

多年来，我们常读到石峰同志的文章，如他多年为《中国出版》写的“卷首语”和在许多报刊上发表的各类文章，他是一位勤于耕耘的笔耕者。他说，自己干了一辈子新闻出版工作，也写了不少文章，少说也有几十万字，但还没有自己的专著。年前出版的《且行且思——感悟新闻出版四十年》[1]（以下简称《且行且思》）就是他有关新闻出版方面的专著，可喜可贺。

作者与新闻出版结缘至今已有40余年，《且行且思》就是他所经历的、思考的“感悟”。这40年，正是我国从“文革”中走出来，在党的十一届三中全会精神指引下，进入改革开放的黄金时期。在书中我们可以欣喜地看到我国新闻出版业在改革大道上留下的印记，繁荣发展的轨迹。1979年全国出版工作座谈会提出地方出版社要“立足本省，面向全国”的工作方针，吹响了改革开放的进军号。地方出版社迅速崛起，有力地推动了全国出版业的高速发展。20世纪80年代党中央出台《关于加强出版工作的决定》，把出版工作推到了前所未有的地位。1994年新闻出版署根据十四大和十四大三中全会精神，审时度势提出了“阶段性转移的工作思路”，使我国出版业呈现了新的发展态势。这是十一届三中全会以来，我国出版业经历的两次重大的转变。当时中央再次强调必须抓紧制定出版法。20世纪90年代，出版法草案列入立法规划，1994年10月草案提交人大常委会审议，由于条件不成熟等原因，搁置至今。在中央社会主义精神文明决议指引下，我国出版业走上了新的发展道路，又面临着新的机遇与挑战。“七五”“八五”期间都曾制定过出版事业发展规划，但并没有认真组织实施。其中一个重要原因，是出版界都不太重视长远的发展目标，缺乏长远的发展战略。在十四届五中全会精神指引下，出版业为了更好地服从、服务经济建设这个中心，制定了《出版事业发展“九五”计划和2010年发展规划》，提出了今后15年的发展目标。为此，必须坚持为人民服务、为社会主义服务的方向，坚持深化改革。当时出版社大多是“事业单位，企业管理”，少数仍为事业单位。在此大环境下，出版社体制必须改革，企业化是出版社改革的方向，应改制为纯粹的文化企业，这样更有利于出版事业的发展。这样，全国性大型出版集团出现了；跨地区专业性的“联合体”组建了；各省区市出版集团、期刊集团纷纷成立；一些出版社走内部自身发展之路的出版公司挂牌了；有的还引进民间资本，发展多种经营，开始显现改制的成效。这一切说明，企业化是出版社改革的正确之路、发展之路。随着出版社改制，新华书店的改革，改革开放之初开始兴办的民营书店蓬勃发展，出现了新华书店与民营书店即“主渠道”与“二渠道”共同发展的繁荣景象。随着高科技、新技术的进入，我国出版业进入了一个新时期，迈上了一个新台阶。其中代表是电子出版物的出现，加上网上购书、网上阅读等，这既拓宽了渠道，也给传统模式提出了新的挑战。在新形势下，管理部门要依法行政，管理方式要变革……由于作者长期在国家出版管理部门工作，并担任一定的领导职务，由于他对出版业情况的了解和对政策法规的掌握，因而书中所收文章是我国出版业改革开放的翔实记录，值得一读。

一、“思”的问题

书中所收录的文章，是作者在出版业中所见“行”的记录，也是“思”的结果。对作者多年前所“思”问题，在当下仍然值得我们深“思”。这是该书的一大特色。

（一）体制改革问题

随着改革开放的深入发展，人们的观念不断改变。出版界同人逐步明确，图书是商品，它不能逃脱商品生产规律的制约，离不开市场机制的作用，商品生产不实行企业化经营是不可思议的。因而出版社要改变体制，走企业化之路，企业化是出版社改革的方向。当下出版社体制改革为企业，组建成多种形式的集团等，用公司制运作。但这只是迈出了第一步，如何把出版社办成真正的文化企业，在新体制下迈大步，力争两个效益最大化，使其在国民经济中的比重不断加大，路还很长，还要大家共同努力，从而建立起比较完善的有中国特色社会主义出版事业新体制。它既要适应社会主义市场经济的要求，又要符合精神文明建设的需要，同时还能反映出版工作的客观规律，形成建立在健全出版法制基础上的宏观管理体制和高效有序的运行机制。

（二）两个效益问题

社会效益和经济效益的关系是一对普遍的矛盾，但在出版业中的表现有其特殊性。我国出版工作的性质决定了要把社会效益放在第一位，经济效益要服从社会效益，但也要追求经济效益。当年“阶段性转移”的提出为实现两个效益的统一创造了极为有利的条件，优质高效的要求实际上就是实现两个效益的统一。在出版业企业化的当下，两个效益的关系已是一个极为现实的实际问题，不少单位较好地实现了两个效益的统一，创造了可喜的佳绩，从近年国家三大图书奖和中国好书的评选中已显现出来。毋庸讳言，有的单位在这方面就出现了问题，甚至做出违法违规的出“格”事，其教训不能忘，要深思，并加以解决。

（三）质量和数量问题

这也是一对矛盾关系，而质量始终是主要方面。这对矛盾关系在我国出版业发展中长期存在，目前我国出书数10万种，出版物品种、数量已跃居世界前列。但在我们这拥有13亿人口的国家，人均占有量还是很低，不能满足广大群众的阅读需求。更不能容忍的是出现了违禁、黄色和过度包装、追求奢靡之风的书刊，等等。而质量滑坡的状况仍然存在，“无错不成书”等都是不容否认的事实。没有质量的数量，不但没有意义，而且有害。控制数量，提高质量，是今后一个时期出版管理一项基本的政策。现在不少出版单位在新体制下，转变观念和思路，不仅增加了品种，印数也大增，而且质量大幅度提升，出了许多好书，获得了两个效益双丰收，给我们做出了“范”儿。

（四）精品和品牌问题

这个问题与两个效益、质量与数量问题密切相关。精品必然是高质量的，除少数专业性极强的图书外，数量也会大幅增加，两个效益肯定双赢。品牌就更不用说了。精品和品牌往往是统一的。精品一般指出版物，我国出版业创造过许多精品，《中国大百科全书》、《鲁迅全集》、《中国美术全集》等和过去出版的不少深受少年儿童喜爱的连环画“小人书”就是其代表。品牌可以是出版物，也可以是出版单位。品牌是竞争的产物，是一种重要的无形资产。上面提到的精品图书就是品牌，广大读者喜爱的期刊《读者》等也是品牌。百年老社商务印书馆和三联书店以及他们出版的许多工具书、学术著作就是公认的品牌。这些都为我们树立了榜样。今天有一些现象值得我们深思：北大出版社推出的大型丛书《儒藏》为何引起轰动；多位党和国家领导人的图书为什么火爆，一推出就销售几百万册，因为“讲话”说的是广大干部群众关注的热点事，用的是大家爱听的鲜活语言，“实录”是愿讲实话，敢讲真话；多年推出的政论性通俗读物“面对面”为什么深受广大读者喜爱；为什么地处西南边陲的一家大学社出版的《看见》会引起强烈反响（虽争议不断，但这是好事，是正常的），已销售几万册；等等。我认为这些对我们出精品、创品牌很有启示，值得深思。

二、“行”的问题

作者在书中记述了改革大潮中我国出版业不断发展的实况，并很好地提出了在改革开放的当下如何做，即“行”的问题，我们可以从中得到启示。这也是该书的又一大特色。

（一）要加速出台“出版法”

改革开放以来，我国制定了一些有关出版业的法律法规，如《著作权保护法》等，但都是一些局部性的，并没有统管出版业全局性的出版法。虽然其草案早就提交审议，但20年过去了仍未出台。出版业存在的一些问题至今未得到很好解决，与其有一定关系。为使我国出版业在新体制下更加健康快速发展，在改革大道上迈上新台阶，我国要加速出台“出版法”。

（二）要切实加强出版队伍的建设

这是实现出版发展繁荣目标的根本保证。市场的竞争实质是人才的竞争，目前出版队伍的整体素质和人才结构不能适应发展和竞争的需要，为此要切实加强队伍建设。出版人员要多读书、多学习，加强自我修养；加强人员培训，提高人员素质，坚持持证上岗；开展多种实效评选活动，促进人才成长；设立真正出版专业学士、硕士、博士培养体系，培养高素质人才；中央提出“愿出版界尽快成长起一批社会主义出版家”，要在“出版百佳”中培养出一批像叶圣陶、陈原、周振甫那样的出版家、编辑家。

（三）出版业既要做大更要做强

经过体制改革，可以说我国出版业是做大了，有了一定的实力，但并非就强了，“1+1>2”，做强并非易事，还有艰巨漫长的路要走。从某种层面上讲，我国已跃上了出版大国之列，但要根据中央关于深化文化体制改革的部署和要求，到2020年建设出版强国的目标，任务艰巨，我们必须付出百倍的努力。另外，对一些有实力有特色的出版社，我们要像扶植“小微企业”那样，采取特殊政策，让他们共同迈步在做大、做强的大道上。

（四）“走出去”，让我国出版业走向世界

早在20年前的一次全国出版局长会议上，就提出了要“造大船”、“走出

去”，漂洋过海，走向世界。这是与我国国际地位相适应的时代的呼唤，是我国出版业自身发展的需要，也是其发展战略。当下，我国走向世界的条件已经成熟，已在世界出版业占有了一定的地位，这已在历次书展、图书博览会上展现出来。我们要转变观念，形成合力，去经风雨、见世面、谋发展，不仅把书刊卖出去，把书店开到国外去，还要去与大国强国竞争，与世界有影响力的出版、传媒、发行集团抗衡，争得与世界第二大经济体相适应的地位。

当然，要做的事还有很多，如与出版相关的开展全民性读书活动，彻底改变我国人均读书时间少、人均图书占有率低的现状，为真正成为“书香”中国、学习型社会迈出坚实步伐，等等。

作者石峰同志已从领导岗位退下来，能有更多时间回顾出版业走过的历程，面对出版业的现状，再次“且行且思”。他是勤于笔耕的人，我们期待他写出更多的文章，期待新专集的面世。

参考文献：

［1］石峰.且行且思——感悟新闻出版四十年［M］.北京：人民出版社，2013.

［2］新闻出版署.新中国出版50年［M］.北京：人民美术出版社，1999.

［3］〔英〕弥尔顿.论出版自由［M］.吴之椿，译.北京：商务印书馆，1958.

原载《教育观察》，2015年第4期

三

广西师大出版社10年探索成绩喜人

如何办一家像样的大学出版社？如何按照新闻出版署所规定的专业分工，在自己的“责任田”里办出效益，办出特色？广西师范大学出版社创建10年来经过不断的探索和实践，获得了可喜成绩：分别被国家教委和新闻出版署评为先进高校出版社和全国良好出版社。

本着国家教委提出的大学出版社要为教学科研服务的办社宗旨，广西师大出版社把出版高校教材和学术专著放在首位，非常重视合理的图书结构，每年都投入近100万元保证学术专著的出版。10年来该社出书2000余种，其中以教材和专著为主。为了出版高层次、高品位、高质量的教材和专著，争创“名牌”，多年来，社里一直鼓励和支持编辑参加各种学术活动，以赢得学术界的信任和支持，从而保证了图书质量和文化品位上达到一个更高的境界。比如，一套以抗日战争史为研究对象、列入国家出版“八五”规划的重点图书《抗日战争史》丛书，由著名学者、博士生导师王桧林教授主编，一批在该研究领域里有造诣的专家学者撰稿。丛书分两批（20卷）出版后，由于其既有史料价值与学术水平，又有较强的可读性，受到抗日老战士、学术界和广大读者的好评。去年该丛书被中宣部、新闻出版署列为18种“二战”重点推荐图书的第二种，在第二届国家图书奖评选中又获提名奖。

充分发挥高校的优势，形成自己的出版特色，这是办好大学出版社的基础。广西师大作为一所有着近70年历史、百名教授的高校，有一批学识渊博、学术造诣较深的知名专家学者。中国语言文学学科是国家23个文科基地学科点之一，是学术界公认的宗法制度研究中心和诗话词话研究中心，理科也有一些知名教授。广西师大出版社首先“立足本校”，积极出版本校教师撰写的著作300来种（含合著），其中在文史的出版上创出了特色，有获国家教委优秀教材奖和优秀社科成果奖的《中国历史文选》、《周代宗法制度研究》等。该社同时“面向全国”，充分发挥高校在学术领域信息灵、联系面广的优势，培育一流的校外作者队伍，出版了一些有影响的教材和专著，如《唐代文学研究》、《唐代文学年鉴》、《东方丛刊》等。由学校体育系牵头，联系中南、西南40多所院校合编的我国第一套高校体育教育专业专科教材（14种）获国家教委审定、推荐，全国已有60多所院校采用。在发挥高校优势时，该社还发挥地域优势，出版了一批具有广西地域特点和民族特色的图书。该社10年来已有200多种图书获全国、大区、省（区）级的优秀图书奖，占出书总数的10%以上，仅1995年就有44种图书获省级以上奖励，其中一等奖7个。

“出书又出人”，这是该社追求的另一个目标。社里大力扶植、积极出版好中青年学人、“跨世纪学科带头人”、青年博士的有创见的著作，如《新东方文学史》、《历史年代学》、《审美幻象研究》等，构建了一支有影响的青年作者队伍。该社社长党玉敏表示：“要继续把师大出版社办成青年学人论著出版基地。”

原载《光明日报》，1996年10月22日

立足边疆　勇创优质

——广西师范大学出版社

广西师范大学出版社地处祖国南疆，是成立于1986年的新社。7年多来出书1600多种，其中有150多种获得全国、大区和省（区）级优秀图书奖，获得了较好的两个效益。

优质、特色，才能赢得市场和读者。这是广西师大出版社在实践中悟出的真谛，也是他们孜孜追求的目标。优质是图书的生命，也是出版社的生命；特色，是一个社宏观出书质量的高标准要求。没有优质就谈不上特色，没有高质量的作者就没有优质图书，几年来，他们把眼光投向全国，以真诚获得了学术界的信任，一批著名专家学者欣然为他们撰稿，从而使图书的质量和文化品位达到一个更高的境界，显示了特色。如《抗日战争史》丛书，是一套以抗日战争史为研究对象、列入国家出版"八五"规划的重点图书，就是由抗日战争史研究专家王桧林主编、约请一批专家学者撰写的国内第一套抗日战争史研究大型丛书，达30种，600多万字。现已出版的有：《失去的机会？——战时国共谈判实录》、《深谷幽兰——战时"国母"风采》、《历史的毒瘤——伪满政权兴亡》、《度尽劫波兄弟在——战时国共关系》、《历史的怪胎——汪精卫国民政府》、《抗日军人之魂——张自忠将军传》、《华夏向心力——华侨对祖国抗战的支援》、《动荡的同盟——抗战时期的中苏关系》、《征服之梦——日本侵华战略》、《惨胜——抗战正面战场大写意》等10余种。丛书陆续出版后，由于其史料性与研究性、学术性与可读性的妥善结合，加之设计上乘、印制精良，受到学术界和各种传媒的好评。国务院学位委员会学科组成员张静如教授指出："《失去的机会？》是系统说明和介绍自1936年至

1945年国共两党高层谈判的第一部学术专著。”“《深谷幽兰》对于宋庆龄开创了由歌颂走向思考、由纪念走向学术研究的先河，为广泛持久地开展纪念和学习宋庆龄的活动奠定了坚实的科学基础。书中有一些新的见解，在史料的挖掘上，也填补了一些空白。在众多的有关宋庆龄的著作和文章中，该书是一部有深度的好的专著。”反映国内外唐代文学研究的现状和最新成果的《唐代文学研究》（已出2辑）、《唐代文学年鉴》（已出2辑），被著名学者季羡林、贾植芳赞为“闪耀出灿烂的光辉，引起了学术界的重视”，“是我国学术园地里的一种开拓性的景象”；选材广泛而严谨，用新时代的视角，发掘、整理、审视与研究有关东方文化圈内的各个学术领域，进行富有创见性的描述和论证，并多有独到之见的《东方丛刊》（已出8辑），展示数理统计研究成果的专著《定性资料的统计分析》等，都由于其优质又具特色而受到了同行专家和广大读者的重视和好评。

牢记宗旨，出好学术专著和教材，是广西师大出版社图书的另一个特色。为教学科研服务，出书又育人，该社牢记大学出版社鲜明的办社宗旨，把出版社办成展示教学科研成果的窗口，一直把出版高层次、高品位、高质量的学术专著和教材视为己任，放在首位。1990年以来，这类图书占该社出书总数的70%，社里为此共出资200多万元。出版学术专著和教材，是大学出版社共同的优势和特色。广西师大出版社很好地发挥这一优势，在出版这类图书中形成了自己的特色。广西师大虽然是一所地方高师院校，但该社仍首先“立足本校”，发挥本校学科、专业特点，以骨干学科和学术带头人为依托，出版了由学校教师撰写的有特色的学术专著和教材，如全面整理、研究抗战时期享誉国内外的桂林“文化城”的史料、事迹、著作，被赞为再现文化城风采、展示历史丰碑的20多辑、1200余万字的大型丛书《桂林文化城大全》；被评价是荟萃宋元明清诗话词话于一炉，可窥中国诗史全貌，“条目全面允当，内容充实准确，且多创见，富于学术价值”的《中国古代诗话词话辞典》；“诗词创作胜似宋杨万里”，诗词杂话见者颇惊新创的《自然室诗稿与诗词杂话》；从新视角展示宗法研究新成果的《周代宗法制度研究》；等等。研究生教材和本科教材有《同调代数》、《离散数学基础》、《热力学统计物理基础》、《平衡与非平衡统计力学》、《现代汉语语法结构分析》、《壮族当代文学引论》、《中国历史文献学》教材系列（6种）等。7年多来共出版了本校教师撰写的这类图书300来种。该社还“面向全国”，走出去，联系校外作者共同编撰高质量、有影响的学术专著和教材，他们为全国20多个省（市、区）高校、科研单位人员出过书。其中“高师体育专业专科主干课程教材”（14种）就是一例。这套教材由本校体育系发起，中南、西南9省（区）高师体育系协作区组织编写，全国高师体育专业教材审查委员会9位成员分别担任主编或审定，从而保证了教材的权威性和质量，现有60多所院校采用，其中3种教材获省级以上优秀教材奖。这套教材的出版，改变了我国长期没有体育专业专科教材的状况。大力扶植，积极出版中青年作者有创见的著作，也是该社这一出书特色的重要体现。这些著作有被赞为“内容翔实、体例新颖、颇多创见”的《新东方文学史》，有“一部系统的龟卜发展史”《中国古代龟卜文化》，有展示国内外巴克莱研究最新成果、颇有新意的《巴克莱哲学研究》，有“构建了一个新构架”的《历史年代学》，等等。这些书的作者都是校内外30岁上下的年轻人。注重培养中青年作者队伍，让他们崭露头角，显露才华，该社这种胆识和远见，受到学术界和同行们的称道。

出版高质量的中小学生读物，为基础教育服务，是广西师大出版社图书的又一特色。著名学者、全国人大常委会原副委员长周谷城先生曾为全国8家师范大学出版社题词：“更好地为基础教育服务。”师范大学出版社有着为基础教育服务的职能。广西师大出版社根据高师院校的性质、特点，以高度的事业心和责任感，组织编写、出版了一批在全国有影响的中小学生读物，如被读者赞为“价廉物美”、第一版就发行百万册的《雷锋故事·日记选》，反映当代全国杰出青年事迹的《当代青年群星谱》（已出版3辑），反映我国近百年历史、被国家教委推荐为中小学图书馆丛书的《我的祖国》丛书（共4种）和多年畅销不衰的“拳头产品”《中学英语课文英汉对照译注》套书、《中学各科教学重点·难点·解析与训练》丛书等。这些图书由于质量高、有特色，贴近教学实际，适应师生需要，因而受到广大学生、教师和家长的喜爱和好评。该社也因而获得较好的效益，开拓出了一条“以书养书”的正确路子。

1994年是我国出版业从总量增长向优质高效转变的关键一年。广西师大出版社提出了坚定不移贯彻出版方针政策，坚持正确方向，进一步优化选题，扩大优势和特色，出好重点书和重版书，提高质量，力争两个效益再上一个新台阶的新举措，将出版更多高质量、有特色的图书，为出版繁荣做出贡献。

原载《中国出版》，1994年第7期

附：《广西教育报》：《出书出人出效益》（发表时与李清先共同署名）（略）

《新闻出版通讯》：《服务教学科研　勇创优质特色——广西师大出版社成立9周年》（略）

多出好书　再创辉煌

广西师大出版社在各级党政部门亲切关怀领导下，迈着坚实的步伐走过了10年的历程。

10年来，广西师大出版社坚决贯彻党的出版方针政策，牢记大学出版社为教学科研服务的办社宗旨，认真落实出版业从总量增长向优质高效转移的要求，重视市场调查和信息反馈，热情为读者和作者服务，出版了一批受到学术界和广大读者关注和好评的精品图书。10年来，广西师大出版社共出书2000多种，总印数达2.5亿册，发行码洋达4亿元。他们一直把出版大学教材和科研专著放在首位，1990年以来，这类图书已占出书总数70%，为此补贴资金七八百万元；其中本校、本地区教师的教学科研专著（含合著）达500多种，补贴资金达300多万元。他们在发挥本校、本地区高校、科研单位学科和人才优势的同时，积极、主动结识国内著名专家学者，约请国家级学会和一流作者撰写书稿，出版了一批精品图书。《抗日战争史》丛书就是其代表，这套以中国人民伟大的抗日战争史为研究对象，列入国家“八五”重点图书规划的大型学术丛书，就是请抗日战争史研究专家、博士生导师王桧林教授主编，约请在该领域有造诣的专家学者撰写的。由于真诚赢得了学术界的信任，许多知名专家学者欣然为校出版社撰稿，从而使图书质量和文化品位达到了更高境界。10年来，他们已有200多种图书在国家、大区和省（部）级评奖中获优秀图书奖。1995年他们荣获国家教委授予的“先进高校出版社”称号，被新闻出版署评为全国良好出版社，社党总支也被自治区党委评为“先进基层党组织”。

出版社10周年创业历程，给我们许多启示，虽然各系各单位情况不一，但他们有许多值得学习的地方，如一把手严于律己，辛劳敬业，依靠群众；班子严把政治关，团结开拓，争创一流；队伍有精神凝聚力，勤奋工作，互相支持；紧紧依靠上级主管部门，处理好纵横关系；等等。这些是值得我们认真思考的。

回顾第一个10年，令人欣喜；展望第二个10年，迈上新台阶，再创辉煌。我们希望广西师大出版社：1. 学习贯彻六中全会精神，坚持正确的出版方向，把最好的精神食粮贡献给人民。出版社10年社庆，时逢全国各族人民认真学习贯彻党的十四届六中全会精神，把精神文明建设提到新的高度的新形势，因此就具有特殊的意义。文化建设是社会主义精神文明建设极其重要的一个方面。出版社的全体同志要贯彻落实六中全会精神，编辑、出版更多的无愧于改革开放和社会主义现代化建设时代的精品图书。2. 牢记大学出版社的办社宗旨，更好地为教学科研服务。1986年李鹏总理在视察大学出版社时曾题词：“出版为教学科研服务。”出版社要把出版高校教材和学术专著视为己任，要更好地调整图书结构，处理好“两个效益”的关系，让这类图书占出书总数的70%以上；进一步提高图书质量，多出层次高、品位高、质量高的高校教材和学术专著；发挥高校人才密集、智力密集、信息密集的优势，多出“创牌子”、“拿大奖”的精品图书。3. 突出一个“教”字，发挥地域优势，更好地形成出版社的图书特色。要在出版好高校教材和学术专著的同时，更好地服务于基础教育，认真编辑出版好基础教育理论研究专著和贴近教学、贴近师生的高质量图书；进一步发挥广西地域优势，多出版为我区两个文明建设服务的图书和具有民族特色的图书，并进一步拓宽发行渠道，赢得更多的市场和读者。

今天，广西师大出版社昂首阔步迈上了第二个10年的征程，我们预祝该出版社在第二个10年里再创辉煌。

原载《广西日报》，1997年1月8日

10年耕耘结硕果

——记广西师范大学出版社

广西师范大学出版社成立于1986年，是我区目前唯一的一家大学出版社，在全国500多家出版社、100家大学出版社中是一家新社、小社。10年来，他们认真贯彻党的出版方针政策，坚持为教学科研服务的办社宗旨，形成自身优势和特色，取得显著社会效益和经济效益，得到了学术界和广大读者的喜爱和好评。其做法是：

一、牢记办社宗旨，出好高校教材和学术专著。该社一直把出版高层次、高品位、高质量的高校教材和学术专著放在首位。1990年以来，这类图书占其出书总数的70%，一批由本校骨干教师撰写的有特色的教材和专著，受到社会各界的好评。其中《热力学统计物理基础》、《中国历史文选》获国家优秀教材二等奖，《中国古代诗话词话辞典》连获全国教学优秀图书、中南地区大学版协优秀专著、桂版优秀图书三个一等奖，《周代宗法制度研究》获国家教委社科优秀成果二等奖，《桂林文化城大全》获中南地区大学版协优秀专著一等奖。10年来，该社先后投资300多万元，出版了本校教师撰写的图书300多种，促进了学校教学、科研的发展。

二、走出去，广交知名专家学者，出版高质量的图书。从实践中，该社深切体会到，没有一流的作者就没有一流的图书。多年来，该社既立足广西，又放眼全国，已为全国20多个省（市）、自治区高校、科研单位人员出过教材和专著。一批著名的专家学者也欣然为他们撰稿，从而促进图书质量和文化品位进入更高境界。获得我国最高图书奖——国家图书获提名奖的《抗日战争史》丛书就是其代表。这是一套以抗日战争史为研究对象，列入国家出版“八五”规划的重点图书，由抗日战争史研究专家、博士生导师王桧林教授任主编，一批该领域知名专家学者撰写，是国内第一套抗日战争史研究大型丛书。丛书分批出版后，由于其史料性、研究性、学术性和可读性的有机结合，加之设计上乘、印制精良，受到抗日老战士、学术界和广大读者的好评。著名史学家、中央党史研究室教授王淇评价该丛书的出版时说："这是小社办大事，小戏台演大戏。广西师范大学出版社不怕亏损，有远见卓识，难能可贵。"又如"全国高等院校体育教育专业专科教材"（14种），这套教材由本校体育系发起，中南、西南9省（区）高师体育系协作编写，并请全国高师体育专业教材审查委员会9位成员分别担任各册主编或审定，从而保证了教材的质量和权威性。这套教材由国家教委推荐，被全国60多所院校采用，其出版，改变了我国长期没有体育专业专科教材的状况。采取同样方式编辑出版的《唐代文学研究》（已出5辑）、《唐代文学年鉴》（已出5辑）、《东方丛刊》（已出12辑）、《定性资料的统计分析》、《中国文学宝库》等，都由于其优质又具特色而受到同行专家和广大读者的重视和好评。

三、"出书又出人"，培养跨世纪人才。该社多年来在构建作者队伍时就非常重视中青年作者的培养，大力扶植、积极出版中青年学者的有创见的著作。这些著作有不少获得省（区）级以上优秀图书奖。如被赞为"内容翔实、体例新颖、颇多创见"的《新东方文学史》，"一部系统的龟卜发展史"的《中国古代龟卜文化》，展示国内外巴克莱研究最新成果、颇有新意的《巴克莱哲学研究》和"构建了一个新构架"的《历史年代学》，等等。现该社正在组织出版"九五"规划重点图书——《跨世纪学人文存》丛书，约请30位在文学、史学、哲学、美学等学科研究中有突出贡献的中青年学人撰稿。注重培养中青年作者队伍，让他们崭露头角，显露才华，师大出版社这种胆识和远见，受到学术界和同行们的称道。

四、注意发挥民族区域优势，认真组织出版高品位的民族特色图书。已出版的大学和研究生教材有《中国少数民族民间文学》、《壮族当代文学引论》以及《中国少数民族地区旅游指南》、《少数民族教育探索》等。正在组稿、编辑，将要陆续出版的有57辑的大型丛书《中国少数民族大辞典系列》，"九五"重点图书、开辟宗法制法研究新领域的《广西各民族宗法制度研究》，等等。根据高师院校的性质任务和为基础教育服务的职能，该社一直把出版为基础教育服务的高质量青少年读物，作为重要内容之一，出版了一批在全国有影响的青少年读物。如由邓颖超作序，反映当代杰出青年事迹、被评为全国青年最喜爱的图书之一的《当代青年群星谱》（已出4辑），有第一版就发行了百万册的《雷锋故事·日记选》，有列入“百种爱国主义教育图书”的《华夏向心力——华侨对祖国抗战的支援》、《祖国，我永远属于您》（诗集），被中宣部等五部委向全国中小学推荐；《我的祖国》丛书（4辑）、《全国中小学百种爱国主义教育图书导读》（3种）、《学生作文文库》（3种）被国家教委推荐为中小学图书馆丛书；《中学各科教学重点·难点·解释与训练》丛书和《中学英语课文英汉对照译注》套书，以及《中外儿童文学精品文库》等，成为多年畅销不衰的“拳头”产品，部分已由中央电视台一套节目播讲。

广西师大出版社由于牢记办社宗旨，发挥优势，勇创特色，“两个效益”显著。1993年，被国家教委评为“教材管理先进单位”，1995年又受到国家教委的表彰，授予“先进高校出版社”称号，被新闻出版署评为全国良好出版社，社党总支被评为自治区“先进基层党组织”；已有200多种图书获全国、大区、省级优秀图书奖，占所出图书总数的10%，仅1995年就有44种图书获省级以上奖励，其中一等奖7个。该社成绩如此显著，是因为有一个政治素质好、业务能力强，团结、开拓的领导班子，特别是社长党玉敏同志，是享受政府特殊津贴的有突出贡献的专家，“奉献健康的精神食粮”是他的不懈追求。同时，还有一支成熟的编辑队伍，他们敬业精神好，严把质量关，乐于奉献；有一套较科学的管理制度，保证了工作的有序进行。广西师大出版社走过了硕果累累的10年，今天他们正迈向新的历程，笑迎21世纪，为出版繁荣再创辉煌。

原载《广西政报》，1996年11月1日

消息8则

（1）广西师大出版社坚持办社宗旨　出好高校教材和学术专著

本报讯　广西师范大学出版社成立以来，坚持正确的办社方向，恪守为教学科研服务的办社宗旨，积极出版高校教材和学术专著，形成了出书特色。先后被国家教委和新闻出版署评为先进高校出版社、全国良好出版社。

广西师大出版社把出版社办成展示教学科研成果的窗口。10年来该社出书2000余种，其中以教材和专著为主，1995年出版新书177种，这类图书占128种，达70%以上。该社充分发挥高校的优势，尽力在专业分工的“责任田”里夺丰收，形成自己的图书特色。他们首先“立足本校”，充分发挥本校重点学科和学术带头人的优势，积极出版本校教师撰写的著作（含合著）300来种，这些著作的出版，使一批教师在学术领域脱颖而出，促进了教学和科研水平的提高。他们同时“面向全国”，采取约请校外知名作者撰稿等做法，争创“名牌”，出版了一批有影响的著作。该社还注意发挥地域优势，出版了一批具有广西地域特点和民族特色的图书，并坚持“出书又出人”的方针，力争办成青年学人论著出版单位，大力扶植、积极出版好中青年学人、“跨世纪学科带头人”、青年博士的有创见的著作，并构建了一支有影响的青年作者队伍。

由于重视图书质量，出版特色图书，10年来该社已有200多种图书获全国、大区、省级优秀图书奖，占图书总数的10%以上，仅1995年就有44种图书获奖。

原载《新闻出版报》，1996年11月15日

（2）在教材和专著上下功夫　广西师大出版社重点书特色鲜明

本报讯　广西师大出版社成立5年来，注重优化选题，层层把好编辑、设计、印制的质量关，在教材和专著上下功夫，出版了一批好的重点书。

为国内56所高等师范学院采用的我国第一套高师体育专业专科10门主课教材、被誉为“成熟的研究生教材”的《同调代数》以及《新东方文学史》（古代、中古部分）、《中国历史文献学》等，为该校赢得了荣誉。专著方面的出版物有填补我国宗法制度研究空白的《周代宗法制度研究》，运用历史唯物主义观点和系统论、控制论，多角度、多层次地对孔子哲学思想进行重新研究、评价的《孔子哲学新论》等。同时还出版了一批深受青少年喜爱、受到社会好评的优秀政治读物，如《当代青年群星谱》（第一分册）和《雷锋故事·日记选》等。

去年以来，该社又结合制订“八五计划”，进一步优化选题。精心组织，一批重点图书正在编辑、出版中，其中有被列为国家“八五计划”重点图书的共计50种约1000万字，反映抗日战争期间被誉为“文化城”的桂林当时全貌的大型丛书《桂林文化城大全》，由国家民委组织编写，我国每个少数民族编撰一部的系列书《中国少数民族大辞典》和《现代科技研究》丛书等。

5年来，该社有90多种图书在国家、大区、省（区）有关评奖活动中获奖。

原载《新闻出版报》，1991年12月13日

（3）广西师大出版社坚持高品位　为读者提供健康的精神食粮

本报讯　成立仅10年的广西师范大学出版社坚持正确方向，恪守大学社的宗旨，千方百计出版高品位的精品图书，为社会和广大读者提供健康的精神食粮，获得可喜成绩，先后被国家教委和新闻出版署评为“先进高校出版社”和“全国良好出版社”，社党总支被评为自治区“先进基层党组织”。

广西师大出版社成立于1986年，是地处祖国南疆民族地区的小社。但该社一直坚持高标准、严要求，牢记大学出版社为教学科研服务的宗旨，在出好高校教材

的同时，认真出版好高品位的学术专著，10年来该社出书2000余种，其中以高校教材和学术专著为主，1990年以来，这类图书占出书总数的70%。他们积极发挥高校信息灵、联系面广，知识密集、科研成果丰富、人才资源雄厚、高层次作者多等优势，以本校重点学科和学术带头人为依托，约请国内著名专家学者撰稿，争创“名牌”；坚持“出书又出人”方针，大力扶植中青年学人，出版有创见的“新人新作”等做法，出版了一批高品位、有特色的图书。如获得第二届国家图书奖提名奖的学术丛书《抗日战争史》丛书，获省级以上3个优秀图书一等奖的《中国古代诗话词话辞典》等。该社还出版了一批青年学人有创见的论著，如《中国古代龟卜文化》、《巴克莱哲学研究》、《审美幻象研究》、《西方古代美学主潮》等，让青年人崭露头角，显示才华，受到学术界和同行们称道。

原载《中华读书报》，1996年12月4日

（4）广西师大出版社斥资出教师学术书

本报讯 在个别出版社为追求经济效益，甚至出版格调低下图书的情况下，广西师大出版社牢记为教学科研服务的宗旨，投资300万元出版教师学术著作，向读者提供高格调的精神食粮，被国家教委评为“先进高校出版社”，被新闻出版署评为“全国良好出版社”。

广西师大出版社成立于1986年，成立以来已为20多个省市的高校和科研单位出书2000多种。其中由著名学者王桧林教授主编的《抗日战争史》丛书，是国内第一套以抗战史为对象的学术丛书，荣获国家图书奖提名奖。

为解决教师出版学术著作难这一问题，广西师大出版社结合本校教学科研实际，继出版《中国古代诗话词话辞典》后，又推出了《中国古代诗话选释丛书》和《中国诗学丛书》，使之成系统，将诗话词话研究与古典诗学的研究结合起来。他们推出的一批“跨世纪学科带头人”、青年博士和青年教师的学术专著《新东方文学史》、《历史年代学》、《审美幻象研究》、《西方古代美学主潮》等，使一批青年教师脱颖而出，有力地推动了学校教学科研的发展。

在出版的400多种本校教师的学术著作中，有一大批图书获得省级以上优秀图书和科研成果奖，《中国少数民族民间文学》、《壮族当代文学引论》等诸多少数民族教育、文学、文化方面著作的出版，使学校学科专业建设富有浓郁的地方民族特色。

原载《中国教育报》，1996年11月8日

（5）广西师大出版社：优质+特色=效益

为教学科研服务，出书又育人，这是广西师大出版社鲜明的办社宗旨。她一直把出版高层次、高品位、高质量的高校教材和学术专著视为己任，并形成了自己的特色。

优质和特色是赢得市场和读者的根本。几年来，广西师大出版社把眼光投向全国，以真诚获得了学术界的信任，一批著名专家学者欣然为他们撰稿，从而保证了图书的质量。如《抗日战争史》丛书，就是约请抗日战争史专家王桧林主编、一批知名专家学者撰写的国内第一套抗日战争史研究大型丛书。丛书出版后，受到老一辈革命家和学术界的好评，被中宣部、新闻出版署列为18种“二战”重点图书的第二种，最近又入围第二届国家图书奖初评入选书目。还有反映国内外唐代文学研究的现状和最新成果的《唐代文学研究》、《唐代文学年鉴》；用新时代的视角，发掘、整理、审视与研究有关东方文化圈内的各个学术领域，并多有创见的《东方丛刊》；展示数理统计研究成果的专著《定性资料的统计分析》；等等。

广西师大出版社在认真出版好高校教材和学术专著的同时，根据高师院校的特点，组织编写、出版了一些为基础教育服务的在全国有影响的中小学生读物，如受到广大读者欢迎，第一版就发行百万册的《雷锋故事·日记选》，反映我国近百年历史，被国家教委推荐为中小学图书馆丛书的《我的祖国》丛书（4辑）；等等。

广西师大出版社地处民族自治区，他们注意发挥地域优势，认真组织出版高品位的民族图书。已出版的高校本科和研究生教材有《中国少数民族民间文学》、《壮族当代文学引论》……将要出版的有57辑的大型丛书《中国少数民族大辞典》

系列等。“九五”期间，该社还将出版反映中国科学院、工程院少数民族院士最新研究成果的《中国少数民族院士学术丛书》，开辟宗法制度研究新领域的《广西各民族宗法制度研究》等。

广西师大出版社正在迈步走向她的第10个年头。我们深信，他们会更加辛勤地耕耘，为广大读者奉献更多健康的精神食粮。

原载《中国教育报》，1996年1月28日

（6）一本好书的出版必须从选题抓起

——广西师大出版社认真制定1996年选题计划

广西师范大学出版社把制定选题计划作为落实阶段性转移的一个关键性举措，成为该社制定1996年选题计划的一个重要特点。

通过学习阶段性转移的有关精神和总结多年的实践经验，广西师范大学出版社的领导和编校、出版发行人员形成了一个共识：阶段性转移是一个系统工程，要经过一定时间的艰苦努力才能实现；一部好书的出版，必须从选题抓起。在组织制定1996年选题计划时，广西师范大学出版把落实阶段性转移要求作为重点指导思想之一。一是树立质量意识和精品意识，积极开发高质量、高品位的精品图书。如《中国古典文学走向世界》丛书，由我国著名古代文学专家傅璇琮先生主编，聘请社科院在该领域有造诣的专家学者撰稿，共10种，分三年完成。该“丛书”以新的视角，开创了中国古典文学研究的新领域。同类选题还有反映我国美学各流派名家研究最新成果的论著，如周来祥教授的《再论美是和谐》、刘纲纪教授的《哲学和美学》等。二是牢记大学出版社的办社宗旨，为教学科研服务。以出版高校教材和学术著作为首要任务。1996年这类选题计划超过了过去占70%左右的比例，达到近80%。三是发挥地域优势，继续出好民族图书。该社成立近10年来，注意发挥地处民族自治区的优势，出版了不少民族图书。在制定今年选题计划时，继续发挥这一优势，重视开辟这方面的选题。在出版好大型系列丛书、57卷的《中国少数民族大辞典》系列的同时，开发的新选题还有反映中科院、工程院少数民族院士最新学术

研究成果的《中国少数民族院士学术丛书》，反映宗法制度研究新成果的《广西少数民族宗法制度研究》等。四是开发科技读物和普及读物选题，如激发青少年热爱科学，培养创造思维能力的《青少年创造发明丛书》、《中国文化普及丛书》等。

在制定1996年选题计划时，该社严格执行论证制度。在发动全社人员调查研究，个人提出选题计划的基础上，各编辑室先进行论证，然后全社编校、出版发行人员和中层干部就各选题的内容、价值和市场预测、经济评估进行论证，最后由社委会集体讨论定夺。

原载《读者导报》，1996年1月22日

（7）广西师大出版社推出《全国中小学百种爱国主义教育图书导读》

为配合中宣部、国家教委、文化部、新闻出版署、共青团中央联合推荐“全国中小学百种爱国主义教育图书”读书活动的开展，更好地帮助广大中小学生了解和掌握图书的内容，读懂用好这些图书，广西师范大学出版社将于最近推出国家教委基础教育司编写的《全国中小学百种爱国主义教育图书导读》套书，包括小学卷、初中卷、高中卷3种。这套书论述精当，指导性强，文字明晰精练，具有较强的可读性，是阅读百种爱国主义教育图书的理想的导读书，是开展百种爱国主义教育图书读书活动最具权威性的指导书。

原载《新闻出版报》，1995年5月24日

（8）广西师大出版社29种图书在中南获奖

在最近结束的中南地区大学出版社协会举办的第三届（1991—1992年）优秀图书评奖中，由20余位专家、学者组成的评委会，对广西师范大学出版社的参评图书评价甚高，认为该社出版的图书选题好、内容新、品位高，体现了高校出版社的特

色，并且在装帧、印制上又迈上了一个新台阶。该社有29种图书获奖，是这次评奖中获奖最多的出版社。其中获一等奖的图书是《桂林文化城大全·小说分卷》（1~3辑）、《抗日战争史》丛书（第一批图书）、《中国古代龟卜文化》、《唐代文学年鉴》、《管理哲学》、《社会主义市场经济学》、《离散数学基础》、《天津市岩溶水的形成条件和运移规律》共8种；获二等奖的图书是《东方丛刊》、《艺术构造论》、《音韵学概要》、《巴克莱哲学研究》、《〈金钗记〉及其研究》、《唐代文学研究》等13种；获三等奖的有《西方文学批评史》、《中国史学史简明教程》等8种。另外，《离散数学基础》还获校对奖。

原载《新闻出版通讯》，1993年第10期

我国大学版协向广西各族人民赠书

本报讯 为了更好地促进少数民族地区两个文明建设，落实国家教委提出的包括“持续不断地把健康优秀的精神食粮赠送给边远地区各少数民族”等内容的“源泉工程”，最近，中国大学版协代表北大、清华、人大、北师大、南大、上海交大、广西师大等32家大学出版社向广西各族人民赠书600余种，共2万册。

赠书仪式在桂林市举行，广西区人民政府覃卓凡副秘书长、教委李林副主任专程到桂林参加了赠书仪式。80岁高龄的全国政协常委、著名学者、书法家启功教授为表达对广西各族人民的深情，也欣然到桂参加赠书活动。

赠书仪式的当天，大学版协的负责同志在区、市有关领导的陪同下，向桂林民族师范学校和桂林市回民小学，分别赠送2000册和1500册书。身着民族服装的壮、苗、瑶、侗、仡佬、回等10多个民族的两校师生吹着芦笙、跳着欢快的舞蹈，热烈欢迎大学版协的同志，整个校园洋溢着民族团结、和悦的气氛。

原载《新闻出版报》，1992年5月11日

书讯6则

（1）《中国古代诗话词话辞典》出版

本报讯 由张葆全教授主编、为人们了解和研究我国古代诗话词话著作以及诗词作家作品、诗学词学理论提供的实用专门化工具书——108万字的《中国古代诗话词话辞典》，最近已由广西师范大学出版社出版。

原载《人民日报》，1992年5月13日

（2）《原子物理学》出版

本报讯 经过多年的教学实践、总结，由陈光旨教授编写的《原子物理学》，系本科专业教材，最近已由广西师范大学出版社出版。

原载《人民日报》

（3）传统文化的源头

我国当代著名历史学家田昌五先生曾说："过去我们研究中国古代的思想文化，多从西周或春秋始，并以孔子和儒家为正宗，这是不够全面的，也可以说是不正确的。实际上，中国古代的思想文化较此要早得多，内容也丰富得多，这就是卜筮文化，或曰宗教文化。后来的诸子百家，三教九流，都是从这里演化出来的。中国古代的卜人和筮人，相当于西方所说的先知，他们应是最早的圣人。”又说：“专职或半专职的卜筮人员的出现，意味着中国文明的起源。”“这种宗教文化脱胎于原始文化，又构成后来中国文化之大源。不了解这一点，就不可能真正理解中国传统文化的要领。”我们认为田先生所说极是。《周易》素来被人们公认为中国传统文化的源头活水，而作为与《周易》有着密切联系又大大早于《周易》的龟卜文化，则自然称得上是中国传统文化的源头之源头了。因此，我们探讨研究古代龟卜，其意义不仅仅在于了解这一古老的文化现象，同时，还是在追溯中国传统文化的最早源头。

摘自《中国古代龟卜文化》，刘玉建著，广西师范大学出版社最近出版。本书是迄今为止我国第一部全面系统研究中国古代龟卜文化的著作，也可以说是一部系统的龟卜发展史。

原载《新闻出版报》，1992年10月3日

（4）潮汕历史文化研究丛书之一
——《〈金钗记〉及其研究》出版

本报讯 汕头市文物管理和戏曲研究专家陈历明的新作《〈金钗记〉及其研究》，最近由广西师范大学出版社出版。

该书20余万字，是《潮汕文库·潮汕历史文化研究丛书》之一，包括上、下两卷和附录。上卷为《金钗记》研究，真实地揭示了《金钗记》出土本原貌、对明代前期戏曲文学和戏曲舞台艺术及潮州戏剧的研究等；下卷为《刘希必金钗记》重校本，是作者根据出土原件、抄件、临摹本、书影整理、勘校出的完整的重校本。附录首次披露了散见于出土本中的夹、贴纸和空白处的残文、附言、锣鼓谱、散曲、诗句等珍贵资料。该书的出版有助于明代戏曲、潮州戏乃至我国戏曲史研究的开展。

原载《汕头日报》，1992年11月26日

（5）《华夏向心力——华侨对祖国抗战的支援》一书出版

广西师范大学出版社出版的国家“八五”重点图书工程的《抗日战争史》丛书中的《华夏向心力——华侨对祖国抗战的支援》，热情讴歌了华侨的拳拳爱国心，凛凛抗日行，是一部研究抗日战争时期华侨的专著。

从内容看，该书涉及华侨在抗日战争中的活动范围极为广泛，作者从多层次、多角度并有一定深度地展示华侨支援和参加祖国抗日战争的感人史实，透视了华侨整个抗战历史的全貌。全书分8章，介绍了华侨抗战的爱国基因、活动情况、发展轨迹；国民党、共产党和抗日根据地的侨务政策；侨团（如南侨总会、泰国中华总商会等）、侨领（如南洋陈嘉庚、泰国蚁光炎、菲律宾李清泉、印尼丘元荣、马来西亚胡文虎、美洲司徒美堂等）和广大华侨为抗日捐资捐物、回国参战以及与所在国群众共同抗击日寇侵略的感人事迹。作者热情赞颂了华侨英勇抗战的光辉业绩，充分肯定了抗战中华侨所起的不可忽视的作用，肯定了他们在华侨史上所占有的重要地位。

原载《华声报》

（6）广西师范大学出版社组织编撰《桂林文化城》系列丛书

1938年10月至1944年秋，大批文化名人云集桂林，中国抗日文化运动在此蓬勃开展，新闻、出版、文学、艺术、历史研究、教育和国际交流等事业空前繁荣，桂林因此曾一度被誉为“文化城”，享誉国内外。广西师范大学出版社邀请专家学者，组织社会各方面力量，编写“桂林文化城大全”大型系列丛书。它已列为全国社科“八五”计划重点选题之一，并作为纪念伟大的抗日战争胜利50周年的献礼书。编撰这一套大型系列书，是要通过收集整理资料，探讨桂林文化城繁荣的原因、活动的特点和内在规律，揭示其在中国文化史上的功绩和在世界反法西斯文化活动中的地位和作用，以抢救、保护“桂林文化城”的珍贵文化遗产，弘扬革命文化传统和爱国主义精神，其意义是深远的。

这套丛书共包括10多个领域，初步规划编撰30辑左右，字数达1200万~1500万字。文学、新闻出版、教育、历史研究、音乐等卷现已开始编撰。文学卷小说分卷第一辑已出版，二、三辑正在印制中。

这套丛书最大特色之一是全面。自1938年10月武汉沦陷到1944年湘桂大撤退，这一期间桂林文化城史料均属搜集、整理范围。丛书所收史料不仅包括文学、艺术、新闻出版等领域，还包括教育、卫生、历史研究、政治、经济、军事、地理（含交通、城建）、国际交往（或外事往来）等10多个方面，并原则上按领域设卷。篇幅大的如文学、新闻出版等卷，下设分卷，分卷之下又分辑。为了达到全面整理，丛书尽力做到覆盖面广。如文学卷所收内容就包括了抗日战争桂林文化城时期作家创作和发表的全部文学作品，不仅包括在桂创作、在桂发表的作品，而且包括在桂创作而在外地发表的作品，或在外地创作但在桂林发表的作品。另外，各卷（辑）之首还附有当时珍贵历史图片若干，以存其真。

研究性和资料性的统一，是这套书的另一大特色，这也是与国内其他地方的同类丛书的一大区别（其他同类丛书，大体只是收集原著，略加校订）。这套丛书在研究中，坚持辩证唯物主义和历史唯物主义观点，尊重历史发展的客观事实，努力做到观点正确，立论公允，注意内容的科学性。丛书“总序”和每卷前就该卷所涉及领域有3万字左右的“概论”，反映了编撰者研究成果，是有价值的学术论文。各卷（辑）除概论外，均按专题或专人排列，选录最有代表性的作品（资料）或论文，在每一专题或专人下，扼要介绍该专题或专人概况，称为“概述”；在所选作品（资料）或论文之后，又作简要评点、注释。这些都是编撰者的研究成果，有研究参考价值。总之，丛书的编撰特色，既可保存文化城留下的珍贵文化遗产，又可突出今天编撰者的研究成果，对专门的研究者来说有学术参考价值，一般读者也可从中受到爱国主义教育，并获得种种文化知识，获益良多。

原载《抗日战争研究》，1992年第3期

出书出人出效益

广西师范大学出版社是我区唯一的一家大学出版社，1993年被国家教委评为“教材管理先进集体”，1995年又受到国家教委的表彰，授予“先进高校出版社”称号，被新闻出版署评为全国良好出版社，该社的党总支被评为自治区“先进基层党组织”。其产值占广西师范大学校办企业产值的60%，1995年利润达1300多万元。在99家大学出版社订货会上，广西师大出版社订货码洋几年来均名列前茅，1995年竟占近20%。对于一个刚成立9个年头的出版社，为何能取得如此好的社会效益和经济效益？在该社迈向10周年头的时候，笔者走访了广西师大出版社。

为教学科研服务，出书又出人。把出版社办成展示教学科研成果的窗口，一直把出版高层次、高品位、高质量的高校教材和学术专著视为己任，放在首位，并形成了自己的出书特色。1990年以来，这类图书占该社出书总数的70%，社里为此共补贴资金200多万元；1995年出版新书177种，其中70%以上为教材和学术专著。他们“立足本校”，近10年来，师大社共出版本校教师著作300来种，其中多部著作获全国大奖，有力地推动了学校教学科研的发展，使一批教师在学术研究领域脱颖而出。

优质，是图书的生命，也是出版社的生命；特色，是一个出版社宏观出书质量的高标准高要求，也是其走向成熟的一个标志。没有优质就谈不上特色，没有高质量的作者就没有优质图书；优质和特色，才能赢得市场和读者。这是师大出版社在实践中悟出的真谛，也是他们孜孜追求的目标。几年来，他们把眼光投向全国，以真诚获得了学术界的信任，一批著名专家学者欣然为他们撰稿，从而使图书质量和品位达到一个更高的境界，显示了特色。如《抗日战争史》丛书，就是约请一批专家学者撰写的，分政治、军事、经济、人物等7大类，已出版20种。丛书出版后，受到老一辈革命家、抗日老战士、学术界和广大读者的好评，1995年被中宣部、新闻出版署列为18种“二战”重点推荐图书的第二种，又入围了我国图书最高奖、国家图书奖初选书目。

广西师大出版社成立以来，已出书2000来种。由于重视优质和特色，有180多种图书获得全国、大区和省级优秀图书奖，仅今年就有40多种图书获省级以上优秀图书奖，其中一等奖就达7个。

广西师大出版社由于其学校的性质与任务，有着为基础教育服务的职能。该社一直把出版高质量的中小学生读物，为基础教育服务，作为其办社宗旨的重要内容之一。他们出版了一批在全国有影响的中小学生读物，如受到广大读者欢迎、第一版就发行百万册的《雷锋故事·日记选》，反映当代全国杰出青年事迹、被评为全国青年最喜爱的图书之一的《当代青年群星谱》（已出3辑），反映我国近百年历史、被国家教委推荐为中小学图书馆丛书的《我的祖国》丛书（共4种）和多年畅销不衰的“拳头”产品《中学各科教学重点·难点·解析与训练》丛书、《中学英语课文英汉对照译注》套书等。近两年来中央电视台在一套节目已先后播讲了《中学各科教学重点·难点·解析与训练》丛书中的“高中语文”、“高中数学”两种，不久将播讲“高中物理”。

广西师大出版社注意发挥民族自治区地域优势，认真组织出版高品位的民族特色图书。已出版的有大学本科和研究生教材，如《中国少数民族民间文学》、《壮族当代文学引论》等，将要出版的有57种的大型丛书《中国少数民族大辞典》系列。该社“九五”期间，还将出版反映中国科学院、工程院少数民族院士最新研究成果的重点图书《中国少数民族院士学术丛书》。为培养跨世纪人才，广西师大出版社大力扶持、积极出版中青年作者有创见的著作，已出版的《历史年代学》、《巴克莱哲学研究》等著作都是校内外30岁左右的青年人所著。该社将出版重点图书《跨世纪学人文存》丛书，以培养中青年作者队伍，该社这种胆识和远见，受到学术界和同仁们的称道。

“恪守为教学科研服务的办社宗旨，积极出版高校教材和学术专著，形成了出书特色；重视出版质量，有较科学的管理制度，社会效益和经济效益显著。”这是社会舆论的评价。师大出版社成立才9年多，就获得这样高的评价，是因为有一个政治素质好、业务能力强，团结、开拓的领导班子，严格遵守党和国家的出版方针、政策以及出版管理部门的管理规定，特别是作为一把手的社长党玉敏同志，是享受政府特殊津贴的有突出贡献的专家。“奉献健康的精神食粮”是这位出版家的远见卓识。有一支成熟的编辑队伍，其中12人具有高级技术职称，12人具有中级技术职称，他们兢兢业业，严把质量关，乐于奉献，为人“作嫁”。该社有一套较科学的管理制度，如“选题申报和论证制度”、“出版合同签订制度”、“三审四校制度”、“质量管理、检查制度”等。制度是保证，管理出质量、出效益。这些制度的制定和执行，保证了工作的有序进行，促进了“两个效益”的不断提高。

原载《广西教育报》，1996年5月10日

服务教学科研　勇创优质特色

——广西师大出版社成立9年记

1995年，广西师范大学迎来了9周年社庆。9年来该社认真贯彻党的出版方针政策，坚持为教学科研服务的办社宗旨，勇创优质，办出特色，获得了较好的两个效益。1993年被国家教委评为“教材管理先进集体”，1995年作为“先进高校出版社”受国家教委表彰，最近又受新闻出版署表彰，评为全国良好出版社，该社党总支先后被评为桂林市、自治区“先进基层党组织”。

为教学科研服务，出书又育人，广西师范大学出版社牢记大学出版社这一鲜明的办社宗旨，把出版社办成展示教学科研成果的窗口，一直把出版高层次、高品位、高质量的高校教材和学术专著视为己任，放在首位，并形成了自己的出书特色。1990年以来，这类图书占该社出书总数的70%，社里为此共补贴资金200多万元。1994年共出版新书近200种，高校教材和学术专著达130余种，其中本校教师撰写的书稿就有30多种。出版高校教材和学术专著是大学出版社共同的优势和特色，广西师大社很好地发挥这一优势，在出版这类图书中形成了自己的特色。他们首先“立足本校”，发挥本校学科和人才优势，以骨干学科和学术带头人为依托，出版了由学校教师撰写的有特色的教材和专著。如获得国家教委优秀教材二等奖的《热力学统计物理基础》，被赞为“内容翔实、体例新颖、颇有创见”，获中南地区大学版协优秀教材一等奖的《新东方文学史》，研究生教材《同调代数》等；连获桂版优秀图书，中南地区大学版协优秀图书、全国优秀教学图书3个一等奖的《中国古代诗话词话辞典》，列入国家教委、自治区“八五”社科规划，全面整理、研究抗战时期享誉国内外的桂林“文化城”的史料、事迹、著作，被赞为再现文化城风采、展示历史丰碑的大型丛书《桂林文化城大全》，等等。9年来，该社共出本校教师著作300来种，推动了学校教学科研的发展。

优质，是图书的生命，也是出版社的生命；特色，是一个出版社宏观出书质量的高标准要求，也是其走向成熟的一个标志。没有优质就谈不上特色，没有高质量的作者就没有优质图书；优质和特色，才能赢得市场和读者。这是该社在实践中悟出的真谛，也是他们孜孜追求的目标。几年来，他们“放眼全国”，以真诚获得了学术界的信任，一批著名专家学者欣然为他们撰稿，从而使图书的质量和品位达到了更高的境界，显示了特色。如《抗日战争史》丛书，是一套以抗日战争史为研究对象、列入国家“八五”规划的重点图书，就是约请国内抗日战争史研究专家、博士生导师王桧林教授主编，一批专家学者撰写的国内第一套抗日战争史研究大型丛书，分政治、军事、经济、人物等7大类，达30卷、六七百万字。丛书的出版，得到老一辈革命家和学术界的好评，1995年被中宣部、新闻出版署列为18种“二战”重点图书的第二位。还有反映国内唐代文学研究的现状和最新成果的《唐代文学研究》、《唐代文学年鉴》；用新时代的视角，发掘、整理、审视与研究有关东方文化圈内的各个学术领域，并多有创见的《东方丛刊》；有全国第一套被国家教委推荐、60多所院校采用的高师专科体育专业教材（14种）；展示当今数理统计研究新成果的专著《定性资料的统计分析》，等等，都由于其优质而又具特色而受到同行专家和广大读者的重视和好评。该社成立以来共出书2000来种，由于重视优质和特色，有10%的图书获得全国、大区和省级优秀图书奖。为培养跨世纪人才，“出书又出人”，该社大力扶植出版中青年作者有创见的著作，如《历史年代学》、《现代教育经济学》、《审美幻象研究——现代美学导论》、《中国古代龟卜文化》、《巴克莱哲学研究》等。这些著作的作者都是校内外30岁上下的青年人。注重培养中青年作者队伍，让他们崭露头角，显露才华，该社这种胆识和远见，受到学术界和同行们的称道。

师范类大学出版社有着为基础教育服务的职能。广西师大出版社一直把出版高质量的中小学生读物，为基础教育服务，作为其办社宗旨的重要内容。他们根据高师院校的性质、特点，以高度的事业心和责任感，组织编写、出版了一批在全国有影响的中小学生读物，如受到广大读者欢迎，第一版就发行百万册的《雷锋故事·日记选》，反映当代全国杰出青年事迹、被评为全国青年最喜爱的图书之一的《当代青年群星谱》（已出3辑），反映我国近百年历史、被国家教委推荐为中小学图书馆丛书的《我的祖国》丛书（共4种）和多年畅销不衰的“拳头”产品《中学各科教学重点·难点·解析与训练》丛书、《中学英语课文英汉对照译注》套书，等等。这些图书由于质量高、有特色，适应师生需要，因而受到广大学生、教师和家长的喜爱和好评。

广西师大出版社地处民族自治区，他们注意发挥地域优势，认真组织出版高品位的民族图书，并从这方面逐渐形成自己的图书特色。已出版的有大学本科和研究生教材《中国少数民族民间文学》、《壮族当代文学引论》等，正在组织出版的有57辑的大型丛书《中国少数民族大辞典》系列以及《中国少数民族旅游》等。“九五”期间，该社还将出版反映中国科学院、工程院少数民族院士最新研究成果的重点图书《中国少数民族院士学术丛书》，开辟宗法制度研究新领域、展示列为国家教委“八五”社科规划研究成果的《广西少数民族宗法制度研究》，等等。

《新闻出版报》1995年初在报道国家教委表彰先进高校出版社，介绍广西师大出版社时指出：“恪守为教学科研服务的办社宗旨，积极出版高校教材和学术专著，形成了出书特色，重视图书出版质量，有较科学的管理制度，社会效益和经济效益显著。”广西师大出版社9年时间之所以取得这样显著的成绩，是因为有一个政治素质好、业务能力强、团结、开拓、有远见的领导班子，能严格遵守党和国家的出版方针、政策以及管理部门的管理规定；有一支成熟的编辑、出版、发行队伍，其中12人具有高级职称、12人具有中级职称，他们兢兢业业，乐于奉献，严把质量关，为他人“作嫁”；有一套较科学的管理制度。该社在稳步发展过程中总结出了一套较科学的经营管理制度，如《岗位责任制》、《定额管理办法》、《选题论证、合同管理、书号管理、三审制度、稿酬支付及样书制度的暂行规定》、《图书质量检查的暂行规定及图书质量检查室的职责》等。这些制度，保障了社内各机构和工作中的各环节的有效运转，也使各科室、全社人员的积极性得以有效发挥。

原载《新闻出版通讯》，1996年第2期

著名的学者　慈祥的老人

——启功先生访桂小记

1992年3月，桂林春暖花开的时节，由中国大学版协主办、广西师大出版社协办的第四届全国大学出版社图书订货会在桂林举办。全国政协常委、北师大教授启功先生应邀莅会，因工作关系，我有幸参与接待了启功先生。虽然时隔9年，但启功先生平易近人、幽默风趣的风貌却时时浮现在我的眼前。

图书展销订货会期间的一项重要活动是全国大学出版社联合向广西民族地区学校赠书，经请示当时的自治区教委，赠书活动安排在桂林民师和民师附小举行。因考虑到启功先生已是年过古稀的老人，会议主持者征求他的意见是否参加赠书活动，他笑着说："和学生在一起人就年轻，我要参加。"

那是一个风和日丽的下午，我们乘车来到民师校门口，各民族学生身着艳丽的民族服装、排着队伍等候着。启功先生和大家一起走下车，这时，同学们吹着芦笙、敲着铜鼓、跳着民族舞蹈，夹道欢迎启功先生一行。启功先生满脸笑容，鼓着掌从欢迎的同学们身边走过，他走到吹芦笙的欢迎队伍前停了下来，向他们鼓掌，并连声说："好，好，吹得好。"他似乎对吹芦笙产生了兴趣。当赠书仪式结束后，他又走到吹奏芦笙的队伍前，一位身着苗族服装的同学走过来，拿着芦笙请他吹一下时，启功先生毫不犹豫拿起芦笙问那位同学怎么吹，同学们告诉他后，他拿着芦笙，涨红着脸，使劲地吹了起来。他吹的是大号芦笙，用劲吹时，竟发出了"呜——呜——"的声音，大家一齐鼓掌，连声叫好。这时只见启功先生用手捂着嘴，笑着放下芦笙，当我迎上去扶他时，他笑着轻声对我说："我的假牙吹脱了，不能吹了。"

启功先生是我国文物鉴定的权威学者，是国务院文物鉴定委员会的负责人之一。一天在参观广西师大王城校园时，有人对启功先生说，在独秀峰一侧，刻有慈禧题写的“寿”字，请他去看看。启功先生只把自己看成我们这个民族大家庭的普通一员，是不愿意人们将他和清皇室联系起来的，他没有去看。当第二天不知情的同志又把那相传是慈禧题写在独秀峰上的“寿”字的照片拿给启功看时，他出于职业习惯，还是认真审视了照片上的“寿”字，当时没说什么，之后，他私下对我们几个人说：“这不是慈禧的字。”他说了三点理由：一是不像慈禧的字体；二是慈禧的字写不得这样好；三是慈禧不可能为当地人题写“寿”字，并让人刻在独秀峰上。启功先生的话是有道理的。这“寿”字到底是出自谁人之手，只好让后人去考证了。

启功先生是我国著名的书法家，时任全国书法家协会主席。他的字是公认的“国宝”，他的真迹不经批准是不准任何人私自带出国门的。在民师附小赠书后，学校领导拿来纸笔，请他题字，他高兴地挥笔写了“知识就是力量”6个大字，在场的人都羡慕民师附小得了“国宝”。当时在场的广西师大出版社的同志更是羡慕，因出版社新办公大楼刚启用，早就想请启功先生题写社名，只苦于一时没有机会。启功先生离桂的头天晚上，师大和出版社的几位负责同志去看他，在交谈中，出版社的同志提出了请启功先生题写社名的请求，启功先生笑着说：“我在大学工作，很乐意为大学出版社做点事。写社名的事应该早说，今天来不及了，我回北京后写了给你们寄来。”启功先生回京后一个星期，出版社就收到启功先生题写的社名：“广西师范大学出版社”。现在每当人们看到出版社正门上方启功先生题写的社名那秀美的字体时，都会投以羡慕的眼光。

著名的学者，慈祥的老人，这就是启功先生。

原载《当代名人与桂林》

附：《启功先生为我社题写社名》，原载《书之旅——一个出版社20年的故事》，后收录《当代名人与桂林》一书，并被报刊转载。

启功先生为我社题写社名

每当人们看到出版社办公楼正门上方启功先生题写的“广西师范大学出版社”那秀美的字迹时，都会投以羡慕的眼光。启功先生为我社题写社名，那是14年前的事。

1992年3月，是桂林春暖花开的时节，由中国大学版协主办、广西师大出版社协办的第四届全国大学出版社图书订货会在桂林举行。全国政协常委、北师大教授启功先生应邀莅会，受社里委派，我有幸参与了接待启功先生的工作。图书订货会期间的一项重要活动是全国大学出版社联合向广西少数民族地区学校赠书，经请示当时的自治区教委，赠书活动安排在桂林民族师范学校和该校附小举行。因考虑到启功先生已是年过古稀的老人，故会议主持人就是否要参加赠书活动征求他的意见，他笑着说：“我是教师，和学生在一起人就年轻，我要参加。”

那是一个风和日丽的下午，我们乘车来到民师校门口，各民族学生身着艳丽的民族服装、排着队伍在校内路两旁等候着。启功先生和大家一起走下车，这时，同学们吹着芦笙、敲着铜鼓、跳着民族舞蹈，夹道欢迎启功先生一行。启功先生满脸笑容，鼓着掌从欢迎的同学们身边走过，当他走到吹芦笙的欢迎队伍前时，他停了下来，向他们鼓掌，并连声说：“好，好，吹得好。”他似乎对吹芦笙产生了兴趣，当赠书仪式结束后，他又走到吹芦笙的队伍前。一位身着苗族服装的同学走过来，拿着芦笙请他吹一下时，启功先生毫不犹豫地拿起芦笙问那位同学怎么吹，同学告诉他方法后，他拿着芦笙，涨红着脸，使劲地吹了起来。他吹的是大号芦笙，用劲吹时，芦笙发出了“呜——呜——”的声音，大家听到后，都一齐热烈地鼓掌，连声叫好。这时只见启功先生用手捂着嘴，笑着放下芦笙，当我迎上去扶他时，他笑着轻声对我说："我的假牙吹脱了，不能吹了。"

在民师附小赠书后，学校领导拿来纸笔，请他题字，他高兴地挥笔写下了"知识就是力量"6个大字，在场的人都羡慕民师附小得了"国宝"。启功先生是我国著名的书法家，时任全国书法家协会主席，他的字是公认的"国宝"，他的真迹不经批准是不准任何人私自带出国门的。当时在场的我社几位负责同志更是羡慕，因为当时出版社新办公楼刚启用，早就想请启功先生题写社名，只是苦于没有机会。启功先生离桂的头天晚上，广西师大的书记、校长和出版社的几位负责同志去看望他。在交谈中，出版社的同志提出了请启功先生题写社名的请求，启功先生笑着说："我在大学工作，很乐意为大学出版社做点事。写社名的事应该早说，今天来不及了，我回北京后写了给你们寄来。"启功先生回京后一个星期，出版社就收到启功先生题写的社名。他一共写了3种款式，供出版社选用。

两三年前，90岁高龄的启功先生不幸病逝了。但每当看到启功先生为我社题写的社名时，启功先生平易近人、谦和风趣的慈祥长者风貌就浮现在我的眼前。

原载《书之旅——一个出版社20年的故事》，广西师范大学出版社，2006年11月。原文收录《当代名人与桂林》一书，后又经多家报刊转载，此次收录做了一些删改。

老编辑家丰采

——访周振甫先生

几年来我们几个人经常出差外地。但同时出差北京却不多。这次赴京前，我们就想一同去拜访我们都熟悉的著名学者、老编辑家周振甫先生。到达北京的当晚，打电话与周先生联系，他非常高兴，约我们第二天在他家见面。

按约定时间，上午9时半我们来到周先生家。周先生知道我们来了，马上从房里迎出来，伸出他那仍然厚实的双手一一和我们握手，并让我们到他房里坐。这是一间约十四五平方的房间，既是周先生夫妇的卧室，又是周先生的书房。房门对着一个两米来高的书柜，书柜后面是一张木制双人床，床正对面横放着一张老式办公桌、一把木靠椅，是周先生专用的。桌上的方格稿纸上写满了我们熟悉的周先生的蝇头小楷，还是那样工整、秀美。周先生右手中指、食指和大拇指指头上留有的蓝墨水痕迹，说明我们来时周先生正在伏案写作。周先生习惯用钢笔蘸墨水写字，因而一写作，手指上就留下墨迹。书桌的前后靠墙各是一排两米左右高的书柜。书柜里分类整齐地放满了书，办公桌上，除留下供写作的地方外，都堆放着写作时要用的书，在床底下还用纸盒装着书，真是名副其实的“书房”。周先生就在这不宽的卧室兼工作室里，在这书的世界里笔耕不辍。据周老夫人介绍，周老每天伏案六七小时，写两千字左右，难怪周老有关古代文学及写作例话等专著和编辑学著作一本本问世。十一届三中全会以后10多年来，周老出版了《文章例话》、《小说例话》、《文心雕龙注释》、《文心雕龙今译》、《周易译注》、《中国修辞学史》、《中国文章学史》、《苏洵散文精品选》等20来部著作，达五六百万字。

在交谈中，周老很高兴地拿出他的新作送给我们，用钢笔蘸着墨水签上名并写上某某“指正”。他把书递给每个人时，总是用带有浓厚吴语乡音的普通话平缓谦和地说：“看了后请多提出意见。”因几年前，周先生受聘来我校参加古代文学硕士研究生毕业论文答辩，任答辩委员会主任并到中文系讲学，当时，我和几位老师一道陪周老夫妇在校园内散步，和周夫人熟悉了。这次周夫人“优待”我，特别从床头的书柜里多拿了几本周老另外的著作送给我。对这些礼物我一贯是极珍视的，拿到书就当场翻看起来。当我看某出版社1994年出版的一部30多万字的有关文章学的专著时，发现周先生对书中的差错一一作了认真的改正，以为是周先生留存本，就拿着问周夫人，她说这是周老的习惯，出版社送来的样书，周老总是抽出时间来通读，发现差错总是一本本改正。这使我想起我社刚成立时，我社几位同志到北京拜访周老时的一次谈话。当时，周老得知我校成立出版社非常高兴，但他首先问我们的不是别的，而是问我们校对力量怎么样，有几个校对人员，这大概与周老1932年10月初入出版界——到上海开明书店任《辞通》校对不无关系。

回到住处的当晚，对周老校正的书我作了统计，文字错漏达81处，标点符号9处，装订颠倒、版式不一各1处。我从事编辑工作以来，接触过不少前辈和学者的书稿，常被他们谦虚的态度、严谨的治学精神所感动。看着享誉海内外的学者周老校正这本书的差错留下的工整字迹，眼前便浮现这位85岁的老人伏案笔耕的形象，想起他重视校对工作的谈话，心中翻涌起滚滚热浪。周老这些老编辑家重视校对工作的精神和高度的质量意识，真是值得我们好好学习和继承。

在交谈中，周老不时回忆当年来桂林时的情景，他思维清晰，记忆力好，谈起在校园散步、在漓江游船上吃鱼这些往事，犹如发生在昨天。虽然我们很想多和周老交谈，聆听他的教诲，但为了不影响他的工作和休息，坐了近一小时，我们便起身告辞。周老热情地送我们出来，到房门口我们请他留步，他坚持要从三楼下来送到宿舍大院门口，在我们一再劝阻下，他留在了家门口。但当我们下到大院门口等车开过来时，周老在夫人陪伴下又从三楼下来送我们，我们真过意不去。周夫人说，这是他几十年养成的习惯，不送到大门口总感到失礼。

这是一次极平常的拜访，但却是令人难忘的。因为我们又一次看到了一位老编辑家的人品和文品。

原载《出版广角》，1997年第3期，后收录于河南大学出版社编辑出版的10卷本大型文献集《20世纪中国著名编辑出版家研究资料汇辑》

老编辑家周振甫的丰采

著名学者周振甫先生，是中华书局原总编辑，我国出版界德高望重的老编辑家。他几次受聘来桂林，主持广西师范大学中文系古代文学研究生的毕业论文答辩工作。我有幸见到他，从一些“小事”中再次领略了这位老编辑家的丰采。

大约在1993年前后，有一次他应邀与夫人一同来桂林，送给我某出版社出版的他的一部语言文字方面的著作。当晚我读这部书的时候，发现书中有我熟悉的周老的笔迹——用蓝墨水书写的蝇头小楷，分别将书中的差错一一改正在书页旁。我边看边统计，在300多码的书中，差错竟达46处。第二天我去周老住处时，轻声问周夫人，那本书是否是周老要保存的样书，周夫人说不是的。她告诉我，从那部书出版以后，周老发现那家出版社出的书差错较多，社里每次送新作样书来，他不仅从头至尾通读，而且将差错一一改正，并给出版社指出来。周老见我们谈论那本书的差错，很感慨地说：“现在图书的校对质量真令人担忧。”周老这样重视校对工作，重视纠正书中的差错，与他20世纪三四十年代进入出版界到开明书店从事校对工作有关。记得我们广西师大出版社刚成立，社里的同志向他请教怎样办好出版社时，他问的第一件事就是社里有多少校对，他们的素质如何，周老就是这样重视校对工作，就是这样认真做学问的一个人。

周老是个勤于笔耕的人。过去上班时，每天除了编审书稿外，回家一有空就是看书、查资料和写作，退休后更是笔耕不辍。在与他夫人交谈中得知，他每天都要写两千来字的书稿，有时还要多些。这样的速度连中青年人都难以达到，更何况是一个已近70高龄，又严谨做学问的老人。周老从80年代后，陆续出版了有关研究《文心雕龙》等的专著和《诗词例话》、《文章例话》、《诗文浅释》等通俗读物达20多种。这种执着和勤奋的精神，真令我们后辈敬佩，是我们永远学习的榜样。周老在桂林工作之余，仍然看书和写作。一天上午，广西师范大学和师大出版社的几位负责同志去看望他，他桌上放着稿纸、自来水笔和打开盖的墨水瓶，见大家进来，他立即起身和大家一一握手。我发现周老右手的拇指、食指和中指有蓝墨水痕迹，知道他正在写作。因为周老写作时用的虽然是自来水笔，但他却不灌墨水，而是蘸墨水写字，所以弄得3个指头都是墨迹。我们离开时，周老笑着说："谢谢大家，没有什么送给各位，读书人就送书吧。"话语里带有浓重的吴语方音。当周夫人把几本周老的新作拿出来后，周老用蝇头小楷逐一写上赠言，站起来用双手递给每一个同志（包括两个一同前来的年轻人），并谦虚地说："请多多指正。"

周老是一位生活简朴的人。他几次来桂林都碰上夏天，多是穿着白色短袖衬衫和深色长裤，脚踏一双布鞋，对穿着不太讲究，但十分整洁。他那花白稀疏的头发总是向后梳得整整齐齐的。每次来桂林，他都要对接待人员交代说："饮食要清淡一些，不要浪费。"他第一次到桂林，主持完研究生的答辩后，夫妇俩畅游了漓江，两位老人完全被举世闻名的漓江风光所陶醉。在船上午餐时，陪同人员特意加了一道菜——清蒸漓江鱼，周老一边吃一边赞不绝口。他说："太好了，这和我小时候吃的家乡鱼一样鲜美。"后来闲谈中得知那条鱼花去了近30元时，周老直摆头，连声说："太破费了，不应该。"并说："花这么多钱，买回来让食堂做来吃就好了。"周老，多节俭朴实的一个人啊！

周老在他夫人病故后不久，也离我们而去了。但他那老编辑家的精神、丰采，将永远留在我们心中。

原载《当代名人与桂林》

一位令人怀念的老人

——记柯灵思与我社的交往

说起小埃德斯·T. 柯灵思这个名字，在我国许多人都会感到陌生。但说起《英语900句》这本书，在我国，二三十岁的年轻人，特别是四五十岁的中年人，对它却并不陌生，而是很亲切的，因为不少人都曾是它热心的读者，并通过它步入英语之门，进而掌握了英语这门世界上运用最广的语言。而美国人柯灵思正是《英语900句》的作者。

我和柯灵思认识是在1993年。那年11月14日他应邀来桂林，与我们广西师范大学出版社商谈合作编写英语普及读物事宜。他来桂的那天晚上，受社里委派，我和与他认识的外语系两位刚从美国做高访学者回来的教授一同到机场接他。晚上9点多钟飞机正点到达，旅客陆续步出大厅。这时只见一位身高1.9米以上，瘦削而结实，上身着黄布休闲上衣、下穿浅蓝牛仔裤的老人肩背一个大旅行袋，手拉一个大旅行箱走了出来，这朴素的老人就是柯灵思。我们迎上前去，欢迎他的到来，他用刚学会的汉语连声说“您好”、“谢谢”。当我们帮他拿行李时，感到两件行李都很沉——后来才知道，里面装的主要是必用的工具书和携带式电脑，这是他每次来中国的必带之物。一位70多岁的老人外出，带这么重的行李，真是不容易。柯灵思这次来桂林，和我社商谈、签订了共同编写《英语儿百句系列丛书》由我社出版的协议，并让我们先提出编写《学前英语100句》一书的具体方案。1994年6月，柯灵思来亚洲联系公司业务，又顺访桂林。他来时，还是带着两大件行李。在桂林的一天，除和我校外语实验中学一个班的同学欢谈一小时外，他哪里也没去，一个人待在房间仔细看了我们为编写该书向幼儿、家长、幼教工作者发出的关于“幼儿经常说的话"的千份问卷调查回执等材料和我们写出的编写方案及样稿。他感到非常高兴和满意，提出了一些语言规范方面的意见，并邀请我们到美国定稿。他离开桂林时，我们到机场送他。他再次邀请我们访问美国，在握手道别时，他用刚向我们学的生硬的汉语说："美国见。"

柯灵思先生是位热心的语言教育家。他年轻时，做过一段时间教师工作。他热爱学生，同时深感教育学生学习语言，进行语言交流，提高学生的语言表达能力，是极有趣、极有意义的事。他应聘就职于联合国教科文组织后，长期在一些不发达国家从事英语普及推广工作，在10多个国家的城市、乡村，致力于英语口语和会话教育；他在南美、非洲、东南亚、日本、韩国等有极高的声誉，被誉为国际著名语言大师、民间英语教育家。为了普及、推广英语，他广泛调查、潜心研究，根据不同国家青少年和广大读者学习英语的特点先后编撰、出版了26种英语读物，《英语900句》就是其中的一种。这是一部在世界上发行量极大、流行地域广、深受读者欢迎的英语普及读物。据说该书是由我驻外官员在"文革"后期带回国的，在我国出版后，受到广大读者欢迎，大家如饥似渴地争着读，自发地形成了一股"英语热"。当年，该书成为我国城镇广大渴求知识的读书人，特别是中青年人人争购的读物。柯灵思先生对与我们合作编写《学前英语100句》很热心，在他回国后的几个月里，多次与我们传真联系，交流编写事宜，他非常赞同我们提出的"地道的中国内容，标准的英国英语"的编写原则。其间，他两次认真审阅了我们寄去的初稿和修改稿。当得知我们再次修改完稿后，他让我们将插图画好，并再次邀请我们赴美访问定稿，于7月中旬给我们发来了正式的书面邀请函："欢迎你们于近期方便的时间来美国访问、定稿，我将在波特兰培士公司接待你们，陪同你们三天。"

1995年9月5日，应美国4所大学及出版社和柯灵思先生的邀请，我社党玉敏社长、贺祥麟总编一行5人赴美访问，第一站就是波特兰，由于到达时间已晚，我们按预先安排在西雅图停留了一晚。第二天下午乘飞机到波特兰。一出候机厅，我们就看见柯灵思，他仍然身穿那件黄色休闲外衣，守候在门口，远远地向我们招手。当我们走到门口，他就笑着快步迎上前来，和我们一一握手，并一一说出我们的姓，然后和我们一道将行李推向停在机场外的一辆新的中型越野车。73岁的柯灵思不仅亲自到机场接我们，还亲自开车送我们到住地——市内的天天饭店。在车上交谈中，我们得知，因为飞机航班时刻调整，柯灵思先生已在机场等了一个多小时。为了陪我们游览美丽的波特兰市，他专门借用了儿子的这辆可坐7人并可放行李的新的中型越野车。他的这种热情和细心周到的考虑真让人感动。到达住地，安排好我们的住宿后，他邀我们到饭店咖啡厅喝咖啡、叙谈，并邀饭店总台、餐厅、咖啡厅主管和我们见面，热情地说，在饭店像在家一样，不要客气，用餐、喝咖啡只要签字不要付费。叙谈之后，他拿着我们带来的《学前英语100句》书稿和插图，抱歉地说："你们休息一会，在饭店用晚餐后上街散散步，看看波特兰的夜景。晚上我要看你们带来的书稿，不能陪你们了。"并约定第二天早上8时，他来接我们到培士集团有限公司参观。

第二天上午8时，柯灵思先生准时来到我们住宿的饭店。为了让我们多看看波特兰街景，他带我们散步去公司，并且尽量走绿化得很好的两边种着花草的林荫小道。每当要过马路时，他都向过往的车辆示意，司机也伸出手向我们示意，让我们先过。漫步20来分钟，就到了培士公司大楼前。这是一幢10多层的白色大楼。柯灵思先生退休后，本可以安度晚年，但他仍眷恋着他几十年来接触的孩子们和从事的语言教育推广工作，他倾其所有创办了培士集团有限公司，不仅重操"旧业"，继续编写、出版英语普及读物，而且利用高科技手段、设备，自动化生产影碟和录像带等。经过10年来的有效经营，资产已达两三千万美元。乘电梯上到9楼后，他带我们在休息室稍事休息，并让公司各部门的负责人来与我们见面，然后他挽着夫人的手来到休息室向我们介绍，他夫人原来是个拖拉机手，善于骑马，波特兰是他夫人的故乡。因为这里景色好，气候宜人，他们在远离市区的海边购置了一套前后有花园的两层楼房子，准备安度晚年。因公司业务繁忙，柯灵思平时无法回家，他夫人不放心，干脆在市里买了一套公寓住下，既照顾他的生活，又在公司服务，只在周末才驾车回海边家中休息。之后，柯灵思先生带我们参观了公司各个部门。公司占用了大楼9层整层楼约1000平方米，从摄像、输入到出碟（带）全由电脑自动操作。全公司包括文字编辑人员才30来人。然后，他带我们到公司咖啡室，他夫人已煮好热咖啡在等我们。柯灵思边喝咖啡，边笑着对我们说，他最喜欢喝夫人煮的咖啡，浓淡适度，一杯放两块方糖最好喝。他的夫人听了直冲我们笑。这言谈笑声中流露出两人间无限的深情。他夫人还告诉我们，柯灵思昨天晚上看我们的书稿，一直看到深夜两三点钟。柯灵思说，一看到儿童读物的书稿，就不愿放下，你们编写得很好，我今天晚上还要再看看。喝完咖啡后，他又领我们到离大楼不远处看拍摄场地。这是一个大平房，原是一个仓库，最近空着。为拍一个系列童话故事片，公司花3万元临时租用了这个仓库进行布景装修。我们到时，布景人员正在进行最后的安装。两位女老师正带着10位小演员边看场地，边讲童话故事。这些小演员大的七八岁，小的才两三岁，都是小学和幼儿园的孩子。柯灵思一见到这些天真活泼的孩子，就像爷爷见到自己的小孙子，立即快步走了过去，亲亲这个、抱抱那个。看到这充满亲情的场面，我们就不难理解柯灵思先生这么大年纪仍执着于少儿语言教育事业了。看着这感人的场面，我们也快步走了上去，孩子们在老师的带领下笑着向我们问好，我们也情不自禁地抱着亲亲他们，并留影纪念。之后，我们回到公司和员工们一道用午餐。

午餐后，柯灵思先生又亲自驾驶那辆新的中型越野车，带着我们先在市区游了一圈。波特兰全市人口70余万，市区不大，他告诉我们，该市不仅绿化好，整洁卫生，也是个社会福利很好的城市，如凡是在市区内乘公交车均是免费的。为了使人们知道市区范围，在人行道上专门用了红色地砖，一出市区，人行道就全是黄色地砖了。之后，他说我们是出版人，所以专门带我们参观了设在该市的美国西部最大的书店——包威尔（Powell）书店。书店设在一座大楼的一层，占地2000多平方米，出售16万多种图书，全开架营业，分类分架设置，所有图书和架位全输入电脑，全国图书目录也全部输入。在书店正门的主要柜台上陈列着当时新近出版的书，如当时退休不久的美国参谋长联席会议主席鲍威尔的自传——《我的美国之路》等；也有出版多年的旧书；还有“一元专架”（不论什么书，一美元一本）。为了考查一下电脑资料情况，我们向书店年轻的电脑操作员查询柯灵思先生（当时我们让柯灵思站在旁边看着不出声）有多少著作，书店出售他的哪些著作。不一会，电脑上就按出版先后显示出他的26种著作，还将出版时间、地点、出版商、定价等分别列了出来，并显示出该店共出售过他的18种著作，现在还有他的12种著作，列出了这些著作分放在第几架第几层上，还存有多少数量，定价多少，等等。柯灵思看了在一旁微笑点头。从书店出来，他指着对面街一家关着门的书店告诉我们，那是一家“成人书店”，连窗子都没有，那是我们不去的书店。听着他说话的语气，看着他的神情，我们看到了老人的内心世界的纯净。第二天，柯灵思先生又亲自驾车陪同我们访问了路易丝-克拉克学院和太平洋大学，访问直到下午6时才结束。在这两天中，细心的柯灵思先生发现我们一行中有的人吃不惯西餐，于是他将车直接开到波特兰市砵仑华埠（唐人城）的汉宫大酒家招待我们吃中餐。在用餐中，这位热心的老人深情地说："我到过许多国家，我喜欢中国，一吃到中餐，我就想到中国，想到你们美丽的桂林。"

9月9日是我们离开波特兰的日子。一早起来，秋阳已照在窗子上。我们洗漱后收拾好东西，并到饭店餐厅用了早餐。8点55分，柯灵思先生开着他自己的小轿车来到饭店，比预约时间提早5分钟。在咖啡厅里，他拿出《学前英语100句》的书稿和插图交回我们，说："我反复看了3遍，为了更符合美国英语习惯对两处作了小修改。纯正美国英语，完全中国内容，很好！"他还翻开书稿的末页给我们看，他在上面热情地用英文写着："内容好，插图美，孩子一定喜欢。OK！小埃德斯·T.柯灵思。"因为事先约定，在波特兰的我校留学人员和高访学者接我们上他们家看看，然后送我们到机场。为此，为我们忙了两三天的柯灵思先生先回公司处理事务，但他一定要等着送我们。9月30分，当4位留学人员带着他们的夫人驾车来接我们时，柯灵思才和我们一一拥抱道别，并站在饭店门口，挥着手目送我们的车子远去。

和柯灵思已有多年不见了，每当想到在桂林、在波特兰的会面，柯灵思这位执着普及推广英语教育的"高产"作家，这位热心儿童语言教育的出版家，这位热心的老人总是令人怀念的。

原载《桂林日报》等，后收入《书之旅——一个出版社20年的故事》，广西师大出版社，2006年11月

不忘老前辈的教诲和指点

——忆三老

在人生中，总有老前辈在给我们教诲、指点、引路。在建社30周年的今天，一些对我社成长、发展做过贡献的老前辈虽已老去，但我们不应忘记他们。

林老

林老，是人们对林焕平先生的敬称。他是新中国成立后生活、工作在桂林的唯一“左联”作家、著名文艺理论家，曾担任广西师大中文系主任，是全国政协委员。从工作岗位退下来后，得知我校要成立出版社，他不顾年老体弱、视力极差，仍主动要求上北京，为出版社成立去找有关部门申请、汇报，为出版社获批立下了汗马功劳。出版社成立后，他被学校聘为名誉社长，一直关心着出版社的成长、发展。

出版社成立时，学校把我从“三尺讲台”上调来“为他人作嫁衣”。因工作关系，开始与林老接触多了起来，特别是社里准备组织编写、出版大型丛书《桂林文化城大全》后，我与林老联系就更多了。林老是著名学者，是老前辈，当年又战斗在桂林文化城，但他为人谦虚，不摆老资格。每次向他汇报有关丛书编写事宜时，他都鼓励我，让我大胆说出自己的意见。记得一次他和我交谈时，说学校中文等多个系的教授认为丛书既要“全”，不仅是文化，还应包括政治、经济、教育、军事等方方面面，还要有史料性，要史论结合，等等，这时他让我说说自己的想法。在他的鼓励下我说了自己的想法：丛书一定要突出学术性、研究性，大胆展示我们研究的新成果、新观点。他听后高兴地拍着我的肩膀说："说得好，我也是这样想的。这就是我们这套书的最大特点，也是编写出版的目的，也是有别于其他有关抗战文化丛书的地方，是其价值所在。"他还让我转告每位作者，一定要写好每卷前的论述文字，要写成一篇两三万字的论文。在大家共推他写的"大全"总序中，也体现了这一特点。他用主要篇幅论述了桂林文化城形成的原因："一是抗日战争的大形势所决定的"，"二是中国共产党的抗日民族统一战线政策成功的结果"，"三是桂系与蒋介石有尖锐复杂的矛盾"。他用一句话就明确地指出了这套大型丛书的特点："《桂林文化城大全》既具资料性，又具研究性，是在资料性和研究性相结合的原则下编成的。"并将桂林文化城的发展分为三个阶段，等等。这些既是林老首次研究提出的新观点、新成果，也是科学的。林老的总序和每卷的前言都是一篇篇研究性的学术论文，受到学界的肯定和好评。之后，我将"总序"作了一定的节选，寄给知名期刊《新华文摘》，该刊认为很好，很快在1993年2月号刊用，林老很高兴。当时我拜访他时，他谈到此事高兴地对我说："你节选得很好，谢谢你。"这时他非常严肃地对我说："这是你节选并寄去而刊用的，我要给你写个证明。"林老当时视力极差，几近失明，听后我马上说："你视力不好，不必写了。"他立即说："要写的，这是对节选者的尊重。我说你记下就是了。"于是他边讲，我记下了他的话："说明 刊登在1993年2月号《新华文摘》上林焕平教授撰写的《桂林文化城大全·总序》（节录）是我摘要寄去刊用的。特此说明。王昶1993年8月15日"。我记下后，他让我念给他听，然后他让我拿来他视力几近失明后用来写字的长方形的木板，在木板中挖空两三厘米的空框内，写下了"是实"两字，并签下名字和日期："林焕平1993.8.15"，还拿出私章，让我扶着他的手，将章盖在他的名字旁（见附件）。从那以后，我每看到这张"说明"，就看到林老这位"左联"老作家、著名老学者的为人态度和治学精神。

贺老

贺祥麟教授是早年赴美留学、新中国成立之初的"海归"专家，先后任广西师大中文系、外语系主任，在教学、研究、译著上造诣极高，著述颇丰，是国内知名的外国文学专家，也是被中国外国文学学会授予的三位终身成就奖的获奖者之一。他是民进中央常委、民进广西区主委，后被选为广西区政协副主席。出版社成立时，学校请他出任总编辑，因他年纪比我们大得多、德高望重，我们都敬称他“贺老”。当时我负责总编室工作，管理社里的选题，这就与总编辑贺老有了更多的联系。后因他任广西区政协副主席后长住南宁。他一次回桂与我交谈时说：“选题本来是总编辑的事，现在你替我管了。你大胆工作，成绩是你的，做得不足时我负责。但对那些重大选题，特别是政治性强的‘敏感’选题，一定要及时告诉我。”他一说完我马上说：“我记住了，随时向你汇报，谢谢你的信任。”我一说完，他随手从办公桌上拿来信笺纸，要将他的话写下来，作为“授权书”给我。熟悉贺老的人都知道，这就是他的为人态度和做事风格。我马上站起来搀住他，并说：“你这样信任我，不要写了，我相信你。”听我这么一说，他拉住我的手说：“我们互相信任，我说的话算数，你大胆工作，拜托了。”之后，我把贺老和我的谈话告诉党社长，他听后严肃地对我说：“贺老就是这么认真的人，也总是扶植、鼓励后辈人的。”其实贺老这位总编辑并不是“甩手掌柜”，社里一些大事、一些原则问题他是抓住不放的。每年的选题计划初稿我编好后，都事先报送主管校领导、社长和贺老。贺老总是认真审定，给我打电话谈他的看法，社里每年开选题论证会，他一定安排时间，从南宁回来参加。对一些临时来的重大选题，我一向他汇报，他也会把“关”，如一次社里一位同志报来一个有关国民党一位领导人“秘录”的选题，认为可出版。我认为这是要专题报批的，属重大的政治敏感选题，立即向主管校领导和在邕的贺老汇报，贺老在电话里明确说：“这种书不出为好。”他的看法与主管校领导的意见是一致的。过了一段时间，区外一家出版社出了该书，受到中央有关部门查处，被摘了“牌”。

贺老在自治区政协任领导，当时还带研究生，任务是繁重的。但他很关心和支持社里的工作，我们请他做什么事，他从不推托，总是尽力去做好。如社里成立不久，从各地新华书店获得广大师生需要英语教学图书的信息，于是决定短时间策划、编写、出版一套初中英语学习图书。我当时负责这项工作，主管校领导要我向当时在桂的贺老汇报，并请他担任主编。我原担心贺老这样资深的大学教授、英美文学名家来主编初中生这种“小儿科”英语图书，他是否会同意。但我一向他汇报，他让我谈了我提出的策划方案后爽快地承担了下来，并连声说："好事，好事。"他让我立即去找时任外语系负责人的刘上扶、陆裕泰两位教授（他们都是回国不久的首批赴美高访学者），向他们汇报策划方案，让他们在系里老师中找好作者。当我找到两位教授一说此事后，他们也很高兴，连声说："给中学生写书，是我们师范院校老师的责任。""请贺老当主编，找对人了。"因时间紧，他们建议第二天下午就来出版社开会，全体作者参加。编写会如期举行，并一直开到下午下班之后，大家认为时间虽然紧，但一定要写出高质量的书稿。贺老从始至终参加编写会，不时插话与大家讨论，并反复强调给中学生写书，一定要用对教育、对后代高度负责的精神来写，要拿出高质量的书稿。他还特别指出，书名既然是《初中英语课文英汉对照译注》，"译"一定要准确，既要符合英语语法，又要符合汉语语法规范；"注"要简明，适合学生需要。总之要编写出精品图书。书稿完成后，不仅刘、陆两位教授审定了全部书稿，贺老也在百忙中极尽主编之责，最后审定把关。经社里努力，套书在当年暑假前上市，广西区新华书店获得了创纪录的大额订数，并近20年长销不衰，成为业界公认的一个品牌。

还有一件事我至今不忘。那是上世纪90年代初，经时任外语系主任的陆裕泰教授沟通，与他前几年在美国作高访学者时认识的国际著名语言教育家、世界畅销书《英语900句》作者、美国人小埃德斯·T. 柯灵思联系，与我社合作编写、出版《学前英语100句》等系列书。党社长和贺老让我负责这一工作。为编写做好前期工作，我给多所幼儿园老师、家长和一些幼教教研员发了1000份问卷调查，请他们写出幼儿平时最爱说、最常说的10句话，一两周后我收到了900多份问卷回执，经统计、整理，列出了100句3至6岁幼儿爱说、常说的话，并附上了10句备选的话，还加上了多个常用问候句（系列拓展句）。贺老对此非常赞同和重视，他不仅认真审阅了我整理出的材料，并翻看了回收的问卷，还与我反复研究我提出的编写理念："地道的中国内容，标准的英国英语。"当时我为用"地道"一词还是用"纯粹"一词请教他时，他考虑了好久，并说再翻看一下工具书，最后他还是认为用"地道"为宜。1993年11月中旬柯灵思来社里商谈编写、出版事宜。贺老让我先介绍我们所做的前期工作，由贺老和陆教授负责翻译。柯灵思听了介绍，非常高兴，认为我们做了很好的准备工作，特别对问卷调查大加赞赏，对我们提出的"地道的中国内容，标准的英国英语”的编写理念也极为赞同，并一再说，他与中国多家出版社有过合作，认为我们社的前期工作是做得最扎实的，从贺老和陆教授的翻译来看，我社的英语水平也是最好的。他的评价，我想是很公允的，贺老的水平自不用说，就是陆教授也没说的，他作高访学者时，美国大学也请他上课，还一再请他留下来长期执教呢。

因柯灵思邀请我们去他在美国波特兰市开办的文化企业——培士集团公司访问，为《学前英语100句》系列书定稿，同时有4家与我校结为友好学校的新英格兰学院（及出版社）等校邀请我们去访问。党社长和贺老带队出访（这也是我社首次应邀出国访问），因我是该系列书编写主持人，因而随行。在新英格兰学院，我们访问了该院的出版社，该社只有“两个半人”，即一位社长，他是专门研究爱尔兰诗歌的教授，一位是他的助教，那“半个”是他带的研究生，半天学习，半天来社里“打工”。社里一年只出四五种书，全是爱尔兰诗歌，别看它社小，人少，出书又少，但却很有名气，广大读者要买爱尔兰诗歌，就认准该社出的书。访问结束，在回来的路上，贺老问我有何感受，我说：“很有启发，有特色就能创名牌。”他非常认真地对我说：“社不在大小，人不在多少，只要出好书，就能创品牌，办好出版社。”回国后，贺老在他发表在报刊上的出访记中，也专门评述这个“两个半人”的出版社。贺老的教诲，我至今记得，这对我们办好出版社是极有启示的。

钟老

建社初期，学校为了更好地给出版社“把关定向”，制定好选题，联系高层次作者，组好稿，特意由校领导和各系的一些知名专家、教授组建了咨询委员会。钟文典教授时任历史系主任，已著有《太平军在永安》、《太平天国人物》等专著，主编、参与编写《太平天国史丛书》、《广西通史》等著作多部，发表有关中国近代史、广西地方史等方面论文100多篇，是国内知名的太平天国史专家、地方史学者，学校请他担任咨询委员会副主任。与承担其他所有工作一样，“钟副主任”尽职尽责，为出版社的建设、发展做出了贡献。社里同志和学校老师一样敬称他“钟老”。

钟老特别关心出版社的选题开发和制定。记得在一次咨询委员会的选题审定会上，他特别提出要发挥我校教师和学科优势开掘优质选题，也要发掘广西的地域和民族特色优势去开发新选题。他不仅根据自己的学术特长和广西圩镇在经济社会发展中的作用，提出了“广西圩镇研究”方面的选题，还在申报国家“八五”社科研究项目规划时，鼓励历史系当年还是中年的教师、国内知名宗法研究学者钱宗范教授结合广西各民族宗法展开研究，申报相关项目。钱教授和他的科研团队经过反复研讨，向当时的国家教委申报了“广西汉族与少数民族宗法制度研究和当代社会”项目，后被国家教委组织全国专家审定列为广西唯一的重点项目。不久得知我正与中文系张葆全教授研究开发有关我国古代诗话词话的选题时，钟老专门找到我说：“张老师是国内诗话词话的知名学者，你要多向他学习、请教，开发好这方面的选题。”后来我社出版了钟老主编的《广西圩镇研究》、钱宗范和他的研究团队撰写的《广西各民族宗法制度研究》、张葆全教授主编的《中国古代诗话词话辞典》，这些学术专著的出版都受到了国内学术界的一致好评，许多知名报刊也刊发了书评，后《广西圩镇研究》获自治区社科成果一等奖，由于受名额等因素影响，另两部专著获得自治区社科成果二等奖。

有一次审稿会我至今记得。那是当年为配合中央多部门在中小学生中开展读书活动，进行爱国主义教育，社里请钟老主编一套小丛书，用讲述历史故事的形式对读者进行教育。在一次定稿会上，对其中一本书的书名《砥柱中流》产生了不同意见，因“中流砥柱”是成语，成语是汉语中一种特有的固定语言形式，倒装使用是否妥当？该丛书是由社里另一位领导负责组织的，因为是定稿会，这位领导让社里派我一起参加。面对不同意见，钟老没有下定论，而是望着坐在他身边的我说：“王老师是学中文的，学有专长，听听他的看法。”我谈了我的看法，并列举了一些例证，说明这书名是可用的。钟老听着我的发言，小声对我说：“我是同意你的看法的。”但是他接着我的话说：“请王老师会后再查查工具书和相关书籍，大家也查查，要绝对准确，要对学生负责，对教育负责。”这就是钟老一贯严谨治学精神的体现。

钟老是国内客家经济文化研究的知名学者。他本身是客家人，从小生活在客家地区，从年轻时就是关注“客家”的有心人。他从毕业后留校任教的北大调回我校工作后，就利用一切机会，查阅了大量的典籍史料，并到广西50多个县（市）实地调查，掌握了大量的广西客家资料，长期潜心进行研究，发表了不少论文。近10多年来，又任总主编，由我社出版了大型《客家文化研究丛书》，在国内外，特别是世界各地客家中产生了巨大影响。他历经14年撰写出版了第一部广西客家研究的专著《广西客家》更是受到好评。多年前，我曾先后在报刊上发表了钱宗范教授有关宗法文化研究的长篇专访和中文系彭会资教授有关彭祖文化研究的长篇专访。客家文化和彭祖文化研究是当下汉民族文化研究的两大热门话题，但就地域和人数、经济和文化影响而言，客家影响更大。我早就与钟老相约，要和他坐下来好好谈谈，也要写一篇有关客家研究的长篇专访，但一直由于他的“忙”而未能做成。就在他去世前的那年重阳节学校组织的登山活动中，我与他相见时还谈到此事。但不幸的是，这次重阳一见后不久他就因病去世了，成了一生憾事。之后我只能在报上发表书评《广西客家研究的最新成果——读〈广西客家〉》和短文《钟文典教授二三事》来深深怀念他。

三老离开我们已经多年了，但他们的为人和治学，他们的指点和教诲，永远留在我们心里。在建社30周年之时，我们更是怀念他们，我们要不断办好出版社的业绩来告慰他们。

附件：

说明

刊登在1993年2月号《新华文摘》上林焕平教授撰写的《桂林文化城大全·总序》(节录)是我摘要寄去利用的。特此说明。

王祖
1993年8月15日

是实。
林焕平
1993.8.19.

20×15=300　40317.93.1.　第　页

首任社长的那些事

我们社的首任社长是王炜炘教授，他当时是学校副校长。在学校申办出版社时，他就分工负责申办事宜；申办成功后，他就自然地兼任了出版社的首任社长。从我社20周年社庆时出版的《书之旅》中我们可以看到他为我社的创建和艰难起步并走上正轨所付出的艰辛、立下的“汗马功劳”，所彰显的政策水平、智慧与能力。现在“王社长”（当时社里同志都喜欢这样称呼他）已退休多年，是80多岁的老人了，我也退休多年，也年近八旬，但一想到在他手下工作、与他共事时的一些往事，仍是值得回忆的，“那些事”至今仍给我们以教育、启迪和激励。

我本是出版社一成立党玉敏同志就找到我，要我到社里来的，因为我当时正在上课，一时“脱不了身”，学期一结束，1987年初我就到社里上班了。后来他告诉我，是区局和兄弟社有关领导告诉他，我1977年“文革”一结束，区人民社（当时全区仅有一家出版社）就通过自治区有关主管部门来函调我去，因过去我出过书，还为出版社审编过书。但因“工作需要”我没去成。一来到社里，我便负责总编室工作，主要是选题管理和实施。这样和王社长的联系就多了起来。当时全国所有大学社，不论学科如何、师资与其他资源怎样、所在区域有何特点，国家教委规定的“出书范围”却是一样的。我认为这是不科学的、不利于大学社发展的，于是在期刊上发表了《“出书范围”的思考》一文。为此王社长也在社里不同场合多次谈到这方面的问题，特别是大学社办社宗旨中有关为教学科研服务的问题。在这方面他有独到看法：为教学科研服务，不仅是为所在学校教学科研服务，还要为当地高校教学科研服务，出版高校教材和科研专著，这是主要的；但作为师范院校的出版社，还应为基础教育服务，要为中小学教师和学生服务，要出版他们喜爱和需要的图书。我记得当时正好中央六部委下文，其中要求各省（区、市）教育行政部门要大力关心、扶植大学社（包括资金上的扶植）。那时我和几位同志陪王社长去南宁，到区教委汇报六部委文件事。我们先去找区教委主要领导，他说文件我们看了，也研究了，你们去找主管副主任，他会具体告诉你们的。我们立即去主管副主任办公室，路上王社长高兴地小声对我说："有戏。"我们见到主管副主任时，他笑着对我们说："你们来得真快呀，我们研究过了，没有钱，给你们政策吧。"一听到"给政策"，王社长就笑着不住点头，因为事前我们就想到"给政策"是结果之一，而"给政策"就可能给予出版中小学生用书的权利。果然，这位副主任接着说："给你们政策，就是让你们出版学生用书，这样就可以以书养书，多出高校教材和学术专著。怎么样？"王社长马上连声说："好！好！"这是最好的结果。因为给钱就是给"鱼"，而"给政策"就是"授之以渔"，我们就可以放开手脚在市场中"捞鱼"。拿到"政策"后，王社长征得区教委同意，由他们牵头，先编写中小学各科练习册和寒暑假作业。为协调好与主管部门和区内兄弟社的关系，王社长又主动向区教委建议，这些"书"分别由我们社、教育社、少儿社3家出版，达到了"皆大欢喜"的结果。从此，在自治区人大、教委和主管部门的关怀和支持下，我社开启了出版教辅读物的"先河"。当时王校长多次在社里讲，一定要编写出版好练习册和寒暑假作业，保证质量，让老师和同学喜欢。我还记得在区里召开这两套书的编写会时，王校长有事无法参加，当他知道区教委有关处室要我在会上讲如何编写时，他一再叮嘱我，要讲清讲好目的要求、指导思想、原则方法、量比程度、难易比重等。在3家社的共同努力下，这两套书是编得不错的，较好地体现了广西基础教育的实力和水平。这也体现了我社为基础教育服务的实力，可谓"一炮打响"。之后，在王社长的倡导、关心和支持下，社里陆续又编写、出版了一些"双效"俱佳、在读者中有影响的读物。这当中要特别说到的是我社长销不衰一二十年的"英汉对照"和"重点难点"两套书，而这两套书的编写、出版都与王社长有关。（这两套书的由来和编写、出版，在我和其他同志已发的文章中已有说明，在此不再重述。）在此我想说的是，在社里邀请来自全国各地的新华书店和民营书店负责人参加的"重点难点"套书推介会上，王社长不仅亲自参加，而且在会上谈了套书的编写经过等，并让我和北京来的作者代表着重介绍了套书的编写目的、特色、功用和作者情况，从而促成了套书的“一‘会’走红”。从此，也开启了我社在全国首先和民营书店良好合作的先例，也促成了后来在图书市场上影响极大的民营书店“教育图书联合发行体”的形成，这对我国出版业和图书市场的发展影响是巨大而深远的，也为我社的进一步发展打下了坚实的基础。

正当我社迈上正轨、开始发展之时，《人民日报》、《光明日报》、《新闻出版报》等多家中央媒体组成联合报道组来广西报道，来我社访问后做了专门报道，影响很大。不久，中央电视台又将我社出版的“重点难点”中的“高中语文”改为系列讲座，进一步扩大了我社的知名度，“学生要买品牌学习书，就找广西师大出版社”的说法广为流传。此时新闻出版署刘副署长来广西调研，首先来到我们社。在申办建社时，王社长在北京曾向他做过汇报，他们已认识。这次王社长又在社干会上向他做了详细汇报，会后，我荣幸地听了他们会下的交谈。刘副署长对王社长说，区局的领导对我说过，你为社里出谋划策，办了许多实事，迈出了可喜一步；也听多所大学社领导说，你是大学校长中“兼”社长“兼”得最实在的。接着他又告诫王社长说，你们坚持大学社的办社宗旨是好的，我们办出版社的目的就是要多出好书，出那些在书架上立得起、在社会上流传得久远的书；社里有了钱就要用在出好书上，富日子时一定要想到穷日子，经济上一定要管紧。之后在全社大会上，在肯定社里的成绩后指出，你们讲自己是小社、新社，我认为你们“小”得出“新”，接着他又把告诫王社长的又说了一遍。这次刘副署长的调研是有指导性的，事后王社长又组织社里多次研究落实，因而便有了《抗日战争史》丛书等一批拿大奖、在全国有影响的图书的出版，也促进了社里更好地制定和规范各种规章制度，也有了当时支出1万元要经社里集体研究、参加研究的人要在决定记录本上签名的规定。王社长虽然是兼社长，但他对社的管理是很严的、很细的。当时我负责选题工作，他对每年的选题计划都认真审查，并一再说，多出好书，不能出有问题的书，选题是关键，一定要抓好；对重大选题，特别是那些政治性强的敏感选题一定要第一时间报给他。一次一位社领导交给我一位国民党领导人“秘录”的选题，并说明可包销X万册，可先付款，他有可出之意。我一看就认为是政治性强的敏感选题，于是马上报给了王社长，也同时打电话给在南宁的贺祥麟总编。王社长一看选题马上坚决说：“这类选题不能出，出了是要砸牌子的。”并批评了那位社领导。

贺总编接我电话时就明确指出，这类书不出为好，并让我把他的意见转告王社长。不久，外省一家人民社出了该书，被中央主管部门摘了牌，这是后话，也说明王社长和贺总编的决策正确。

我每次随王社长出差南宁，不管是办事或开会，他都要和我抽时间（特别是晚上）去看望区有关主管部门领导（包括离退休的老领导），而且不带任何礼物。王社长告诉我，这是对领导部门的尊重，建立真正“同志关系”，今后好办事。有一件事我至今记得，是中央有关部门下文查处有关“以书代刊”乱象的事。区局召开各社领导会，此事是会议内容之一，当时不了解内情的人，说《东方丛刊》是以书号出的。王社长和贺总编对区局的会一向是重视的，总是尽量安排好时间参加的。这次他们和党副社长参加，并让我也去。因从开始《东方丛刊》就是由我负责的。他们要我好好准备，在会上代表社里发言，讲明“丛刊”宗旨、目的、社会反响等。在会上我着重汇报了“丛刊”宗旨、稿件来源、用稿标准、作者情况、学界评价、社会反应等，并着重说明“丛刊”是“繁荣东方研究”的学术图书，与“以赢利为目的地摊刊物”在本质上是不同的。我的发言在会上得到大家的肯定。会议休息时区局两位领导立即找到我，告诉我他们知道《东方丛刊》是好的学术书，要我们在会上发言，是让其他社也多出好的学术书。由于王社长一直尊重主管部门，经常去拜访、看望，得到了他们的肯定。我多次听到一些退下来的老同志对王社长说：“你们真是没有‘人一走茶就凉’。”多年过去了，我至今认为王社长这种建立“同志关系”是非常必要的。

今天我们都是退休老人，我不时到他家看望他。我们谈论往事，而出版社一直是我们交谈的一个“主题”。

宗法文化研究的开拓者

——记钱宗范和他的团队

在桂林文化园地里，活跃着一个团队。20多年来，他们不断发展壮大，潜心研究，硕果累累。这就是钱宗范教授和他的宗法文化研究团队。

钱教授是江苏省苏州市人，1961年北大历史系毕业，入山东大学，成为全国著名学者、先秦史专家童书业教授的研究生。1965年毕业，他服从祖国需要，支持广西高校建设，来到广西师大，一工作就是40多年。他在读研究生时就开始研究我国古代的宗法文化。宗法制度是一种以父权和族权为特征的，包含有阶级对抗内容的宗族家庭制度，是我国历史文化中最具特色的现象。在宗法文化研究上，钱教授取得了他在学术上最有代表性的成果，并创建了宗法文化研究的团队。

早在1964年，他就写成了长达10多万字的《西周春秋时代宗法制度若干问题的研究》研究生毕业论文。后经20多年的修改、补充，1989年出版33万字的专著《周代宗法制度研究》，对周代宗法制度进行了全面系统的研究。受到学术文化界的普遍好评，称其有“对中国政治制度史研究上的开拓、创新之功”，“是全面研究宗法文化的较有分量的学术著作，是古代历史文化研究中的可喜收获”。该书获得原国家教委优秀学术专著二等奖等4项奖励。

钱教授接着率领他的研究团队，走上了宗法文化研究的新里程。上世纪80年代，他指导的研究生李向平（现上海大学博导、教授）、梁颖（现广西民族大学党委书记、教授）等，分别就周代宗法文化、广西少数民族宗法文化等发表了《广西壮族民间宗祠述论》等一批有创见的论文。之后，唐仁郭、陈雄章等老师也加入研究团队，从事宗法文化研究，相继发表了《宗法性的广西各少数民族生育习俗概论》等多篇有创见的论文。90年代，钱教授指导的研究生李庭华等一批学子，也以广西各民族宗法文化为研究方向，发表了《试论侗族近代社会宗法文化的基本特征》等一批受到同行专家重视的论文。特别是1996年8月3日《人民日报》发表了钱教授和梁颖撰写的《浅论中国宗法文化的研究》一文，在国内引起了较大反响。这期间，钱教授也发表了《试论近代广西宗法文化的变异性表现及其批判继承》等多篇论文。

上世纪八九十年代，钱教授和他的团队在全国各地报刊上总计发表有关宗法文化研究的论文达50多篇。10多年前，国内许多同行专家就认为，广西师大成了国内宗法文化研究的两大中心之一。这期间，根据查阅过的有关资料和实地调查，他们认为包括汉族在内的在广西聚居的12个民族的宗法文化都很有特色，值得研究。据此，他们向原国家教委人文社会科学“八五”规划申报了课题“广西汉族与少数民族宗法文化研究和当代社会”，经国家教委组织全国专家审定，列为广西承担的该规划7个项目中唯一的重点项目。之后，他们广泛查阅资料，开展社会调查，潜心研究，先后在中央和省级以上报刊发表学术论文20多篇，受到同行专家的重视和好评。前后历经5年，写出了60万字的书稿《广西各民族宗法制度研究》。后经责编审定，加工为55万字，广西师大出版社1997年出版。该书出版后，《光明日报》、《中国教育报》、《中华读书报》、《学术月刊》、《中国历史研究动态》等全国10多家有影响的权威专业报刊发表了书评，指出该书“是一部高品位的学术专著”，其显著特点是“开拓了宗法文化研究新领域”，“提出了一系列富有创见的学术观点”，“丰富和深化了宗法文化研究的内容”，“联系现实，指出了对宗法文化的批判继承问题”。

为进一步拓宽宗法文化研究新领域，他们把主要精力放在前人尚未涉足，而人口又较多、在历史上又有影响的那些少数民族的宗法文化的研究上。经过9年的探索、研究，写出了60多万字的《中国少数民族宗法制度研究》一书，由江西高校出版社2006年5月出版。

钱教授和他的科研团队，就是这样不断地开拓宗法文化新领域，并一步一步地实现新目标的。20多年来，钱教授教书育人，潜心科研，在多个院系开了10多门课，还带出了50多名研究生——他们活跃在区内外的教学科研岗位上，不少人成了单位骨干和宗法文化研究专家。钱教授出版论著（含合著）22部，发表学术论文200余篇。辛勤耕耘，成绩显著，获得了国务院首批颁发的政府特殊津贴，是全国首批曾宪梓教育基金高等师范院校老师奖获得者，被自治区人民政府评为“广西有突出贡献的科技人员”，获广西“五一”劳动奖章，并多次被评为广西师大、桂林市优秀党员。

原载《桂林晚报》，2007年3月26日

解读钱宗范和他的宗法科研团队

在广西师范大学校园里，活跃着一支教学科研团队，20多年来，他们不断发展壮大，在教坛上呕心沥血，教书育人，在科研上不断进取，硕果累累，不断受到各方面的关注和好评。他们就是历史文化与旅游学院（历史系）钱宗范教授和他的宗法科研团队。

钱宗范先生1937年10月出生于江苏省苏州市，1961年北京大学历史系毕业，即入山东大学历史系，成为先秦史专业研究生，师从我国老一辈著名先秦史学家童书业教授（是童教授一生中仅带过的两名研究生之一）。1965年毕业后，他服从祖国需要，来到祖国南疆的桂林，支援广西高校建设，在我校执教达40多年，现为我校历史文化与旅游学院（历史系）教授，广西师大宗法民俗文化研究所所长、硕士研究生导师，兼任中国史学会理事、中国先秦史学会理事、广西历史学会副会长、广西儒学学会常务副会长等。他满腔热情，热爱教育事业，热爱祖国南疆这片热土，正如他所说的："我将以自己的全部智慧和精神贡献给祖国南疆的这片社会主义热土，我的第二故乡——广西，桂林。"作为一名全国重点大学毕业的外省籍研究生，能做到这样，实为难得，令人可敬可佩。

来校工作40多年的钱宗范教授，乐于奉献，勇挑重担，在教学园地里辛勤耕耘，深受学生喜欢、尊重。钱教授不仅承担了历史系的课程，而且因工作需要还承担过政治系、中文系、社科部的教学工作，为研究生、本科生、函授生和国家文科基地班开了古代史、古代史史料学、古代史专题研究、史学概论、宗法制度与家族社会等10多门课程。渊博的学识、丰富的史实、生动的讲述、中外古今的广泛联系、恰如其分地联系现实，使他的课程深受学生欢迎。由于工作关系，我们接触过他多年来先后教过的学生，说到钱教授的课，一位他20年前教过的学生深情地说："由于方言关系，起初有些难听懂，但不久就会被他那口带有吴语口音的普通话所吸引，他的课内容丰富，深入浅出，今天想起来还历历在目，印象深刻。"在教学中，一些难度大的课，新开设的课，由于各方面的原因，一时难于安排，只要工作需要，组织安排，他都会克服困难，勇于承担。"史学概论"这门课由于时间跨度大，地域涉及广，从古代到当代，从世界到中国，涉及众多历史人物、事件和史料，是较难上的一门课。80年代国家教育行政部门规定开设该课后，当时系领导和几位老教授商议，认为钱教授接上该课最为适宜。当系里找他谈让他上这门课时，他深感这是大家的信任，也是对自己的一次挑战和再学习，于是二话没说就欣然接受了下来。为了上好这门课，他认真研读了有关课程内容要求，查阅了大量的书籍资料，联系实际，思考了许多相关问题，经过精心准备，潜心研究，写出了几十万字的讲稿和笔记。在讲课中，他以"史"为线，配以精要的"论"，从原始社会讲到"三个代表"重要思想、构建和谐社会，从古希腊、罗马讲到当今的国际关系、我国的外交政策，由于观点明确、内容丰富、史料翔实，加上生动的讲述，使得本来容易平铺直叙的课程成了"史""论"结合，针对性、现实性较强，深得同学欢迎的课程。又由于他注意充实新内容，联系实际，提出新问题，10多年来，使这门课常讲常新。2001年学校一些院系要开"邓小平理论"课程，请钱教授任教。他想，对大学生来说，上这门课不能照本宣科，于是他联系历史特别是党的历史，并联系实际，联系自己在北京时多次见过邓小平同志的深刻印象，还根据自己读大学以来对历次政治运动和社会生活的感悟、历次社会调查，特别是到四川广安邓小平的故乡以及他战斗过的百色地区的调查得到的鲜活的资料和感人的故事，加上他对邓小平同志满怀深情的讲授，让大家既掌握了邓小平理论的精髓，又从内心深深认识到小平同志的正确、伟大，使一门单纯的理论课成了师生同受洗礼的思想教育课。钱教授在教学中，非常重视联系实际，重视学习历史为现实经济社会服务。他根据系里要求和安排，利用节假日组织学生走出校门，到乡村，到少数民族地区，开展社会调查。这样做，使学生学习历史的同时，了解今天的农村、农民，也了解了当地的历史和现状，结束时，同学们还写出调查报告。这一做法很受同学们的欢迎，他们说："社会历史调查使我们受益匪浅，其作用已超越了历史学习本身。"

社会调查中，同学们写出了不少很好的调查报告。收录在2006年5月出版的《中国少数民族宗法制度研究》一书中关于广西上林县唐碑——《六合坚固大宅颂碑》、《智城碑》和唐城——智城遗址的调查报告；涉及5个地级市12个县的《当代少数民族宗法文化存在现状调查》就是其中的两篇。钱教授还结合教学，发表了不少学术论文，如在党中央理论刊物《求是》1990年24期上发表的《浅论中华民族的民族精神和文化传统》一文认为，以儒学文化为核心的中国传统文化固然有迷信守旧、宗派等级、重男轻女、多生多育等消极的封建性的糟粕，应予批判和摒弃，但也有和谐、团结、凝聚、互助、合作、克己、为人、谦让、恭敬、尊老、爱幼、兴教、助学、爱家、爱乡、爱国的积极因素，应予以继承和弘扬，这对巩固民族团结，构建和谐社会，加强互助合作，促进投资建设，实现祖国统一，维护世界和平，都有很大的进步意义和现实意义。《17、18世纪中国外交政策》一文在广西师范大学学报发表后，很快“人大复印资料”《明清史》2004年第1期等多家期刊全文转载。这些论文发表后，都受到学术界的关注和好评。40多年来，钱教授教过的本科生已无法用数字来统计，有人用“桃李满广西”来形容，也不为过。仅恢复研究生制度以来，他带出的研究生就达50多名，他们活跃在南宁、桂林、广州、上海、杭州、西安、郑州、安阳、北京、柳州等地的高校教学和科研岗位上，成为单位的领导和骨干，现任上海大学图书馆馆长、博士生导师、教授的李向平；广西民族大学党委书记、教授的梁颖等就是80年代钱教授指导的研究生。现在系里执教的唐仁郭、陈雄章等中青年教师都是钱教授的“忘年之交”，成了宗法研究专家、研究生导师。钱教授辛勤工作，教书育人，得到学校、社会的充分肯定和高度赞誉。他多次被评为学校优秀教师，1993年获国家教委授予的首批曾宪梓教育基金高等师范院校教师奖，2000年获广西“五一”劳动奖章，2003年被评为桂林市优秀党员，今年“七一”又被学校党委评为育人标兵。

钱教授在读研究生时的专业方向是先秦史，并开始研究中国古代的宗法制度。来到广西师大后，他结合教学和工作需要，研究领域除先秦史外，又扩展了3个方向：一是清前期史，并指导研究生主要研究清代前期这一段，出版过《康乾盛世三皇帝》等著作；二是宗法制度和文化史；三是史学理论，他教这门课程已有20年，也发表过多篇论文。在宗法文化研究上，取得了他在学术上最有代表性的成果。

早在1964年，他就写成了题为《西周春秋时代宗法制度若干问题的研究》的长达10多万字的研究生毕业论文，后经20多年的修改、补充，于1989年出版了专著《周代宗法制度研究》。该书运用马克思主义的基本观点和方法，对周代宗法制度进行了全面系统的研究，得到了学术界的普遍好评。《光明日报》在《史学》专栏的“新书预告”中称：该书“提出了一系列崭新的学术观点，澄清和纠正了宗法制度研究中很多模糊错误的认识”。中国社会科学院历史研究所研究员、著名史学家王贵民指出，该书“是值得关心宗法制度、研究古代历史的人们一读的好书”；上海社会科学院历史研究所研究员、古代史专家杨善群指出，“它的出版填补了宗法制度研究方面的空白，是一部近年来出版的较有分量的学术著作”。该书获得原国家教委优秀学术专著二等奖等4项奖励。80年代他指导的研究生李向平、梁颖等，分别就周代士庶人的宗法、周代宗统与君统的关系、广西少数民族的宗法等发表了一些有创见的论文，如《广西壮族民间宗祠述论》等。之后，系里唐仁郭、陈雄章等教师加入钱教授的团队，从事宗法制度研究，相继发表了《论世界古代中世纪宗法制度研究中的几个问题》、《宗法性的广西各少数民族生育习俗概论》等论文，就宗法封建关系在世界诸民族中的表现形态发表了新见。90年代指导的研究生李庭华、陈晓红、杨一江、李全伟、黄兴球等，也以广西各民族宗法文化作研究方向，发表了《浅论苗族继承制度的宗法性质》、《论苗族“鼓社”的宗法性》、《试论广西瑶族石牌组织的宗法性》、《论仫佬族“冬”的宗法关系及其性质》、《京族宗法制度存在形态初探》、《试论侗族近代社会宗法文化的基本特征》等。这些青年学人的研究成果，受到了同行专家的重视。1996年8月3日《人民日报》发表了钱教授和梁颖共同撰写的《浅论中国宗法文化的研究》，在国内起了较大影响。这期间，钱教授也发表了一些有影响的论文，如《中国宗法制度论》、《广西各少数民族封建宗法概论》、《试论近代广西宗法文化的变异性表现及其批判继承》（这几篇论文“人大复印资料”都分别全文转载）等。总计钱教授和他的宗法科研团队，在全国各种期刊上发表了有关宗法文化研究的论文有50多篇。学校历届领导一直重视钱教授和他的团队的科研工作，成立了由他任所长的宗法民俗文化研究所，鼓励他不断带领和培养新人，牢牢占领宗法文化研究的制高点。10多年前，国内史学界许多专家认为，广西师大成了国内宗法文化研究两大中心之一（另一中心为东北师大）。

这可以说是80年代以来广西科研取得的重要成就之一。接着历时5年，于1997年11月钱教授又和梁颖、申易、陈雄章及5位青年学人出版了55万字的《广西各民族宗法制度研究》一书，该书是当时广西高校承担的唯一一项原国家教委“八五”人文社会科学研究规划重点项目的科研成果，打开了我国少数民族宗法制度研究的学术新领域，是我国第一部研究少数民族宗法制度极有影响的学术专著。《光明日报》、《中国出版》、《中华读书报》、《文汇读书周报》、《学术月刊》等10余家有影响的报刊发表书评评介该书，得到北京、上海、山东、吉林、湖北一些著名学者的一致好评。当时我作为该书责任编辑建议钱教授和他的团队将课题继续做下去，进一步研究我国一些有代表性的少数民族的宗法制度，他们欣然接受。经过9年的潜心研究，认真撰写，2006年5月江西高校出版社又出版了由唐仁郭、钱宗范、王昶、陈雄章和多位青年学人共同完成的学术新作——《中国少数民族宗法制度研究》。40多年来，钱教授在宗法制度、先秦史等史学领域，带领、培育新人，潜心研究，取得了令人瞩目的开创性的丰硕成果，他出版了历史学论著（含合著）22部，发表学术论文200余篇，是同行公认的全国著名的宗法文化研究专家，早在1990年就获自治区政府“广西有突出贡献的科技人员”荣誉称号，1991年获得了国务院首批颁发的政府特殊津贴（一档），在我校和桂林市社科界，钱教授是首获此殊荣的人。

钱教授和他的宗法科研团队，长期活跃在学校教学、科研园地里，并喜获骄人成绩，硕果累累，令人瞩目、钦佩。究其原因，会引起我们许多思考，会给我们许多启迪。

坚持正确的指导思想。这是他们获得成功的一个重要原因。马克思列宁主义、毛泽东思想、邓小平理论、“三个代表”重要思想，不仅是中国共产党的指导思想，也是指导我们进行历史文化研究的理论基础。马克思、恩格斯早在100多年前所写的《家庭、私有制和国家的起源》等经典著作中，关于宗法制度的产生和发展，就有精辟的论述，即宗法制家族的原生形态就是原始社会末期形成的父系氏族公社下的家长制大家庭及其宗族组织，后来宗法制度和奴隶制度、封建制度结合后，以不同的形态存在于奴隶社会和封建社会中，这些论述为百年多来的历史事实所证明。上世纪20年代，毛泽东同志的《湖南农民运动考察报告》等著作，更是为我们研究“封建宗法”奠定了理论基础。钱教授和他的研究团队所取得的一切成果，都是这一正确思想指引下取得的。有了正确的指导思想，才能沿着正确的道路，不断开辟研究新领域，取得新成果。学术专著《周代宗法制度研究》，根据马克思主义基本原理，参照世界古代各国宗法制度存在情况，进行比较研究，证明我国西周春秋时代社会上同样存在着原始宗法制度家族，存在着族权和家长权，存在着自由人、非自由人和阶级对抗关系，存在着家族宗族共财制，存在着一夫多妻制以及表明财产继承性质的宗法制家族所特有的婚姻形式，当然它们具有在中国历史条件下所产生的特点，从而科学地证明了我国在春秋时代及以前一个时期的社会上，同样存在着产生于原始社会末期的，包含阶级对抗性质的以父权家长制大家庭为基层组织的宗法制度。之后他们联系广西实际，经过5年的潜心研究出版的《广西各民族宗法制度研究》一书，坚持以马克思主义的基本理论为指导，以广西汉族和其他11个少数民族的具体社会史料为研究对象，从世界历史文化发展的宏观规律的广阔视野出发，进行广泛比较，综合分析，探求广西各民族宗法制的具体表现、基本特征和发展规律，并究其产生的原因和社会影响，从而进一步完善和丰富了对中国和世界各民族宗法制度发展规律的科学认识，做了前人未做的工作，开拓了宗法研究的新领域，研究成果丰富，在学术上具有开拓创新意义。最近出版的新作《中国少数民族宗法制度研究》就是在马克思主义基本原理指导下，对13个人口较多、在我国历史产生了重要影响的我国北方和南方有代表性的少数民族的宗法文化形态做了较全面的研究，全书引用文献材料1200多条，内容丰富，资料翔实，史论结合，进一步拓宽了少数民族宗法制度研究的新领域，有填补学术空白的创新作用。坚持正确的指导思想，宗法文化研究才能结出正果，这是在科研中必须坚持的一条原则。

不断提出新的科研目标，这是一个教师一个科研人员应有的态度和要求。不断地激励自己，不断进取，总有奔头，为实现目标而努力，这是他们获得成功的另一重要原因。钱教授毕业到我校工作后，尽管他的恩师、著名老一辈史学家童书业教授早已于1968年去世，但他不忘师恩，记住了师长的教诲，坚持西周春秋时代宗法制度研究，并不断有所发现，多篇有关论文在北京、上海、山东、福建、广西等地学术刊物上发表，开始展露其才华，受到学术界的好评，他们建议将这些论文构建、充实，写出专著发表。于是他结合教学，不断潜心钻研，对他的10多万字的研究生毕业论文进行重新审视，充实、修改，写成了著名的学术专著《周代宗法制度研究》，于1989年由新成立不久的广西师大出版社出版。这部33万字的专著是他20多年潜心研究成果的结晶。该书出版后，受到同行专家的好评，他们认为其“体系之宏大，见解之精粹，论述之细微，分析之深入”的特点和“对中国政治制度史研究上的开拓、创新之功”是显而易见的，“是一部近年出版的全面探讨宗法制度的较有分量的学术著作，是古代史研究中的可喜收获”。他没有被赞扬所陶醉，而是与跟着他一起研究宗法的几位青年教师和指导的研究生初步形成了研究团队，迈上了宗法研究的新里程。他们请教了校、系领导和多位专家的意见，在如何深入开展学术研究时受到了启示，即进行史学研究，研究宗法文化，一定要有地域特点、民族特点、时代特点，越是地方的、民族的，越有世界性。根据查阅过的有关资料和实地调查，他们认为包括汉族在内的在广西聚居的12个民族，其宗法文化都很有特色，值得研究。他们的意见得到了校、系领导和专家教授的肯定和支持。据此，他们向原国家教委人文社会科学“八五”规划申报了课题——“广西汉族与少数民族宗法制度研究和当代社会”，经国家教委组织全国专家学者审定，该课题列为广西承担的该规划7个项目中唯一的一项重点项目，同时列入“九五”重点图书出版规划。为此，他们经过多次研究，制订了周密的计划安排，进行了人员分工，要求广泛查阅资料，开展社会调查。之后，他们分别在《求是》杂志和《人民日报》发表了关于宗法文化研究的理论文章，产生了很大的影响。几年来，他们在中央和省级以上报刊就发表了学术论文20多篇，不少还被“人大复印资料”和其他报刊转载，受到同行专家的重视和好评。在此基础上，他们又多次研究，接受了我的建议，将书名定为《广西各民族宗法制度研究》，我作为该书责编，之前就与钱教授研究商定，提出了编撰构想、结构、编写提纲、体例等。前后历经5年，写出了60万字的书稿，后经多人多次删改、审定，最后由责编加工、审定为近55万字的书稿，广西师大出版社于1997年11月出版。该书出版后，可以说是好评如潮。全国10多家有影响的权威、专业报刊发表了书评。《光明日报》的书评《民族历史文化研究的力作》指出：“这部专著对广西12个民族古近代的宗法制度进行了全面系统的研究，填补了我国民族地区宗法制度研究的空白。”“本书提出的一些学术新见，开拓了民族史和宗法制度研究的新领域。”《中国出版》的书评《研究宗法文化的开拓新作》指出该书“是一部高品位的学术专著”，有4个显著的特点，即“开拓宗法文化研究新领域”、“提出了一系列富有创见的学术观点”、“丰富和深化了宗法文化研究的内容”、“联系现实，提出了对宗法文化的批判继承问题”。不少学术界专家学者读到该书后，纷纷来函称赞。北师大国学所所长、老一辈著名史学家、博士生导师赵光贤教授和博士生导师彭林教授评价说：“钱宗范先生是我国从事宗法研究的著名学者……该书的研究，具有开创意义，是对我国古代史研究作出的重要贡献。”《求是》杂志原副总编苏双碧编审认为，该书“是广西社科界80年代以来最突出的学术著作”。北京大学博士生导师吴荣曾教授认为，钱宗范教授的研究群体“近年来能另辟蹊径，利用广西各少数民族中的宗法制作为研究对象，运用横向比较的方法，这不仅有助于广西民族史的研究，同时对弄清先秦宗法制也会有极大好处”。中南民族学院博士生导师吴永章教授说：“我多年从事有关民族史与文化研究工作，深感该书别开生面，言人所未言，从中获益良多。我敢负责任地说，在民族宗法制度研究方面，该书确是空前之作，具有填补学术空白的重要价值。”原国家教委历史学科指导委员会副主任、山东大学原副校长、博士生导师乔幼梅教授认为，“该书建构了民族地区宗法制度研究的新体系……从而把我国传统的宗法文化研究推向了一个新阶段”。东北师大原副校长、博士生导师詹子庆教授说：“该书是一部集制度史、社会史、民族史和地区史为一体的学术水平很高的专著，它不仅立论严谨，资料翔实，而且为史学研究开辟了一条新路，大家从中可以得到启发。”在一片赞扬声中，他们并未沾沾自喜，而是马不停蹄，大步地迈向新目标——进一步拓宽民族宗法研究新领域，放眼全国，将主要精力放在了前人尚未涉足，而人口又较多、在历史上又有影响的那些少数民族的宗法文化的研究上，经过9年的探索、研讨，又写出了60多万字的《中国少数民族宗法制度研究》一书，由江西高校出版社2006年5月出版。钱教授和他的宗法研究团队就是这样一步一步迈向新目标、取得科研新成果的。

发扬民主求真的科学精神。一个团队是要有一种精神的，作为一个科研团队，这种精神的一个重要内涵，就是真诚合作，民主平等，求真务实，服从真理。钱教授和他的科研团队就具有这种精神。这是他们获得成功的又一重要原因。在他们的团队里，有一些不成文的潜规则：在团队里是人人平等的，没有上下等级，有的是为了一个共同目标的亲密合作。在科研探求中，服从真理——科学、正确的结论，

"在真理面前人人平等"；慎重对待不同意见，鼓励争鸣、探求，不轻易肯定一方、否定一方，允许保留不同意见。就是在论著发表、出版时人们往往看重的署名位置上，他们也体现了这种精神。出版合著，"师长"的名字不一定署在前面，而是谁的贡献大就署谁的名字在前；不轻易设主编，有意让中青年学人"出头"；导师指导研究生搞科研、写论文，花的时间、精力再多，甚至大力加以修改，导师也不在研究生发表的论文上署名。就是这种精神，这种科研氛围，这种人际关系，有力地促进了团队的发展。过去我们在研究壮族宗法文化时，多是从宋元至近代资料中去探讨。在钱教授指导下的我校历史系2002级女硕士研究生周艺、石丽璠两人在壮族聚居的广西上林县做社会调查时，对重要历史文物——唐代初年留存的《六合坚固大宅颂碑》（简称《大宅颂碑》）、智城（它的三面以山体代替城墙，这样的古城在唐代独一无二，在世界古代也极少）遗址和《智城碑》（其历史文化内涵丰富，并与智城共存，这在我国边疆民族地区迄今仅见）的考察和相关资料分析，探讨了唐代壮族的宗法制度，提出当时桂西南壮族先民的宗族统治有如下特征：广泛吸收和兼容了中原地区先进的唐文化；宗族统治和政治统治在一定程度上是结合的；韦氏的世居宅园——六合坚固大宅，与东汉至魏晋年间汉族宗族地主庄园有着类似的特点；韦氏宗族有祠庙和族规制度；韦氏宗族在当地的统治发挥了积极的作用。这些新见，对于我们了解壮族宗法制度的原始形态及其基本特点的形成很有启迪。我校宗法与民俗文化研究所近年来不断组织学生到各民族地区进行宗法民俗文化的社会历史调查，他们对改革开放以来特别是90年代以来保存的宗法文化形态获得的新的调查资料，补充了传统文献记载以及解放初社会调查的不足，其中对5个地级市所辖的12个县壮族宗法文化调查颇有收获，正确地提出了当代农村宗法文化既有落后面，也有有助于社会和谐稳定的积极面的新观点，它有助于加深对当代壮族宗法文化存在现状的了解，有利于对宗法文化的批判继承。在研究藏族宗法制度时，他们团队中的一位青年学人黄鹏同志对婚姻形态提出存在一妻多夫制。对这一问题，过去他们知道恩格斯在其《家庭、私有制和国家的起源》一书中，在论述人类群婚制的时候曾指出："印度和西藏的多夫制，也同样是个例外，关于它的起源于群婚这个无疑是不无兴趣的问题，还需要进一步的研究。"这位青年学人还从《西康综览》、《西藏见闻录》、《巴塘县志》、《地理县志稿》、《中国藏族部落》等书的记载中找出不少资料证明了这种婚姻形态的存在，并提出了这种婚姻的宗法性表现：其一是藏族的一妻多夫并非与母权制家庭相同，而属于父权制家庭；其二是一妻多夫制是屈从于家长意志，成为保护家财与权势的工具。这种婚姻不仅农奴阶层中存在，而且也在部分贵族领主中存在，农奴中存在是由生产、生活所逼迫的，而在部分贵族领主中存在，其目的是避免财产和权势的分散。经过大家的研讨，认为他的观点是有新见的，应该赞同。之后，他们把青年学人的这些新资料、新观点、新成果引入到他们的论著中，受到同行中的重视和好评。由此可见，《广西各民族宗法制度研究》、《中国少数民族宗法制度研究》两者在全国起到了填补我国少数民族宗法制度研究的学术空白、开拓我国少数民族宗法制度研究新方向的重要作用。这个研究团队正是在钱宗范教授的带领下，在唐仁郭、陈雄章等教授的共同努力下，在团队内发扬学术民主，尊重真理，广泛吸收所有成员的研究意见，互相学习，互相补充，各扬其长，集体研究，取得了丰硕成果。老教授起领导带头作用，把关定向，发挥主导作用；青年学人努力研究，敢于创新；老教师努力培养青年人成长，为青年人成长开路；青年人虚心向老教师学习，尊重老教师。这是一种民主的科学的研究精神。广西师大校长梁宏教授在几年前曾要求钱教授：一定要培养好我校的宗法研究学术梯队。我们高兴地看到了这个梯队健康成长的过程。这是值得我校师生学习和借鉴的。

钱教授在谈到他的人生价值观时说："作为高校教师，教学和科研是主要任务。能够不别亲疏贵贱，培养更多的后起之秀成为国家的栋梁之才；能够不分古今中外，批判继承、突破创新做到青胜于蓝，则事业就会后继有人，学术必将一代胜过一代。这是教育和研究工作者最大的人生价值所在，也是我最大的心愿。"我们祝愿钱教授和他的团队心想事成，在教学和科研园地里取得更多成果，实现他们人生的更大价值。

原载《教学研究》，2006年第3—4期

盛世勃发彭祖文化热

——彭会资教授一席谈

彭会资是广西师大文学院教授，虽退休多年，但作为彭祖后裔，仍长期潜心研究彭祖文化，系这一领域国内外知名学者，现任彭祖文化学术委员会主任。我与彭教授是多年好友，他经常与我谈及彭祖文化，特别是对当今彭祖文化热的一席谈话，让我获益匪浅。

彭祖姓篯名铿，是我国历史上第一位卓越的养生学家，被誉为“东方养生智慧的代表”，是令人仰慕的大寿星，相传活了800岁，西方称“彭祖是中国的麦修彻拉”（《圣经》中的长寿者）。彭祖还留下了《彭祖经》等博大精深的文化遗产，被后人奉为我国烹饪和中华气功的开山鼻祖，从理论和实践的结合上成为养生长寿的楷模，为华夏文化的形成与发展做出了重要贡献，是我国历史上第一位世界文化名人。

据《史记》记载，彭祖为黄帝的八世孙，尧帝时举用，封他到大彭（今徐州境内），创建大彭国，被尊奉为彭祖。彭教授拿出一段文字给我看，这是李家骥在他所著的《我做毛泽东卫士十三年》（中央文献出版社，1998）记述的毛泽东主席1952年10月29日在徐州接见当地领导干部谈话时的一段话：徐州应是养生学的发祥地。尧时有位叫篯铿的，是历史上有文字记载的第一位养生学家。尧封他到大彭，也就是徐州市区这块地方，建立大彭国，彭祖为开发这块土地付出了极大的辛苦。他带头挖井，发明了烹调术，建筑城墙。传说他活了800岁，是中国历史上第一位长寿之人，还留下了养生著作《彭祖经》。彭祖在历史上影响很大，孔夫子就非常推崇他。庄子、荀子、吕不韦等都曾论述过他。《史记》中对他有记载，屈原诗歌中也提到过他。大概因为他名气太大了，到了西汉，刘向在《列仙传》中竟把彭祖列入仙界。彭教授说，毛泽东主席的这段话是我们研究彭祖文化的核心和关键。

彭教授介绍，彭祖后裔有彭、钱、韦三大姓，分属汉、壮、苗、瑶、回、白、畲、蒙、土家等多个民族，星散神州大地，足迹遍及全球。汉民族的客家民系也有不少彭祖后裔，他们从中原南迁，所操的客家方言仍保留中原古韵，因而阅读彭祖养生著述特别方便。考察和研究彭祖后裔4300多年的源流发展史，有助于了解中华文明5000年发展史。彭祖文化由3部分构成：彭祖精神、彭祖养生学、彭祖文化发展史（含养生文化史、彭乐文化史、军事文化史、建筑文化史、尊老文化史、彭祖后裔源流史）。彭祖精神是彭祖文化的灵魂。他开创了养生学，创建大彭国，又开发浙江临安“八百里”（因他800岁而得名）、福建武夷山（因率二子彭武、彭夷开发而得名），等等。这种开拓创新、不断奋进的彭祖精神，给人们以有益的启迪和激励。彭祖养生学自成体系，由养生论、养生术两部分构成，总称为道。其养生长寿之道包括德行、烹调、导引、调气、服饵、环境协调、男女相成，形成了相对完整的学科体系原型，奠定了中华养生文化体系的基础。彭祖文化的核心是“和谐”，强调效法“精气和合”的自然法则，要“不失四时之和”。其“养生论”、“莫伤论”，都是建立在“和谐”的基础上的。

彭教授说我国历史上出现过彭祖文化热，而每次都勃发于盛世。诸子百家均论及彭祖，成了彭祖文化的传播者。历朝历代一逢盛世，就勃发彭祖文化热，秦皇汉武学彭祖，至魏晋南北朝达到高潮，唐宗时人们逐渐做出明智的选择，不炼外丹（金石）而炼内丹（气功），滋补品也以动植物为主，并将彭祖文化传向朝鲜、日本等东方各国，近代又传向西方国家。当下的彭祖文化热是随着改革开放的盛世出现的，而且20多年来长盛不衰，持续升温，高潮迭起，波及世界范围，比历史上任何一次都来得广泛和深入。改革开放以来，港澳台同胞、海外侨胞纷纷回大陆寻根拜祖，彭祖热再次形成。1979年，学术大家钱钟书先生的巨著《管锥编》面世，书中一再论及彭祖养生长寿之道，又开了彭祖文化研究新风，现已有1200多个彭祖文化机构活跃在世界各地。1994年，由马来西亚彭祖后裔彭云钊先生发起，成立了世界彭氏宗亲联谊会（简称世彭会），联谊会每两年召开一次，成为凝聚海内外彭氏后裔最具影响力的活动，也推动了彭祖文化研究的深入开展，现已开了7届。2000年以来，世彭会开始选择在我国召开，“因为彭祖文化的根在中国”。2006年10月18日在徐州召开了首届国际彭祖文化学术研讨会，世彭会创会会长彭云钊先生动情地说：彭祖文化是海内外彭氏华侨和彭城徐州的纽带，虽远在异国他乡，我们却始终心系故土。每次回来，看到家乡日新月异的变化，看到彭祖文化在政府的支持下，内容不断丰富起来，心里便充满了欣慰和感恩之情。

现在桂林已成了彭祖文化研究的重要阵地之一，其主将就是彭教授和他的研究团队，他们因研究成果显著、著述颇丰，受到彭氏宗亲的关注和赞赏。彭教授多次受邀参加有关彭祖文化活动。《彭祖文化宣言》就是由彭教授执笔，并在徐州会议上宣读、审议通过的，它将对世界各地彭祖文化研究进行理论层面的引导。他们的著述主要有：《彭祖养生经》、《彭祖与中国武夷山》、《震峰彭公传奇》、《客家文化与彭祖文化》、《益公系彭氏族谱》、《世界瞩目的广西东兴彭祖山》……为了更好地拓展彭祖文化研究，他们还成立了彭祖文化工作室，建立了彭祖文化网。“桂林还有彭祖文化的见证。”彭教授笑着一一数来，龙胜的彭祖坪、临桂岚岩村的彭祖泉和桂林的彭家岭、花园村等地，都留下了彭祖的光辉足迹和美丽传说。2007年3月15日在我市召开了为期一周的彭祖文化暨彭氏源流研讨会，世彭会三任会长和来自马来西亚、我国台湾及内地11个省市的70多位彭祖后裔、学者相聚一堂，进行研讨。会上的大红对联“共社共宗共创幸福生活，同心同德建设和谐世界”，反映了世彭会的精神和本届研讨会的宗旨。

原载《桂林晚报》，2008年3月20日

老校长任中敏其人其事

去年金秋十月，在桂林一中（原汉民中学）建校70周年之时，许多年逾古稀的校友深情地回忆着老校长任中敏的为人行事，极为感人。

任中敏，1897年出生于江苏扬州，1917年考入天津北洋大学工科，次年又考入北大中文系。毕业后在江苏、上海任教，后应邀任国民党元老胡汉民的秘书，其间曾任省立镇江中学校长，后应胡汉民之约创办广州仲原中学。1936年胡病逝，当时国民党人中崇敬孙中山、胡汉民的一批知名人士为纪念胡汉民，在南京发起筹建汉民学院，后因抗日战事临近，1937年10月26日改办汉民中学，任先生任校长，建校目的定为："追念革命先哲，普及中小学教育。""七七"事变后被迫迁移，艰难辗转，在李济深的大力支持下，在桂林穿山建校，至今达71年。

任先生在北大读书期间曾参加伟大的"五四"运动，围攻火烧赵家楼，是一位爱国者。在抗日战争的历史背景下，汉中极为重视爱国主义教育，以此来激励学生奋力攻读，着力培养救国雪耻、艰苦奋斗的思想。

随着日军侵华战事扩大，大批沦陷区学生、港澳学生、华侨学生涌来桂林，任校长抱着"日寇侵华，国难日极，我欲以培养救国青年，壮大御侮力量"的目的，汉中尽力扩大招生。当时许多师生都是热血青年，是怀着深重的国仇家恨到汉中来发愤读书、以图将来报效国家的，学校教育大家"逸豫亡身，多难兴邦"，激励大家"少说话，多担当"。一次有位东北籍的同学犯了点小错误，老校长借题发挥，在升旗仪式上面对全校师生足足"训"了几十分钟，并责问道："凭你这样能打回老家去吗？"当时在场师生都被校长的神情感动，明白老校长的借题发挥是教导大家时刻毋忘国耻。大家还记得当时老校长写的词作《望江南 展山好》："展山好，万里苦追寻。热血满腔何处洒？江山如画最伤心！歌唱到如今。”充分表达了迁校桂林多年后，他对国民党蒋介石消极抗战的愤慨。

学校十分注重开展多种形式的活动对学生进行民族气节和爱国主义教育。每到假期学校都组织师生下乡进行抗日救亡宣传，就是在湘桂战事危急时，倜苏丹（中共地下党员）、盛国安（新中国成立后仍在一中任教至退休）等老师仍率领“汉中战地服务团”活跃在前线和农村，表现了汉中师生抗日救亡的极大热忱。学校还组织汉中剧团，上演了许多爱国剧目，在校内外演出受到欢迎和好评，如夏衍编的四幕剧《离离草》，于伶编的《心狱》、《春日》和《一心堂》等。任校长还和倜苏丹老师根据郭沫若的《南冠草》，编了讴歌南明抗清少年英雄夏完淳的多幕剧《夏完淳》。任校长亲自写了剧中“家教”一场，他还毛遂自荐扮演夏父夏允彝，他那浓重的苏北“京”腔倒也十分宽醇，一些老师也踊跃参加，在校内外演出引起轰动，一时传为佳话。

学校对学生的爱国教育抓得很紧，一点一滴都不放过。如学校一次举行会文比赛，就是以纪念抗日英雄谢晋元团长来命题的，题旨是讴歌英烈，仿效誓死不屈的精神。约在1942年时，有一港商在校门口开了一个小酒吧。怎么办？任校长很快想了一个妙法——举办书法比赛。他亲自拟了许多标语，如“酒吧是吹来的香风、袭来的邪气，能迷人害人！”“汉中学生不进酒吧！”等等。让学生书写，达几百条，从校内贴到校门口。这如千夫所指，不几天酒吧就关门了。任校长爱国，当然恨日本侵略者，对假抗日的蒋介石当然也是恨的。当年汉中大礼堂有个讲台，其后墙上方挂有孙中山先生的巨幅彩色像，下面是胡汉民的彩色油画像，而挂的蒋介石像却是黑白的，仅有四开纸大，并单独悬挂在讲台对面墙上的窗眉与瓦椽之间，很不起眼。而且在校、班会上同学每谈国事，对老蒋总是指名道姓的，学校从来无人过问。任校长其爱恨、其用意，大家是明白的。

汉中在招生简章上写道：国立汉民中学以向理工科大学输送合格学生为办学宗旨。迁来桂林后，想办成“世外桃源”，让学生“两耳不闻窗外事，一心只读圣贤书”。但在抗日烽烟中，任校长却聘请了司马文森、华嘉、汪士楷、潘逸耕等许多知名学者和进步文化人士来校任教。还请梁漱溟、李四光、田汉、欧阳予倩、徐悲鸿等名人来校举办讲座。本来招聘教师是由校长亲自选的，而招来的教师中却有王时凤、黄韧夫、陈在福、梁炳英等多名中共地下党员。音乐课上教的都是抗日歌曲，如《大路歌》、《到敌人后方去》等，同学们还高唱《延安颂》、《我们在太行山上》等。在图书馆，《新华日报》长期公开陈列，供师生阅读，师生还可传看进步书籍、开读书会。就是在抗战胜利后，学校迁回穿山，学校也曾关闭校门，不让学生参加民主运动。任校长认为清潭一泓的学校，同学们在写诗词时，也写过毛泽东的《沁园春·雪》，特别是活跃着中共地下党组织及其青年外围组织——爱国民主青年会，这是任老夫子万万没有想到的。有时地下党及其外围青年组织还利用他的关系来对付国民党特务的破坏活动。据汉中学生、新中国成立后曾任桂林市委书记的王仁武同志回忆，当时学校有位女同学收藏有一本《新民主主义论》，被敌人察觉。敌人就派了一个特务守在女生宿舍前，24小时不离半步。王仁武得知这一情况，非常着急，因一旦敌人查获了这本书，学校地下活动就会暴露，后果不堪设想。经商量，王仁武找学生会主席说，有个坏人守在女生宿舍前想要流氓。学生会主席去看，果然如此，就将此事报告任校长。任校长一听，竟有人在我校园放肆，火冒三丈，马上就让人把那个特务赶走了。之后，那位女同学立即将书转移，保全了组织。

教书育人，一概从严，是汉中的特色。抗战期间，汉中师生同民族命运紧密地联系在一起，“生活要与前方将士比”是他们的心声。大家吃的是劣质米饭，危急时每日仅吃两餐，生活极其清苦，但学校教学活动一切如常，秩序井然。而这一切是与老校长带头自律有关的，他一直与学生在食堂同桌用餐。当年能做到这一点是难能可贵的。纪律之严，汉中是出了名的。有一件事，不仅汉中人人皆知，还流传至解放初的一中。那是一次吃粽子，学校历来规定，不准把粽子叶丢在地上，若违犯则开除论处。但有位同学没有发现自己将粽子叶掉在地上，后来被学校发现，并查出是校长儿子掉的，校长还是照章把他开除了，这在学校影响极大。

上世纪80年代末，我到扬州大学开会，借机去看望任老，和他谈及这事，他坦然地说：“不正己，何以正人？”和学校的与会领导谈到任老时，他们对任老的评价都离不开一个“正”字：“正派”、“正直”、“正人君子”。这个“正”字是老校长人格的写照。为了使学生不偏科，做到全面发展，校规中明确规定：体育成绩与学习、操行成绩分三大栏并列；副科一科不及格，经补考仍不及格就要留级……任校长治校极严，有时近乎苛刻，而且带有十分浓厚的“乌托邦”色彩。如每当有学生严重违规时，他就将自己禁锢在校长室绝食，反省自己“治校无方”。他别出心裁地创设“荣誉”考试制度，规定每个学期期中或期末考试，让学生集中在大礼堂进行，墙上高挂“严正考试，严正做人”的巨幅标语，不设监考老师，让学生自觉遵守考试纪律，培养学生“自律精神”。他让学校开设了一间无人售货的小杂货店，让学生购物后自觉将钱投入钱箱，如发现店里账货不符，就挂出黑纱，以警校耻。老校长在威严中也有活泼，每逢周会他都要讲话，但内容都是新的，而且言之有物，同学也爱听。在严“训”中，有时也说笑话。一次谈及抗日艰苦生活时，以餐餐吃冬瓜为题，他在台上唱起了锣鼓调：“冬瓜汤，冬瓜汤，吃吃冬瓜汤，顿顿冬瓜汤，吃吃吃吃冬瓜汤，冬瓜大吃冬瓜汤。”这引得台下同学都笑了起来。这样的笑话无形中培养了大家“以苦为乐”的精神。他对学校财物管理也是极严的，不仅一切造册登记，就是用损也要说明原因。

临解放时，任校长离开桂林去了四川。这位北大著名学者吴梅教授的得意弟子，凭着他在古典词曲上的深厚造诣，1950年至1978年任四川大学教授，后兼任中国社科院研究员。1980年应邀回故乡任扬州大学教授、博士生导师，并当选全国人大代表，1991年病逝。至今在扬州大学校园里还有任老的半身塑像，立有其字“半塘”的石碑刻，显示了任老的为人和影响。

原载《桂林日报》，2008年5月30日

老专家的关爱与支持

每当我看到书架上我社出版的《中国当代美学流派名家论丛》这套装帧精美的图书时，就会想到这些书的作者——一批老专家对我社的关爱与支持。

周来祥先生是他们中我最早认识的一位。他是山东大学教授、博士生导师，当时又担任国际美学学会执委、国际比较美学学会执委，是知名的美学家。他先后为我校培养了好几位美学博士，还将他的两卷本《美学文选》交我社出版。他多次来我社，因工作关系，他每次来我都有幸见到他。一次我陪他在校园散步时，我说到想编一套我国美学名家的论丛的想法，他听了非常高兴，连声说："我举双手赞成。"他告诉我，"文革"中，由于众所周知的原因，我国美学教学和研究被扼杀了。"文革"后，美学的春天又到来了，出现了可喜的蓬勃发展的新气象，引起了国际美学界的极大关注，我们要拿出成果展现在世人面前。"你们能出版一套美学名家论集真是功德无量。若你们同意，我的论集《再论美是和谐》就算是我投的赞成票吧！"之后，我又多次征询了校内外老师、专家的意见，向社领导汇报了出版这一论丛的构想，得到社领导的肯定和大力支持，并定名为《中国当代美学流派名家论丛》（以下简称《论丛》），开始向美学名家组稿。

1997年4月由中华美学学会等单位召开的"审美文化与美学史"学术讨论会在历史文化名城扬州召开。我受到邀请，经社领导同意后我参加了这次会议，认识了许多老中青美学学者。蒋孔阳先生是我国美学界备受敬重的知名学者，他的为人、学识是有口皆碑的。"为学不争一家胜，著述但求百家鸣。"这是蒋先生1996年为两位博士研究生毕业时写的条幅。这两句话是蒋先生为人的体现和治学的态度，也揭示了他成为美学名家的一个重要原因。他从20世纪70年代末起，发表了百余篇论文、出版了10部专著（1999年安徽教育出版社又出版了四卷本550万字的《蒋孔阳全集》）。蒋先生第一个在研讨会上做了专题发言。当时他已过古稀之年，又患有严重的帕金森综合征，双手不停地抖动，连端杯子喝茶都困难，每次喝茶都是由他的夫人濮之珍教授（复旦大学博导、著名期刊《咬文嚼字》顾问）端着给他喝的。在会议的第一天晚上，我到蒋先生房间拜访了他，向他汇报了我社出版《论丛》的构想并请他赐稿。他听后笑着说："我病成这个样子，已停笔多时，但对你们社这一举动，我极为赞赏，是对我国美学做的一件大好事，我参加。"听了蒋先生的话，坐在旁边的濮之珍教授也极为吃惊，她笑着对我说："他多时不动笔了，答应给你们稿子，真是美学让大家结缘。"会后约一个月，蒋先生就给我寄来了由19篇文章构成的、经他重新审读修改的、涉及美论和美感论及审美范畴论的论集书稿，另有一篇他用颤抖的手亲自撰写的近2000字的"自序"，并定名为《美在创造中》，还说："这代表了我的美学观。"这些文章真是集中展示了蒋先生对美的界说和美学观：美在创造中、人是美的世界、美是人的本质力量的对象化、美是自由的形象……我捧着这部书稿的双手颤抖着，因为从书稿的字里行间，我看到了一位年老的知名学者的事业心和对我社的关爱之心。

在会上，我也拜会了挤出时间前来开会的时任中华美学学会会长的中国社会科学院常务副院长（也是中共中央候补委员）汝信同志，因之前我已与他谈过我社将出版《论丛》的事，他见到我就说："你们社有眼光，有胆识，我还是那句话——全力支持，有什么要我帮做尽管说。开幕式后，我马上要赶回北京，其他事等你出差北京时再说。"会后不久，我因事出差北京。到京的当天晚上，我打电话与汝信同志联系，他约我第二天上午10点在他的办公室见面。第二天我按时赶去，他把我带进办公室，这是一间仅十四五平方米的房间，室内桌椅、橱柜、沙发都是木制的，而且是老式的，也较陈旧。正当我为这样一位高级干部、知名学者简朴的办公室震惊时，他指着沙发让我坐，并说："我们的条件就是这个样，比不上别的单位。"听后我脱口而出："不，拿美学行话来说，我看到了美。"他望着我笑了。当谈到书稿时，他仍然是谦虚地说："我不是专业搞美学的，更不是名家，只是'业余选手'。先出其他先生的为好。"汝信同志是研究西方哲学的，"文革"前他就由西方哲学接触美学。"文革"后他从西方哲学入手，以新的视角，写了许多有关西方美学的评论性文章，受到美学界的一致好评，当选为国际美学学会执委，是公认的名家。我说："你是全国美学学会会长，得支持我们一下。"他笑着说："会长是为大家办事的。为了表示对你们出《论丛》的感谢，我选一些有关西方美学的文章给你们，你们审一下，行不行由你们定。"约一个月后，他寄来了18篇有关西方美学与西方艺术的文章，并写了长达几千字的"自序"。这就是后来《论丛》中《论西方美学与艺术》一书。

在《论丛》组稿中我至今忘不了美学名家、武汉大学刘纲纪教授的一件感人的事。那时我去武汉开会，本想等开完会再去拜访刘教授的。哪知他从和他住同一栋宿舍的武大出版社原总编处得知我在当时的华中理工大学开会，晚上就由两位研究生陪同，带着初步选好的20多篇文章来住地看我，对此我心中非常不安。他连声说："武汉我比你熟，走起来方便，为了早点定稿，我就来了。"接下来，他拿着书稿，一篇一篇地给我讲。看到这些他仔细重读并做了认真修改和文字加工的文章，我真为刘先生严谨治学、精益求精的精神所感动。我们谈完书稿，已是晚上9点多，天快要下雨了。我在华中理工大学出版社要车送他回武大，他坚持不让我上车，一再说："你们长年出差在外，东奔西走，够辛苦的。不要送，我领情了。"他的论集《传统文化、哲学与美学》出版后，他马上打电话对我社表示感谢，并说这对他们正在申报美学博士点会助一臂之力。不久，他来桂讲学，又把亲笔签名的精装本论集送给我。

经过约两年时间的努力，在许多美学老专家的关爱和支持下，《中国当代美学流派名家论丛》第一批论集问世了，同时，厦门大学杨春时教授、复旦大学朱立元教授等国内一些知名中青年美学学者的论集也相继出版，在全国出版界、学术界产生了很好的反响。1999年在成都召开的全国性的美学研讨会上，汝信同志在主题报告中特别指出《论丛》的出版对我国美学事业发展的积极影响，并对我社表示感谢。会议主持者还让我带书到会上展示。在当年底的一期《中国图书评论》上，回顾一年学术图书出版时，专门提到了《论丛》的出版意义。《中国新闻出版报》刊登了蒋孔阳先生《美在创造中》一书的"自序"和我写的书评。当年，作为新当选的国际美学学会执委的汝信同志在出席该学会年会时，带去了他的论集精装本，送给学会会长和与会的一些国外知名美学家，他们拿到书后都说："多漂亮的书啊！

从书中我们可以看到中国美学的发展。”杨春时教授是全国政协委员，当他带着我社为他出版的论集《生存与超越》一书到北京开政协会，送给一些学术界的委员时，不少人说：“广西师大出版社真是出了一批好书。”

原载《书之旅——一个出版社20年的故事》，广西师范大学出版社，2006年11月

白先勇的乡愁

乡愁就是一生情，就是对家乡深深的眷恋，就是对故土浓浓的热爱。

一

冬阳照大地的一天下午，我应约回出版社研讨有关书稿的事。为不影响他人工作，我们是在出版社进门大厅里谈的。5点多钟，我们快谈完时，只见一拨10多人从大厅南侧的楼梯下来，经过大厅向门外走去。这时出版社一位年轻人告诉我："是白先勇先生下来了。"我一听"白先勇"3个字就立刻站起来，边向年轻人说"老同学"边向人群跑去。这时他们一群人已走向门外，等我追到门外时，白先勇已坐到中巴上，我立即跨上车，对坐在第二排左边靠窗的老者用桂林话说："老同学好。"他立即用双手握着我伸出的手连声用桂林话说："好，好。"我马上用桂林话说："实小把爷你莫嚣——"我还没说完，他立即用桂林话接上了："一锤打断你的腰！"这一对话逗得大家都笑了。还没等大家笑声停下，他又说："实小把爷你没臭，你的小刀生了锈！"还是一口桂林腔。我一听笑着对他说："不是小刀，是刀仔。"他一听马上说："是刀仔，是刀仔。这才是正宗桂林话。"这时我告诉他，当时因家里修房子，临时搬出来住，为了不耽误读书，家里就让我转到就近的中山小学临时借读，那时上学不久，是一年级，正好与他同班。当他和班上同学知道我是从当时市里知名小学——实验小学（简称"实小"）来的时，就经常用当时桂林小学生中广为流传的这些顺口溜和我闹着玩。当时借读的时间很短，我记得只是两三个礼拜。这已是70年前的往事，今天一说起，大家还记得，说的还那么津津有味，多难得呀！

白先勇曾多次回家乡桂林，但遗憾都未能相见。我知道，近10年来，白先勇在大陆出版的一系列著作都是由广西师范大学出版社出版的，但此时我已退休，社里也不知道我们之间的老同学关系。2006年广西师大出版社建社20周年社庆时，白先勇曾把青春昆曲《牡丹亭》送到桂林，在师大校园连演三天，场场爆满，轰动一时。首场演出时，我得以坐在前排观看。那真是一出精彩好戏！我虽对昆曲了解不多，几十年前虽看过昆曲《十五贯》，但此时却被这青春版新戏迷住了。据说那次白先勇身体不适没有来，因而遗憾，未能见面。从报上知道，这次他是为在桂林办“白先勇展览馆”和“广西师大白先勇研究中心”的事回桂的，这次能见面，真是巧遇，真是幸事。

在谈笑间，我问他，记得抗战胜利后你有一位叔伯兄弟在实小读书，和我同班两三年，他现在怎样。他仍用桂林话告诉我：“是我堂兄，前不久过世了。”此时我马上说：“有机会代我转达老同学对你堂兄的心意。”他紧紧地握着我的手说：“一定，一定。”我记得，当年在实小读书时，他堂兄中午是不回去的，由家里派人送饭来。那时大家年纪小，调皮，总想看看这些人家里吃些什么，时不时会猛然掀开饭盒看，其实吃得也很一般。我至今还清楚地记得，一次看到的是油豆腐煮黄芽白，那时是冬天。一次是夏天，送来的是炒酸豆角，稍微放了剁碎牛肉，红红的酸辣椒却不少。当时他笑着对我们说：“我喜欢吃，开胃。”与白先勇分别时，我说：“同学时，我们都是小把爷，多保重！”他用桂林话连声说：“老了，老了，多多保重，下次有机会再见。”

这次巧遇虽然只有几分钟，但70年前的老同学能在家乡见面，用家乡话叙说童年趣事，这真是难得的幸事啊。

二

白先勇是从桂林这块山水宝地走出去的海内外知名的作家，其著作颇丰，涉及小说、散文、评论、戏剧诸多领域，其著作被译为英、德、法、意、日、韩等多国文字出版，在海内外影响极大。就是这样一位知名作家已与广西师大出版社亲密合作达10余年了，这是一段佳话，是一种缘分。用白先勇的话来说，是“因《牡丹亭》而开始结缘”的，他曾深情地说：“我跟（广西师大）出版社结的可说是‘牡丹缘’。”

事情是这样的，2004年由白先勇领衔创作的昆曲连台大戏、三本青春版《牡丹亭》在台湾首演，一炮走红。同时有台湾远流出版社出版了由白先勇策划的《姹紫嫣红牡丹亭》一书，反响甚佳。不久青春版《牡丹亭》赴苏、杭、京、沪等地巡演，引起轰动，不仅中老年观众赞扬，连很少接触昆曲的青年观众也喜欢。为此，白先勇他们认为，《姹紫嫣红牡丹亭》一书也应在大陆出版。经远流社联系，广西师大出版社乐意出版。经夜以继日奋战于当年5月1日出版上市，并请白先勇出席于当月在桂林举办的全国书市上的新书发布会，《姹紫嫣红牡丹亭》一书成为亮点，在大陆热销，并夺得2005年南方报业集团举办的首届华语图书传媒大奖。不久广西师大出版社又推出了白先勇自选集《青春·念想》和《白先勇谈昆曲》等著作。合作就此开始，白先勇高兴地称，与广西师大出版社的合作是“特殊机缘，天作之合”，“从此10年来我在大陆的著作，主要是由广西师大出版社出的”。2006年11月广西师大社20周年社庆，白先勇特地把青春版《牡丹亭》送到桂林，在师大校园连演三天，演出场里挤得水泄不通，真是盛况空前。10余年来广西师大出版社出版的还有白先勇作品系列小说集《台北人》、《寂寞的十七岁》、《纽约客》、《树犹如此》和长篇小说《孽子》。这些书都有精、平装两种版本，《台北人》还有新颖的英汉对照版。此外还出版了白先勇编著的，他认为是“最重要的一部著作”的《白崇禧将军身影集》（上、下和增订版）。

海内外学界和业界对白先勇作品的研究、评论颇多，较一致地认为他的小说可分为前期和后期，一般以1964年在美国发表的《芝加哥之死》为界线。在此之前在台湾写的小说为前期作品，受西方文学影响较重，较多个人色彩和幻想成分，思想上、艺术上尚未成熟；后期作品继承中华民族文学传统较多，将传统融入现代作品的现实性和历史性较强，艺术性也日臻成熟。广西师大出版社出的白先勇作品多为后期作品，其内容可分为四类，一是《寂寞的十七岁》，书中大部分作品主要是描写作者青少年时代所接触的生活，或模拟西洋文学的，属其早期作品，即前期作品；二是《台北人》，是描写台湾上层社会生活的；三是《纽约客》，是描写旅美知识分子生活的；四是长篇小说《孽子》，是描写台湾下层人物的。后三类是白先勇的后期作品。这一作品系列，可以让我们看到白先勇小说的全貌。《白崇禧将军身影集》是白先勇极为看重的一部作品，分上下两卷，上卷《父亲与民国》，下卷《台湾岁月》。全书以时间为序编排，精选相关白崇禧珍贵照片500余幅，并配以精要文字评述，记录了白崇禧戎马一生，诸多史实具有极高的史料价值和可读性。

白先勇与广西师大出版社10余年的合作，成果这样丰硕，究其原因，我认为除了他浓浓的乡情，对家乡的一山一水、一草一木、家乡的人、一事一物深深的怀念外，还有一个重要原因，就是广西师大出版社对文化品位的认真、执着追求，让他深深感动，诚如他所说的："中国出版事业竞争激烈，广西师范大学出版社能够脱颖而出，名列前茅，诚非易事……影响不仅普及全国并能跨越海外，像余英时、许倬云这些海外学术界大师们的作品也被网罗旗下。广西师大出版社能够建立如此优良信誉，绝非偶然，我还没看见他们出版过一本浅俗媚众的读物。家乡能生产如此高层次文化亮点，我深以为傲。"

三

白先勇一直能说一口地道的桂林话，是他浓浓乡情的流露。1944年抗日战争爆发后，母亲带他离开桂林到巴蜀之地四川。抗战胜利后他随家先后到了南京、上海、广州、香港一带生活，上学读书。后到台湾，继续读初中、高中，毕业后升入台大就读于外文系。大学本科毕业后于1963年赴美国留学，进爱荷华大学小说创作班，获硕士学位，留美工作，任教于名校加利福尼亚大学，讲授中国语言文学，后任该校教授。我们可知，他到过许多地方，接触过许多地方语言，他曾说，见过上海人能说上海话，见到广东人能说广东话，在国外就说外国话（英语）。这可看出，白先勇的语言悟性很高，能说多种语言，中国的，外国的，会说不少，但他始终没有忘记家乡的桂林话。正如他所说的，从小时会说话起，说的就是家乡桂林话，是记得最牢的，当然难忘。何况在家里，不管到了哪里，大家往往会用家乡话交谈。半个世纪过去了，他始终眷恋着家乡，说着一口地道的家乡话，因为这是他浓浓的乡愁啊。

白先勇不仅能说一口地道的桂林话，在他写的有关桂林往事的《花桥荣记》、《玉卿嫂》等小说中，还使用了不少的桂林方言。我们读《花桥荣记》就可以发现多达50处之多，如：干瘪瘪、臭烘烘、肉弹弹、圆鼓隆冬、手扯鸡爪疯、干你老母鸡歪、提着双木板鞋、和十三幺、没（读méi——笔者注）得，等等。这些方言的使用，不仅寄托了作者的"乡愁"，也增强了这些作品的地方特色。

几十年来，白先勇也念念不忘家乡的桂林米粉，他认为桂林米粉是"天下第一味"，其小说《花桥荣记》即以此为题材。这是他浓浓的乡愁的又一体现。1993年他离开家乡近50年后第一次回到桂林，住在榕湖饭店，进到餐厅首先问服务员的是"有没有桂林米粉"。当得知"有"时，他高兴地笑着说："先来两碗。"还交代多放些芫荽、酥豆……吃着家乡的美味，连声说："真爽口，还是当年的味道。"有人说起白先勇吃米粉，特别是他端着碗拌米粉的动作，还真有老桂林人吃米粉那般有模有样。白先勇钟情桂林米粉，除了小时留下的"味道"外，还与他父亲白崇禧将军有关。他记得抗日战争时，父亲每次打仗后回到老家，第一件事就是请隔壁的婶娘过来熬卤水，做冒热米粉吃。只要谈起桂林米粉，他总是滔滔不绝，说起什么原汤米粉啦，冒热米粉啦，油酥黄豆啦……总是津津有味。

说到白先勇领衔创造，一炮走红台湾、大陆的青春版昆曲《牡丹亭》，以及对昆曲的探究，这也与他浓浓的乡情有关。他小时候没上小学前，母亲喜欢看桂剧，就带着他到剧场，抱着他看戏。虽然那时还小，还不大懂，但看来看去，慢慢地也"迷"上了，所以时过几十年当年看戏的情景他仍记得。在他50年后回桂林时，与朋友谈到桂剧仍钟情神往，还能说出当年桂剧名角小金凤、天辣椒、七岁红等的名字。

一句句地道的家乡话，一本本家乡出版的自己的书，一碗碗美味的桂林米粉……都是一生深深的故乡情，都流露出白先勇浓浓的乡愁。

原载《南方文学》2015年第4期

创业者的足迹

——记广西师大出版社社长党玉敏

1995年初，当党玉敏从国家教委主任朱开轩手中接过金光闪闪的“先进高校出版社”奖牌的时候，心情异常激动，脑海中不断浮现出远在风景如画的桂林的出版社的同志们，浮现出10年来大家共同创业的无数个日日夜夜和10年艰辛创业的足迹……

一

广西师范大学出版社成立于1986年，是广西唯一的一家大学出版社。成立时没有一分钱拨款，是靠向校内各系各单位借款27万元起家的。一个地处南国边疆的新出版社，人手少，资金缺，又面临着百家大学出版社、500多家各类出版社的激烈竞争，形势极其严峻。怎么办？党玉敏提出了“立足本校，走向全国，以书养书，稳步发展”的举措。首先是“立足本校”，充分发挥师大骨干学科的优势和学术带头人的作用，积极出版本校教师撰写的著作（含合著），10年来达300来种，其中的不少著作受到学术界和广大师生的好评。这些著作的出版，展示了学校教学和科研的成果，有力地推动了学校教学、科研的发展，使一批教师在学术领域脱颖而出，促进了教学质量和科研水平的提高。

“面向全国”，就是广交天下朋友，多参加各种学术活动，以结交专家学者为荣。他们的真诚和事业心获得了学术界的信任，不仅获得了许多重要信息，而且一批著名的专家学者也欣然为他们撰稿，从而使图书质量和文化品位上达到一个更高的境界。《抗日战争史》丛书就是1990年编辑在北京拜访专家学者时获得信息列入选题的。由于认真贯彻党的出版方针政策，恪守为教学科研服务的办社宗旨，“两个效益”显著，广西师大出版社1995年被国家新闻出版署评为“全国良好出版社”。这是对党玉敏和师大社工作的充分肯定。

二

优质是图书的生命，也是出版社的生命；特色，是一个出版社宏观出书质量的高标准要求，也是一个出版社走向成熟的标志。没有优质就谈不上特色。有了优质和特色，才能赢得市场和读者。这是党玉敏和他的同志们在工作中悟出的真谛。他强调树立“政策、精品、市场、读者、作者”5个意识，进一步提高了全社工作人员对抓质量重要性的认识。抓质量是系统工程，编校是关键。党玉敏设立了专门的校对机构，一再坚持责编主要负责书稿的终校和通读，现已形成制度和大家的自觉行动。

“没有特色的图书不是好的图书，没有特色图书的出版社不是好的出版社。”党玉敏提出了创造师大社特色图书的几个方面：1.出版高校教材和学术专著。广西师大语言文学学科是国家23个文科基地学科点之一，要发挥文科基地以及国内学术界公认为广西师大是诗话词话研究中心和宗法制度研究中心的优势，以文史为主，开拓选题，组织出版好这方面的专著，如《中国古代诗话选释丛书》、《广西各民族宗法制度研究》等。2.根据高师院校的性质、任务和职能，把为基础教育服务作为办社宗旨的重要内容之一，更好地为基础教育服务。他们先后出版了一批像《当代青年群星谱》（已出4辑）、《雷锋故事·日记选》、《华夏向心力——华侨对祖国抗战的支援》和《祖国，我永远属于你》（诗集）、《我的祖国》丛书（4辑）、《“全国中小学百种爱国主义教育图书”导读》（3种）、《学生作文文库》（3种）、《中学各科教学重点·难点·解析与训练》丛书、《中学英语课文英汉对照译注》（套书）以及《中外儿童文学精品文库》等高质量的青少年和幼儿读物，组织出版好《学前英语100句》等系列套书和《青少年创造发明丛书》等。3.发挥地域优势，组织出版好《桂林文化城大全》（丛书）、《30年代的广西》、《壮族当代文学引论》等具有广西地域特点和民族特色的图书，还出版了《近代广西圩镇与社会发展研究》、《广西汉语言方言研究》、《广西各民族宗法制度研究》和《中国少数民族大辞典系列》等。4.“出书又出人”，为培养跨世纪人才服务。近几年，师大社出版了国内一些30岁上下的青年学者、“跨世纪学科带头人”、“青年博士”的新作《新东方文学史》、《中国古代龟卜文化》、《巴克莱哲学研究》、《历史年代学》、《审美幻象研究》、《西方古代美学主潮》、《跨世纪学人文存》等，让青年学人崭露头角，显示才华。

由于重视优质和特色，师大社10年来已有200多种图书获全国、大区、省（区）级优秀图书奖，占所有图书总数的10%以上，仅1995年就有44种图书获省级以上奖励，其中一等奖7个。这是党玉敏和他的同志们精心为他人“作嫁”、辛勤劳动的结晶，是他们奉献给社会和广大读者的精神食粮，是为社会主义精神文明建设做出的贡献。

三

“公事重法，私事重情，与人为善。”这是党玉敏同志做人的标准。

党玉敏同志深知，在出版社这种生产精神产品的思想文化重要阵地上要严把政治关。“公事重法”，就是自觉地遵守党的出版方针政策和法规法纪，一切违法违纪的事绝对不能做。他坚决不与“书贩子”合作，不搞编辑室承包。

党玉敏主张“大事”共同研究，“条”、“块”事各人分工负责，各尽其责。对社里工作中出现的差错和存在的问题，他从不“向下推”。党玉敏重视做“人”的文章。他善于用人。他历来主张多看每个人的优点、发挥他人的长处，因而较好地调动了社里人员的积极性，上下团结，热情融洽，有凝聚力。社党总支1995年被自治区党委评为“先进基层党组织”。

党玉敏同志既重视做“人”的工作，又注意用自己的精神、行动去带动大家。他一心扑在工作上，以社为家。有一件令全社同志和知道他的人至今感到痛心的事：那是5年前，他爱人突发重病，因他出差在外，没有得到他的照顾和及时治疗而卧床不起，成植物人，几年后去世。那几年他真是心力交瘁，人消瘦、苍老，但他以常人难有的毅力强忍不幸和悲痛，硬顶了过来，一直坚持工作。他的以社为家、敬业精神，感动和带动着全社同志。

原载《广西教育报》，1996年第11期

优秀群体重奉献

——广西师大社中青年编校人员

广西师范大学出版社是个成立仅10年的新社，编校人员大多是年轻人，他们中多数是从讲台上走下来的教师和分配来的大学毕业生，还有些是外单位调来的，他们有一个共同点，就是从未从事过图书编校工作。来到出版社之后，他们刻苦学习，认真磨炼，在各自的岗位上做出了可喜的成绩。

人中之龙

师大中文系毕业留在学报工作，成立出版社时就到社里工作的龙子仲同志，当时只有20多岁，但是一副“少年老成”相。他文化素养较高，文字功夫也好，又比别人多了一段在学报从事文字编辑工作的经历，因而社里往往将一些重要的、难度较大的书稿交给他担任责编。面对这些吃力的差事，他二话不说，欣然接受，并能想方设法编辑好，受到社里和作者的好评。100多万字的《中国古代诗话词话辞典》从300多部古代诗话词话中选取了3000多个词条，每一词条又着重体现一个古代诗（词）学观点，涉及我国古代高度发展、极其丰富的诗学理论的方方面面，还涉及许多作者、作品，特别是有关古代诗学的流变、风格等问题。龙子仲同志为编辑好该书，翻阅图书资料，字斟句酌进行加工，并就诗学的分类、一些词条的增删、诗学观点的论述以及文字表述、书稿体例等问题与作者探讨，进一步提高了书稿的质量。在上机印刷前他还和主编等人住到印刷厂进行终校和通读，直至农历腊月二十八才回到家。该书出版后得到学术界好评，周振甫先生称赞它“荟萃宋元明清诗话词话于一炉，可窥中国诗史全貌”，“条目全面允当，内容充实准确，且多创见，富于学术性”。这部大书连获桂版优秀图书、中南地区大学版协优秀专著、全国教学优秀图书三个一等奖。

由于龙子仲同志在编辑加工中认真负责，所编的图书品位高，获奖的远不止这一种。《周代宗法制度研究》和与另一同志共同担任责编的《中国历史文选》（上、下）先后获国家教委社科优秀著作、优秀教材二等奖，他参与编辑的《抗日战争史》丛书（20种中他任责编的5种）荣获第二届国家图书奖提名奖。

龙子仲同志的功底来自勤奋好学。他爱买书、爱读书，常常深夜不眠，所写的在报上刊发的“夜读偶记”专栏文章，内涵丰富，文笔老练。一些不认识他的读者，还以为他是“老人家”呢。

由于工作业绩出色，龙子仲同志在全国首届优秀中青年编辑评选中榜上有名。

向阳花开

由作者的书稿到一本好书的出版，离不开编辑的辛苦劳动，同样离不开校对人员的努力工作。

肖向阳同志是大专毕业后来到出版社的，社里分配他做校对，一干就是9年多。9年多来，他安心在人们认为“平凡”的岗位上深入钻研，一个一个字校，一个一个标点对，做出了显著的成绩。近三四年里，他当责任校对的图书，获得了自治区校对质量奖，他本人也在自治区和全国的校对知识竞赛中相继获奖。他爱学习，勤读书，不断增长自己的知识，并经常和同行探讨校对实践中遇到的问题。去年他还参加了全国高级校对进修班和校对师资培训班学习，成为我国可担任校对培训师资的首批教员。

肖向阳同志不满足于传统校对手段的掌握，对现代出版技术信息始终保持敏锐的态度。当得知新发明的黑马校对机能成倍提高校对速度和降低差错率时，他就积极学习有关知识，建议社里购买。肖向阳是我区第一个引进黑马校对系统并把它用于日常出版校对工作的先行者。而他撰写的专业论文，如《现代出版呼唤校对工作现代化》、《责任校对的责任》等不断在各种出版刊物上发表，则是他勤学苦思，不断进取的生动体现。

清丽红梅

为他人作嫁是默默无闻的工作，是为作者、读者做出的奉献。在出版社，还有人为了出好书，做了大量局外人并不知晓的编务工作，在书上却找不到他们的名字。

覃丽梅是位“文革”后恢复高考之初就考入大学、毕业后又分在高校任教的女同志。她的数学专业基础相当扎实，调入出版社后，因她为人踏实、工作细心，社里安排她在总编室，负责业务档案的搜集保管和书号、条码管理以及生产调度、报表统计等工作，事情繁杂琐碎，又不容易见功，要耐心做好并长期坚持到底是不容易的。倘若她不来出版社，继续在原岗位执教，于个人专业的长进、职称的晋升，当然有益得多。可她从不斤斤计较这其间的利弊得失，只是一心把工作做到家。师大社的业务档案和书号管理工作抓得早，抓得好，首先要归功于覃丽梅同志坚守岗位，认真负责。

原载《出版广角》，1996年第6期

一本珍藏的书

10多年来，在我书房长排书柜中央的显要位置放着一本《中国文章学史》，这是一本我特别喜爱、珍藏的书。

我特别喜爱、珍藏这本书，因为这是周振甫先生1994年出版的30多万字的关于文章学的专著。周老是我国著名学者，德高望重的老编辑家，他在出版界辛勤“为他人作嫁衣”60多年，曾任名扬海内外的中华书局总编辑。“文章学是指对文章的研究探讨，发表评论的论文章之学。”（周振甫语）我国古代文章就内容、文体而言分为散文、骈文、辞赋三类。《中国文章学史》是论述我国古代各个时期文章学的成就和演变的首部专著。全书论述了上至孔子、《左传》、《国语》……下至晚清的文论，分为6个时期，即文章学的萌芽和蕴蓄时期，指先秦时期各学派所开创的文章论；文章学的成长期，指两汉时期散文、骈文、辞赋的成长期；骈文文章学的成立期，着重论述魏晋六朝骈文，主要以《文心雕龙》为例；古文文章学的成立期，指唐宋古文运动的文章学；文章学的复古与反复古时期，指明代前后“七子”的提倡复古与“公安派”等的反复古；文章学的复兴和演变时期，指清代古文骈文的复兴与晚清文章学的演变。该书是周老历经10多年不断积累、潜心研究的成果，从中我们不仅学到许多知识，获益多多，而且可以看到周老的严谨与功力、执着与开拓。周老是我们后学者的楷模。

这本书是10多年前我出差北京，到周老家拜访时获得的。当时我与4位同事一起去周老家，周老拿出出版社刚送来的另一部新作送给我们每人一本，按他的老习惯——用钢笔蘸着墨水写上某某“指正”并签上名。他把书递给每个人时，总是用带有浓厚吴语乡音的普通话平缓谦和地说：“看了后请多提意见。”

因我与周老及其夫人有过接触，二老因公来桂时我有幸参加了接待，并陪他们在王城校园漫步，这次二老特别“优待”我。周夫人另外从床旁的书柜里拿了这本《中国文章学史》送给我。对这些礼物我一贯是极珍视的。拿到书我当场翻看起来，发现周先生对书中差错一一作了认真的改正。以为是周老的留存本，就问周夫人，她说这是周老的习惯，出版社送来的样书，周老总是抽出时间来通读，发现差错就一本本地改正的。

回到住处的当晚，我对周老校正的书作了统计，文字错漏达81处，标点符号9处，装订颠倒、版式不一各1处。我从事编辑工作以来，接触过不少前辈和学者的书稿，常常被他们严谨的治学精神和谦和的为人态度所感动。周老是个勤奋的人，十一届三中全会后他已是古稀老人，每天仍伏案笔耕六七个小时，写作一两千字，在10多年里，出版了25部著作，达六七百万字。看着周老校正这本书的差错留下的工整字迹，便想起我们广西师范大学出版社刚成立时，几位同志到北京拜访周老，他非常高兴，但他首先问我们的不是别的，而是问我们校对力量怎么样，有几名校对人员。这大概与周老1932年10月初入出版界，到上海开明书店任《辞通》校对不无关系。

这么多年来，每当看到书柜里珍藏的这本《中国文章学史》，眼前总浮现这位老学者、老编辑家的慈祥形象，总想起他重视校对工作的谈话，心中便涌起滚滚热流。周老重视校对工作的精神和高度的质量意识，真是值得我们好好学习和继承。

原载《桂林日报》，2008年3月10日

求学记

我是在出版社创建伊始，从学校讲台上走下来，成为出版社的一名“新生”的。尽管过去在不同报刊上发表过一些文章，在发行量很大，深受学生们喜爱的《语文报》、《中学生学习报》等报刊开过多个专栏，并受邀为之编辑过专版，也曾应约为其他出版社撰写过书稿，还为他们审编过一些书稿，但来到出版社，这里却是一片新天地，我面对的是一项全新的工作。怎么办？俗话说：“60岁学吹鼓手——还来得急。”当时我想，我虽是年近五旬的老教师，现在成为一名出版战线上的“新生”，就得有学生的样子，老老实实地虚心学习，一切从头学起。

当时广西教育出版社总编辑刘名涛同志是我的老朋友，他也是从其他行业转到出版社工作的。到社里工作不久，我利用到南宁出差的机会，晚上到他家里拜访，开始了拜师求学之路。一见面，他就笑着说：“大约在1978年，我们在还没有分社的广西人民出版社工作，就积极提出要你来文教编辑室和我们一道工作，社里提请区党委宣传部下了调令，桂林不放，10年了，现在你还是走进了出版社，我们又成了同行。”当我表明拜师求学的来意后，他严肃地对我说：“作为一名合格的编辑，不仅要把好语言文字关，更要把好内容观点关，首先要保证内容科学，观点正确。要做到这一点，一定要多学习，多读书多看报，不断提升自己的思想政策水平，从各方面丰富自己。你在这方面是有好习惯的，不管工作再忙也要坚持。”我说：“过去你在区党委宣传部是搞理论的，又编期刊，做编辑出版工作是有基础的。”他笑着说：“隔行如隔山，这说法不完全对，但转行不容易，也是有个过程的。你慢慢就能体会到。”他还告诉我，我是教语文的老教师，把好语言文字关应该不成问题，但书稿内容涉及不同领域，面很广，要在文字上做到简明通俗，有可读性，就不那么容易了。写到这里，我还记得当时他对我说的话：“对书稿进行文字加工，加以润色，不是一件容易的事，非下苦功夫不可。这和你自己写东西，给学生改作文，是大不相同的。”他还特别指出，作为责任编辑加工完书稿，不应急于送去复审、终审，而应认真地从头至尾通读一遍，这既可发现编辑加工中的不足之处，又是从全局的高度来再次审视编辑加工全过程；然后认真写好编辑报告，为以后写书评、论文打下基础。他还提出，责编要参加一次书稿校对。专职校对主要是校正误，而责编校对书稿，则能发现由于各方面的原因、虽经编辑加工但仍存在的不足，并加以弥补。这些老同志从实践中积累和提炼出来的经验，他们的敬业精神和认真态度，一直教育和启示着我，我尽力向他们学习。不幸的是，刘名涛同志1988年初就忽然发病去世了。

刘硕良同志是从实践中成长起来的知名出版家，他不仅名扬广西，而且在全国出版界，在全国外国文学领域，也是极为知名的。他曾任漓江出版社的副总编辑，同社领导班子成员一道，团结全社上下，齐心协力，使1981年冬才挂牌的漓江出版社遵照1979年全国出版座谈会提出的地方出版社要“立足本省，面向全国”的方针，面对业内并起的群雄，奋力争先，脱颖而出，在20世纪80年代末、90年代初成了全国翻译、出版外国文学著作的知名出版社，几乎同人民文学出版社、上海译文出版社成了三足鼎立之势。由刘硕良同志策划和主编的大型系列图书——《获诺贝尔文学奖作家丛书》就是当时陆续出版的富有代表性的品牌图书之一。这套丛书，在市场上一炮打响，引起轰动。一次，我到漓江社办事，事完后我登门求学，来到刘硕良同志办公室，专门向他请教如何策划图书的事。他是一个乐于助人、很健谈的人，当时虽然我们认识不久，但他还是把他在这方面积累的经验和看法毫无保留地告诉了我。他认为，现在业内有人提出要把编辑分为案头编辑和策划编辑，这实际上是按工作性质和内容的不同来分工。作为一名编辑，案头功夫、策划功夫都要有，随着市场经济的发展，图书市场的繁荣、变化，策划功夫的重要性更为凸显罢了，一般的出版社没有细分职责的必要。策划是现代编辑必备的素质、应有的基本功，一个合格的编辑应该懂策划。接着他给我讲了《获诺贝尔文学奖作家丛书》的策划经过：在改革开放大潮中，人们需要了解世界，学术界和广大读者需要这类书，当时市场上这方面的书很少；还基于漓江社要自成特色、要开拓新领域，要出一批名著而又少重复甚至不重复人民文学出版社、上海译文出版社两社足印的考虑，又由于名家郑克鲁和金子信两位先生1981年的联合建议，我们经过研究，推出了这套丛书。首先确定了总的构想和框架：在研究的基础上翻译，翻译与研究相结合，力求使每一卷成为了解该作家的优良文本并起一定的向导作用，这个总目标主要是通过篇目（从提名作品和公认作品中挑选）、译文（尽量从原语种较好的版本直接移译）、前言（对作家作品进行科学的分析和评论）、附录（尽量收齐授奖词、答词、重要访谈录和生平年表等，给读者提供更多信息）4个方面来实现的。作为新时期我国翻译界和出版界的一项宏伟工程，这套丛书以它新颖的角度，受到了学术界和广大读者的欢迎与关注，得到了社会多方面的支持和鼓励：列入了全国“八五”重点图书出版规划；在新闻出版署主办的首届（1980—1990）全国优秀外国文学图书评奖（当时尚未设立国家三大奖——作者注）中，一等奖图书共19种，这套丛书就占了3种——福克纳卷《我弥留之际》、莫里亚克卷《爱的荒漠》、阿斯图里亚斯卷《玉米人》；当时的历届全国书市等中国书展，都把这套书作为重点陈列的展品；国内外许多知名图书馆（包括瑞典诺贝尔图书馆）和作家、学者及外国文学爱好者购藏了这套书；新华社多次用中外文向国内外播发丛书出版消息，《人民日报》、《光明日报》等中央级各大报刊和中央电视台、国际广播电台等新闻媒体以及《读书》、《世界文学》、《中国翻译》等知名期刊，多次介绍这套丛书；唐弢、李文俊、彭燕郊等知名作家、学者都为这套书撰写过书评。该丛书的影响甚至超越了国界，一些国外机构和人士将这套书的出版、发行，视为中国坚持对外开放、重视“洋为中用”、对诺贝尔文学奖持郑重态度的一个标志。可见其影响是巨大的，甚至超出了预想。谈到这里，硕良同志脸上露出喜悦之情，他笑着说：“每当看到书架上的这套书，想到走过的路，作为出版人，内心是高兴的，幸福的。”在握手告别时，他拉着我的手，一再说：“多策划一些好书，为广西出版业多做贡献。”在硕良同志的鼓励下，我尝试着策划一些选题，如我和其他同志一道策划了《中学英语课文英汉对照译注》丛书，参与了社里的《中学各科重点·难点解析》丛书的修改、配套、编辑工作，这两套书都成了社里10多年来长销不衰的品牌图书；也策划了多年销售看好的《初中生系列作文选评丛书》（先出分类单本10种，后又出合装本）、《怎样写好课本中的作文》、《新东方文学史》（获广西区教委教材一等奖、广西优秀图书二等奖、中南大学版协优秀图书一等奖）、被多所高校采用的教材《新编写作教程》等。当年新闻出版署刘副署长来我社视察时说："出版人要编辑、出版在书柜里立得起、读者又喜欢的书。"听了他的话，我们很受鼓舞。之后，我又策划、编辑了一些"立得起"的学术图书，如我社出版的第一部学术性很高的工具书——《中国古代诗话词话辞典》，该书出版后当年就再版，很快销售量达万册（该书获得多种省级以上奖励，连获三个一等奖）；学术界和业内评价很高、反映颇佳的《中国当代美学流派名家论丛》及一些中青年美学学人的论著；获得教育部科研成果一等奖的《校长成长的探索》；被学术界称为"宗法研究难得的创新之作"、连获三个省级奖励、反映国家教委人文社会科学研究"八五"规划重点项目（当时我区唯一一项）研究成果的《广西各民族宗法制度研究》；等等。退休后又应邀为多家兄弟社策划选题，出版图书，今年又策划、出版了60多万字的学术专著《中国少数民族宗法制度研究》。

欧阳广同志是分社前的广西人民出版社（当时许多省就仅有一家出版社）的老领导、资深编审，后任广西区版协副主席、秘书长。建社初期，社里专门请他来讲学、培训编辑。至今我还记得，他在讲课中特别强调，社里的人员，特别是编辑，在做好本职工作的同时，要多动脑、勤动手，多写一些出版论文、编辑札记、书评去发表。这既培养了我们的基本功，又能显示社里的实力，提升出版社的知名度。这样一举多得的事，我们何乐而不为呢？欧阳广同志就是一位勤于笔耕的人，他在区内外一些报刊上发表了不少论文和书评。他也是一位热心人，对我社很关心，在我社建社10周年时，主编了我社的书评集《咀华录》，由广西教育出版社1996年11月出版。有一次欧阳广同志来我社，我专门向他请教了书评写作问题，他的一席话，对我启发很大，使我对书评有了深层次的认识。他指出，出版社不但要多出好书，而且要重视书评；编辑不但要善于编书，而且要善于评书，编辑评书，不限于撰写书评文章，广而言之，编辑活动的整个流程，都渗透着书评的成分，写书评是编辑的基本功，也是编辑最基本的活动；书评文章的篇幅一般不长，但却很难写得好，好书评标准有二，一是实事求是，二是创新，是否有创新是区别书评作品品位高低的一个重要标准。他还把书评作品分为上品、中品、下品和劣品四类：人际性书评，或胡吹乱捧，或乱打棍子，是为劣品；广告性书评，复述原作多于评价，是为下品；应付性书评，概述优点，点明不足，是为中品；创造性书评，对原作进行理解和评价，赋予原作新的意蕴，是为上品。书评的功能是对原作的评价，尼采说："评价就是创造。"欧阳广同志特别提倡写创造性书评，认为那是对原作的深化和超越。书评是图书研究的学术成果，优秀的书评作品是读者阅读活动的"领航灯"和"启示录"，又能阐原作之未发，补原作之不足，勘原作之失误，有助于丰富和完善原作；还可能引发新的研究课题，有利于出版社策划出新的选题，组织新的书稿，开拓新的出版领域，这样富有新意的创造性书评，才能以鲜活的品格登上出版文化的大雅之堂。他最后对我说："我看过你发表在《新闻出版报》上《提倡责编写书评》的短论和报刊上的一些文章，很好，希望你写出更多的文章来。"从那以后，我就是尽力按照这些老出版人的要求去做的。10多年来，我一直坚持抽时间写东西，在《人民日报》、《光明日报》、《新闻出版报》、《中国教育报》、《中华读书报》、《中国图书商报》、《文汇读书周报》、《华声报》和《中国出版》、《大学出版》、《学术月刊》、《文史哲》、《民族研究》、《抗日战争研究》、《博览群书》、《青少年读书指南》等各大报刊和区内的《广西日报》、《广西政报》、《出版广角》、《南方文坛》等报刊以及《广西师范大学学报（社科版）》，发表了100余篇书评、出版论文、编辑（策划）札记、杂论、书讯、散文、随笔等。其中一些文章受到业内人士的重视和好评，《"创造读者"刍议》等论文被"人大复印资料"全文转载；《老编辑家的丰采——访周振甫先生》为10卷本大型文献集《20世纪中国著名编辑出版家研究资料汇辑》所收录；策划札记《在重点图书上做足文章》被收录到由《出版发行研究》杂志社、福建教育出版社和北京大学出版社合编的，中国书籍出版社出版的《精品图书的策划与创意》一书中；《十年科研路，方始入"大"门》一文获全国大学版协首届征文二等奖；发表在《中国出版》、《大学出版》、《中国教育报》上的关于大学出版研究的7篇系列论文，被业内人士称为是研究大学出版的最早的一组论文……

10多年来，我伴随着出版社的成长而成长，由出版界的"新生"成了获得正高职称的编审，这一切都是在这些老出版人的指点下获得的。今天我谈这些，丝毫没有显摆自己的意思，只是希望后来人也向他们学习，在新形势下不断传承、开拓创新。在庆祝我社成立20周年的欢庆时刻，我们全体员工应该更加想到区内这些老出版人对我社的关心和帮助，我们要深深感谢他们！

原载《书之旅——一个出版社20年的故事》，广西师范大学出版社，2006年11月

从读书到写书评

我在青少年时就喜欢读书，几十年来说不清读了多少书，且比较杂。上世纪五六十年代，当时不仅读我国古代文学名著，也读当时广为流传的文学作品和传记，如《刘胡兰》、《青春之歌》、《红旗谱》、《三里湾》、《红岩》等，还读过《童年》、《我的大学》、《钢铁是怎样炼成的》、《卓娅和苏拉的故事》、《绞刑架下的报告》等外国文学著作。那时读书成了我们这一代人的习惯，成了我们生活的一部分。读书对我们这一代人的世界观、人生观的形成影响极大。可以说，书是伴着我们成长的。

后来当我从读书中知道徐特立、董必武等革命前辈关于“不动笔墨不读书”的教诲后，在读书中又养成了“动笔墨”的好习惯。读书时，凡是自己的书，我就在书上勾勾画画、圈圈点点，把一些重点、要点和有用之处勾画出来，有时还用简要的文字把自己的心得、体会、评述等写在当页的天头、地脚和侧旁。凡是借来的书，则做些简要的笔记。长时间这样做，既加深了对所读书的印象和认识、理解，又为我日后的工作、写作积累了许多资料，夯实了基础，是终身受益的，也是一笔“财富”。

20多年前我走下讲台，迈进出版行业。由于工作的关系，我扩大了阅读领域，读了许多不同专业领域的书，而且有幸成了许多知名作者书稿的第一读者。在读当中，我坚持了“动笔墨”的好习惯，做了不少的笔记、编辑记录和审定意见。这让我学到了许多未接触过的专业知识、学术观点，也见识了许多知名作者做学问的态度和方法，真是大开眼界，获益匪浅。这时我总是沉浸在兴奋和享受之中。工作之余，特别是在晚上，我总喜欢一个人坐在书房中，回味着，思考着这些“读”之所得，进而探究、梳理，并形成文字，于是就形成了一篇篇书评文章。这20多年来，写书评已成了我读书生活中一项新的内容。每每读到好书，心中就涌动着，总想写点评述文字，急于将好书推荐给大家。这么多年来，我在全国知名报刊和地方报刊上都发过书评，累计达六七十篇。从读书到评书，到写书评，这是一种升华，是让读书活动上了一个新台阶，是在一个新的平台上去审视、解读、探究所读的书。这样得益颇多，更能享受读书之乐。

一位出版界同行将书评分为4类，即劣品、下品、中品、上品。劣品就是胡乱吹捧，乱打棍子的人际性书评，这是书评的另类，谈不上是书评；下品就是复述多于评价，不能引起读书兴趣的广告性书评；中品就是概述优点、点明不足、无特色的应付性书评；上品则是对原作的理解和评价、赋予原作新的意蕴的创造性书评。就其本意，书评是对图书的研究成果，它不是广告，也不是说明书，它是读者阅读活动的“领航灯”和“启示录”，只有富含新意的创造性书评，才能以独立的品格登上出版文化的大雅之堂。在书评写作中，我也力求有创新，写出上品。我曾在全国有影响的上海《学术月刊》上发表的6000来字的书评《民族宗法文化研究的创新之作——读〈广西各民族宗法制度研究〉》，不仅评价了60余万字的学术专著《广西各民族宗法制度研究》（广西师范大学出版社，钱宗范等著）在宗法文化研究上向民族性、地域性方面拓展的最新研究成果，还对该书创新之处和学术价值，当时学术界宗法研究的状况和和发展趋势提出了看法，受到了学术专家和业界同行的好评。之后，又因此引发出了新的选题。在我的建议和力荐下，去年唐仁郭、钱宗范等又撰写、出版了65万字的新专著《中国少数民族宗法制度研究》（江西高校出版社），又引起了学术界的重视和好评。这可以说是创新性的上品书评吧。

我现已退休，但读书、评书、写书评仍是我生活的一部分。我从中不断得到快乐和享受，我将乐此不疲。

原载《桂林晚报》，2008年2月20日

走在花桥石板路上

退休后有了更多的健身时间，我也就成了七星公园的“晨练族”，每天早上几乎都到公园去散步。从公园正门进去，必然经过花桥。每当走在古老的花桥石板路上，总会引起我许多回忆。

童年时代，特别是上小学后，抗日战争时成为大后方文化城的桂林，成了万恶的日寇飞机轰炸的目标，装在独秀峰上的防空警报器不时响起，有时一天响几回。国难当头，民无安宁之日。至今我记得，只要防空警报一响，人们就纷纷走出家门“跑警报”，躲日机轰炸。而当时最好的地方就是山边、岩洞。每当这时，我就和奶奶、父母家人与其他市民一起到七星岩“躲飞机”，花桥的石板路就成了我们的必经之路。桂林大疏散前夕，许多房屋被日机炸毁了，有几位邻居也惨死于日寇的轰炸中。从那以后，每当我走在花桥石板路上，就会想到这国仇家恨，对此我会永生不忘。

花桥原名嘉熙桥，始建于明嘉靖十八年（1539），横跨在漓江支流小东江上，呈东西走向，为我国传统石拱桥，原为5孔，其中4孔卧于江上，1孔在西边旱桥下。后因洪水冲毁，于清光绪十九年（1893）重建，保留原石拱桥状，桥孔增加为11孔，其中4孔呈圆形卧于江上，7孔在西边的旱桥下。由于旱桥系由东到西呈斜坡状，因此桥孔由大到小依次排列，便于泄洪。并在桥上建起了木结构的廓桥，其形态为仿侗族风雨桥，体现了风雨桥的建筑风格，整座廓桥没用一颗铁钉，全用榫头相接而成。桥上还有供人坐着歇息和乘凉的依桥栏而安设、离地面四五十厘米的长条方木。木结构廓桥小时候见过，并且这些桥给我留下了非常古朴、雅致的印象。当时的旱桥下还是一个小集市，每天早晨，附近菜农就会挑着时鲜蔬菜来卖，不少市民也喜欢提着菜篮来买，有时候还有人挑柴火等来卖。这样算来，花桥已有了近500年的历史，花桥的石板路也有几百年了。

记得上世纪50年代中期，我就读于桂林一中，大家都住校，只有周末才能回家。每逢周末，我们几个要好的同学就从穿山路东江菜园村子旁的一条一米来宽的小土路，沿小东江步行回家，往往要走到花桥上的长条方木上坐一会儿。不管春夏秋冬，大家总会脱掉鞋子，把走得“热热”的双脚放在石板路上，那凉爽，直乐得大家高声说：“真舒服啊！”直到大家感到“舒服”够了才分手回家。现在的花桥廓桥是新中国成立后按原样重建的，但用水泥石柱代替了原来的木柱和栏杆，一些“老桂林”看到总感到缺少了点什么。幸亏当时的设计人员、修建部门明智有远见，将桥面的石板保留了下来，不像桥东和旱桥路面那样用人造大理石、长条麻石代替，让人走在上面得到一些慰藉。

五六年前的金秋时节，几位退休后的老同学从区外不同地方相约回到桂林。我们几位在桂林的老同学陪他们好好逛了几天。他们深感家乡变化太大了，更让人迷恋了。老同学回桂，母校是要去拜访的。一天上午回母校看后，有人提议要按过去的路线走一趟，于是大家出穿山后，又沿小东江来到花桥。虽然看到有些干涸、变色的小东江，心里不是滋味，但当大家像当年一样，脱掉鞋子在石板路上漫步时，仍然感到很舒心、亲切，如见到久别的老友，兴致很高。有位老同学突发奇问：“桥面的石板一共有多少块？”这一问真是考着了大家，有的说最少有五六百块，有的说有七八百块，我这个每天晨练常走这石板路的人也说不上来。一位搞了几十年建筑的老同学望着石板路沉思了一下说：“应该有千把块。”为了弄清楚，于是一个个分头数起来。第一遍数下来，得数不一，于是大家两人一组，拿着鞋，脚踩着石板一块块数起来。一些外地游客看到了，也加入进来数石板，数的结果是1017块。这些石板大的有八九十厘米见方的，有一米一二长、六七十厘米宽的，小的也有一二十厘米长、五六十厘米宽，它们排成9列，中间一列最大，两边各4列，石块依次由大到小。这时，有一些外地游客也学我们的样，脱掉鞋在石板上走，不时嘴里说着“真舒服”。

现在花桥已列为自治区重点文物保护单位，成了全国重点名胜风景区、全国4A级景区——七星公园景区正门的第一道景观，这是很恰当的。但是，现在的导游在花桥上往往只介绍花桥的历史、建筑特点、水桥4孔如翡翠玉盘落入水中的美景。介绍这些是必要的，而不讲桥上这有着几百年历史的石板路，让人们时时处处感受到桂林深厚的历史文化底蕴，总让人感到遗憾。

走出公园，一位外地回桂的老同学指着展览馆前的地方问大家："你们还记得这是什么地方吗？"大家异口同声地说："怎么不记得？那是桂林有名的花桥头碗糕店。"一个同学说："高三你生日时，还请我们每人吃了两个碗糕呢。""当时没钱，买不起蛋糕，只能请便宜的碗糕了。现在不见碗糕店了，'挑红桶，卖白糕——茯苓糕'的也不见了，太可惜了，这些桂林名小吃。好在桂林米粉还在。"听他这一说，大家说："走，吃米粉去。"

花桥石板路我会一直走下去。走在花桥石板路上，我不会忘记那段令人难以忘怀的历史，那段深深的同学情谊。

原载《桂林日报》，2008年7月7日

忘不了的那些事

——编写“八套半教材”的小语教材

上世纪80年代末90年代初，当时的国家教委颁布了新教学大纲，允许并鼓励各省（市、自治区）自行编写教材，改变了全国只有人教社教材“一统天下”的局面，出现了“一纲（教学大纲）多本（教材）”的喜人局面。随着改革开放的发展，全国许多经济、教育发达的省、市，如京、沪、苏、粤等都纷纷着手编写适合本地使用的教材。经国家教委审定，首先批准了9个九年义务教育教材编写方案，因有一个省只编小学教材，所以当时称为“八套半教材”。其中就有一套是由当时全国8所高师院校出版社报批的。8所高师院校领导极为重视这一工作，组成了由学校主要领导（也是各学科教学专家）组成指导委员会（我校王炜炘校长参加），由各出版社主要领导组成编写委员会（我社党社长参加），负责组织领导具体的编写工作。编委会决定，由北师大社、东北师大社总编室主任和我3人为联络员，负责了解掌握编写情况。当时分配我社负责初中化学和小学语文教材，社里让汤志林和我分别负责。为了编写好小语教材，我花了不少时间研读当时的人教社教材，并通过我的各种关系与不少知名特级教师和有特色的语文教师联系，商讨、征求他们的意见和需求，并经常与初中语文主编、全国知名语文教学法专家（也是全国语文教学法研究会会长）、东北师大朱教授沟通，向他请教。然后拟出了编写的初步方案，并提出了具体的编写者。经社里同意后，我们请特级教师、对小学高年级语文和作文教学有丰富经验的南京师范附小的陈树民校长和特级教师、对小学低年级教学有丰富经验的南京市长江路小学王兰老师来编写。经与他们多次商议后制定了编写方案，并经陈校长联系，请全国著名特级教师、小学语文教学的代表者、南京师范附小斯霞老师任顾问。经过一年多的努力，小语教材第一册终于编成了。这一教材还是很有特点的，一是拼音教学集中在两周完成，不像老教材拖至四五周时间；二是识字教学，当时流行两种教法即集中识字和随课文识字，这各有利弊，我们采用的是相对集中识字与随课文识字相结合的新方法，经试教证明是较科学的；三是课文，既保留了一些传统课文，又选有或创编了富有时代精神的新课文；四是重视说的能力的训练、培养，让学生多说话、会说话；五是重视书写能力的训练，让学生从小认真写字，写好字；等等。当时我们将教材复印后寄给全国一些知名小学语文教师、语文教育专家审议，都认为很有特点、有创新，也被一些教育行政部门和教材审定委员会人员看好。请几所不同类型的小学试教反映也很好，学生也喜欢。但遗憾的是，因其他几套教材都是各省市教育行政部门主持的，而我们这套教材是8所高师出版社编写的，没有教育行政部门为依托，因而在教材的试用地区、学校的选择、印制和试验经费开支等方面都是很难办的。后经8所学校商定没有报批，非常可惜。

虽然这套教材“夭折”了，但在编写中几位老师的敬业、执着的精神、一些感人的事，我至今记得。一次在讨论课文时，老师们为文中的“可心”一词争议起来，有人认为可用，并举出“可爱”、“可亲”、“可惜”等，但不同意者认为“爱、亲、惜”等是形容词和动词，而“心”是名词，“可心”不符合汉语语法规则，虽然当地口语中有，但用在教材中是不妥的。当时我正好出差南京，他们把争论告诉我，我也认为在教材中，特别是小语教材使用不规范的方言词语是不适宜的，于是提议去请教斯霞老师。她听了我们的说明，深思了一会儿后说：“‘可心’是我们这里的方言，我们都少用，用在教材里是不妥的。‘可心’在这里的意思就是‘心里很高兴’，不如改为‘心里很高兴’，这样更口语化，又是儿童语言。”陈校长听后拍着掌说：“就这样改。”王老师也说：“好。”在教材中如何加强“说”的能力训练和培养呢？王老师根据她多年低年级教学的实践和经验，特别设计了“基础拓展句式”，如“我爱____”。她不放心这设计，于是她让“徒弟”专门在课堂上做了试教，陈校长、王老师和我一同去听课。当执教老师刚在黑板上写出这一句式、说出例句“我爱学生”后，同学们都举起了小手，要求发言，其中有几位同学还未等老师指名，就大声说：“我爱老师。”之后同学们在老师们指名后说出了许多句子，如：“我爱爸爸妈妈”、“我爱学习”、“我爱祖国”、“我爱解放军"、"我爱劳动"、"我爱体育"……那课堂的活跃，那学生学习兴趣之浓，真是喜人。之后，他们又在多所学校作了试教，效果都很好。说明这创新设计是科学的、可行的。我还记得第一次去拜访斯霞老师，本想带些水果上她家去的，但陈校长告诉我，拜访斯霞老师绝不能带东西，这是她最不高兴的。另外，不便去她家，只能去学校，因为她虽然退休了，又年近古稀，但她仍每天来学校，是到得最早和放学后走得最晚的几位老师之一，她每天都和过去一样，到教室听课，带她的"徒弟"——年轻教师，并参加学校的一些教学活动。我们去的那天是星期三，到学校时正是课间操时间，看到斯霞老师正排在学生队伍的后面，和学生们一样按着广播节拍认真做着课间操。当她做完操同我们一起来到学校为她保留的工作室后我问她："你每天都与学生一起做操吗？"她笑着说："这就是我的生活。从师范毕业至今，我就生活在学校，就生活在孩子们中间。我退休了，但我离不开学校、离不开学生，我太爱他们了。""爱学校"、"爱学生"，这就是上世纪60年代因倡导"爱的教育"而受到错误批判的斯霞老师的心声，就是老教师的师德体现、为人准则。陈校长也是这样的。一次他生重病住院，出院时医生叮嘱他要在家静养休息，以利康复。但他一出院家也没进就来到了学校，老师们劝他马上回家，他笑着说："学校就是我的家，是我最好的康复之地。"有一次在长江路小学王兰老师办公室，我们3人正在讨论教材初稿，中途又到了课间操时间，她说："休息一下。"她和陈校长一起走向操场与学生同做操，我知道这是他们的习惯。做完操，陈校长回来了，王老师却没有回来。陈校长告诉我："王老师可能去拿课间餐了，学校有课间餐，拿回来你一定要吃。"果然，不一会儿王老师端着一个盘子回来了，上面放着3杯豆浆、1块约比手掌小一点、1厘米多厚的蛋糕，一进门她就笑着说："来尝尝我们的课间餐。"她一边把豆浆递给我们，一边把盘子放在办公桌上，用小刀把蛋糕切成两半，正在这时她的一位"徒弟"用纸托着1块蛋糕进来说："老师来了客人，这是我的那份，你拿来招待客人。"王老师也没推让，只是把蛋糕切了一半留下，另一半让"徒弟"带走了。她一边让我们吃一边说："豆浆可以多要点，蛋糕只能1人1份。"陈校长一边喝着豆浆一边望着王老师说："我们又回到了童年。"我一听马上接着说："排排坐，吃果果，你一个，我一个……"还没等我说完，3人都哈哈大笑起来。王老师笑后说："我们这样做就是要让孩子们从小就养成关爱他人的品德。"这些看来都是平常"小事"，但我们看到的是老师们的为人师表。

听余秋雨来我社“谈心”

1993年12月上旬，著名散文家、文化学者、艺术理论家余秋雨教授来桂出差。社里得知后，派人到宾馆看望他，邀请他来讲学，并希望建立联系，今后能出版他的新作。在交谈中，当他得知我们要邀请他来社讲学后，笑着说：“讲学不敢当，去谈谈心可以。”经商定，第二天下午他来社里。

12月8日下午，风和日丽，全社人员集聚在办公楼会议室。14时30分余教授在党社长的陪同下来到会议室，大家起立，热烈鼓掌，欢迎余教授。党社长请余教授和大家坐下后大声说：“余教授是大家仰慕的著名作家、文化学者，我们都是他的名作《文化苦旅》的忠实读者，他今天能在百忙中抽时间来我们社讲学——”余教授一听“讲学”二字，马上站起来摇着右手说：“讲学不敢当，是来谈心的。”党社长接着说：“余教授能光临我们这个新社、小社，我们感到非常荣幸。下面请余教授给我们讲学。”在大家的掌声中，余教授再次站起来说：“不是讲学，是谈心。”多年来，他应邀到世界许多著名大学和研究机构讲学，他为什么一再说“不是讲学，是谈心”呢？这既是他的谦虚，也正如他开讲时讲的：“讲学是做学术报告，还是谈心好，互相交流交流，谈谈经历、感悟更好说一些。而且对出版我没有太多发言权，当然谈不上讲学了。你们社虽然成立不久，但已出了一些好书，小有名气了。”

他首先从自己的经历谈起。他是在家乡上的小学、初中、高中，后就读于上海戏剧学院。他自上学起就喜欢读书，特别说到了恩师盛钟健先生，是恩师把他引上了中国古代文化之路。他着重回顾了“文革”后期的1975至1976年间，在恩师指点下，在浙江奉化一座半山老楼里苦读、研习中国古代文献的情景。那时，他从早到晚地苦读，一卷一卷地研习，深深被中国古代文化的精神所吸引，越读越爱不释手，达到了痴迷的程度。长期的苦读与研习，为他日后的写作打下了坚实的基础，使他拥有了深厚的文化功底。再加上他牢记“读万卷书，行万里路”的古训，于是，利用一切机会，行走在国内外名山大川间、名胜古迹处，执着探索其文化内涵，连续写作出版了许多有文化内涵、受到读者喜爱的散文名作，如《文化苦旅》、《山居笔记》、《寻觅中华》、《何谓文化》、文化通史《问学余秋雨》等。其中1992年出版的广受读者喜爱的《文化苦旅》是其代表作。他说该书就是以自己在全国各文化遗迹之处的游览过程为线索，尽量用深刻的思想和极具震撼力的语言，去揭示中国文化的内涵，拷问历史和人生的深层意义。从书中，我们可以感受到作者渊博的文化和史学功底以及丰富的文化感悟与艺术表现力。该书被业界称之为当代散文领域的范例是不为过的。因为他的创作成就，后来在评选“最受大陆读者喜爱的10本当代散文著作”中，余秋雨的作品就占了4本。他的散文《信客》、《都江堰》分别被选入初、高中语文教材。他也被选为上海市写作学会会长，后来被选为“中国文化传播坐标人物”、“2015年度影响力作家”文化贡献奖是实至名归的。

在“谈心”中，他说当年就读上海戏剧学院不是学表演的，上的是戏剧文学系。当时很多同学从专业出发，想从戏剧创作上发展，但他认为自己不是戏剧创作的“料”，必须另辟“蹊径”，但又不脱离学了多年的戏剧领域，又发挥多年来打下的文化、史学功底的作用，于是花大力气加强了文艺理论、教育心理学方面的学习，苦读、研习了不少这方面的书籍，终于走出了一条适合于他的写作之路。加之他是一个勤于笔耕的人，先后撰写、出版了《戏剧理论史稿》、《戏剧审美心理学》、《中国戏剧文化史述》、《艺术创造工程》、《中国戏剧史》、《观众心理学》等多部学术专著。先后获得全国戏剧理论著作奖、上海哲学社会科学著作奖、全国优秀教材一等奖。他说他上课时，既不脱离教材，又不完全按教材去讲；而是敢于说自己的观点，又联系实际印证；既力求通俗生动，又不失风趣，因而学生很爱听他的课。由于教学和科研成绩优异，1985年年仅40岁他就成了当时国内最年轻的文科教授，1987年被授予“国家级突出贡献专家”、“上海十大高教精英”称号，是首批享受国务院特殊津贴的专家，受聘为上海市委咨询策划顾问。

在“谈心”快结束时，他谈到了自己主动辞去上海戏剧学院院长的事。由于教学、科研成绩突出，1986年初被任命为主管教学和科研的副院长，当年底就荣升为院长。他说当年自己是“雄心勃勃”的，想把工作做好，不辜负组织上和广大师生员工的期望，把上海戏剧学院办成全国一流的艺术院校，自己也花了大量时间，做了自己认为该去做的工作，但经过多年时间，发现学院并未成为自己想象的那样，也未达到广大师生员工的要求。他想一个人的能力是不同的，有的人适合做院长，能把工作做得更好，看来自己也不是做院长的“料”，要让适合的人来当，才是明智的，于是他有了辞职的念头。他曾多次向组织上表达了自己的想法，并写了辞职报告，终于在1992年辞去了院长职务。

“谈心”结束后，社里请他题词，他二话没说，拿出随身带的钢笔，写下了如下的文字：“书籍是文明的基石　题赠广西师大出版社　余秋雨　一九九三年十二月八日”。

余秋雨的“谈心”近两个小时，没有讲稿，没太多说“理”，也没太多引经据典，但条理清晰，语言平实，说的是大实话、心里话，的确是在和大家“谈心”。虽然是“谈心”，但对大家是很有启示的，特别是要热爱、苦读、研习中国古代文化典籍，要“读万卷书，行万里路”，要正确认识、估量自己，充分发挥自己的才能，把自己要做的工作做好，这些都是我们要记住的。

黄山论“剑”

——全国优秀图书策划研究会侧记

1999年金秋时节，由中国出版科学研究所、《出版发行研究》杂志社、北京大学出版社、福建教育出版社联合召开的“新中国50年优秀图书策划编辑出版研讨会”在黄山举行。这是国内首次召开专门有关出版策划的研讨会，也是在当时出版界热议有关策划编辑话题之时召开的，因而有关出版主管部门和业界都非常重视，时任新闻出版署图书司司长阎晓宏等领导和出版社负责人以及论文的作者代表100余人出席了会议。我之前多次在知名报刊上发表了多篇有关图书策划的文章，其中有两篇入选当时《中国图书商报》“优秀选题策划百例”，因而受到邀请，参加了这次研讨会。在会上，有的参会者把图书策划比作“剑”，认为选题策划是破解出版难题、“打造”精品图书的“剑”，因而就称这次在黄山召开的策划研讨会是“黄山论‘剑’”。

研讨会开得热烈，与会者发言踊跃。阎晓宏同志在会上指出，选题策划、策划编辑是当下的热门话题；出版社要出更多的精品图书，一定要重视选题策划，培养出能力强的策划编辑；编辑要不断培养、提高策划能力。中国版协副主席、大学版协主席、北京大学出版社社长彭松建认为，对选题和书稿的事前调研和规划设计可称为选题策划；出版社内外从事选题策划和书稿策划的人可称为策划编辑；做一个有作为的策划编辑需要具有较广深的知识存量、丰富的编辑工作经验、较高的出版物市场洞察力以及相关的出版物成本效益的知识和计算能力，这些就是做一个策划编辑的起码标准。中国出版科学研究所党委书记、副所长余敏发言时说，中国人自古讲究谋略，这一理念自然与策划的本职要求密切相关；现代意义的策划更讲求创意、创新，某种程度上可以说，创意、创新是策划的灵魂，而系统优化是在此基础上科学的分析、论证；把策划作为编辑出版的主体意识之一，并将之拓展到图书出版、发行乃至宣传、营销等方方面面，赋予其新的内涵是非常必要的。许多与会者介绍了出版社和自己在图书策划实践中的经验、体会。中共中央党校出版社杜世伟介绍了该社获第六届“中国图书奖”一等奖的《中国共产党历史大辞典》的策划、编辑体验，福建教育出版社《大典》编辑室介绍了“九五”国家重点图书《20世纪中国学术大典》的选题策划和编纂组织的经验，上海教育出版社方鸿辉畅谈了以创新意识策划荣获“五个一工程”一本好书奖的《中国科学院院士自述》的经验，四川辞书出版社罗韵希介绍了获第二届国家图书奖的《中国伊斯兰百科全书》策划纪实，百花洲文艺出版社关小群做了“现代出版业与总编辑选题策划”的发言，大象出版社王卫做了《走向海洋》丛书选题策划和组织成败分析发言，人民教育出版社刘立德介绍了荣获第四届国家图书奖的《蔡元培年谱长编》的成功策划经验……我也在会上做了《在重点图书上做足文章》的发言，着重介绍了我社一些重点图书的策划与实践及获奖情况，受到与会者重视和好评。

会后主办方将会议收到的论文精选出40篇，分辞书、政治、文教、历史、少儿、文学、科技、综合8个类别结集，由三家各有影响的单位《出版发行研究》杂志社、福建教育出版社、北京大学出版社合编，中国书籍出版社以《精品图书的策划与创意》书名出版。我的论文入选该书，当时在我社总编室工作的唐长兴（后调学校美术学院任教）虽然没有赴会，但他提交的论文《一部深受青年欢迎的通俗政治读本——〈真理，请您告诉我〉策划及操作过程》也被该书收入。余敏在该书“序一”中指出：“这是一部很有意义的书，一部主要写给编辑们自己看的书，一部具体介绍如何策划出版好书的书。”彭松建在为该书写的“序二”中指出：“这本集子里汇聚了我国许多著名策划编辑的工作经验和理论探讨，对于研讨策划工作是十分有益的，也是非常值得阅读和借鉴的。”“我们的编辑同志在百忙之中不妨花点时间，读一读，思考再思考，也许从中会获得某些启迪，以激发我们更好地策划新选题。”

承办大学社首届论文评奖会

1997年暑假过后刚上班，党社长就接到大学版协常委副理事长高旭华从北京打来的电话，要我们社承办版协首届论文评奖会事宜，并转告了经多位常务理事商议的意见，一是评奖委员会由13人组成，请我社总编辑贺祥麟任主任，党社长和时任《大学出版》编委的我任评委；二是会议最好不在桂林开（意让我们专心评奖），让我们选个地方，时间最好在10月初；三是要设计、备好奖品。经社领导研究，认为国庆节后就开合适，地点在新开放的沿海港口城市北海，具体由新任副社长的肖启明和我负责筹办；党社长还让我立即打电话与时已任自治区政协副主席的贺老联系，征询他的意见，肖副社长联系好时与我社紫园饭店有合作的北海银滩边的海滨饭店。第二天党社长就打电话回复了高旭华，高说大学版协马上发通知给各评委。

10月上旬评奖会在北海召开。因评委都是正高职称者，又多是社领导，如武汉大学社刘太臣社长、复旦大学杜贺社长等，我们专门安排大家在三楼较安静靠边的几间房住。贺老也坚持不住贵宾间，和大家一样住双人标间。会议安排两天时间，第一天上午，高旭华首先介绍了年初开始的首届论文征集情况，然后谈到为什么这次征文要选择以“我与大学出版”为中心，评奖目的、原则和方法等，并让大家讨论。会议仅历时一个多小时，大家就开始审阅论文。这次征文共收到2/3以上大学社送来的论文100余篇。坐下来长时间看稿是大家习以为常的事。但我们考虑大家年纪偏大，当时天气又好，就建议高旭华同志下午4时半就休息，让大家下海去泡泡海水。大家对这一安排极为高兴，因为不少同志还是首次下海。晚饭后我们又让大家漫步到市区去看看市容，观看了当时亚洲最高的北海音乐喷泉。回来后，大家又继续传阅未审阅完的论文。第二天上午，先用一个来小时让评委三三两两分头交谈各自对论文的看法。然后用近3个小时开全体会议，由大家畅谈审阅看法，具体提出哪些论文可以获奖，大家发言踊跃，也有争论，对几篇论文有不同意见，争议还较大。贺老也多次发言，不仅谈了自己认为哪些论文可以获奖，还对一些有争议的论文谈了自己的看法，并一再声明自己和大家一样，也是普通评委之一，是“一家之言”。大家争论热烈，直到中饭时间仍未完。下午会议开始还用1个来小时继续上午的争论。虽然有的未达成共识，但并不完全影响评奖，于是用无记名投票方法进行评选。按头天商定的规则和方法，得评委2/3选票（即9票）以上的刘太臣等5位同志的论文获一等奖，我的论文得8票，与其他5篇论文一同获二等奖，另有6篇论文获三等奖。当年社里仅有我提交了论文，题目是《10年探索路，方始入“大”门》，论述了我10年来通过学习、实践、探索，与社一起成长，不断明确了大学出版社为教学和科研服务的办社宗旨、目的、任务等，写出了7篇系列论文在《中国出版》、《新闻出版报》、《中国教育报》、《大学出版》等业内有影响的报刊发表，同时策划、编辑、出版了一些有影响、获好评的高校教材和学术专著，从而迈入了大学出版之门。评奖会上，许多评委都认为我的论文中心突出、观点明确、内容厚实，可评一等奖。因我私下与贺老、党社长交谈过，这次评奖会是由我们社承办的，我的论文不宜评一等奖，因而我们3人都不投我的论文票。高旭华和刘太臣事后得知后感到非常遗憾，但对我们的做法表示理解。

这次评奖会的奖品也是由我社承办的。社里让我和时任美编室主任的廖幸玲负责此事。我们本着有一定品位、有地方特色而又节俭的原则，经多次探访、各方征求意见，并经社领导和大学版协同意，决定将桂林陶具厂专制的陶瓶作奖品。并征得大学版协同意，将这次征文命名为“独秀杯”。这样更显我社的地方特色，又有奖品特点。我们设计的陶瓶，38公分高，外为天蓝色，中间刻有七八公分大小、白色的“独秀”两个篆体字，下面有“‘独秀杯’、‘我与大学出版’论文获奖纪念”和“中国大学版协　广西师范大学出版社”的落款和时间“1997年10月”。社里考虑较周到，陶瓶不仅发给获奖人，还赠送每位评委。大家很高兴，认为这奖品不仅制作好，有特色，又节俭（仅30多元一只），值得保存。

读书札记3篇

（1）陈嘉庚为桂林儿童教养院捐款

卢沟桥事变后，在日寇大举侵犯下，北平、济南、南京、武汉、广州等大城市相继沦陷，成千上万难童流入大后方，当时广西也是难童集中地之一。1939年2月，爱国抗日名将李宗仁的夫人郭德洁在重庆得知国民政府有在各地收容5000名难童加以教养的计划，便请求在广西收容千名难童。3月政府拨款10万元由郭回桂办桂林儿童教养院。此时日寇已侵犯广西，桂南难童也极多。1939年11月1日，以郭德洁女士为院长的桂林儿童教养院在临桂两江乡宝山脚下、李宗仁家乡附近建成，占地500多亩（含旱地水田），建有教室20多间，难童宿舍9间，另有教师和工人宿舍、礼堂、饭厅、图书馆、办公室、医疗所等。建院时郭院长亲力亲为，该院的规划布局，甚至每一棵树的位置，都是她思考设计的，经她多方奔走，该院前后共收6至15岁难童千余名。

教养院是在战火中成长起来的新创教育事业及社会慈善事业，目标是实施国民教育和生产教育，教学按教育部颁布的课程安排，分为小学、初中两部，并设有农业及工艺两个职业班，专门培养各种技术人员。院里设有农场和工场，农场有田地300多亩，工场分鞋、袜 、纺织、刺绣等科，有专人负责，孩子们也参与一些生产劳动，使他们的生活物资及用品（如蔬菜、鞋、袜、衣裤等）得到解决。郭院长认为难童教养是“一项神圣伟大的工作”，经常来院里，并住上两天。有时李宗仁将军回桂，也会来院视察，并会在院里住宿。由于李宗仁将军夫妇的“开明”，院里还接纳了一批爱国、进步的老师（其中一些还是中共党员）。因而院里充满了爱国、向上的氛围，同学们爱唱的：“我们是宝山脚下的一群，我们在烽火中锻炼成长！我们忍受着时代的灾难，我们追求着未来的光明！”歌词是当时院童精神生活的写照。当初院童的衣、食、住、育全由院方提供，政府拨款每人每月10元，后因物价上涨增至14元。随着日寇的大范围入侵，战事紧急，教养院难童生活清苦。

1940年3月，著名爱国侨领陈嘉庚先生不顾年老体弱，发起组织南侨慰劳团回国慰劳抗战前线将士和后方同胞，知晓教养院一些情况。1941年秋，当得知桂林儿童教养院经费困难时，他立即捐款6万元给院里作生产事业费，使得教养院得以继续开办直至抗战胜利。自抗战爆发后，陈嘉庚先生始终站在救国筹赈工作第一线。自新加坡华侨筹赈会成立到日军占领南洋期间，他一直坚持每月为祖国抗日捐款国币（以下同）2000元；国民政府发行救国公债时，他首倡认购10万元；1938年底，武汉合唱团去新加坡为抗战募款演出时，他捐出5万元购买一张入场券；他还带头捐款、发起创建重庆制药厂。不仅经济上捐资抗日，他还亲自发动一批华侨子弟回国参加抗击日寇的战斗；动员几千名华侨先后组成战地服务团、义勇队、救护队、记者团等回国参战杀敌或为战时服务；通过南侨总会把3200多名优秀华侨机工派遣到滇缅公路为祖国运送抗战物资。在回国慰劳中，他从共产党及其领导人、从八路军和新四军等抗日将士、从抗日根据地的老百姓身上，看到了抗战胜利的希望，他说：“延安是抗战胜利的希望！”因而他愤怒声讨汪精卫卖国投敌的罪行，并带头谴责国民党顽固派制造的皖南事变。时年已古稀的陈先生一直为祖国抗战操劳，为动员、组织华侨支持祖国抗战做出了重大贡献。毛泽东主席赞誉他为“华侨旗帜，民族光辉”。周恩来、王若飞称赞他“为民族解放尽最大努力，为团结抗战受无限苦辛”。

抗日战争期间，在世界各地爱国侨团、侨领组织带领下，有400万（当时华侨总数为800万）爱国华侨为抗战捐款、捐物。据当时国民政府统计，爱国华侨捐款达国币13亿元，以上总计占当时抗战军费的43%，这充分说明，爱国华侨为抗日战争的胜利做出了巨大的贡献。

（2）抗日战争中的爱国侨领

抗日战争期间，世界各地许多爱国侨团领袖，积极投身祖国抗日救亡活动，为抗日战争的胜利做出了自己的贡献。

著名爱国侨领陈嘉庚先生是一面旗帜。“七七”事变爆发后，他始终站在救国筹赈工作第一线。自新加坡华侨筹赈会成立到日军占领南洋期间，他一直坚持每月捐款国币2000元；国民政府发行救国公债时，他首倡认购10万元；1938年底，武汉合唱团来新加坡为抗战捐款演出时，他捐出5万元购买一张入场券；1941年秋，他又捐助国内桂林儿童教养院生产事业费6万元；他还带头发起创建重庆制药厂。不仅经济上捐资抗日，他还亲自发动一批批华侨子弟回国参加抗击日寇的战斗；通过南侨总会把3200多名优秀华侨机工派遣到滇缅公路为祖国运输抗战物资；动员几千名华侨先后组成战地服务团、义勇队、救护队、记者团等回国参战杀敌或为战时服务；1940年3月，他不顾年老体弱还发起组织南侨慰劳团，并亲自带头回国慰劳抗战前线将士及后方同胞。在回国慰劳中，他从共产党及其领导人身上、从八路军和新四军等抗日将士身上、从抗日根据地广大老百姓身上，看到了祖国的希望、民族的希望，相信祖国抗战一定能取得胜利；因而他愤怒声讨汪精卫卖国投敌的罪行，并带头谴责国民党顽固派制造的皖南事变。时年已古稀的陈先生一直为祖国抗战事业操劳，为动员、组织华侨支持祖国抗战做出了重大贡献。毛泽东主席赞誉他为“华侨旗帜，民族光辉”，周恩来、王若飞称赞他“为民族解放尽最大努力，为团结抗战受无限苦辛”。

泰国著名侨领、巨商和大驳船主蚁光炎是泰国中华总商会主席。抗战期间，泰国政府亲日排华，打压华侨的抗日救亡活动，但蚁光炎仍挺身而出，带领侨胞奋战在抗日救国第一线。他的驳船拒绝装运日货，发动和带头抵制日货，使日泰贸易额仅半年多时间就从630万日元下降到270万日元；积极发动侨胞为祖国抗战捐献财物，仅抗战头两年他本人和泰侨就捐款达600多万元；他多次汇款到香港请宋庆龄、廖承志转给八路军、新四军，托人运送两辆救护车和大批药品转交香港八路军办事处，还以泰国中华总商会名义发公函介绍一些爱国华侨青年到延安工作和学习，充分表达了他对中国共产党及其领导的军队的支持和拥戴；为保障祖国西南运输线滇缅公路畅通，他带头捐献卡车并发动华侨司机回国参加运输；1939年5月他回广东参加参议会后奔走各地慰问抗战军民，并向国民政府提出“加强抗战，开发西南”的建议，还捐款2万元作军费，积极劝导海外侨胞回国投资，自己带头在云南边境兴建垦殖场，第一期就投入建场费10万元……泰国日本特务把坚决爱国抗日，始终站在爱国救亡活动最前线的蚁光炎视为眼中钉，威胁利诱不成后，他们决定下毒手，面对险恶境地蚁先生坚定地说：“若为国家侨社之事，则何处非险地，大义所在，余岂敢以性命自私乎？”1939年11月21日晚10时30分，他与夫人去看望朋友，在一家戏院前准备上车时，潜伏在附近的特务突然窜出，向蚁先生连开4枪，他随即倒地，在送往医院途中，已处于弥留之际，他以微弱的声音给夫人留下一句遗言：“我虽死，尔等免用痛心，中国必定胜利！”到医院后抢救无效，半小时后去世。蚁先生是为祖国抗战事业而献身的著名爱国侨领。

菲律宾侨领、“木材大王”李清泉“七七事变”后，担任菲各地侨领成立的“菲律宾抗敌委员会”主席，在他领导和带动下，从1938年至1940年，菲华侨为祖国抗战捐款菲币1100多万元，他还带头认购救国公债40万元；他带领侨胞抵制日货，并在华侨中普遍、深入地开展；他还同著名侨领陈嘉庚等共同发起成立南侨总会，推动了南洋华侨抗日救亡运动的大团结。他身患糖尿病仍为抗日奔走操劳而病情恶化，于1940年8月27日与世长辞，临终时留下遗言，将10万美元遗产捐给祖国抚养难童，在他的影响下，当地华侨共筹得40万美元，作为祖国救助难童资金。

丘元荣是印尼华侨抗日救国运动的组织者和领导者之一。1939年底至1940年初印尼华侨为祖国抗战捐献药物金鸡纳霜，作为发起人之一的丘元荣就首捐10万粒，仅半年时间华侨就捐了1亿多粒；1940年8月他母亲八十大寿，不少人前来祝寿，他当众宣布，将用祝寿的费用1万元、亲友送来的祝寿礼折国币20万元悉数捐助祖国抗战；1941年4月他回国又捐国币10万元；从“七七事变”到1941年，他为祖国捐款合计达50万元，全印尼华侨在他带动下，捐款捐物合国币达1亿元。

抗战期间“爱国观念不敢后人”的胡文虎是马来亚侨领，是侨领捐款最多的人。从“七七事变”到1939年4月他先后认购救国公债250万元，义捐50万元；1941年回国慰劳时又捐国币200万元，以后又多次捐献巨款。他是著名的实业家，被称为“万金油大王”，他带头并发动侨胞回国投资，他投资1000万元于云南矿物公司、投资200万元创办资中糖厂、与国内实业家创办华侨企业公司、与闽籍侨商郑玉书等14人发起组建华侨建设公司等。早年他为商业需要创办了“星系”8大报纸，享誉海内外。抗战爆发后，他的报纸都积极宣传抗战，其发行量大增；为更好和及时宣传抗战，他将《星洲日报》改为早午晚报，把槟城版的《星洲日报》改为独立版的《星槟日报》，在广州创办《星粤日报》，在新加坡创办《总汇报》，1938年他出40万元巨资，在香港创办大型日报《星岛日报》，并先后增晚刊、晨报及周刊，行销海内外，这些报纸积极报道祖国抗战消息、宣传祖国抗战，深受广大侨胞和读者欢迎，影响深远。“取之社会，用之社会”，是胡文虎的一句名言，他是一位著名慈善家，早在抗战前他就被誉为“捐资兴学的爱国华侨”，在上世纪30年代中期，曾向国民政府提出，自愿捐资350万元，在祖国兴建1000所小学，并给闽粤两省多所大学捐款赞助；日寇侵占华南后，南华大学辗转迁徙，他捐资10万元；福建学院从福州迁南平后他又捐5000元以解学校经费困难；他还捐20万元巨资给家乡福建，创办侨育中学，该校为祖国抗战输送了一批爱国青年。胡文虎创办侨报，报道和宣传祖国抗战，创办和资助学校，开展战时教育，这是他对祖国抗战文化的一个重要贡献，也是他抗日爱国的一个不同于其他侨领的特殊之处。

在抗战期间，奋战在抗日救国第一线的爱国侨领还有很多，如年已八旬仍不辞辛劳为祖国抗战奔波、操劳、呐喊的名冠美洲的美国侨领司徒美堂；老同盟会员、积极带头为抗战捐款、自己一人捐款达20万美元的美国芝加哥侨领谭赞；为抗战救国连续按月捐助美金3万元的芝加哥另一侨领谭讦；台儿庄大捷时捐款10万美元慰劳前线抗日将士，并为抗战捐款捐物的美国旧金山侨领邝炳舜；为祖国抗日事业献身的新加坡侨领侯西文、印尼的庄西言、美国的李国钦、美洲的阮本万、吕超然；等等。

他们都是爱国侨领的杰出代表，是侨界的典范，我们要永远铭记他们。

（3）赤子之心令人感怀——普通爱国华侨为抗日救国捐款

抗战期间，不仅爱国侨领、富商为抗日救国慷慨捐款献物，广大普通爱国华侨也尽心尽力为抗日救国捐款，据统计达400万人之众，占当时华侨总数的一半。他们中不少是家境贫寒者，其心其事，令人感怀。

南洋北婆罗洲山打根华侨瓜子小贩郑潮炯抗战爆发后，在当地沿门义卖瓜子7次为救国筹款，得婆罗洲币350多元捐出；1940年其父在老家广东被日机轰炸身亡，他得知后十分悲愤，苦于家贫，遂将自己尚幼的四子卖给别人，得婆币80元捐给祖国；同年9月10日他又自筹旅费，抛妻别子，丢下一家赖以为生的小贩生意，由山打根起程，走遍大小15个城镇至美里坡，共筹得新加坡币5800多元悉数捐回国。他的爱国感人事迹，受到国民政府侨委会的褒奖："诚为抗战史上侨胞救国之可歌可泣的一页！"

印尼坤甸华侨马细旦腿残多年，只能以手代步，得知日寇大举侵华后无比义愤，他每天爬至闹市区，为祖国抗战乞钱，这实为华侨爱国史上之少有。巴达维亚（今雅加达）华侨刘长英抗战爆发后，毅然送子刘盛芳回国参战杀敌，1939年冬刘盛芳在陕西南郑空战中英勇牺牲。国民政府航委会发给1万元抚恤金，刘长英得知后动情地说："值此抗战时间，国家经济上正待张罗之际，实不敢领受，拟请将盛芳恤金，全部捐赠祖国，为抗战军费。"

抗战爆发后，缅甸仰光女侨胞叶秋莲为救国抗日将自己所有金银首饰及家产拍卖，将所得的3万余元全部捐给祖国抗日，并未留下一点生活费，因无以为生而削发为尼，她说："只要祖国战胜，我自己饿死是不妨的。"缅甸美掩埠华侨花甲老妪刘瑞芝，系理发店煮饭佣妇，将她4个月全部工钱20元捐给祖国抗日用。

南洋华侨林壬寅为捐款抗日，把自己的产业变卖全部捐出，并放弃生意回国从事抗日工作。南洋粤侨陈乃果回家乡见到日机轰炸惨象，回侨居地后发动全家捐款2000元作家乡防空用。

美国华侨农牧场主颜广礼抗战开始后即戒烟，八年如一日，将战前每天吸10多支雪茄的烟款全部捐给祖国抗战；他还自备汽车夜以继日、风雨无阻为抗日救国募捐。

抗战期间，广大华侨青年结婚时将婚礼费用和亲友礼金捐作抗日费用已是常态。抗战之初印尼巴达维亚（今雅加达）6对新人共捐婚礼费3万多元；马来西亚马六甲华侨青年李新强结婚节约婚费国币1000元捐给祖国，其胞兄李新民与刘玫娇结婚将节省的酒宴费500元国币捐出；菲律宾宿务华侨吴清河、薛素丽节省婚礼费3000元捐作抗战军需。许多华侨父母也将子女节约的婚礼费捐作抗日用，如泰国华侨曾福顺捐出女儿婚费5000元，美国纽英伦华侨余辉墀捐出儿子节省的婚费111美元（合2000国币）。

更感人的是许多华侨老人瞑目仙逝之际仍惦记着遭难的祖国、抗日救国。泰国华侨黄俊卿在弥留之际嘱其家属捐出遗产1万元；印尼泗水华侨赵天助将其继母去世后节省的丧费国币2000元捐出；马来西亚霹雳怡保华侨李瑞荣将母亲去世节省的丧费星币500元捐出；菲律宾马尼拉粤侨何纪将夫人去世时的丧仪费及亲友送的祭奠费5210.44元全部捐出。

华侨为祖国抗战捐款从“九一八”事变始至抗战胜利长达14年。据初步统计，东南亚华侨捐款达4亿多元；1938年武汉合唱团到南洋宣传募捐，仅马来西亚各地华侨捐款就达国币1150万元；美洲华侨8年抗战捐款达69156115美元，其中美国华侨捐款5600万美元；而纽约华侨捐款3295047美元，平均每个华侨捐款为570~1000美元（不包括公债和杂捐）。据当时国民政府统计，为抗日华侨捐款达11亿元国币，购抗日救国公债13亿元（国民政府未兑还），汇款90多亿元，以上占抗战军费45%，其功大焉。

附：这是我在伟大抗日战争胜利70周年前重读《华夏向心力——华侨对祖国抗战的支持》时写的3篇札记，首篇已发，另两篇某报已留用。

关于诗话和《诗话二则》

诗话是一种漫话诗坛轶事、品评诗人诗作、谈论诗歌作法、探讨诗歌源流等随笔式的著作，是宋元以来我国文学批评的主要样式。宋代诗话作者许顗在其《彦周诗话》中对诗话有较精到的论述："诗话者，辨句法，备古今，记盛德，录异事，正讹误也。"这就是说，诗话应该辨明历代文体特别是诗体的体式句法，并详尽地记述古今诗坛之事；记述历代盛况，著录诗坛奇闻轶事及掌故，对诗歌有关问题加以考订或辨正。这种关于诗话撰述宗旨的阐释发展了欧阳修、司马光视诗话为"以资闲谈"和纯粹"记事"的观点，是对诗话这一特殊体裁的认识上的进步，对后世诗话写作也产生了深远的影响。

诗话是在我国古代诗歌（特别是唐代诗歌）高度繁荣的基础上产生的。宋代是我国古代诗话勃兴和繁荣的时代。宋代著名文学家欧阳修的《六一诗话》，历来被认为是第一部以"诗话"命名的最有代表性的诗话著作。金、元、明诗话著作，数量虽不及宋代，但向文学批评方面发展，论诗逐渐趋于系统化。清代诗话作者更广泛，诗话著作更趋于系统化、理论化、专门化，因此，更富学术价值，数量也大大超越前代。在我国古代诗话著作中，还出现了分类编辑的诗话集和诗话丛书。北宋阮阅编的《诗话总龟》是现存的第一部诗话集，南宋胡仔编的《苕溪渔隐丛话》和魏庆之编的《诗人玉屑》是宋代诗话集中成就最高的。此外，著名的还有元代王构编的《修辞鉴衡》、明代胡震亨编的《唐音癸签》、清代吴景旭编的《历代诗话》等。诗话丛书最著名的有清代何文焕编的《历代诗话》、近代丁福保编的《历代诗话续编》和《清诗话》等。

初中语文课文《诗话二则》，分别选自《苕溪渔隐丛话》和《容斋续笔》。

《苕溪渔隐丛话》编撰者为南宋初年文学家、诗论家胡仔（生卒年不详），字元任，徽州绩溪（今属安徽）人，官至知晋陵县。后休官隐居吴兴苕溪（今属浙江省湖州市），自号苕溪渔隐。宋高宗绍兴十八年（1148）完成诗话前集（正集）60卷，遂名为《苕溪渔隐丛话》。后又为朝廷起用，在闽中（今属福建省福州市）做官，再次休官后于宋孝宗乾道三年（1167）完成诗话后集（续集）40卷。两集共100卷，50多万字，成书相距近20年，此时胡仔约60岁。《四库全书总目提要》说该诗话集继阮阅《诗话总龟》而作，“二者相辅而行，北宋以前之诗话，大抵略备矣”；其“论文考义者居多，去取较为谨严”；“以作者时代为先后，能成家者列其名，琐闻轶句则或附录之，或类聚之，体例也较为明晰”；“多附辨正之语，尤足以资参订”。加之，该集成书时元祐党禁已开，胡仔则广采“元佑以来诸公诗话”，内容和材料都更为全面丰富，总计前集采录诗话33种，后集31种，这也是其内容上一大特点。在编辑体例上主要采取以人为纲的编法，突出一些名家，除汇集诸家诗话众多评论品藻考辨之语外，胡仔本人的诗话多达400多条。他论诗，推崇李白、杜甫、苏轼、黄庭坚，尤其是杜、苏，他说：“余纂集丛话，盖以子美之诗为宗”，“余为是说，盖欲学诗者师少陵而友江西，则两得之矣。”但他并无门户之见，对历代作家能做到“片善必彰”。在品藻考订中颇具识力，多中的之语；对歧异之说有时两说并序，持论严谨客观。在论诗倾向上，他反对“循习陈言”、“规摩旧作”，主张为诗贵含蓄，当“托物以寓言”、“意在言外”，不要“使人一览而尽意”。书中还论及诗格、句法、用典、比喻、声律、鉴赏等，意见多有可取之处。此外还有保存文献之功，如李清照《词论》及宋代不少今已散佚的诗话，赖此书得以保存。

宋人洪迈（1123—1202）字景庐，别号野处，鄱阳（今江西省波阳）人。宋高宗绍兴十五年（1145）中进士，先后在泉州、吉州等地任地方官，后又历任起居郎、中书舍人兼侍读，直学士院，监修国史，以端明殿学士致仕，死后封号文敏。著有《容斋五笔》、《夷坚志》、《野处类稿》等。《容斋五笔》包括《随笔》、《续笔》、《三笔》、《四笔》各16卷和《五笔》10卷，共74卷。书中内容包括记述诗人轶闻、诗歌掌故、评诗论文、考订辞语名物，内容广博。他读诗，重视诗人“襟抱”和诗歌情意的表达，甚至主张对时事“直辞咏寄，略无避隐”，又认为诗人“不必颛门名家而后可称”，因而书中录存了不少并非大家但却很有社会价值或艺术价值的诗作。他推崇的诗人是陶潜、杜甫、李白、白居易、苏轼、黄庭坚等人，谈论杜、白、苏三家尤多。如指出白诗深于诗多于情，又好纪年岁，读其诗如阅年谱……都有独到之处。他崇尚“语少意足，有无穷之味”，“命意用事，旨趣深远”，“闲谈简远，得味外之味”；主张“作诗要有来处”，“诗文当有所本”，但不赞成简单模拟。洪迈是一位知识渊博的学问家，因此书中不乏精彩的考订，如考证唐诗诗谶、戏语、歇后语、诗文当对句、乐府诗以首句比兴引喻、六言诗难工等。

丰富的诗话著作，是我国文学宝库中的一颗明珠，是民族文化中一份珍贵的遗产，有着不朽的价值。我们今天读一点古代诗话，对增长知识，加强文学修养，提高审美能力，进而研究古代作家、古代文学史、文学理论发展史、文学批评史和诗歌这种文学样式，借鉴古代诗歌的创作经验，都会大有助益。

原载《中学语文教学参考》，1992年第10期

中小学教师论文的特点

中小学教师的论文除具有一般论文的特点之外，还显示出自己的特点，那就是实践性、理论性、短小性、多样性、时效性。

实践性。中小学教师的论文紧密结合教育、教学工作实践，材料、论题来源于实践，是在实践基础上的升华，又回过头来指导实践。

理论性。中小学教师的论文，往往是从实践中形成观点，将问题提到教育学、心理学、现代教育理论的高度进行论述和探讨，力图揭示出规律性的东西，得出科学的结论，显示出不同层次的理论深度。理论性是论文的灵魂，是论文学术性的体现，在论文写作时应特别重视和下功夫。

短小性。这一特点包括几方面的含义，即文字简明、篇幅相对来说不长、内容较单一等，往往是一篇论文着重论述一个问题，或问题的一个方面，一般是两千字左右。这是与广大中小学教师的工作性质、特点和现状分不开的。

多样性。中小学教师的论文，从内容到形式，的确是多种多样、丰富多彩的。如教学工作包括教学管理、教学常规、各科教学等，而各科教学工作又包括课堂教学、课外教学活动（第二课堂）等，还可分为实验教学等小项，而实验教学中又包括实验教学研究、实验的方式和能力培养、实验的设计和改进、实验的替代和新增实验等。论文可从大的方面去写，进行整体性探讨，如结合当前实际，对学生进行思想教育的论文《对学生进行深层次思想教育的思考》；也可写涉及多学科、交叉学科的论文，如《谈中学理科学习方法的教育》；还可写涉及面较窄的小论文，如《对一个后进生的教育》、《两个生物实验的改进和设计》等。

时效性。教师的工作不是机械式的工作，而是一个动态的变化过程，因而教学论文也有时效性的特点。往往有这样的情况，一些教师从当时实际出发，写出的论文，在当时很有意义，有较大的指导作用，但随着时间的推移，情况的变化，同一篇论文所具有的意义和作用却不那么大了。人和事物都是复杂的，在实践中还会有另一种情况：一篇论文所论述的问题，在一些人或事情（或地区、学校）上是起作用的，而在另一些人或事情（或地区、学校）上却作用不大。这当中有的是由于片面性、局部性形成的，而这里所指的则并非是片面性造成的，而是论文时效性的体现。当然，时效性并不是“失效性”，只是说在论文写作中还应注意时间性、时代性。

在谈到教学论文及其特点时，还应该谈谈教学总结。

教学总结，是教师们在经过某一阶段或某一项工作后撰写的一种小结性应用文，是教师们经常撰写的一种文体。一般说来，教学总结有两种类型：一是一般工作总结，多属如实反映工作的经过和结果；二是在实践中，由感性认识上升到理性认识，找出规律性的东西而撰写的总结。前者显然不属于论文的范畴，因为它仅是工作的如实反映，往往没有提出什么新的观点，在所涉及的内容、范围上没有什么创新。而后者能提出新观点，既有一定的理论性又有一定的创新性，与论文没有什么区别。由此看来，教学总结与教学论文既有相同点，又有不同点，其异同点很大程度上取决于是否有理论性和创新性。所以，教学总结和教学论文是不同的：前者是在事实基础上加以概括，是对实践本身的总结，而后者是理论上的进一步发展，着重于理论分析和探讨。但那些能上升到理论上去进行论述，有助于丰富和发展现代教育科学理论和方法论，对工作实践有指导意义的总结往往和论文是难以区分的，所以，人们往往把这类教学总结看作论文，是无可非议的。

原载《广西教育报》，1996年8月16日

古人咏兰诗

中华民族自古爱兰花。因为兰花如美人，紫茎绿叶，四时常青，芳郁幽香，体现了人们的审美观念；兰花似君子，昂扬向上，情操高洁，体现了民族的精神和气节。人们把兰花称为“君子”，暗喻兰花似品格高尚的人；也把兰花称为“处士”，因为兰花本开在山野里，似乎是有才德而隐居不仕之人；又把兰花称为“青玉”，形容兰草如青玉一般。

人们爱兰，自古以来，兰花就是吟咏的珍品。古代伟大诗人屈原的名篇《楚辞》中就有许多咏吟的诗句，如“纫秋兰以为佩”、“疏石兰兮为芳”、“沅有芷兮澧有兰，思公子兮未敢言”、“怀兰英兮把琼若”、“秋兰兮青青，绿叶兮紫茎”等，甚至汉武帝也有“兰有秀兮菊有芳，怀佳人兮不能忘”的吟兰诗句。历代著名诗人，如唐代张九龄、李白，宋代杨万里、朱熹、方岳，元代倪瓒、张翥，明代董其昌、陈献章，清代郑燮等都留下了咏兰篇。

综观历代古人咏兰诗，内容丰富多彩，艺术风格绮丽各异。“多画春风不值钱，一枝青玉半枝妍。山中旭日林中鸟，衔出相思二月天。”这是诗人郑燮的诗《折枝兰》，诗中的“青玉”指兰花，形容兰如青玉一样，“半枝妍”即半枝妍美的兰花是由林中的鸟儿在旭日初升时从山中衔出来的。诗中并未写冬春景色之美，直接描绘兰花的笔墨也不多，而是在新颖独特的景物环境的描绘中，把兰花渲染得别有风姿。元代倪瓒：“秋风兰蕙化为茅，南国凄凉气已消。只有所南心不改，泪泉和墨写《离骚》。”这是一首题兰画诗，题为《题郑所南兰》。郑所南，即郑思肖，字忆翁，别号所南，南宋末年诗人和画家，宋亡后隐居苏州僧寺，终生不仕元朝。诗中的“蕙”即蕙兰，兰花的一种。屈原赋《离骚》中有不少咏兰品操的诗句，后人多以《离骚》指代兰花。诗的开头就与众不同地写兰花的衰败，南国凄凉景象，后两句指出郑所南怀念故国之心始终不改，他心中的兰花仍然盛开不败。这是一首借咏兰以颂人的诗篇，赞颂了郑所南强烈的民族气节。伟大诗人李白的众多诗篇中也为我们留下了咏兰诗，《古风》就是之一："孤兰生幽园，众草共芜没。虽照阳春晖，复悲高秋月。飞霜早淅沥，绿艳恐休歇。若无清风吹，香气为谁发？"这首诗不仅描写了孤兰所遭受的"众草共芜没"、"飞霜早淅沥"的不幸境遇，而且发出了"若无清风吹，香气为谁发"的感慨，是诗人借咏兰以自喻，抒发了诗人身处劣境，怀才不遇的感愤和对上层社会的不满。古代诗人中既有李白这种感慨怀才不遇的咏兰诗，也有赞识才惜才的咏兰诗。宋代方岳的《买兰》就是这类咏兰诗："几人曾识《离骚》面？说与兰花枉自开。却是樵夫生鼻孔，担头带得入城来。"诗的开头暗含着世人并没有多少知道兰花是人品高洁的象征之意，后两句暗寓倒是山野樵夫懂得高洁人品的可贵之意。全诗写得清新自然，前虚后实，一正一反，手法巧妙，是一首借题发挥，借花讽世不识才惜才的诗作。

古代诗人不仅喜咏兰，也爱种兰。屈原在《离骚》中写道："余既滋兰之九畹兮"，是说他已经种了"九畹"地兰花。畹是土地的面积，古代称30亩为1畹，可见种兰之多，爱兰之切。宋代朱熹的《兰》诗，描绘的是一位爱兰惜兰的人。诗中首句"漫种秋兰四五茎"，就是指他不经意地种下了四五株秋兰。

幸逢盛世的今天，桂林已成为全国著名的兰花基地之一，兰花产业已具规模。我们期盼着仙境桂林山水间，兰花盛开，清香迷人，谱写出新时代的爱兰咏兰的新诗篇。

原载《桂林日报》

治本之举

在第14个“世界读书日”来临之时，自治区党委书记郭声琨向全区领导干部推荐并赠送两本书《当次贷危机改变世界——中国怎么办》、《没有任何借口——企业、政府机关员工精神读本》，并撰写了题为《勤读好学　自我充实》的推荐信，希望全区领导干部力戒浮躁，减少应酬，挤出时间多读书、读好书，做读书思考、提高能力的表率。（见4月23日《桂林日报》和《桂林晚报》）

联合国教科文组织“世界读书日”的设立，表现了人类追求知识的共同理想。此时，郭声琨寄语全区领导干部多读书、读好书，“学以修身，学以资政，学以经世，从而更好地指导实践，促进工作”。这实为一项治本之举，因为这是不断提高广大干部的全面素质，建立一支立党为公、执政为民的干部队伍的根本所在。盛世学风兴，华夏书香浓。勤读好学，大兴读书之风，是一个政党、国家、民族兴旺发达，满怀希望，充满信心之所在。

时下，我们应该清醒地看到，在我们的干部队伍中确实读书风气还不盛，部分干部以强调工作忙、事情多而疏于读书。有些干部确实为“应酬”而忙，在“应酬”中把时光花掉了，有的人不仅晚上“应酬”，中午也“应酬”。“酒”中丧“志”，有的干部在“应酬”中“倒”了下去。郭声琨在信中指出“减少应酬”是切中时弊的。“没有任何借口”，我们要挤出时间“多读书、读好书”，“引领全民阅读”，形成高尚的文明风尚，有利于优秀党风、政风的形成。

中宣部、新闻出版总署最近印发了《关于进一步推动做好全民阅读活动的通知》，要求各地结合实际，制订和实施推动本地区全民阅读的活动，为提高全民族思想素质和文化素质，推动经济社会又好又快发展服务。《通知》和郭声琨同志的信，无疑也是对我市提出的“文化立市”决策和已开展了两届的“读书月”活动的肯定，并指明了方向。我们要在全市形成领导带头、全民阅读的新风尚，让“书香”满桂林，愿桂林成为“书香之都”！

原载《桂林日报》

教育短论3则

（1）师爱无疆

师爱和母爱一样，是人世间崇高的爱。但过去我们对师爱的感受往往停留在一个表面上：白天上课，晚上备课，批改作业，老师们家里的灯光总是亮到深夜；有的老师为山区农村孩子能受教育，用知识才干改变山村面貌，他们一干就是一二十年，甚至一辈子；有的老师把远离学校的贫困山区的孩子接来与自己同吃同住，情同自己的子女；有的老师在下雨天河水上涨时把学生一个个背过河来学校上课；更有的"代课教师"一个月100多元或是"一袋小米"，仍长年站在三尺讲台上……老师们教书育人，呕心沥血，日夜操劳，用人格魅力和知识智慧点燃学生理想信念的明灯，照亮他们的人生之路。

在留给人们一份永远的痛的"5·12"汶川大地震中，广大人民教师的表现，使大家对深沉、炽烈、博大的师爱有了更深刻的感受。东汽中学的老师们这个铁骨铮铮的英雄群体是其杰出代表，他们的英雄壮举是当代师爱的最好体现。这所1968年创建于汉旺镇的四川省重点中学，省示范性普通高中，在当地闻名遐迩。大地震发生时，距离震中仅30公里的东汽中学成为惨烈的代名词——学校瞬间成为废墟，200多名师生遇难，造成重大生命损失。在14位遇难老师中，10位当时正在上课。挖开废墟，谭千秋老师的身体已经僵硬，但在他如翅膀般伸展在讲台上的双臂下，4个学生奇迹般生还；新婚不久的女老师林正平，安排学生先跑，自己最后一个离开教室，不幸遇难，她只有26岁……他们在大地咆哮、山河移位时发出灿烂的人性光芒，令世人动容。地震中幸存的老师都在第一时间投入到生命救援之中。校长周德祥强忍着即将参加高考的省三好学生的女儿以及妻子双双遇难的人生最大的悲痛，满身尘土一直战斗在抗震救灾第一线；同样失去女儿的校长助理唐祖贵留在学校组织搜救幸存者，没能让在医院抢救的女儿想见爸爸最后一面的愿望实现……这个坚毅的老师群体荣获全国教育系统抗震救灾“先进集体”与“英雄集体”等殊荣。

尊师重教是我们中华民族的传统美德，党和国家历来尊重人民教师，赞誉教师是太阳底下最崇高的职业。我们的老师没有辜负党、国家和人民的热切期望，将对祖国和人民的爱全部倾注在学生身心上，并作为他们实现人生价值的最好体现。他们把自己的一切乃至生命奉献给了自己钟爱的教育事业和学生。“一日为师，终身为父”，“师恩如山，师爱似海”……这一切赞誉都不为过。在“5・12”一周年来临之时，看到在党和国家强有力的领导下，在全国人民的全力支持下，家乡重建日新月异，高质量、高标准的新校园一座座落成，学生们带着老师们的期望，正逐渐走出地震带来的伤痛，在阳光下前行。谭千秋、林正平……我们要对那些在大地震中献出生命的所有老师喊出我们的心声：师爱无疆！

原载《桂林日报》，2009年5月7日

（2）忘不了啊，我的老师

在我的一生中，中小学教过我的老师，回想起来有30来位。时光虽已过去半个多世纪，他们中的许多人也已逝去，但至今一提到他们，我总是忘不了，他们的音容笑貌、言谈举止时时浮现在眼前。

60年前我在实验小学（今中华小学）读书，迎来了桂林的解放。校长是知名教育家肖恩霖，是一位严于治校的人。学校每周有周会，校长往往要做时间不长的讲话，除讲校事外，还时常谈些人生修养方面的内容。一次讲到读书时，他说：“要多读书，还要读好书。同样，要学做人，还要做好人。”这些富有人生哲理的话，我记了一辈子。“读好书”、“做好人”，是我们这一代人的人生观、价值观。

上世纪50年代初，我在当时的桂林市二中（今宝贤初中）读初中。宝积山麓，孔明台下，学校校风正，学风好，有许多名师，其中有教我们的章保罗老师（他是自治区中小学老师中首批4位被评为特级老师中的1位）。他讲课简明扼要，重点突出，逻辑性强，布置的课外作业相对较少。下课后他往往不马上走出教室，而走到同学中看看同学们有什么问题。我们上自习时，他不时会到教室来走走，个别辅导同学，特别关注那些学习上吃力的同学。让我们想不到的是，他不仅辅导数学，就是英语、物理等学科的问题，也能说说，还能讲一口流利的英语。同学们都喜欢他上课，他广博的知识深深地激励着我们求学上进。后来我们才知道，章老师并不是数学专业的，而是新中国成立前教会学校毕业的。

位于穿山的一中是我高中就读的学校。当时学生全部在校食宿，生活是较艰苦的。早上天微微亮就起来，到小东江去洗漱，就是在结冰的严冬也如此。那段生活真能磨炼人，对我们一生的成长有好处。当时每天天刚亮洗漱完我们就到大操场集体跑步、做早操，这时总能看到教我们数学的梁老师在操场上漫步，打太极拳。他上课最大的特点不是讲，而是"唱"（当时"唱"课的桂林有两位，另一位是桂中的李承元老师，也是教数学的），他的"唱"，抑扬顿挫，有韵味，富有音乐美；他的板书位置是课前设计好的，字写得端正工整；上几何课，他也带圆规、三角板等教具，但画图时从来不用，随手画来，圆是圆、角是角，非常标准。他这种认真教学的态度和扎实的基本功令我们极为钦佩，终生难忘。

像俗话说的那样，儿女在父母面前永远是儿女，学生在老师面前永远是学生。大学毕业后我也走上讲台做过相当长时间的教师，当年这些老师的敬业精神一直影响、激励着我。如今我已过古稀之年，也早已得正高职称，但在这些老师面前，我永远是学生。温家宝总理在第25个教师节前在北京三十五中调研时说："要像尊重大学教授一样尊重中小学教师。"我的老师，我忘不了你们，我感谢你们，我尊敬你们。

原载《桂林日报》，2009年9月9日

（3）继承教育的好传统

当今教育改革、理念和教材、教法创新不断。但教育既要创新也要继承，特别是一些教育好传统更不能舍弃。

比如重视写字教学。以往的小学普遍开设了书法课，在课程表上还专门安排了写字时间，从点、横、竖、撇、捺到“永字八法”，让学生练习汉字基本笔画；用方字格、田字格板教写生字；要求学生每天在家自觉练字，并鼓励用毛笔书写等。现在我市一些学校开始重视写字教学，提出了写字要求，有的还开设了写字课，这是令人高兴的现象，但还是不够普及。

又如重视口头表达能力的培养。过去教学重视口头表达能力的训练、培养，还创设了许多好的形式和方法，如“课前三分钟”讲成语故事、有趣见闻等。不仅语文学科，其他学科也重视让学生“说”，外语课让学生用外语说，政治课让学生表述观点、列举论据，历史课让学生说历史事件和人物，数理化课也让学生口述定理、定义、实验过程。现在许多学校为增加课时（如上午由4课时改为5课时），压缩其他时间，这方面的训练很少了。这是不明智的。

鼓励、引导学生多读经典。开展课外阅读也是我们教育的好传统，但在各科考试指挥棒的指挥下和应试教育“升学率”的阴影下，这种传统也慢慢淡化了。学生要读的经典，包括古代的《论语》、《孟子》、“四大名著”、唐诗宋词等，也包括现当代的中外名著篇章。虽然近几年我市一些学校也提倡阅读经典，但多数是在升学压力还不大的小学开展，也往往是读古代的。在初中、高中阶段就难以很好开展，就连教育部明文规定并附在教学大纲后的“必背古诗文”50篇、40篇恐怕都未落实。没有足够的重视和切实可行的制度和措施的保证，读经典的好传统是难于继承下来的。

传统是基础，创新是发展，这也是教育发展的科学规律。好传统的丢失十分可惜。如何探索、总结、继承我们教育的好传统，值得广大教育工作者认真思考。

原载《桂林日报》，2009年11月4日

附录：专著和参加撰写的学术著作

1.《中小学教师论文写作通论》（广西师大出版社）

2.《中国古代诗话词话辞典》（副主编）（广西师大出版社）

3.《广西各民族宗法制度研究》（第三作者）（广西师大出版社）

4.《中国少数民族宗法制度研究》（第三作者）（江西高校出版社）

5.《汉语同韵大词典》（审定，修改、补写数十万字）（湖北崇文书局）

6. 撰写、出版教育图书12部，主编作文系列套书4套

附：评《中小学教师论文写作通论》

为中小学教师打开新天地——推荐王昶《中小学教师论文写作通论》

评《中小学教师论文写作通论》

文/刘炜

广西师范大学出版社最近出版的王昶的新作《中小学教师论文写作通论》（下称《通论》），是奉献给老师们的论述教师论文写作的专著。

《通论》全书分六章：教师与论文写作，教学研究与论文写作，材料的积累，论题的选定，论文初稿写作，论文的修改和书写。该书系统地论述了现代教师要掌握论文写作，应具有科研能力，结合教学搞科研；重视写作材料的搜集，养成积累材料的好习惯，明确论题选定的原则、要求、类型和格式，学会立意和构思；掌握提纲的拟定和论文的特点及写作方法、结构、语言等问题。

作者是有30多年教龄的教师，担任过教研室和学校教学的领导工作，后又从事

大学出版社编辑工作，因而《通论》的论述既科学，又有新意，给读者以较大的启迪。如过去教育界往往把教师论文和教学总结截然分开，在教师中造成教学论文难写、“高不可攀”的心理，但《通论》作者指出，中小学教师论文与教学总结，严格来说是不一样的，因其内容、形式、作用不同，而“把上升到理论高度去论述的教育（教学）总结视为论文，与论文等同看待，已是事实”，并以一些重要学术会议、教育报刊来佐证。我认为这种看法是实事求是的、科学的。又如，关于“科研型教师”、“结合教学搞科研”等提法也给老师们以启示。还有关于中小学教师论文特点，即实践性、理论性、短小性、多样性、实效性，论文写作要特别注意搜集“三种材料”，论题选择要“刻意求新”，“敢写新题目、表述新见解、发表新观点、发现新论题”，等等。这些论述都会给老师们写作论文时以有益的启示。

《通论》从实践中抓问题，大量事例来自教育第一线，论述既通俗，又有一定的理论深度。材料的积累，是中小学教师论文写作的“物质基础”，《通论》在论述中，就介绍了从教学中积累、从听课中积累、从教育书籍报刊中积累、从教育试验中积累、从学生中积累的途径和方法；在谈到如何确定论文题目时，《通论》就从德育、智育、管理、个人、教研组（年级组）、学校等不同方面、不同层次，列举了100多个题目示例；写好提纲，是论文写作至关重要的一环，《通论》专门论述了这个问题，并列举了各种不同形式提纲的写法、例子。

原载《中国教育报》

为中小学教师打开新天地——推荐王昶《中小学教师论文写作通论》

文/黄伟林

近年来，论文写作的风气日渐其浓。究其原因，当然与各行各业职称评定工作有关。应该说，这是符合社会、时代、国际大趋势的。就社会而言，专业分工愈细；就时代而言，变化节奏愈快；就国际而言，诚如王昶所介绍：美国、法国、日本等发达国家一律重视论文写作，以至于有人称写作为“生存和竞争的战略武器”。

然而，凡事都有正反两个方面。中国历来重视文章，有所谓“经国之大业，不朽之盛事”的说法，但多数文章玄虚无用也是事实，如那些八股，那些只知堆砌、实则空洞的赋体。

务虚不务实的风气由来已久，谋名不致用的风气由来已久。在这种风气中，务实致用的著作就尤其可贵，王昶的《中小学教师论文写作通论》，就是这样一本务实致用的新作。这本书应时应运而生，但有自己的特点，表达了作者经过长期实践、深入思考之后的真知灼见。

在我的想象中，中学教学，在教材内容方面，往往有统一的教学参考书，似乎不需要教师有太多的发挥；在教学方法方面，又有一批高校从事教材教法的专门人才，似乎不需要教师有太多思考。如此看来，中小学教师从事科学研究的领域很小，进行论文写作的机会很少。然而，王昶的著作纠正了我的偏见，它谈的是中小学教师论文写作的具体方法，与此同时，它打开了一个个中小学教师科学研究的课题空间。它使得中小学教师能从机械的教材讲授模式中超越出来，获得对自己教学工作的一个反省，并能遵循它所总结的方式步骤，把自己的反省变成系统完整的思维形式、实用有效的科研成果。

我相信，每个中小学教师阅读此书后，会像我一样得到启发，发现自己也能在科学研究事业上大有可为。进一步，还能从本书获得从事研究写作的具体方法。

原载《桂林日报》